KB071563

기독(목회)상담과 영성

| 한국기독교상담심리학회 편 |

Christian
(Pastoral)
Counseling

학지사

발간사

학회 창립 20주년을 앞두고 '한국기독교상담심리학회'는 지난 2년 동안 여섯 권의 총서 출판을 위해 힘써 달려왔습니다. 지난 2016년 6월에 대표집필진이 구성되어 총서 출판에 대한 대략적인 논의가 진행되면서 총서 출판을 위한 긴 여정이 시작되었습니다. 총서의 각 권의 짜임새와 목차가 몇 차례의 회의 과정을 통해 정해졌고, 이에 따라 각 영역들의 전문가로 구성된 집필진들이 선정되었습니다. 더불어 원고 작성을 위한 원칙도 세워졌습니다. 이후 1년 동안 총서 출판을 위한 특별강좌가 매주 토요일 진행되었습니다. 집필진들은 총서에서 자신의 영역에 해당되는 주제의 원고를 작성하여 강의를 진행했으며, 학회원들이 강좌에 참석하여 다양한 질문을 던지며 심도 있는 논의가 진행되었습니다. 집필진들은 이 강좌에서 나온 질문과 의견을 수렴하여 총서의 원고를 보완하며 발전시킬 수 있었습니다. 특별강좌가 끝나고 학술위원회에서는 각 원고들의 편집을 시작하였고, 이를 통해 총서의 구성이 통일성을 유지할 수 있도록 노력을 기울였습니다.

기독(목회)상담의 총서를 출판하려고 각고의 노력을 기울인 데에는 몇 가지 분명한 목적과 의도가 있었습니다.

먼저, 기독(목회)상담의 학문적 영역과 성격을 명료하게 규정하고, 그 경계를 짓기 위함입니다. 1999년 3월에 설립된 한국기독교상담심리학회(설립 당시 명칭은 '한국기독교상담 · 심리치료학회')는 설립 준비기간을 포함하면 어느 덧 20년의 세월이 흘렀습니다. 기독(목회)상담을 공부하는 학생은 매년 증가하고 있지만, 그동안 이 분야의 학문적 성격을 명확하게 규정하기 위한 노력이 소홀했던 것이 사실입니다. 일반상담 분야에서는 다양한 상담 이론과 주제들을 다룬 교과서가 출판되어 왔지만, 기독(목회)상담 분야는 그동안 발전되어 왔던 다양한 학문적 성과와 논의에 비해 그 학문적 영역과 경계를 확립하려는 노력이 부족했습니다. 그렇기에 기독(목회)상담이 무엇인지에 대해 질문이 제기되면, 이를 공부한 사람들의 숫자만큼이나 다양한 답변이 존재할 수밖에 없었고, 이를 체계적으로 담을 수 있는 원리와 원칙을 제공하지 못했습니다. 이는 기독(목회)상담에 대한 오해와 잘못된 이해를 가져올 수밖에 없었으며, 기독(목회)상담에 대한 의심의 눈초리를 키우게 되었습니다. 그렇기에 본 총서의 출판은 기독(목회)상담이 무엇이고, 그 가치와 특별함이 어디에 있는지를 보다 명확하게 제시함으로써, 그런 외부의 잘못된 이해를 교정할 수 있게 되는 계기가 될 것입니다. 뿐만 아니라 기독(목회)상담의 학문적 영역과 성격 그리고 그 경계를 명확하게 규정할 수 있도록 도움을 주게 될 것입니다.

두 번째, 기독(목회)상담에 처음 입문하려는 학생에게 바른 지침과 안내를 제공하기 위함입니다. 매년 본 학회에서 기독(목회)상담 분야의 전문상담사가 되기 위해 훈련받는 학생들이 증가하고 있지만, 그들은 기독(목회)상담을 명확히 이해하고 이를 실제 상담현장에 적용하는 데 어려움을 겪어 온 것이 사실입니다. 저 자신 역시 실제 사례지도에서 학생들이 자신의 임상적 경험 안에 내포된 기독(목회)상담의 함축과 의의를 신학적으로 고찰하고 분석하는 데 어려움을 겪고 있다는 것을 발견할 수 있었습니다. 그렇기에 본 총서의 출판은 기독(목회)상담이 일반상담과 어떻게 다르고, 기독(목회)상담의 특별한 상담적 개입은 어떤 것인지를 제시하고 알려주는 역할을 하게 될 것입니다. 또한 기독(목회)상담 분야에서 공부하는 학생들과 임상 현장에서 활동하는 기독(목회)상담사들이 기독교의 근본정신, 즉 목양적인 관점(Christian or shepherding perspective)으로 사례를 개념화하고 구조화하도록 실제적인 도움을 주게 될 것입니다. 결국, 기독(목회)상담에 입문하는 학생들과 일선 상담사들 모두 자신을 기독(목회)상담사로 부르신 이의 특별한 뜻을 발견하고, 우리의 상담 사역을 자랑스러워하는 계기가 되었으면 하는 바람 간절합니다.

세 번째, 영성과 초월성의 인식과 도입이 요청되고 기대되는 오늘날의 상담현장에 기독(목회)상담이 의미 있는 기여를 제공할 수 있기 위함입니다. 심리상담적 접근이 한계에 직면하게 되면서 오늘날 상담현장은 점차로 영성과 초월성의 주제에 깊은 관심을 갖기 시작했습니다. 곧 상담에서 영성과 종교성을 인식하고 이를 상담적 개입으로 발전시키는 것이 가져오는 치료적 효과에 대해서도 주목하기 시작했습니다. 기독(목회)상담은 2,000년의 긴 역사를 갖고 있으며, 초대교회로부터 발전되어 온 축적된 인간 돌봄과 이해의 이론과 기술을 축적시켜 왔습니다. 그렇기에 기독(목회)상담은 짧은 역사를 갖고 있는 일반상담 이론에 비해 종교적 전통의 상담적인 치유효과에 대한 다양한 논의를 전개할 수 있을 뿐 아니라, 인간 돌봄에서 종교성과 영성이 갖고 있는 의의와 역할에 대해 그 어떤 상담이론보다 구체적으로 설명하고 묘사할 수 있습니다. 곧 기독(목회)상담은 인간의 영혼에 대한 관심이 부각되는 오늘의 상담현장에 기여할 수 있는 개념과 튼실한 이론적 토대를 제공할 수 있습니다. 본 총서는 이런 종교성과 영성의 측면을 강조하여 기독(목회)상담의 독특성과 가치를 보여 주고 있습니다.

이런 목표와 의도를 갖고 기획된 여섯 권의 총서는『기독(목회)상담의 이해』,『기독(목회)상담과 영성』,『종교적 경험과 심리』,『중독과 영성』,『기독(목회)상담 연구방법론』, 그리고『분석심리학과 표현예술치료』로 구성되어 있습니다. 총서 출판의 목표와 의도를 만족시키면서, 기독(목회)상담 영역에서 자주 언급되는 핵심적인 주제와 논의를 담기 위해 총서의 제목들이 결정되었습니다. 각 총서의 대표집필진은,『기독(목회)상담의 이해』에 연세대학교 교수이자 제9대 학회장인 권수영 교수,『기독(목회)상담과 영성』에 성공회대학교 은퇴교수이자 제2대 학회장인 윤종모 주교,『종교적 경험과 심리』에 서울신학대학교 은퇴교수이자 제6대 학회장인 최재락 교수,『중독과 영성』에 고병인가족상담연구소 소장이자 제4대 학회장인 고병인 교수,『분석심리학과 표현예술치료』에 연세대학교 교수이자 제5대 학회장인 정석환 교수,『기독(목회)상담 연구방법론』에 임경수 계명대학교 교수가 각각 맡았습니다. 각 총서의 대표집필진은 총서의 짜임새와 목차를 구성하고 집필진을 선정했을 뿐만 아니라, 각 총서들의 부분부분이 전체적으로 일관성 있는 내용을 담아내도록 노력을 기울였습니다.

본 총서의 출판을 위해 수고하신 많은 분들께 감사의 말씀을 전합니다. 총서 출판 논의의 시작부터 함께 이 작업에 참여한 사무총장 오화철 교수, 학술위원장 장정은 교수, 그리고 손재구 사무국장에게 특별히 깊은 감사를 드립니다. 이들은 지난 2년 동안 매주 토요일에 있었던 총서 출판을 위한 특별강좌와 편집회의를 주관하며 총서 출판을 위해 헌신했습니다. 이분들의 남다른 노력이 없었다면 총서는 결코 출판될 수 없었으리라 생각합니다. 그 외에도 총서 출판을 위한 특별강좌와 원고편집 과정에 수고하고 헌신한 연세대학교와 이화여자대학교의 조교 및 학생들에게도 깊은 감사를 전합니다.

본 총서의 출판을 통해 기독(목회)상담이 자신의 학문적 영역을 분명하게 규정하고 확립하여 한 단계 발전할 수 있는 계기를 마련하게 되리라 확신합니다. 나아가 이번 총서 출판을 통해 우리 사회의 성숙과 발전에 기여할 수 있는 정신적 자양분을 제공하게 될 것이라 기대해 봅니다.

2018년 5월
한국기독교상담심리학회장
권수영

머리말

인간의 미래는 매우 불투명하다.

인간이 몸담고 살고 있는 지구의 생태 환경이 너무 오염되어 있고, 거의 모든 나라가 고령화 사회가 될 것이라는 예측, 특히 제4차 산업혁명이 곧 일반적인 사회 상황이 될 것이란 사실 등을 고려해 볼 때 인간의 미래는 매우 불투명하고 불확실하다고 할 수 있다.

그러나 또 한편으로는 인공지능(AI)이 아무리 발달해도 영성적인(spiritual) 차원으로는 진입하지 못할 것이라고 여러 분야의 학자들이 말하고 있다. 기독교 상담학자들은 이 문제를 예의주시하고 있다.

이 시대는 영성이 주목받고 있는 시대이다. 종교에서도 그렇고 일반 사회에서도 그렇다. 특히 심리학에서는 제4의 심리학이라고 불리는 자아초월심리학(transpersonal psychology)이 인간의 영성문제를 다루고 있어 많은 사람이 관심을 가지고 있는 실정이다.

인간은 근본적으로 영성적인 존재이다. 오늘날에는 신을 믿지 않으면서도 교회에 다니는 사람들이 많은데, 그 이유 중에 하나는 자신이 영성적인 사람이어서 그렇다고 생각하는 사람들이 많다. 교회 안과 밖에서 소위 SBNR (spiritual, but not religious) 운동을 전개하는 사람들도 점차 늘어가고 있다.

영성이란 무엇인가? 영성과 치유 사이에는 어떤 함수 관계가 있는가? 기독교(목회)상담자들은 이 문제를 어떻게 이해하고 상담에 적용할 것인가? 이런 문제들은 기독교 상담자들이 관심을 가질 수밖에 없는 문제이다.

이런 관점에서 한국기독교상담심리학회는 영성 총서를 발간하여 기독교 (목회)상담자들에게 도움을 주어야 하겠다고 결정했는데,『기독(목회)상담과 영성』은 그중 한 분야이다.

이 책은 총 10개의 주제를 다루고 있는데, 다음에 그 각각의 주제와 저자들을 간단하게 소개하고자 한다.

제1장은 '영성형성', 특히 기독교 전통에서의 영성형성을 다룬다. 구체적인 내용으로는 영성과 심리학의 관계, 관상기도(contemplative prayer), 임재 그리고 침묵 등의 내용을 다룬다. 이 장은 숭실대학교 교목인 이주형 교수가 집필했다.

제2장은 '영성과 명상'을 다룬다. 이 장은 성공회대학교에서 목회상담과 영성학 교수를 역임했던 윤종모 교수가 집필했다. 윤종모 교수는 대한성공회 주교이면서 한국기독교상담심리학회 제2대 회장을 역임했다.

영성을 이론적인 차원에서뿐만 아니라, 영성의 실체를 우리 자신의 것으로 소화하여 우리가 영성적인 존재가 되기 위해서는 명상이라는 도구를 사용하지 않으면 안 된다. 일부 기독교인과 성직자들이 명상에 대해 오해하고 있는 것은 명상에 대한 이해가 부족하여 그런 것이다. 명상(meditation)이란 바쁜 마음을 멈추고 의식을 성찰하여 집중하고, 내면에 분명하고 흐트러짐이 없는 마음의 공간을 형성하는 도구일 뿐이다. 윤종모 주교는 이 장에서 기독교 명상뿐만 아니라 명상 일반에 대해서도 간단하게 안내하고 있다. 기독교 명상이라 함은 기독교의 전통적인 영성수련 그리고 영적 독서라고 할 수 있는 렉시오 디비나(Lectio Divina), 관상기도 등을 말한다.

이 장에서는 종교적 차원의 명상뿐만 아니라 심리학적 차원에서 바라보는 명상에 대해서도 설명하고 있다. 영성심리학이라고 할 수 있는 자아초월심리학과 학자들, 명상이라는 그릇에 담을 수 있는 영성의 주제들, 명상의 자세와 장소, 명상의 효과, 특히 명상의 치료효과에 대해서 간단하지만 핵심적인 내용을 소개하고 있어서 기독교(목회)상담자들에게는 신선하고 중요한 도전이 될 것이다.

　제3장은 '기독교 영성수련과 기도방법'을 다룬다. 이 장은 기독교 영성수련에 대한 부분을 좀 더 실제적인 차원에서 다루고 있다. 이 장은 횃불트리니티 신학대학원대학교의 이강학 교수가 집필했는데, 구체적인 내용은 영성수련과 실천, 베네딕트 수련, 이냐시오의 영성수련, 영적 독서(렉시오 디비나), 향심기도, 예수기도 등이다.

　제4장은 '정신역동과 영성'을, 제5장은 '한국의 현실과 통합을 위한 시도'를 다루는데, 이 두 장은 이만홍 교수가 집필했다. 이만홍 교수는 연세대학교 의과대학 신경정신학과 주임교수를 역임한 정신과 의사이며 한국기독교상담심리학회 초대회장을 역임했다.

　이만홍 교수는 이 장에서 프로이트를 비롯한 여러 심리학자들의 심리치료 이론을 소개하면서 이 이론들이 영성, 특히 기독교 신앙과는 어떤 관계가 있는지의 문제와 정신역동의 한국적 상황을 설명한다. 제5장이 정신역동과 영성에 대한 이론이라면 제6장은 그에 대한 실제라고 봐야 할 것이다.

　제6장은 한국적 상황에서의 '영성지도의 기독(목회)상담에로의 적용'을 다룬다. 이 장은 제1장을 집필한 이주형 교수가 집필했는데, 제1장의 이론적 내용을 실제적으로 다루고 있다.

　제7장은 '영적 지향성을 가진 기독(목회)상담'을 다루고 있다. 이 장은 연세대학교 기독(목회)상담학 교수이며 현재 한국기독교상담심리학회장을 맡고 있는 권수영 교수가 집필했다.

　기독교상담을 공부하는 사람들 중 많은 이가 일반상담과 기독교상담의 차이점을 잘 모르겠다고 혼란스러워한다. 기독교상담이 기독교의 교리를 전파하는 것이 아니라 인간의 마음의 상처와 이상심리를 치료하려고 내담자를 도우려는 과정에서 필연적으로 심리치료 이론과 방법을 사용하는 과정에서 이런 혼란이 일어난다.

그러나 이런 현상은 잘못된 것이 아니라 당연한 일이다. 어려움에 처한 인간을 돕는다는 점에서, 그리고 그 마음의 역동성을 찾아 적절하게 도와야 한다는 점에서는 일반상담자와 기독상담자의 목적이 같기 때문이다. 다만 기독상담자의 마음가짐과 태도에서는 일반상담자와 다를 수 있다. 기독상담자는 기독교 신앙을 가지고 상담에 임하기 때문이다. 이 점이 일반상담자와 기독상담자의 중요한 차이라고 할 수 있다.

여기서 한 차원 더 나아간다면 기독(목회)상담자는 전통적인 기독교 신앙에서 더 나아가 영성을 지향하는 것이 바람직하다. 기독상담자는 기독교인뿐만 아니라 종교가 다르거나 일반 내담자들도 상담해야 하기 때문이다. 심리치료만으로는 한계가 있다. 이때 영성적 차원의 관점과 훈련이 되어 있는 상담자는 심리치료만으로는 치료가 어려운 내담자들을 도와줄 수 있다. 이런 점에서 기독(목회)상담자는 전인적 치유자라 할 수 있을 것이다.

제8장은 '생태와 영성'을 다룬다. 생태영성은 호남신학대학교의 영성학 교수인 최광선 교수가 집필했다.

우리가 살고 있는 지구는 각종 오염으로 몸살을 앓고 있다. 수질오염, 대기오염, 온난화 그리고 각종 개발이라는 명목으로 지구의 생태환경은 심각한 파괴를 당하고 있다. 학자들은 미래에 지구가 종말을 맞이한다면 그것은 핵폭탄에 의한 지구 멸망이 아니라 생태 파괴에 의한 지구 멸망일 가능성이 더 크다고 주장하고 있다. 이 또한 기독교(목회)상담자들에게는 매우 중요한 주제이다.

제9장은 '다문화와 영성'을 다룬다. 다문화와 영성은 사단법인 글로벌 디아스포라 다문화코칭 네트워크에서 상임이사로 재직 중인 장석연 박사가 집필했다.

오늘날 한국은 이미 단일 민족 국가가 아니다. 한국은 여러 나라에서 온 사람들이 섞여 살고 있는데, 이들은 대개 문화충격을 받는다. 한국의 문화에 잘 적응하면 큰 문제는 없겠지만 그렇지 않으면 커다란 스트레스로 이어지고 심하면 우울증 등 각종 이상심리 증세를 보이기도 한다.

외국에서 오래 살다 온 아이와 청소년들도 비슷한 문제를 가지고 있다. 그들은 부모를 따라 한국에 돌아와서는 문화충격을 받고 큰 스트레스를 받는다. 이들을 어떻게 도와주고 어떻게 상담해 줄 수 있을까? '다문화와 영성'은 이런 문제를 영성적 차원에서 접근하여 다루고 있다.

제10장은 '메타-실존치료와 영성'을 다룬다. 메타-실존치료는 한국실존치료연구소 소장인 이정기 교수가 집필했는데, 이정기 교수는 서울신학대학교 상담대학원장을 역임하기도 했다.

메타-실존치료는 인간의 궁극적 치료라고 할 수 있는 실존치료를 영성적 차원에서 바라본 것으로서 이 또한 기독교(목회) 상담자에게는 중요한 도전이 될 것이다.

이 책이 전인적 치유를 지향하는 기독(목회)상담자들에게 큰 도움이 되고 귀중한 자료가 되기를 바란다.

성공회 주교, 마음공학연구소 대표
윤종모

차례

제2부 정신역동, 영적지도 그리고 기독(목회)상담

제1부

기독(목회)상담을 위한
영성형성과 수련

기독(목회)상담과 영성형성:
영성상담을 위한 예비적 담론

이주형
(숭실대학교 교목/교수)

1. 들어가는 말: 영성의 시대에 목회상담

영성적 접근 방법을 통해 전인적이고 통합적인 인간치유 개념에 대한 심리치료 및 목회상담 전문가들의 관심과 주목이 근래에 점차적으로 증가하고 있다(권수영, 2006, 2013; 이만홍, 2005; 이만홍, 임경심, 2009; 이정기, 2005). 심리적 질병과 그로 인한 내적 고통의 문제를 단지 신경증적 현상제거와 문제해결의 관점에서만 바라보지 않고, 그로 인해 상처 난 내면과 고통받은 마음을 치유하고 회복시키는 포괄적 과정까지를 포함해야 한다는 전인치유 개념은 목회상담 전문가들에게 차츰 보편화되어 가고 있다(강연정, 2006, 2007; 이영란, 2009; 한재희, 2001). 전인적이고 통합적인 관점으로 소개되는 치유개념은, 지난 세기동안 심리치료상담이 본래적으로 지닌 서구사회의 근대적 접근 방법에 대한 반성에서 기인되었다고 볼 수 있다. 근대적 심리치료는 환자 및 내담자를 객체로 인식하고, 신경증 및 질병을 환자로부터 분리하여 다루려는 경향이 짙었다. 이로 인해, 지난 세기 심리치료계는 환자의 인격적 치유와 전인적 회복을 등한시해 왔다는 자성과 성찰에 직면해야 했다(May, 1992; Moon & Benner, 2004). 환자의 심리적 치료는 감정적, 이성적, 사회적 관계 영역에서도 치유와 회복까지를 포함해야 한다는 전인적 치유 개념과 통합적 치료법은 현대사회의 목회상담 전문가들이 신중하게 고려해야 할 심리치료 및 상담적 기술이요, 접근방법으로 인식되고 있다.

포스트모던 사회의 현대인들은 근대 사상에서 비롯된 세계관이 인간의 삶을 분리시키고 파편화하였다는 비판과 반성을 바탕으로 사회 여러 분야에서 본질적인 질문을 던지고 있다(Gergen, 1991; Schrag, 1997). 근대의 과학적 정보습득 과정은 세계와 실재를 타자와 대상으로 보고, 인간이 절대적 주관이 되어 세계와 자연을 관찰과 분석을 통해 객관화 과정을 거쳐 왔다. 이를 통해 인류문명은 짧은 시간 내에 지식과 기술의 팽창 및 세분화의 과정을 통해 최고의 지식과 기술발전을 이루어 왔다. 그러나 인간과 자연 혹은 세계를 분리시키면서 발전한 과학의 이분법적 관점은 육체와 정신, 이성과 감성, 개인과 공동체, 지식과 지혜, 과학과 종교 등, 인간의 역사와 실존 안에서 공존하던 대상들을 분리시켜 인간의 여러 영역에서 파편화를 야기시켰다는 반성이 제기되고 있는 것이다.

파편화의 영향은 현대 기독인들, 특히 젊은 기독인들에게 부정적으로 경험되고 있다. 교회와 세상, 교리와 영적 경험, 설교와 실천, 영혼과 육체, 믿음과 행위, 생명과 죽음이라는 삶의 경험과 영역 속에서 현대 기독인들은 통합과 일치를 통한 영적인 성장과 변화보다는 영적인 삶의 다양한 영역에서 파편화와 불일치를 경험하고 있다. 주일에 교회에서는 예배를 드리고 있는 자아와 세상 속에서 살아가고 있는 자아 사이에서의 간극과 불일치를 경험하고 있는 현대인들에게 영적인 삶의 본질에 대한 질문은 여전히 숙제로 남아 있다.

종교에 대한 현대인들의 공통된 태도와 생각을 뚜렷하게 보여주는 문구가 있다. "I am not religious, but spiritual!" 이 종교 사회현상은 미국을 비롯한 서구 유럽 사회를 중심으로 만연되어 있는 종교에 대한 회의성을 보여주고 있다(Beaudoin, 2000). 반면, 영적인 삶에 대한 내적인 추구는 근대 사상가들 의 예상과는 달리 오히려 더 활발히 진행되고 있음을 보여준다. 일례로, 미국 개신교 인구가 현저히 감소하고 있는 데 반해, 마음과 정신 건강을 유도하는 요가와 동양 종교의 명상수련에 대한 관심은 꾸준히 증가하는 현상을 보이고 있다. 서구 문명의 발전 속에서 기독교 문화와 세계관에 지대한 영향을 받아 온 서구 유럽인들은 삶의 외적 체계로서, 기독교 세계관과 문화양식을 자신 의 의지와 상관없이 개인의 영역에 받아들이도록 강요되어 왔다. 필자는 미 국 목회상담 현장에서 만난 미국인들 중에, 기독교 세계관을 일방적으로 강 요하는 환경 탓에 기독교에 대한 부정적인 경험들을 해 온 미국인들을 목회 상담 현장에서 여러 차례 경험할 수 있었다.

종교에 대한 부정적 반응은 한국 사회에서도, 특히 젊은 세대에게 유사하 게 발견되는 현상이다(양희송, 2014). "가나안 교인"이란 종교사회적 현상을 통해 한국 젊은 기독교인들은 기성 교회에 대해 불편함을 표출하면서 역설 적으로는 자신들의 영적 삶에 대한 추구와 갈망이 충족되지 않고 있음을 드 러내고 있다. 가족 및 인간관계로부터의 치유, 온전한 성장에 대한 갈망, 비 전과 소명에 대한 분별 등, 다양한 영역에서 영적인 갈급함을 느끼고, 교회의 영적 돌봄을 기대하는 젊은이들이 여전히 존재하지만, 교회의 권위주의적 혹 은 일방통행식 의사소통과 비윤리적 상황들을 목도하면서 기대감마저 저버 리고 있는 현상을 보이고 있다.

영성에 대한 현대인들의 관심이 내적 자아에 대한 관심과 자아실현에 대한 이해도와 깊은 연관이 있으며, 이에 대한 지식과 정보는 심리학을 통해서 과 학적인 합리성을 바탕으로 발전하고 확장되었다는 사실은 부인할 수 없다. 심리학이 가진 근대 과학적 방법론은 인간 내면의 모호성, 임의성을 제거하 고, 구체적이고 실제적인 접근과 개념으로 명확성과 확실성을 높여 왔다. 그러나 근대적 방법론이 가지는 한계가 포스트모던 세대에 봉착하여, 관찰자와 대상을 분리하여 탐구하고 분석하는 학문체계가 자칫 인간 스스로를 소외시키고 분리시켜 심리치료와 상담 상황 안에서 파편화를 가져왔다는 반성은 불가피하다. 심리학을 바탕으로 발전한 정신분석과 심리치료 기법은 인간 삶의 본질적인 문제를 총체적으로 접근하지 못하고, 통합적 관점에서 삶의 변화와 성숙을 이끌지 못한다는 현실적인 한계를 경험하게 되었다.

심리학적 접근이 지닌 본래적 한계를 극복하기 위해 영성적 통찰과의 대화와 통합을 시도했던 서구사회의 기독 상담가들의 기여를 우리는 기억하고 있다. 토마스 무어(1992)의『영혼의 돌봄』, 스캇 펙(1978)의『아직도 가야 할 길』, 제럴드 메이(1988)의『중독과 은혜』등은 내면에 대한 심리학적 관찰과 분석을 영성지도적 통찰과 지혜와 통합하면서 현대인들의 내적인 갈망과 내적 자아를 향한 탐구와 성찰을 유도하고 영적 구도의 길을 열어 주었다고 볼 수 있다. 심리학과 심리치료를 기반으로 한 목회상담은 지난 세기동안 기독교인들의 영적인 삶의 온전한 건강과 치유에 결정적인 역할을 해왔다. 인간의 내면에 대한 정보와 다양한 개념들은 영적 경험이 가진 모호성과 임의성을 극복하도록 돕고, 영적 역동성에 구체성과 실재성을 부여하였다.

그렇다면, 영성에 대한 현대사회의 추구와 갈망들을 살펴보며 목회상담 사역에 대한 본질적인 질문에 직면하게 된다. 기독(목회)상담이 추구하는 치유는 전인적이며 통합적인가? 여전히 근대적 접근 방식에 머물러 상담 사역과 영적인 삶 사이에 분리와 파편화를 경험하고 있지는 않은가? 영혼을 돌보는 사역으로서 기독(목회)상담은 영적인 삶에 대한 현대인들의 관심과 접근에 얼마만큼 반응하고 그 영혼을 돌볼 준비가 되어 있는가? 그에 걸맞는 기독교 영성적 이해와 접근방법을 기독상담에 구비하고 있는가?

본 장은, 건설적 대화와 소통은 기독(목회)상담의 근본적인 정체성으로부터 출발해야 한다고 전제한다. 기독(목회)상담은 영적 돌봄 사역이다. 나아가, 영적인 존재로서 인간에 대한 기독상담가의 이해와 관심은 어찌 보면 기독(목회)상담가들에게 심리학과 심리치료 기법만큼이나 중요한 부분일 것이다. 따라서 기독교 영성적 관점에서 기독상담을 이해하고, 대화의 상대로 삼는 것은 기독상담의 본래적 정체성과 그 사역의 현대적 적절성과 효용성을 향상시키는 데 중요한 과정으로 여겨질 수 있다. 왜냐하면, 기독교 영성은 영혼을 인간 존재의 근원적 요소로 보며, 인간을 분석하기보다는 통합적 존재로 받아들이도록 돕기 때문이다.

영적 돌봄 사역으로서 기독(목회)상담가들은 현대사회가 보이는 내적인, 영적인 현상과 전인적 치유 추구에 대해 어떻게 반응하고 준비해야 하는가? 이 야심찬 질문에 대한 대답은 기독교 영성에 대한 기초적이며 기본적인 이해와 지식으로부터 출발해야 한다. 우선적으로 기독교 영성의 정의와 특징들을 살펴볼 것이다. 또한 기독교 영성형성의 구성적 요소들이 무엇이 있는지를 탐구하며 영성형성을 위해 필수적 요소로 영성수련과 실천에 대해 소개하고자 한다. 기독교 영성적 접근을 지향하는 기독상담은 어떤 특징들을 갖추어야 할지에 대한 기본적인 담론을 제시하려 한다. 기독교 영성 실천의 주요 구성요소인 임재와 신비, 관상기도, 그리고 거룩한/관상적 경청 등의 개념을 소개함으로써 영적 돌봄 사역으로서의 기독(목회)상담가들에게 시대적으로 요청되는 기독교 영성형성을 제안하고자 한다.

2. 기독교 영성형성과 영성수련

영성(spirituality)은 라틴어의 spiritus(바람, 호흡, 생기, 영, 혼)에 어원을 두고 있는 spirit의 실재를 전제로, 인간 존재와 삶의 근원적이고 본질적인 구성요소인 영혼이 초월자 및 세계와 맺는 포괄적이고 복합적인 경험과 참여를 일컫는 총체적 개념이다. 기독교에서 영성은 하나님과의 관계로부터 출발한다. 인간 존재는 창조주 하나님의 형상과 신의 영 혹은 호흡을 부여받음으로 시작되기 때문이다(창 1:27, 2:7). 인간의 생명은 신적 창조물로 여겨지며, 하나님과의 관계 안에서 생명의 시작과 끝, 가치와 의미를 발견할 수 있다고 믿는 것이 기독교 영성에 있어서의 영에 대한 이해이다. 그렇다면, 기독교 영성이란 무엇인가? 하나님과의 관계성이 삶 속에서 어떤 방식으로 구현되며, 실천되는지에 대한 총체적이고 전인적이며 의도적인 참여 혹은 경험이라고 정의 내려질 수 있다. 포괄적으로는, 하나님과의 살아 있는 관계를 일컫는 모든 것을 의미하며, 구체적으로는 하나님과의 관계를 삶 속에서 구현하고 실천하는 삶의 방식을 기독교 영성이라 정의할 수 있을 것이다(Howard, 2008, pp. 16-18).

1) 영성형성

영성형성이란 표현은 기독교 역사 속에서 성경, 신학, 철학 등 학문적 수련을 주로 지칭하였던 개념이다. 근대에 들어서는 가톨릭교회의 제2 바티칸 공의회 문서에서 본격적으로 공식화되어 사제 교육과 양성의 과정에 커리큘럼의 일환으로 활용되어 왔다. 1960년대와 1970년대에 개신교 공동체 안에서 받아들여져 사용되고 있는데, 특히 개인의 인생 여정, 정체성, 관계성 등 내적 자아에 대한 심도 깊은 이해를 통해 영적 성장으로 이끄는 전인적 변화와 성장을 지향하는 형태로 영성형성이 기독 공동체 안에 자리 잡기 시작했다. May에 따르면, 영성형성은 "심도 깊은 신앙과 영적인 성장을 지향하여 의도된 모든 시도, 방법들, 가르침들과 훈련들을 일컫는 일반적인 용어로서, 교육적 노력과 보다 심도 깊고 친밀한 관계를 전제하는 영적 지도까지를 포함" 하는 개념으로 정의된다(May, 1992, pp. 6-7).

영성형성(formation)이란 용어는 '형성'이란 표현을 통해, 내재적으로 지향하는 목표를 향해 구성되거나 조형된다는 의미를 내포하고 있다. 하나님과의 관계를 원초적 근원으로 삼고 있는 기독교 영성형성은, 따라서 하나님과 관계를 지향하여 그것을 구성하고 조형하는 모든 과정과 지식, 방법과 수련들을 일컫는다. 기독교 영성의 주요한 목표 중에 하나인 변화(transformation)는 기존에 형성된 영성의 구조와 형태(form)를 변화(trans-form)하여, 하나님과 관계를 더 친밀함과 성숙함으로 인도함을 의미한다. 그런 의미에서 영성형성은 일회적, 순간적 경험이 아니라 하나님과의 친밀한 관계를 통해 한 영혼과 그 인생의 여정이 경험하게 되는 변화와 성장의 전 과정이라 볼 수 있다. 특별히 기독교 영성형성의 구체적인 목표는 예수 그리스도를 닮아가며 그와의 연합을 통해 영적 변화와 성장을 경험하고 삶의 소명을 발견하여 그 부르심대로 살아가는 의도적인 영적 과정임을 일컫는다.

기독교 영성형성은 특수성과 보편성을 동시에 포함한다. 개인의 경험과 그 경험의 토대가 되는 상황을 주목하기 때문에 한 영혼의 영성형성은 특수한 혹은 개별적 상황을 고려해야 한다. 그러나 영성형성은 기독교의 공통적 토대 위에서 구성되기에 "기독교" 영성형성이 지니는 보편적 특성을 우선적으로 탐구할 필요가 있다. 첫째, 인간은 하나님의 형상대로 지음을 받았다(imago Dei)는 신학적 인간학이 영성형성에 핵심적 토대가 된다. 인간 생명의 신적 기원을 명시하는 개념이면서 동시에 영혼의 변화 가능성을 열어 주는 하나님의 은혜의 출발점이기도 하다. 하나님의 형상대로 지음을 받은 인간은 죄 된 속성의 유입으로 그 초월적 신비적 형상을 잃어버리거나 손상시키게 되었다. 이기적 욕망과 죄로 물든 행위로 일그러진 하나님의 이미지를 회복시키기 위한 하나님의 구속적 사역이 예수 그리스도를 통해 열리게 되었다. 인간 영혼 내의 일그러진 하나님 형상은 예수 그리스도께서 열어 놓으신 길과 그와의 교제를 통해 회복되어 가는 길을 하나님의 은혜 가운데 열어 주셨음을 감사함으로 받아들이는 것이 기독교인의 믿음이요, 신앙의 핵심임을 받아들인다. 하나님의 형상으로 지어진 인간은 중요한 특권을 부여받았는데, 그것은 어떤 매개물 없이 하나님과 직접적인 관계를 맺으며 교제할 수 있다는 사실이다. 한 영혼은 그를 지으신 창조주와 교제를 통해 하나님을 만나고 그분의 뜻을 헤아릴 수 있도록, 그분의 뜻을 분별하여 그 뜻에 합당한 삶을 살아가도록, 예수 그리스도를 통해 열어 놓으신 구원 사역에 어떻게 동참할 수 있는지 등에 대한 영적 특권을 부여받았다는 사실을 의미한다.

둘째는, 임마누엘, 하나님이 (우리와) 함께 하신다(God with us)는 고백이 기독교 영성형성의 핵심적 고백이다. 창조주로서 초월자이신 성부 하나님은 예수 그리스도의 삶과 몸을 통해 인간 가운데 함께하신다는 약속을 성취하셨다. 예수님은 두세 사람이 모인 곳에 임재하시겠다고 약속하시며 성령 하나님을 통해 삼위 하나님의 현재적 사역에 임하신다는 약속을 주셨다. 이 약속은 말씀과 설교, 성례전을 통해 하나님의 임재 가운데 거할 수 있게 되었다는 사실을 말해 준다. 또한 임마누엘의 하나님은 우리 인간의 일상적 삶의 현장에 임하셔서 그분의 신성하고 거룩한 사역을 통해 인간을 치유하시고, 회복시키고, 변화하고, 성장하도록 이끄시는 주체가 되신다.

이 사실을 바탕으로 인간 가운데 내주하시는 임마누엘의 하나님은 전인적으로 인식되고 고백된다는 사실로 발전한다. 하나님의 임재와 구원의 역사는 단지 영혼의 사건이 아닌, 전인적 사건이기 때문이다. 전인적 변화(holistic transformation)는 기독교 영성형성의 세 번째 토대임과 동시에 궁극적 목표가 된다. 플라톤의 이원론적 관점은 영혼을 육체로부터 분리시킴으로써 그리스도의 구원사역을 영혼만으로 국한시키는 한계를 지녀왔다. 그러나 전인적 변화에 대한 약속은 인간과 우주 역사의 창조주자이며 주관자이신 하나님의 임재를 지금 여기에 (now and here)에서도 경험할 수 있도록 인도한다. 더불어 인간 경험의 여러 지층들, 인지적, 정서적, 직관적, 육체적, 사회적, 자연적 영역 속에서도 하나님의 임재는 고백된다. 따라서 단지 영혼의 영역에서뿐만 아니라, 인간의 모든 영역과 경험 속에서 하나님의 임재와 인도하심을 고백하고 그분의 뜻을 분별하여 그에 따라 사는 것이야 말로 모든 기독인들의 소명이라 할 것이다.

네 번째는, 삶의 모든 영역에서 경험되는 하나님의 임재를 어떻게 통합하고 일치(integration)시킬 것인가에 대한 질문이 기독교 영성형성의 주요한 목표로 인식된다. 좁은 의미에서, 기독인의 신앙적 앎과 고백을 어떻게 일상 속에서 실천하며 실행할지에 대한 질문이며, 넓은 의미에서는, 이분법적 세계관으로 분리되고 파편화되어 있는 현대인들의 영적인 삶을 어떻게 통합하고 일치시켜 영적인 성장과 성숙으로 이끌지에 대한 질문으로 압축된다. 나아가 특별 계시를 통해 드러난 하나님의 세계와 일반 계시를 통해 주어진 인간 역사의 변화와 발전을 어떻게 통합할지에 대한 질문에 성숙하고 균형 잡힌 영적 태도와 자세를 찾아가는 영적 추구의 과정이 영성형성의 궁극적 지향점이기도 하다.

다섯째, 영적인 통합과 일치를 지향해 가는 과정은 영적인 변화이며, 건설적인 성장과 균형 잡힌 성숙을 목표로 삼아야 한다는 필수적인 단서가 따르게 된다. 즉, 기독교 영성형성의 궁극적 목표는 하나님과의 관계가 보다 더 밀접하게, 친밀하게 진행되는 방향(intimacy with God)이어야 한다는 것이다. 전인적 통합과 일치의 영적 여정이 오히려 하나님과의 친밀성을 악화시키는 것은 면밀한 영적 분별과 영성 지도자와의 대화를 통한 인도를 통해 지양되어야 하며, 영성형성을 위한 수련 및 훈련 방법과 그 방향성을 수정할 필요가 있다. 여기서 기독교 영성형성에 참여하는 영혼이 하나님과의 친밀한 관계의 향상을 위해 취해야 할 영적 덕목을 확인할 필요가 있다.

여섯째 구성요소는 진정성(authentic or genuine attitude), 즉 거짓되거나 가식적인 마음이 아닌, 하나님에 대한 참된 솔직함을 구비하는 것이다. 성과와 결과를 중시하는 프레임이 영성 수련 과정에 도입되게 되면 영성형성마저도 영적 진정성을 상실할 가능성이 발생한다. 하나님의 임재 앞에 섰을 때, 드러나는 영혼의 현재 모습을 있는 그대로 받아들이고 성령 하나님 앞에 내어드리는 과정은 영성형성에 있어 필수적인 영적 덕목이다. 사회적 삶을 통해 지위, 권력, 명예, 물질, 돈을 통해 쓰여진 내적 가면들을 인식하고, 그것을 벗어버리며 내적 자아를 직시할 수 있도록 돕는 것이 영성형성의 주요한 과제이며 열매이기도 하다.

기독교 영성형성의 마지막 토대이며 목표는 영적인 겸손함(humility and humbleness)이다. 한 영혼이 하나님과의 관계를 시작하고, 그 관계를 통해 삶의 의미와 가치를 발견하고, 소명을 분별하여 그 뜻에 따라 살아가는 모든 과정은 하나님의 전적인 은혜와 주권 하에 이루어지는 사건임을 인식하는 영적 겸손함이 요구된다. 한 영혼의 영적 여정은 '내려놓음'이란 소극적 의미의 겸손함으로부터 시작하지만, 궁극적인 목표는 예수 그리스도의 감람산에서의 마지막 기도가 모델이 되는 초월적 겸손함(내 뜻대로 마옵시고, 아버지의 뜻대로)까지를 지향점으로 삼는다.

지금까지 살펴본 기독교 영성형성의 보편적 특성을 살펴보았다. 그렇다면 영성형성의 특수성과 개별성은 어떤 과정과 경로를 통해서 구성되고 형성되는가? 영성형성의 특수성과 개별성은 각 영혼의 개별적 상황과 인생의 여정 속에서 행해지는 영성실천과 수련과정을 통해 구체화되어 간다. 그러기에 영성형성은 필연적으로 영성수련 혹은 훈련의 과정이 수반되어야 한다는 사실을 전제해야 한다. 기독교 영성이 형성되는 과정에는 하나님에 대한 새로운 경험, 지식을 필요로 하며, 이런 새로운 정보를 바탕으로 변화를 기대할 수 있기 때문이다. 이젠 영성수련의 이론적이며 학문적인 배경과 근거를 살펴보고자 한다.

2) 영성수련

영성실천의 학문적이며 이론적 토대를 제시한 Elizabeth Liebert는, 기독교 영성학(Christian Spirituality as Academic Discipline)이 자기-함의성(self-implication)을 탐구방법론으로 삼고 있다는 사실은 영성수련과 실천을 필수적인 구성요소로 삼고 있다는 의미를 내포한다고 주장한다(Liebert, 2005a). 자기-함의적 접근 방식의 재료는 인간의 경험이다. 하나님에 관한 전인적 경험을 지식체계의 근간으로 삼아 하나님에 대한 지식을 갱신하거나 확장하는 것이 기독교 영성의 목표이다. 그러하기에 기독교 영성은 인식론적 지식보다는 존재론적 지식을 추구한다. 근대의 이성주의적 사고를 바탕으로 한 과학적 탐구와 분석은 우주와 자연, 인간에 대한 인식론적 지식의 확장과 발전에 기여한 반면, 그 인식론적 접근은 지식의 주체와 객체를 분리하여 지식과 지식습득자 사이에 분리와 파편화를 야기해 왔다. 다양한 정보와 기술이 인간의 삶 속에 편리함과 윤택함을 제공하였지만, 하나님에 대한 지식 추구에 있어서는 영적인 갈망을 채우지 못하고 오히려 영혼을 하나님으로부터 분리시키는 현상을 가중시켜 왔다.

기독 공동체 안에서는 교리와 지식 위주의 교육과 배움이 사람의 전인적 변화를 유도하는 데 한계가 있음을 인식하기 시작하였다. 존재론적 지식은 이성의 영역을 넘어서서 자연과 우주, 존재 전체를 통해 하나님에 대한 경험을 바탕으로 구축된 지식체계로 정의내릴 수 있다(Liebert, 2005b, p. 79). Liebert는 기독교 영성에서의 지식은, 존재 전체를 통해 경험된 정보를 바탕으로 하나님에 관한 새로운 지식을 구축해야 함을 역설한다. 이런 의미에서 경험은, "실재와의 조우 혹은 참여"라고 정의 내리며, 확장된 의미에서는 "현실과의 만남과 참여에 관한 성찰, 대상과 존재 사이의 관계망을 포함"한다 (Liebert, 2005b, p. 85). 경험은 이제 인간이 자신과 타자, 사회구조, 자연과 초월자와의 상호작용을 통해 생성된 기억, 생각, 직관, 이미지, 감정, 분별과 구체적 반응 혹은 선택까지를 포함하는 개념으로 확장된다.

그렇다면, 영성수련과 실천은 어떤 기능과 역할을 하는가? 기독교 영성의 궁극적 목표는 하나님에 관한 새로운 지식을 통해 관계를 더욱 친밀하게 하는 것이다. 여기서 하나님에 관한 '지식'을 새롭게 하기 위해서는 존재론적으로 새로운 경험이 주어져야 하는데, 이 새로운 존재론적 경험을 유도하는 것이 영성수련과 실천의 목표이다. Liebert는 영성실천을, "영적 공동체 내에서 고백되며 공유되고 있는 경험들, 또한 개인과 공동체 안에서 건설적 비판을

통해 성찰하고, 생동감을 불러일으키는 영성"으로 정의하면서, 영성수련과
실천을 통해 한 영혼은 삶의 신성함과 생명력, 다양한 영성의 본질과 신비감
을 영적 삶 속에 그리고 하나님과의 관계 속에 불어넣을 수 있다고 주장한다.

영성형성을 위한 영성수련과 실천은 다음과 같은 방향과 내용으로 실행되
어야 한다. 첫째, 하나님에 대한 다양한 경험 유도를 위해 다양한 접근방식
을 활용하여 다변화된 지식을 추구할 수 있도록 인도한다. '영적 독서(Lectio
Divina, 렉시오 디비나)'를 영성수련 방법으로 채택한다면, 영성지도자는 수련
생들이 이 기도방법의 획일적 수행보다는 다양한 경로를 통해 이 기도방법의
영적 의미와 가치를 발견하도록 도와야 한다. 예를 들면, 영적 독서의 역사적
시초와 배경을 통해 접근한 수련생은 베네딕트(St. Benedict)의 영성이 유럽에
서 어떻게 영향을 미쳤는지를 탐구하거나 12세기의 귀고 2세(Guigo II)가 어
떤 역사적 상황에서 이 기도방법을 종합해 냈는지를 알게 될 것이다. 이런 다
양한 접근방식을 경험을 통해 습득한 지식은, 기독교 영성의 자기-함축적 의
미를 발견하게 하고 나아가 하나님에 대한 존재론적 지식에로 도달할 수 있
게 된다.

둘째는, 영성수련과 실천을 통해 얻게 된 경험과 그 경험이 인도하는 특정
지식에 도달하는 과정, 전제, 상황, 가능성 등에 대해 뚜렷한 설명과 방향을
제시해 줄 수 있어야 한다. 영성수련의 목표는 하나님과의 친밀한 교제를 유
도하거나 그 사랑을 심화시키는 것을 전제로 하지만, 수련에 참여하는 사람
들의 삶의 배경과 상황, 기질과 영적 갈망에 따라서 다른 과정과 결과를 경험
하게 된다. 이를 위해서는 일반화의 오류를 방지하고, 개별적인 지도와 인도
를 통해 새로운 영적 경험에 대한 접근성과 신뢰성을 높일 수 있다. 영적 독
서를 소그룹 안에서 수련할 때에도, 각 구성원들은 각자의 영적인 여정을 통
해 서로 다른 삶의 이야기를 성찰하고, 개별적인 영적 과정과 열매를 얻게 된
다는 사실을 주지할 필요가 있다.

세 번째로, 특정한 영성수련이나 기도방법이 개인의 영적인 경험 안에서

생성시키는 다양한 표상과 이미지, 언어들을 다양한 방법과 도구를 통해서 표현할 수 있도록 도울 수 있어야 한다. 영적 독서를 통한 성경 묵상, 그 자체를 목표로 하는 것이 아니기 때문에, 묵상 가운데 얻게 된 새로운 경험을 자신에게 유용하고 편리한 방법으로 표현하여 현재의 삶에 변화와 갱신을 경험하도록 도와야 한다는 것이다. 영성지도, 찬양과 경배, 예배와 성례, 섬김과 봉사 등의 활동을 통해 구체화할 수 있다. 이 과정은 영적 경험을 현재화(here and now)하는 데 결정적인 작업이다. 영적 독서를 통해 성경의 영적 가치를 지금 나의 삶의 현실 속에서 현재화하여 하나님의 살아계심과 그 분의 임재와 인도를 고백하도록 돕는 과정이 담겨 있기 때문이다.

한국 기독상담 상황에서 영성수련이 어떤 방식으로 적용 가능할까? 황지연의 연구는 영성수련이 기독상담 상황에서 실행가능하고 나아가 상담자의 역할수행에 의미 있을 만한 변화를 유도할 수 있다고 주장한다. 그는 목회상담 상황에서 영성수련을 병행하였을 때, 상담자의 공감능력이나 자기 자각과 같은 상담자로서의 심리적 발달에 영향을 주었을 뿐만 아니라, 영성심화에 상호 영향을 주고받는 직접적인 과정이 될 수 있었다고 밝히고 있다. 이를 통해 상담가들은 내담자 문제에 통합적으로 접근할 수 있는 전문적인 기독교 상담가들로 성장하는 긍정적인 현상을 관찰하게 된다. 영성수련을 통해 기독교 영성형성이 구축된 상담자들이 내담자들의 문제를 전인적이고 통합적으로 접근하여 상담의 본질적 내용을 기독교적 영적 형성 안에서 이끄는 능력이 배양되었다고 볼 수 있을 것이다.

영적 돌봄 사역으로서 기독(목회)상담의 정체성을 확인하고, 이를 위해 영성실천과 수련의 병행을 통해 기독(목회)상담의 영적 지향성을 향상시킬 수 있다면, 어떤 형태의 영적 구성요소들을 기대하며 지향할 수 있을까? 기독(목회)상담의 상황에서 기독교 영성형성에 필수적인 구성요소들을 살펴봄으로써 본 장의 논의를 심화시키고자 한다.

3. 기독상담을 위한 영성형성

1) 임재, 신비 그리고 만남

기독교 영성적 접근을 지향하는 기독(목회)상담에서 최우선적으로 갖추어야 할 부분은 하나님의 임재와 그 신비에 대한 경험과 이해이다. 상담도 임재(presence)를 중요한 내적 태도로 강조하지만, 영성적 접근은 더 심도 깊은 신학적 이해와 영적 경험을 요구한다. 영성지도자(상담자)의 임재의 근원은 하나님의 임재이다(Liebert, 2005c, pp. 127-130; Stairs, 2000, pp. 43-45). 영성지도에서 가장 중요한 전제와 고백은 하나님께서 영혼의 만남 가운데 임재하신다는 언약과 약속이다. 기독교는 만남의 종교이기 때문이다. 성경은 인류가 만난 하나님에 관한 역사적이며 총체적인 기록물이다. 인간을 찾으시는 하나님 본성에 대한 신학적 고백은 삼위일체로부터 출발한다. 삼위의 하나님은 자신을 초월하는 사랑의 관계 안에서 상호 존재하신다. 자신을 내어줌으로써 삼위는 일체되며, 서로 그리고 인간 안에 함께 임재하신다.

존재론적으로 관계적이신 하나님의 임재를 경험하는 것은 오직 사랑을 통해서뿐이다. 그 사랑의 기원과의 만남과 일치를 통해 인간은 삼위 안에서 변화하고 회복하고 성장한다. 인격과 인격의 만남은 한 영혼의 변화와 성숙에 결정적 단초가 되어 왔다. 신학적으로 영혼과 영혼의 만남은 삼위일체 하나님의 유비적 경험이다. 영성지도와 기독(목회)상담은 그 성경적, 역사적 사건을 현재적으로 경험하고 체득하는 과정으로 규정할 수 있다. 영혼이 하나님을 만난다는 것은 그분의 실존적 임재를 전제하는 것이다. 따라서 기독 공동체 안에서 영혼의 만남은 하나님의 임재를 통한 인격적 만남이라는 고백은 영적 돌봄 사역에 있어서 근원적이며 본질적인 토대이다.

그렇다면 임재는 인간에게 현상적으로 어떻게 인식될 수 있을까? 존재에 대한 철학적 사유를 해온 근대 철학자들은 이 문제에 특별히 관심을 가지고 있었다. 특히, 실존주의 철학자 하이데거(Heidegger)는 그의 저서『존재와 시간』이란 저작을 통해서 존재(하나님)를 의식함에 관한 철학적 사유를 펼친다. 세계 안에서의 인간의 존재, 사물, 타인, 자신 혹은 자신의 본질적 속성들과 더불어 어떤 방식으로 존재하는지에 대한 철학적 사유를 심화시켰는데, 이 사상은 이후 신학자들과 철학자들에게 인간 존재에 관한 중요한 이론적 토대가 된다(Harper, 1991, pp. 21-22). 그러나 하이데거는『존재와 시간』이란 저작 이후에 30여 년 동안 추가적인 저작을 생산하지 못한다. 존재는 사유의 대상이 아니라, 경험의 대상이라는 사실을 깨달았기 때문이다. 그 이후, 이 대철학자는 시와 예술에 대한 해석으로 사유의 방향을 변경해 갔다(Harper, 1991, p. 23). 또한, 인간이 존재(하나님)와 맺은 관계 형식은 놀라움, 두려움, 그리고 경이로움으로 형성된다고 믿었다. 어쩌면 하이데거의 사유의 종착점이 예술적 경험이었다는 사실은 그의 철학적 솔직함의 결과물일지 모른다. 존재(하나님)는 신비이기 때문이다. 신비의 주체를 대상화하여 인간의 사유 안에서 표현해 낸다는 것은 인간에겐 불가능한 과제이다. 인간의 실존을 떠받치는 존재(하나님)는 인간 삶에 있어 "전인적인 비밀체계"이다(Harper, 1991, p. 31). 하나님이 존재하는 방식, 인간의 역사 안에 임재하는 방식은 인간에게는 완전히 열려 있지 않다.

인생 안에 숨겨져 있는, 우리에게 감춰져 있는 비밀들을 풀어 가는 것이 인생의 여정이다(Guenther, 1992, pp. 22-26). 인간이 하나님을 알 수 있다고 말하는 순간 하나님은 그 지식 안에 존재하지 않으신다. 인간의 개념과 지식 안에 표현되는 존재는 초월자이며 창조주인 하나님일 수 없기 때문이다. 하나님은 단지 그분이 존재하는 방식(a mode of being)으로 만날 때, 우리는 그분을 경험할 수 있다. 그분은 신비이다. 가려져 있다. 오직 그분의 임재 안에 들어갈 때, 우리는 그분을 만남으로 경험한다. 하나님은 신비함으로 임재하신다(Barry & Connolly, 1995, p. 44). 그분이 인간에게 경험되는 방식은 신비, 비밀, 부분적으로 가려짐이다. 그렇기에 인간이 하나님의 임재 안에서 그분을 경험한다는 것은 전적인 은혜이다. 여기서 하나님 임재에 대한 인간의 역설적 경험을 이해할 수 있다. 하나님의 임재는 신비이기에 인간에게 헤아려지지도, 측량되지도, 다뤄지지도 않는다. 하나님은 객체일 수 없기 때문이다. 인간은 오직 영적으로만 하나님의 임재를 경험할 수 있다. 인간 존재의 근원이기에 우리의 삶을 구성하고, 지탱하며, 변화를 주도한다. 인간이 주관이 아닌 객체가 되어 존재를 받치고 있는 하나님의 신비 안에 들어갈 때, 인간은 하나님을 임재 안에서 경험할 수 있게 된다.

하나님 경험에 대한 인간의 실존적 갈망을 인간 영혼의 심연 혹은 진공상태로 신학자들은 표현한다. 그 심연과 진공상태는 인간의 의식과 지각력으로는 접근할 수도, 보이지도 않는 장소이다. 오직 그 장소를 창조한 존재를 통해서만 경험할 수 있다. 하나님이 그 자리에 오셔서 심연에 빛을 비추시고, 진공상태를 생명으로 채우실 때, 인간은 하나님을 경험하고 자신을 성찰할 수 있게 된다. 이 경험은 모세의 시내산 경험에서도, 예수님의 공적 사역과 기도의 삶에서 찾아볼 수 있다. 근대적 사고체계와 시각으로는 이해되지 않고 경험하기 어려운 것이 시내산의 임재 경험이다. 현대인들은 시내산에 한 나무떨기가 있었다는 사실은 인정하면서, 구름 안에서 모세가 음성을 들었다는 사실은 받아들이기 어려워한다. 경험의 언어를 근대의 언어로 해석하려 하기 때문이다. 시내산에서의 하나님 임재 신비는 만남이란 경험이다. 만남을 통해 하나님의 감춰졌던 부분이 드러났다. 인간의 잠재의식적 인식 안에서 경험되고 표현되었다. 하나님의 신비, 감춰졌던 존재가 임재 안에서 인간 영혼을 만남으로 온전히 자신을 드러내셨다. 영혼과 영혼의 만남을 통해 하나님은 자신을 드러내셨다. 따라서 만남은 하나님을 경험하는 방식이며, 우리 영혼이 존재하는 방식이다. 하나님의 임재는 만남을 통해 경험된다. 이를 두고 예수님은 두세 사람이 모인 곳에 나도 함께 임재한다는 말씀으로 풀어 주셨다.

　예수님의 공생애 또한 하나님의 임재와 만남으로 가득하다. 그 공생애는 두 가지 요소가 늘 공존해 왔다. 기도와 인간사회. 예수님은 하나님의 뜻을 이루기 위해 인간과 "만남"을 가지셨고, 한적한 곳에서 기도하시며 하나님의 임재 안에 머무르셨다(하나님을 만나셨다). 인간 사회로부터 떨어져 고독 가운데 머무셨는데, 그것은 인간의 존재가 온전히 실존하는 방식이기 때문이다. 하나님의 임재 안에서 하나님을 만나는 것이다. 인간과의 만남을 통해 하나님의 임재를 드러내셨고, 하나님과의 만남을 통해 온전한 인간으로 살아가셨다.

　따라서 예수 그리스도의 사역을 기독교 공동체가 이어간다는 것은, 그분이 하나님의 신비를 경험하고, 하나님의 임재 가운데 머물며 만남을 통해 하나님을 드러내시는 삶에 동참한다는 것을 의미한다. 예수님의 사역은 하나님의 신비한 임재 가운데 머물고 관상적 삶을 통해 자신과 사람, 자연과 세계를 바라보시며 그 안에서 확장되어 가는 삶을 보여주셨다. 그렇기에 하나님의 신비와 임재는 인간에게 만남을 통해 경험될 수 있다. 이런 기독교적 삶의 형태를 관상적 삶이라 칭한다. 하나님의 신비와 임재, 만남을 통한 체험을 관상적 삶이라 한다.

　그렇다면, 하나님의 임재와 신비를 경험한 영성지도자 혹은 상담자의 상담은 어떻게 달라질 수 있을까? 내담자와의 만남 혹은 피지도자와의 약속된 만남이 일반 모임과 그 만남의 특성상 달라지는 결정적 조건은 무엇인가? 적어도 두 가지 전제를 영성지도자와 상담가는 내면에서 확인해야 한다. 첫째는, 만남은 하나님의 임재를 전제하에 형성된다는 것이다. 이러하기에 만남은 두 사람만의 시간이 아니라, 세 인격의 만남이 된다. 성령 하나님, 상담자, 내담자이다. 인격과 인격의 만남에 대한 신학적이며 철학적인 이해는 "I and Thou"로 표현되는 Buber의 실존주의적 사상으로부터 도움을 받을 수도 있다(Buber, 1970). 모던적 세계관과 가치관에 대한 반성과 성찰이 Buber의 사상에 기저에 녹아져 있다면, 영성적 접근을 통해 영적 돌봄 사역을 위한 기독

(목회)상담도 내담자에 대한 태도를 여기서부터 교정해야 한다. 즉, 내담자를 관찰의 대상으로서 객관화시키는 것이 아닌, 성령 하나님의 돌봄의 대상으로서 다가가야 한다. 이때 영성지도자 혹은 상담자 자신도 성령 하나님의 임재와 돌봄의 대상이라는 사실을 잊어서는 안 된다. 영혼의 대화와 영적인 교감을 통해 이 만남은 성령 하나님의 임재 안에 내담자를 향한 하나님의 뜻과 마음을 깨닫고 발견하는 시간이란 사실을 내적으로 인식하게 된다.

두 번째는, 하나님 사랑의 신비에 대한 거룩한 열망을 담은 만남이어야 한다. "신비"라 함은 인간의 지각과 표현, 개념과 기술로는 담아낼 수 없는 하나님의 영역을 의미한다. 하나님의 임재를 통해 내담자에 대한 하나님의 역사가 이뤄지길 바라는 거룩한 열망이 상담자의 마음을 채워야 한다. 이때 필요한 것은 내담자에 대한 그 어떠한 기법이나 의도적 접근방식을 내려놓는 것이다. 하나님의 신비는 하나님의 주권으로 고백되기 때문이다. 하나님의 대리인이요, 내담자의 영적인 동반자로서 영적 상담가는 오직 성령님의 임재와 세심한 인도하심에 집중하는 데 초점을 맞춘다.

2) 관상기도

인간은 기도를 통해 하나님과 교제한다. 기도는 삼위일체 하나님과의 관계를 전제한다. 기도는 하나님의 방식으로 인간이 대화와 소통을 하는 방법이다. 여기에 인간에게 요구되는 예비적 자세는 자아 인식(self-awareness)을 통한 주의 집중(internal attention)이다. 주의 집중은 하나님과의 사랑의 교제를 위해 영혼에게 필요한 영적 태도이다. 하나님이 풍성한 사랑의 나눔이 흘러넘침으로 자신을 내어주셨듯이, 인간은 하나님과의 사랑의 교제를 나누기 위해 주의 집중하여 기도한다. 기도는 하나님의 임재 안에 머무는 것, 순전함과 견뎌냄으로 하나님의 임재 안에 거하는 것이라고 기독교 신비가들은 가르쳐 왔다. 하나님의 임재 안에 거하는 기도를 통해 영혼은 지금까지의 뚜렷했

던 이분법적 경계가 희미해지는 것을 경험하게 된다(Stairs, 2000, p. 56). 성과
속, 육체와 정신, 세상과 교회의 구분은 한낱 환상으로 발견되며, 오직 하나님
의 자기포기적 사랑, 탕자를 향해 달려가는 아버지의 무제한적 사랑을 경험
한다.

　기독교 영성에 있어 관상기도는 역사적으로 수많은 영성가들을 통해 소개
되고, 실천해 왔다. 그렇다면, 관상기도란 무엇인가? 명상과도 의미상 연관
성 있고 상호 교환하여 쓸 수 있는 용어로 알려져 있다. 관상은 동양종교와
불교의 자기비움 명상과 분명 그 질적인 차원에서 구별된다. 인간의 행위이
기에 외적 현상으로는 비슷하게 실천되고 수행되나, 기독교 공동체 안에서
소개되는 관상기도는 엄연히 다르다. 채식주의를 추구한다고 하여도 기독교
인이 행하는 채식과 불교인의 그것과는 영적으로 그리고 본질적으로 다른 의
미를 담아내고 있다. 형식은 유사할 수 있으나, 담고 있는 내용은 다른 것이
다. 여기에서 하나님의 임재에 대한 이해와 경험이 더욱 중요해지는 이유이
다. 하나님의 임재에 대한 고백과 경험이 기독교 영성에서 수련하는 관상기
도가 타종교와는 본질적으로 다르게 만드는 요소이기 때문이다.

　어원적으로, 관상으로 번역되는 'contemplation'은 라틴어 'templum'에서
기원하는데, "천국에 있는 신들을 위해 예언자들이 조성한 장소"라는 의미를
담고 있다. 따라서 'templum/temple'은 신들이 거주하는 장소를 의미하면서
동시에 인간이 신들의 임재에 거하는 장소를 의미한다. 이 용어는 그리스어
의 'theoria'로 번역되어 기독교 공동체 안에서 받아들여졌는데, "하나님과 하
나 되기 위한 거룩한 바라봄 혹은 비전"으로 정의되기 시작했다(Egan, 2005,
p. 211). 복음주의 기독교 계열 안에서 명상은 주로 정신적 혹은 인지적 성찰
로 정의되는 반면, 관상은 정서적이고 주의 깊은 감사로 정의 내려지기도 한
다(Schwanda, 2011, p. 370). 관상은 성경과 기독교 역사 속의 성인들을 통해
서 기독교 영성의 핵심적 기도방법 혹은 하나님과의 교제방법으로 수행되고
전수되어 왔다. 한국어 번역에 있어 "觀想"은 대상에 대한 주의 깊은 바라봄

혹은 질적으로 다른 바라봄을 함축하고 있다면 여전히 유효한 표현일 수 있다. 관상기도의 궁극적 열매 중에 하나는 세계와 대상에 대해 하나님의 관점에서 바라보는 것이기 때문이다.

　관상에 대한 정의는 성경과 역사 속에서 다양하게 내려져 왔지만, 영향력과 타당성에서 현대 기독인들에게 가장 적합한 정의는 Walter Burghardt의 짧은 글에서 등장한다: "A long loving look at the real(Burghardt, 1989)." 즉, 사랑의 관점으로 실재를 오랫동안 바라보는 것을 관상이라 정의하고 있다. 면밀하게 분석해서 관상의 본질을 파악해 보면 다음과 같다. 첫째, 사랑(loving)으로부터 출발한다. 사랑은 삼위일체 하나님께서 상호 간에 관계를 통해 존재하시고 인간 가운데 임재하시는 방식의 근원이다. 예수 그리스도를 통해 계시된 하나님의 사랑을 깨닫고, 경험하고, 실천하려는 영적 의지에서 발로해야 하는 것이 관상이다. 사랑을 통해서만 영혼은 하나님을 만날 수 있고, 그분의 임재 안에 거할 수 있으며, 그분의 숨겨졌던 신비로운 세계를 인식할 수 있게 된다. 관상은 판단과 비판을 넘어서 하나님의 마음, 즉 이 세상에 대한 하나님의 긍휼의 마음으로 바라보는 것이다. 하나님께서 현재 인간 가운데 존재하시는 방식이며, 영혼을 초대하시는 곳도 그 영원한 사랑의 자리이다. 두 번째 특징은 오랜 시간(long)을 통해 바라볼 수 있어야 관상이다. 능률과 효율의 관점이 아닌 안식의 관점에서 바라본다. 한 호흡이 육체의 모든 세포에 투입되어 생명력을 불어넣듯이, 보이지 않는 영역까지 보려고 하는 기도이다. 여기서의 오랜 시간은 하나님의 시간을 의미한다("주님께는 하루가 천년 같고, 천년이 하루 같습니다." 벧후 3:8). 한 사람의 인생 여정 안에서는 결코 신비한 하나님의 뜻을 다 이해하고 헤아릴 수 없다. 오직 자신에게 주어진 시간에 자신의 이기적인 욕망을 채우려 하는 것이 인간의 본능일 것이다. 관상은 하나님의 시간 안에 머물러, 그분이 역사 가운데, 한 사람의 인생 여정을 넘어서서 일하시는 모습을 볼 수 있도록 돕는다. 자신, 이웃, 대상, 사건 등을 가까이서 바라보는 것이 아닌, 좀 더 떨어져서 마치 높은 산에서 마을과 도시를 바라보듯 볼 수 있도록 초청하는 것이 관상이다. 그러기에 관상기도에 참여하는 사람은 산에 올라 세상을 바라보는 경험을 선호할 수 있다. 그 경험이 관상을 더욱 깊도록 인도하기 때문이다. 세 번째는, 관점(look)이다. 대상과 실재를 바라보는 자세를 일컫는데, 일상적, 습관적, 편견과 선입견 등 관점에 영향을 주는 모든 요소들을 인식하고, 그 요소들로부터 한쪽으로 치우치지 않은 자세이다. 분석과 증명을 위한 관찰이 아니라, 전인적이고 통합적으로 바라보려는 마음의 애씀이다. 한 사람을 대할 때, 그 사람의 외적 요소들, 키, 머리 색깔, 생김새, IQ 등의 정보를 알기 위함이 아닌, 그 사람을 있는 그대로 받아들이는 마음의 태도이다. 여기서 관상은 마치 사랑에 빠지는 것과 같은 현상으로 경험된다. 육체를 입고 있는 인간으로서 바라보는 자아의 연약함도 인식하며 동시에, 욕망과 이기심에서 기인한 환상과 착각으로부터 벗어난, 영혼에 영향을 주는 문화적 관습, 가치관, 세계관으로부터 벗어난 상태의 바라봄이다.

　마지막으로 기독교적 관상은 "실재(real)"를 바라보는 영적인 자세이다. 무엇이 실재인가? 현대인들이 뉴스와 미디어를 통해 만나는 세상은 실재가 아닌, 누군가의 관점에 의해 해석된 혹은 구성된 세상임을 깨닫는다. 현실의 실재는 수많은 관점, 편견과 선입견, 기대와 의도, 문화적 관습과 도덕적 가치 등으로 인해 채색되어 있다는 사실을 깨닫도록 도와주는 것이 관상기도이다. 내 스스로가 있는 그대로 주님께 받아들여졌듯이, 타인과 세상을 있는 그대로 받아들이는 것이 관상이다. 또한 과거의 상처에 지배당하는 것이 아니고, 미래의 일에 소원을 두는 것이 아닌, 현재를 있는 그대로 받아들이며 살아가는 것이다. 기독교가 고백하는 실재는 자본주의적 세상에서 묘사되는 행복과 성공의 정의, 첨단기술에 의한 편리한 삶으로부터 벗어나 있다. 단순성, 경건, 가난, 내려놓음, 비폭력 등, 예수 그리스도께서 보여주신 삶의 가치들이 우리가 발견하고자 하는 실재에 가깝다.

　관상기도를 바탕으로 기독교 영성을 지향하는 상담 사역은 어떤 특징들을 보이게 될까? 하나님의 임재 안에서 그 신비로움을 추구하고 담아내며 상담 사역 현장에서 구현해내는 관상적 사역은 어떤 모습을 담아낼 수 있을까?

3) 거룩한/관상적 경청: 영성상담을 향하여

기독교 영성에는 역사적으로 두 가지 흐름이 있다. 정념적 영성과 무정념적 영성(kataphatic spirituality & apophatic spirituality)이다. 두 영성 전통의 차이는 하나님에 대한 인간의 인식과 표현 가능성에 대한 이해의 차이에서 출발한다. 정념적 영성 전통은 하나님은 인간의 언어와 인식체계 안에서 표현되고 경험될 수 있다고 믿는다. 반면에 플라톤 철학에 영향을 받은 Pseudo-Dionysius는 초대 교부들의 사상을 집대성하여 쓴 책『Mystical Theology』에서 인간의 지각 인식 능력에 하나님을 담아낼 수 없다는 이론을 펼친다. 기독교적 신비의 신학화라 할 수 있는데, 하나님의 본성과 임재는 인간에게 초월적이며 신비이기 때문에 인간의 인식 능력과 언어 능력 안에 표현되고 담아낼 수 없다고 믿는 영성 전통이다. Pseudo-Dionysius에 의해 체계화된 무념적 영성 전통은 중세 시대 영국의『무지의 구름(The Cloud of Unknowing)』과 종교개혁 때 Teresa of Avila와 John of the Cross에까지 영향을 미쳤으며, 현대에는 Thomas Merton을 비롯하여 향심기도의 영성 전통적 기반이 되어 왔다.

무념적 영성 전통에서 침묵은 단지 언어와 소리의 부재가 아닌, 하나님이 말씀하시는 시간이요, 그 음성을 임재 가운데 경험하는 시간으로 받아들여진다. 인간의 언어와 표현수단으로는 담아낼 수 없는 하나님의 임재 안에서 하나님을 만나고, 친밀함으로 교제하며, 성령님의 역사하심을 분별한다. 기독교 영성을 지향하는 상담가는 이 침묵에 대한 영적 이해로부터 상담 사역을 이해할 수 있어야 한다. 침묵 속에서 하나님의 임재 안에 거할 수 있어야 하며, 들리지 않으나 말씀하시는 음성을 영적 감각으로 들으며 분별할 수 있어야 한다. 침묵 가운데서 하나님과 교제하며, 그분과 대화와 소통을 통해 영혼을 향하신 하나님의 마음과 갈망을 감지할 수 있어야 한다. 하나님의 고요한 임재 가운데 나 자신을 내려놓고, 내면과 영적 상태를 점검하며, 성령님께서 오늘 여기에서 내게 행하시는 손길과 내주의 역사하심을 감지할 수 있어야 한다. 또한 성령님의 현재적 사역을 영적인 감각과 집중력을 가지고 살펴야 하며, 이를 통해 분별력을 키워낼 수 있어야 한다. 무념적 영성의 영적인 이해와 수련을 통한 경험이 없이는 침묵과 임재의 영적인 감각을 상담에서 수행하기가 쉽지 않다(Vogel, 2015). 침묵/묵상 기도를 드리는 것은 거룩한 경청 시간을 수련하는 첫 단추이다. 침묵 속에 경청할 수 있을 때, 한 영혼에 말하여지지 않고, 표현되지 못하는 내면과 영혼의 목소리까지도 들을 수 있다.

Guenther는 영성지도 사역의 역사적 사명을 설명하면서, 현대 기독 공동체들은 들려지지 않고, 말하여지지 않는 하나님의 영적 목소리와 내면의 소리들을 경청하는 데 익숙하지 않다고 지적한다(Guenther, 1992, p. 2). 그러나 예수 그리스도께서 부활하신 이후 처음 만난 엠마오로 떠나는 제자들과의 대화를 살펴보면, 부활하신 예수님의 임재와 소통은 오직 경청과 공감, 그리고 질문으로만 채워져 있다. 예수님을 영혼 돌봄 사역의 모델로 삼고 있는 사역자가 염두해 둬야 할 점은 경청을 통해 하나님의 사역에 동참할 수 있다는 사실이다. 무념적 영성 전통의 차원에서 경청은 비언어적 소통, 인간의 인식과 언어 너머에 계신 하나님의 임재와 뜻을 한 영혼의 삶의 이야기 속에서 발견하는 가장 기본적인 사역방법이다. 영혼돌봄 사역으로서 영성상담은 청자의 입장을 하나님의 임재와 음성을 들을 수 있는 거룩한 경청 사역의 사역으로 인식하며 참여할 수 있어야 한다. 거룩한/관상적 경청은 전인적 집중(holistic attentiveness)으로 표현될 수 있다. 상담가 혹은 사역자의 온 존재가 하나님의 임재와 성령님의 역사하심에 영적으로 감지하고, 분별하여 그분의 사역에 참여하는 것을 거룩한 경청이라 정의내릴 수 있을 것이다.

경청을 통해 하나님의 사역을 구현해 낼 수 있는지에 대한 구체적인 방법은 Jean Stairs에 의해 훌륭하게 기술되어 있다(Stairs, 2000, pp. 15-33). 몇 가지 주요한 특성을 살펴보면, 첫째, 거룩한/관상적 경청 사역은 목적과 방법이 뚜렷한, 의도성이 있는 사역이다. 복음서가 소개하는 예수 그리스도는 하나님을 향하여 전적으로 집중하였을 뿐만 아니라, 그 친밀한 교제를 바탕으로 사람들의 영적이고 육체적이며, 정신적인 필요에 집중하여 그들 가운데 하나님의 뜻을 이뤄내려는 영적 의도성이 담긴 사역에 전념하셨다. 영성상담가는 한 영혼을 향한 하나님의 뜻에 집중함으로써 그 영혼이 하나님께 더 집중하도록 돕는 사역자이다. 내담자로부터 들리는 부분뿐만 아니라, 들려지지 않는, 하나님의 임재와 부재의 경험, 인생의 가장 의미 있고 핵심적인 요소를 경청하는 사역이다. 관상적 성격을 담아내기에 경청은 서둘러서는 안 되며, 내가 듣고자 하는 것을 찾으려고 해서도 안 되며, 내담자가 말하길 강요하거나 초청하지 않아도 된다. 오직 상담 가운데 하나님의 임재에 대해 영적으로 민감하게 반응하는 것이 거룩한 경청 사역의 핵심적 목표이다.

둘째, 거룩한/관상적 경청은 환대의 가치를 영적으로 구현해 낼 수 있어야 한다. 내담자들은 영성상담을 통해 자신의 가장 어렵고, 고통스러우며, 은밀하고, 이해되기 어려운 삶의 영역들을 드러낸다. 이때 상담자는 내담자의 내면과 영적 상태가 편안하고 안전하다고 느낄 수 있도록 배려할 수 있어야 한다. 상담은 대화를 통해 한 영혼의 가장 연약한 이야기를 풀어놓도록 도울 수 있어야 하는데, 훌륭한 영성상담가는 내담자 스스로가 자신의 이야기를 먼저 풀어내도록 기다리며, 이끌어 줄 수 있다. 대화의 주도권은 내담자에게 있다고 느낄 수 있도록 돕지만, 영적 대화의 역동성은 임재에 대한 상담가의 영적 참여와 민감성에 의존한다는 사실을 간과하지 않는다.

셋째, 거룩한/관상적 경청은 긍휼사역으로 채워진다. 내담자의 내적이고 영적인 상처와 아픔, 고통 등을 하나님의 마음으로 끌어안고 자신의 영혼과 기도의 자리까지 끌고 들어올 수 있어야 한다. Guenther는 영성지도를 통해 마음과 영혼이 아프지 않고, 고뇌에 빠지지 않을 수 없다고 한다. 내담자의 상처와 아픔을 긍휼함으로써 자신의 영혼 안으로 끌고 들어와 기도하며 고

뇌하는 것이 영성지도의 본질이기 때문이다(Guenther, 1992, pp. 29-30). 경청 사역은 내담자의 내적인 고통과 아픔, 죄로 인해 생긴 상처와 일그러짐, 부서 짐의 경험을 긍휼의 영으로 받아들이고 자신 안에서 기도를 통해 치유하고 회복되어 그 경험을 내담자와 같이 나누는 것이라 기술하고 있다.

넷째, 자기노출에 대한 두려움이 없을 때 거룩한/관상적 경청은 온전한 영적 돌봄이 될 수 있다. 영혼과 영혼의 만남은 하나님의 임재 안에서 이뤄진 전인적인, 그러하기에 거룩한 조우이다. 하나님 앞에 섰을 때, 모든 영혼이 있는 그대로 드러나는 것처럼, 상담가는 자신의 모습을 있는 그대로 노출시 키는 영적인 용기를 통해 하나님의 주권을 내적으로 선포하게 된다. 내담자의 영적 경험과 이야기는 단지 객관적 관찰과 분석의 대상이 아니라, 상담자의 내면과 영혼의 자리에까지 파장을 만들어 낸다. 하나님의 임재 안에 충분히 거한다면 상담가는 내담자의 이야기를 통해 울리는 성령님의 목소리와 인도에 진정으로 반응할 수 있게 된다. 이 반응은 자연스럽고 천천히 자신을 드러내는 과정이 될 수 있다. 연관된 자신의 과거의 경험, 아픔과 슬픔, 죄와 실수에 대한 영적인 여정 등, 자신의 영적 이야기를 나누고 노출시킴으로써 만남과 대화의 인도자가 주님이심을 상담자와 내담자가 상호 경험할 수 있게 된다.

마지막으로, 거룩한/관상적 경청을 구비한 대화는 문제해결을 위한 질문으로 채워지기보다는 삶에 녹아져 있는 하나님의 신비를 발견하는 데 도움을 주는 질문으로 대화를 구성해 간다. 하나님과의 친밀한 교제를 향한 내담자의 열망과 노력에 대해서 지지와 격려로 반응을 시작한 기독 상담가는, 삶의 숨겨진 비밀들을 찾아내고 그 비밀이 하나님의 뜻과 어떤 연관성이 있는지를 내담자가 스스로 깨닫도록 돕는 질문을 활용한다. 거룩한 경청의 깊이는 신비와 비밀을 발견하도록 도와주는 질문들을 통해 심화되고, 들리지 않고, 보이지 않고, 인식되지 않던 하나님의 임재와 손길이 내담자의 내면에 발견되고 경험하도록 돕는다.

4. 나오는 말

본 장은 기독(목회)상담의 정체성이 영적 돌봄 사역이란 개념을 환기시키며, 전인적 건강과 치유를 목표로 기독교 영성적 접근을 상담 사역에 적극적으로 수용해야 한다는 전제로부터 출발한다. 인간이 영적인 존재라는 사실을 전제로, 본 장은 기독교 영성을 하나님과의 관계가 전인격적 영역에서 구현되고 실현되며, 경험되는 어떠한 방식과 형태에 관한 총체적인 것이라 정의한다. 기독교 영성이 형성되는 방식의 보편성과 특수성을 탐구하면서, 기독교 영성형성의 보편타당한 일곱 가지 토대를 제시하였다. 더불어, 기독교 영성의 보편성과 특수성이 한 영혼에게 형성되기 위한 구성적 조건으로 영성수련과 실천의 필요성을 제시하였다.

본 장의 중심 주제인 기독(목회)상담을 위한 영성형성을 제시하면서, 임재와 신비, 그리고 만남에 대한 영적인 의미와 기독교 영성적 근거를 소개하였고, 영성수련에 필수적 방법으로 관상기도를 그 본질적 특징들과 함께 제시하였다. 마지막으로 기독교 영성을 지향하는 상담의 기초적 단계로 거룩한/관상적 경청의 영적인 의미와 영성 전통적 이해를 소개하면서, 기독(목회)상담이 어떤 방식으로 영성형성을 구비하여 전인적 변화와 성장을 기대하고 유도할 수 있는지에 대한 기초적인 담론을 제시하였다.

기독(목회)상담 사역 가운데 영성형성과의 연관성을 처음으로 탐구하고 제시하였다는 데 본 장의 학문적 의미를 찾을 수 있을 것이며, 앞으로 논의될 기독상담과 영성지도 간의 건설적인 담론과 확장된 토의에 기초적 토대를 놓았다는 데 본 연구의 기여 가능성을 찾을 수 있을 것이다. 앞으로 논의될 대상에는 영성지도의 핵심적 구성 요소인 영적 분별, 갈망/욕망에 대한 이해, 영적 불편심 등을 소개하며, 영성지도의 기독상담 사역 상황에서의 적용가능성과 구체적 방법 등을 살펴볼 필요가 있을 것이다.

참고문헌

강연정 (2006). 전인건강과 영성상담. 한국기독교상담학회지, 11, 9-36.

강연정 (2007). 영적 안녕과 전인건강증진을 위한 기독교 집단상담 프로그램의 개발과 효과. 한국기독교상담학회지, 13, 13-43.

권수영 (2006). 기독(목회)상담에서의 영성이해: 기능과 내용의 통합을 향하여. 한국기독교신학논총, 46, 251-275.

권수영 (2013). 영적 지향성을 가진 기독(목회)상담: 서방교회 영성과 동방정교회 영성의 통합적 만남. 신학논단, 72, 7-36.

양희송 (2014). 가나안 성도, 교회 밖 신앙. 서울: 포이에마.

이만홍 (2005). 정신의학과 영성: 정신치료(심리상담치료)와 영성지도의 통합. 한국기독교상담학회지, 9, 55-84.

이만홍, 임경심 (2009). 심리치료와 영성지도의 유사성과 차이점에 관한 고찰. 한국기독교상담학회지, 11, 155-178.

이영란 (2009). Satir 변형체계 이론과 영성적 전인성 추구. 한국기독교상담학회지, 18, 217-238.

이정기 (2005). 내적치유와 영성; 내적 치유: 한 영성-심리 통합-그리스도 요법적 관점에서. 한국기독교상담학회지, 9, 7-34.

한재희 (2001). 전인적 목회돌봄을 위한 인간이해와 목회상담. 기독교상담학회지, 2, 127-153.

Beaudoin, T. (2000). *Virtual faith: The irreverent spiritual quest of generation X*. Danvers, MA: Jossey-Bass.

Barry, W. A., & Connolly, J. W. (1995). 영적 지도의 실제 (김창재, 김선숙 역). 경북: 분도출판사. (원저 1982년 출판).

Buber, M. (1970). I and Thou. In W. Kaufmann (Tr.), *I and Thou*. New York: Touchstone.

Burghardt, W. (1989). Contemplation: A long loving look at the real. *Church*, 5, 14-17.

Egan, K. J. (2005). Contemplation. In P. Sheldrake (Ed.), *The new Westminster dictionary of Christian spirituality* (pp. 211-213). Louisville, Kentucky: Westminster John Knox Press.

Gergen, K. J. (1991). *The saturated self*. New York: Basic Books.

Guenther, M. (1992). *Holy listening: The art of spiritual direction*. Cambridge: Cowley Publications.

Harper, R. (1991). *On presence: Variations and reflections*. Philadelphia, PA: Trinity Press International.

Howard, E. (2008). *Brazos introduction to Christian spirituality*. Grand Rapids, MI: Brazos Press.

Liebert, E. (2005a). Practice. In A. Holder (Ed.), *The blackwell companion to Christian spirituality* (pp. 496-514). Malden, MA: Blackwell Publishing Ltd.

Liebert, E. (2005b). The role of practice in the study of christian spirituality. In E. A. Dreyer & M. S. Burrows (Eds.), *Minding the spirit* (pp. 79-99). Baltimore, Maryland: The Johns Hopkins University Press.

Liebert, E. (2005c). Supervision as widening the horizon. In M. R. Bumpus & R. B. Langer (Eds.), *Supervision of spiritual directors: Engaging in holy mystery* (pp.125-145). New York: Morehouse Publishing.

May, G. (1988). *Addiction and grace: Love and spirituality in the healing of addictions*. New York: HarperCollins.

May, G. (1992). *Care of mind/Care of spirit: A psychiatrist explores spiritual direction*. New York: HarperCollins Publishers.

Moon, G. W., & Benner, D. G. (2004). *Spiritual direction and the care of souls: A guide to Christian approaches and practices*. Downers Grove, IL: InterVarsity Press.

Moore, T. (2007). 영혼의 돌봄 (김영운 역). 서울: 아침영성지도연구소. (원저 1994년 출판).

McGinn, B. (1991). *The foundation of mysticism*. New York: The Crossroad Publishing Company.

Peck, S. (2011). 아직도 가야 할 길 (최미향 역). 서울: 율리시즈. (원저 1978년 출판).

Schrag, C. O. (1997). *The self after postmodernity*. New Haven, CT: Yale University Press.

Schwanda, T. (2011). Contemplation. In G. G. Scorgie (Ed.), *Zondervan dictionary of Christian spirituality* (pp. 370-371). Grand Rapids, Michigan: Zondervan.

Stairs, J. (2000). *Listening for the soul: Pastoral care and spiritual direction*. Minneapolis, MN: Augsburg Fortress.

Vogel, J. (2015). Growing into the darkness of god: The inseparability between apophatic theology and ascetic practice. *Spiritus, 15*(2), 214-230.

제 **2** 장

기독(목회)상담사의 영성과 명상

윤종모

(전 성공회대학교 교수/연세대학교 연합신학대학원 상담아카데미 강사)

1. 들어가는 말

인간이 세상을 살면서 도움을 필요로 하는 세 가지 차원의 영역이 있다. 그것은 환경적 문제와 정서적/정신적 장애 문제, 그리고 영성적 차원의 문제이다.

사람들은 이 시대를 교회의 위기시대라고 말한다. 그러나 엄밀히 말하면 교회의 위기라기보다는 교리의 위기시대이다. 사람들은 그 어느 때보다 영성에 더욱 목말라하고 있다. 그러면 영성(靈性, spirituality)이란 무엇인가? 영성에 대해서는 한마디로 정의하기가 쉽지 않다. 왜냐하면, 각 종교와 여러 사람들의 영성에 대한 생각이 조금씩 다르기 때문이다. 그럼에도 불구하고 영성은 이 시대의 화두임에는 분명하다. 이 장에서는 기독교의 영성을 중심으로 다양한 영성에 대한 이해를 소개하고자 한다.

미국 목회상담학의 대부라고 할 수 있는 클라인벨(H. Clinebell)은 영성에 대해 다음과 같이 말한다.

> 사람들이 나이가 들어가는 문제와 죽음의 문제, 삶의 의미와 무의미의 문제, 질병과 위기에 대응하는 문제, 어떤 일에 대한 신념의 문제, 죄책감의 문제, 열정의 결핍이나 삶의 내적인 기쁨의 결여 등에 관해 이야기하면, 보통 그들은 영성적인 문제들을 가지고 도움을 요청하고 있는 것이다 (Clinebell, 1989, p. 116).

클라인벨의 이 말은 기독(목회)상담적 차원의 말이어서 기독(목회)상담자들은 관심을 가지고 살펴보아야 할 말이다.

영성은 중요한 지식과 정보의 문제이긴 하지만 단순히 지식과 정보의 문제만이 아니고 동시에 수련의 문제이기도 하다. 그러면 영성을 어떻게 수련할 것인가? 각 종교는 고유의 영성수련 방법들이 있다. 기독교도 나름대로 전통적인 영성수련 방법이 전해오고 있다. 각 종교와 수련단체의 영성수련 방법은 모두 명상(瞑想, meditation)이란 말로 통용될 수 있다. 그런 의미에서 이 장에서는 영성수련 방법으로서 명상의 기본적인 내용도 영성과 함께 소개하고자 한다.

2. 영성을 어떻게 이해할 것인가

영성은 이 시대의 화두이지만 영성에 대한 이해는 다양해서 영성을 한마디로 정의하는 것은 어렵다. 기독교의 영성만 고집해서는 안 된다. 다른 종교 그리고 심리학, 특히 자아초월심리학(transpersonal psychology)에서 주장하는 영성에 대한 이해를 폭넓게 살펴보는 것이 바람직하다.

1) 영성에 대한 기독교식 이해

기독교에서 바라보는 영성은 크게 보면 다음의 두 가지로 이해할 수 있을 것이다. 첫째는, 인간의 내면 속에 있는 하나님의 형상(imago dei)이다. 창세기 1장에 보면, 하나님은 땅과 바다를 만드신 후 바다의 물고기, 하늘의 새, 그리고 온갖 짐승들을 만드는데, 짐승, 즉 포유류를 만든 후 인간을 창조한다. 그런데 인간을 만들 때 "자, 이제 우리를 닮은 인간을 만들자." 하면서 인간에게 당신의 숨을 불어넣는다. 그래서 인간은 다른 생명체에게는 없는 하나님의 형상이 있다고 할 수 있는데, 기독교에선 이것을 영혼, 혹은 영성이라고 이해하고 있다. 성경을 살펴보면 영성의 본질은 생명, 사랑, 자비심 등이라는 사실을 알 수 있다.

둘째는, 하나님을 향해 있는 인간의 마음이다. 기독교 신앙이 없는 사람이라 할지라도 인간은 자신을 초월하는 그 어떤 근원적 존재에 대해 목이 말라 하고 있다. 이것은 인간 실존의 현상이다. 필자는 이것을 인간의 내면에 존재하고 있는 하나님의 형상, 즉 영성 때문이라고 생각한다. 이 현상은 하나님의 형상대로 지은 바 되었으나 하나님을 볼 수는 없는 인간의 영적 고향에 대한 향수 같은 것이다.

"암사슴이 시냇물을 찾듯이, 하나님, 내 영혼은 애타게 당신을 찾습니다. 하나님, 생명을 주시는 나의 하나님, 당신이 그리워 목이 탑니다." 이 말씀은 시편 42편, 1-2절에 있는 말씀인데 인간의 영적 뿌리인 하나님에 대한 갈망을 표현하고 있는 대표적인 표현이라고 할 수 있다. 성 어거스틴은 '내적 불안(inner restlessness)'이라는 말을 쓰고 있는데, 이 말 또한 영적 뿌리인 하나님에 대한 그리움, 그런데 그 하나님에 대한 불확실성 때문에 일어나는 현상이다. 많은 사람들이 역마살을 가지고 세상을 유랑하는 것도 비슷한 현상이라고 할 수 있다.

2) 다양한 차원의 영성 이해

영성이란 용어는 매우 다양한 방식으로 사용되어 왔다. 미국의 선험주의자들은 초월적인 지성을 가리킬 때 영성이란 말을 썼고, 프랑스인들은 삶에 대한 보다 뛰어난 인식을 가리키는 말로 이 용어를 썼다. 영성이란 말은 또한 종종 죽은 자의 영들이 이 땅에 살아 있는 사람들과 의사소통을 하게 되는 매체를 가리키기도 한다. 이때 의사소통의 매개자는 대개 사제나 무당(shaman)이었다.

같은 기독교에서도 복음주의적 기독교에서는 들뜨거나 열광적이 아닌 보다 깊고 온화한 종교적 감정을 지칭하기 위하여 이 용어를 사용하기도 한다. 성서에서는 영성은 프뉴마티코스(pneumatikos)라는 형용사로 나오는데, 이것은 하나님 나라에 들어간 사람들의 특성을 서술하는데 자주 사용된다. 그러한 사람들은 성령을 자신의 삶의 핵심적이고 결정적인 원리로 지닌다.

불교에서 말하는 불성(佛性), 도교의 도(道)라는 말도 영성이라는 말과 비슷한 맥락의 내용을 가진 용어라고 할 수 있다. 오늘날에는 영성이라는 말의 뜻이 확대되어 '정신'이라는 내용으로도 사용되는 경향이 있다. 예를 들어, A 회사가 "우리 회사의 기업 영성은 물건을 팔아 이익을 내는 것에만 있지 않고, 이 제품을 쓰는 소비자들의 행복을 증진하는 데 있습니다."라고 한다면, 이때 사용한 '기업 영성'이란 용어는 기업 정신을 의미하는 것이다.

오늘날에는 영성이란 단어가 정신, 혹은 인성이란 말들과 비슷한 내용을 가진 단어로 사용되는 등, 영성이란 말이 넓은 의미로 사용되고 있는 실정이긴 하지만 그래도 영성이라고 하면 여전히 전통적인 내용으로 주로 이해되고 있다.

다음에 소개하는 연합감리교회 목사인 Lawrence LaPierre의 영성에 대한 설명이 매우 좋은 예가 될 것이다. 그는 영성을 설명하는 하나의 유용한 모델을 제시했는데, 그것은 영성생활의 다양한 요소들이 표현될 수 있는 여섯 가지 요소로 분류하여 설명했다(Lapierre, 1994, pp. 153-161).

(1) 여정(journey)

사람은 살면서 기쁨, 슬픔, 갈등, 성공, 죽음 등의 다양한 경험을 한다. 그런데 인간은 이런 경험에 대하여 그 의미를 탐색하고 추구한다. 삶의 의미와 목적을 탐색하고 추구하는 것은 인간 실존에서 본질적인 것이다. 우리가 인생 여정에서 경험하는 것은 모두 우리의 삶과 삶의 방향을 형성한다. 이런 삶의 경험 속에서 우리는 하나님 안에 있는 우리 자신과 우리 안에 있는 하나님을 발견하기도 한다.

(2) 초월(transcendence)

영성에 대한 두 번째 측면은 사람들은 인간의 한계를 초월하는 어떤 실제적 차원이 존재한다고 믿는 것이다. 우리는 그 초월적 존재를 신비(mystery)로 혹은 절대적 타자(the other)로 묘사하기도 한다. 영성은 이러한 신비 혹은 절대적 타자와의 관계성을 탐색하는 것이다. Lapierre는 하나님은 분명 우리가 이해하기에는 너무나 커다란 어떤 존재라고 말한다.

(3) 공동체(community)

인간은 홀로 존재할 수 없다. 우리는 영적인 삶이라고 부르는 이 인생 여정에서 반드시 다른 사람들과 함께 걸어간다. 다른 사람을 알게 되고 사랑하게 되고 또 그들과 함께 존재함으로써 우리는 우리가 누구인가 하는 것을 알게 되고 또 우리는 어떤 존재가 되어야 하나 하는 것을 알게 되는 것이다.

공동체는 우리를 보호하고 또 우리가 필요로 하는 안전과 사랑을 제공하므로 공동체는 치유와 성장의 장소가 되며 동시에 도전의 장소도 되는 것이다. 우리는 매일매일을 사람들과 부대끼며 살아가면서 상처도 받고 한계도 느끼곤 한다. 그래서 우리는 치유를 필요로 하는 것이다. 상처받고, 치유되고, 인

간의 한계를 느끼고 성장하는 등의 일은 모두 영성적 차원의 일이다. 그리고
이런 일은 공동체에서 일어난다.

(4) 종교(religion)

영성과 종교는 차이가 있다. 종교와 영성은 차이가 있지만 종교에는 다양
한 차원의 영성적 요소가 존재한다. 영성은 초월자와 관계를 맺고 살아가고
있는 한 인간의 총체적 삶이라고 할 수 있다. 한 인간의 개인적 영성은 어떤
특정한 종교 단체의 의식이나 신념에 포함되어 있을 수도 있고 그렇지 않을
수도 있다. 그러나 제도화된 종교는 전 세계의 수많은 사람들에게 개인의 영
성이 표현되고 발전될 수 있는 장치들을 제공하고 있다.

종교는 영적 여정에 있어서 영성과 전통의 공동 차원을 인정한다. 종교는
우리들을 옛 선인들의 영성 경험의 지혜와 풍부함에 연결시켜 준다. 종교는
전통이 우리 자신의 경험 속에 살아나와 꿈틀거리게 만들며 또한 신앙공동체
로 하여금 전통을 현재 필요하고 소망하고 있는 것에 적용시키도록 불러내기
도 한다.

(5) 창조의 신비(the mystery of creation)

사람들에게 어디에서 하나님을 경험하느냐고 물으면 많은 사람들이 자연
이라고 대답한다. 어떤 사람은 끝없이 넓은 대양에서, 또 어떤 사람은 석양의
아름다움에서 혹은 높은 나무들이 빽빽하게 서 있는 숲속의 고요함에서 하나
님을 가장 가깝게 느낀다고 말한다. Lapierre는 많은 사람들이 자연의 신비와
아름다움에서 가장 강렬하게 초월의 느낌을 경험한다고 말한다.

(6) 변화(transformation)

영성은 항상 되어가고 있는 과정을 포함하고 있다. 절대자와의 관계는 우
리의 삶에서 성장의 과정이 일어나게 만들 뿐만 아니라, 우리의 특별한 인생

여정에서 우리가 어떠한 사람이나 사건을 만나더라도 계속해서 그에 응답하고 관여하도록 만든다. 영성은 필연적으로 자기 자신에 대한 집착에서 벗어나 타인과 세상에 대한 사랑과 자비심을 갖도록 만든다.

　영성에 대해 다시 정리해 보면, 영성은 종교적 차원을 넘어서 저기에 존재하는 어떤 절대자와 관계를 맺기 위하여 자아초월을 경험하려고 노력하는 인간의 본성이다. 인간은 그 절대자 혹은 초월자가 가지고 있는 의미, 목적, 그리고 그에 대한 지식을 얻고자 노력한다. 이것은 일반적인 종교나 진리를 찾으려고 수련하는 명상가들에게 공통된 특징이다.
　기독교 영성은 좀 더 구체적이다. 기독교는 초월자에 대한 지식, 의미, 그리고 목적 등을 예수 그리스도에게서 계시된 사실에서 배우고 그의 삶을 공유하라는 것이다. 하나님은 이를 위해 오늘도 인간들을 초대하고 계신다.

3. 자아초월(초개인)심리학과 영성

1) 자아초월심리학(transpersonal psychology)의 등장

　서양의 근대 가치관의 근간이 되어왔던 합리주의, 환원주의, 개인주의, 객관주의, 기계론적 세계관(mechanistic world view) 등이 가지고 있는 한계성에 대해 재검토가 이뤄지고 있는 과정에서 자아초월심리학이 1989년에 'Transpersonal Psychiatry, Theory and Practice'라는 제목으로 미국 정신의학회 연례 학술대회에서 공식 교육과제로 채택되면서 관심이 집중되었다.
　심리학사(史)에서는 시대적으로 큰 영향력을 발휘했던 정신분석학파를 제1의 심리학, 행동주의학파를 제2의 심리학, 인본주의학파를 제3의 심리학, 그리고 자아초월심리학은 제4의 심리학으로 불리고 있는데, 영성 혹은 영성수련에서 다루는 내용과 본질을 같이 함으로 영성심리학으로 불러도 무방하다.

정신분석을 기본으로 하여 진행되는 기존 심리치료에서는 정신병리에 너무 치중하여 인간의 영성적인 측면을 간과하고 있는데 이는 전인치유로는 부족하다고 자아초월심리학은 주장한다. 자아초월심리학은 심리치료가 한계에 부딪힐 때 영성적인 치유가 온전한 치유를 만들어 낼 수 있다는 것이다.

젊은 나이에 암으로 세상을 떠난 매튜의 예를 들어보자. 그는 20세에 암으로 죽은 청년인데, 그는 병원에 입원해 있을 때 난폭한 사람으로 소문나 있었다. 그는 자신이 젊은 나이에 치명적인 병에 걸려 죽어야만 한다는 사실에 분노하고 당황하여 감정을 조절할 수 없었다. 어떤 상담도 도움이 되지 않았다. 그런데 어느 날 그는 벽을 향하여 앉아서 며칠을 꼼작 않고 있다가 다음과 같은 짧은 시(詩)를 한 편 썼다.

> 태양이 없으면 우리는 무지개를 가질 수 없지.
> 비가 없어도 우리는 무지개를 가질 수 없어.
> 아, 태양과 비, 웃음과 고통. 그것들이 함께 어울려 무지개를 만드는 거지.

여기서 무지개는 우리의 인생을 의미하고, 태양은 삶의 긍정적인 면을, 비는 삶의 부정적인 면을 의미한다고 볼 수 있다. 그러니까 인생은 밝고 긍정적인 면만 있는 것이 아니고 긍정적인 면과 부정적인 면이 함께 섞여 이루어져 있다는 뜻이다. 이것은 매우 상식적인 이야기지만, 이 사실을 머리로 알고 있는 것과 마음으로 깨닫는 것은 엄청난 차이가 있다.

마음으로 깨달으면 영성은 성장하고 치유를 경험할 수 있다. 매튜는 그 사실을 깨닫고 치유를 경험했다. 그는 깨달음으로 마음의 평화를 얻어 병과 죽음까지도 받아들였고 자기를 돌봐주는 의료진에게 감사하고, 다른 환자들에게 봉사하며 살다가 죽었다. 그는 깨달음으로 죽음을 초월하여 밝게 살다가 세상을 떠났던 것이다(윤종모, 2009, pp. 64-65).

상담자가 여기에서 의미 있게 살펴보아야 할 것은 삶과 죽음, 그리고 의미의 상실 같은 영성적인 문제는 심리치료로는 한계가 있고, 마음을 닦아 깨달음으로 치유할 수 있다는 사실이다. 그러면 어떻게 마음을 닦고 영성을 수련할 것인가 하는 문제가 있다. 마음을 닦고 영성을 수련할 수 있는 가장 좋은 방법은 명상(瞑想, meditation)이다. 그러므로 상담자는 반드시 명상해야 한다. 명상으로 자신을 치유하고(self-healing), 다른 사람이 치유될 수 있도록 도와야 하는 것이다.

자아초월심리학은 성격상 영성심리학이라고 할 수 있는 것으로서 그것이 중요하게 다루고 있는 내용들은 어떤 것들인지 살펴볼 필요가 있다. 1969년부터 발행하였던 『자아초월심리학 저널(Journal of Transpersonal Psychology: JTP)』에서 다루었던 분야를 살펴보면 다음과 같다(정인석, 2003, p. 312).

초욕구(meta need, 매슬로우의 용어로서 진·선·미, 그리고 자기초월 등 존재가치를 추구하는 욕구), 궁극적 존재(ultimate being), 절정경험(peak experience), 황홀감(ecstasy), 신비경험(mystical experience), 더할 수 없는 행복감(bliss), 경외(awe), 경이로움(wonders), 일치감(oneness), 영(spirit), 우주의식(cosmic consciousness), 초월현상(transcendental phenomena) 등등이다.

2) 자아초월심리학의 내용

서양의 근대 가치관의 근간이 되어왔던 합리주의, 환원주의, 개인주의, 객관주의, 기계론적 세계관(mechanistic world view) 등에 대한 다각적인 재검토가 가해지고 있는 상황에서 자아초월심리학이 재조명되었다.

자아초월심리학은 영성적 내용을 다루고 있는 서구 심리학자들과 1960년대 미국에서 일어났던 히피운동과 반문화운동(counter-culture movement), 환원주의에 대항하는 전체론적인(holistic) 세계관, 인간성개발운동, 생태학적 운동, 생태여성론(ecofeminism), 힐링 등 다양한 운동이 포함되어 있다. 특히 힐링에 관해서는 동양의 요가와 명상, 깨달음에 관해서는 불교의 위빠사나와 선(禪)명상을 받아들여 다루고 있다(정인석, 2003, pp. 19-20).

인간은 나는 누구인가, 나는 어디서 와서 어디로 가는가, 삶에는 무슨 의미가 있는가, 죽음이란 무엇인가 등등의 질문을 하는 유일한 동물이라고 할 수 있는데, 이런 질문에 답을 얻지 못하면 마음의 깊은 곳에 실존적 욕구불만(existential frustration) 혹은 실존적 공허감(existential vacuum)이 생긴다.

자아초월심리학은 주로 이런 마음과 감정의 역동성을 다루는 학문이다. 기존 심리학에서는 이런 주제들은 너무 추상적이고 과학적이지 못하다 하여 기피해 왔지만, 인간의 영성이 중요한 문제로 떠오른 현대에는 이런 주제들이 단순히 종교적 영역 안에서만 머물러 있어서는 안 되고 심리학에서도 중요한 문제로 다루어야 한다고 하여 자아초월심리학이 각광을 받게 된 것이다.

3) 중요한 자아초월심리학자들

자아초월심리학을 좀 더 자세하게 이해하려면 자아초월심리학에서 중요하게 여기는 심리학자들이 주장하는 이론들을 살펴보는 것이 도움이 된다. 자아초월심리학자들을 모두 살펴보는 것은 지면상 어려울 것 같아서 몇몇 중요한 학자들만 살펴보고자 한다.

첫 번째 살펴볼 사람은 칼 융(C. G. Jung)이다. 프로이트(S. Freud)는 인간의 정신을 의식과 개인적 무의식의 도식으로 파악하여 무의식(id)의 강한 욕구에 대하여 자아(ego)가 어떻게 의식을 확립하는가 하는 문제에 집중하고 있는(psychoanalysis) 반면에, 융은 인간의 정신을 의식과 개인적 무의식, 그리고 집합적 무의식의 3층 구조의 도식으로 보아 무의식의 창조의 힘을 시인하고 의식과 무의식의 통합을 꾀하는 분석심리학(analytical psychology)에 집중하였다. 그는 무의식에서 용암처럼 솟아오르는 힘을 적극적인 상상으로 다스리기도 하였는데 이것은 영성적인 치유 방법이라고 할 수 있는 것이다.

　두 번째 살펴볼 사람은 알란 왓츠(A. Watts)이다. 1960년대는 기존의 기독교와 심리학도 비판과 극복의 대상이 되었다. 일부 진보적인 사람들은 성서를 읽을 때 고대 신화적 요소를 빼버리고 실존에 의미 있는 부분만을 읽으려고 하는 소위 비신화화(非神話化)된 해석을 하려는 경향이 있었다.

　예를 들어, 폴 틸리히(P. Tillich)는 하나님을 존재의 근거로, 혹은 궁극적 실재(ultimate reality)로 보아 종교철학적 내지 형이상학적으로 해석하려고 하며 '신 너머의 신(God above God)'을 볼 수 있다고 하였는데, 왓츠는 이에 대한 대안으로 영성의 참뜻을 동양사상에서 찾으려 하여 『선의 방법(The Way of Zen)』을 써서 서구인들에게 동양종교와 동양사상에 대한 관심을 높여 주었다. 참된 의미에서 동양의 선(禪)을 소개하여 동양사상의 수행체계를 본격적으로 서구인들에게 알려준 최초의 인물이라 할 수 있다.

　세 번째 인물은 아브라함 매슬로우(A. H. Maslow)이다. 매슬로우는 인간학적 심리학과 자아초월심리학의 확립에 중요한 역할을 했다. 그는 정신분석이나 행동주의, 그리고 전통적인 심리학은 인간의 정신병리나 결점 등에 관해서는 많은 것을 가르쳐 주었으나 인간의 잠재능력이나 성취 가능성에 대한 전망 등에 대해서는 거의 아무것도 가르쳐 주지 못했다고 비판하면서 인간의 내면적 성장 가능성에 심리학 연구의 목적을 두었다.

　그는 인간의 본질을 이해하기 위해서는 고도로 건전한 인격의 존재에 주목해야 된다고 주장하였다. 내담자중심요법(client-centered therapy)을 제창한 로저스(C. Rogers)도 매슬로우와 비슷한 생각을 하고 있었는데, 그의 인간학적 접근에 의한 상담의 이론과 기법은 오늘날 상담학에서 중요한 위치를 차지하고 있다.

　네 번째 인물로는 빅터 프랭클(V. Frankl)을 살펴보려고 한다. 프랭클은 유대인이라는 죄목으로 나치에게 체포되어 수용소 생활을 경험하였는데, 수용소에서는 인간의 어떤 기본적 욕구조차도 충족시킬 수가 없었으며 어떠한 자아실현적 행위도 허용되지 않았다. 프랭클은 그런 상황에서도 인간은 자신이 처한 상황에서 어떤 의미를 발견하면 결코 쓰러지지 않는다는 사실을 발견하였다.

수용소에서 학대와 폭력, 질병, 굶주림 등으로 죽음의 길밖에 남아 있지 않은 상황에서도 '당신들이 나의 모든 것을 빼앗아 간다 할지라도 이 주어진 상황에서 내가 어떤 태도를 취하느냐 하는 나의 선택은 당신들이 어찌하지 못할 것'이라고 생각하는 소수의 사람들은 수용소의 비참한 상황 속에서도 정신적으로 건강하게 살아남았다. 프랭클은 이런 깨달음을 『의미에 대한 인간의 추구(Man's Search for Meaning)』라는 책으로 출간하였고, 그 책으로 하여 그는 의미요법(logotherapy)으로 유명하게 되었다. 의미요법은 심리 차원의 치료기법이면서도 동시에 영성적 차원의 치유기법이기도 한 것이다.

다섯 번째로는 이탈리아의 정신과 의사인 로베르토 아사지올리(R. Assagioli)에 대해 살펴보겠다. 아사지올리는 정신통합 혹은 정신종합(psychosynthesis)의 창시자인데 그의 이론은 자아초월심리치료의 이론으로서 전인적인 관점에서 치료와 성장에 접근하는 방법이다. 즉, 성장중심적이고 영성 지향적인 이론이라고 할 수 있다. 미국 목회상담학의 대가인 클라인벨은 정신통합 훈련을 받은 한 심리치료사에게 상담을 받은 적이 있는데, 그때까지 풀리지 않던 슬픔과 분노의 단단한 덩어리가 보다 높은 자아(higher-self), 즉 인간의 내부에서 인간이 온전한 전체가 되는 그곳과 접촉하면서 차가운 웅어리가 녹는 것을 느꼈다고 고백한 적이 있다.

아사지올리의 인성에 대한 성격 구조도를 보면, 그는 무의식을 세 개의 영역으로 분류한다. 하부 무의식과 중간 무의식, 그리고 상부 무의식이다. 인간은 의심, 질투, 폭력, 비난 등등의 수많은 하부 인격들을 가지고 있는데, 인간이 현재 의식의 '나'라는 관점에서 이런 하부 인격들을 보고 있는 한 변화와 치유는 이루어지기 어렵다고 그는 주장한다. 보다 높은 자아의 의식에서 이런 하부 인격들을 바라볼 때 비로소 그 속성들이 보이고 변화와 치유가 가능하다는 것이다. 문제는 어떻게 상부 무의식 속에 존재하는 보다 높은 자아를 인식할 수 있느냐 하는 것인데, 그 가장 효과적인 방법은 명상을 통하는 것이다.

　명상 속에서 자신의 깊은 내면 속으로 들어가 자신의 맑고 깊은 영성과 만나면 보다 높은 자아를 인식하게 된다. 보다 높은 자아는 신(神)이라고 불리는 영적 실체와 융합한다. 또한 자연과의 통합도 이루어 낸다. 초월적인 실체와의 친교 혹은 일체감을 이루어 나가면 더할 나위 없는 기쁨과 관조의 마음을 경험하게 되는데, 이것은 곧 영성치유라고 할 수 있는 것이다.

　마지막으로 켄 윌버(K. Wilber)를 간단하게 소개하고자 한다. 오늘날 윌버는 자아초월심리학에서 가장 중요한 학자로 인정받고 있는데, 그는 대학에서 의학과 생화학을 전공한 사람으로 영성이나 종교에 대해서는 별 관심이 없는 사람이었다.

　그가 영적으로 각성하기 시작한 것은 어느 날 우연히 노자의 『도덕경』을 읽고 나서부터였다고 한다. 그 후 그는 인생의 의미를 발견하기 위하여 많은 책을 읽었는데, 게슈탈트요법의 창시자 Perls, 분석심리학자 융, 실존주의 철학자 Sartre, 초월주의자 Eckhart, 선(禪)의 사상가들, 그리고 프로이트 등을 깊이 연구하였다.

　윌버의 이론은 다양하고 때로는 복잡하지만 대표적인 이론은 『의식의 스펙트럼(The Spectrum of Consciousness)』이라고 할 수 있다. 의식의 스펙트럼은 다양한 종교사상이나 심리학의 이론은 각각 옳다 틀리다 라고 말할 것이 아니고 그것들은 각각 부분적인 진리를 말하고 있는 것이라고 주장하면서 각 부분을 절충 혹은 통합적으로 합일하여 인간의식의 계층 구조적인 전체상을 부각시키는 것이다. 윌버는 의식의 전체상을 계층모델로 설명하기 위하여 영원-무한-우주-마음의 수준, 초개인의 영역, 실존의 수준, 생물·사회적 영역, 자아의 수준, 철학적 영역, 그리고 그림자의 수준 등 일곱 개의 계층구조의 모델을 제시하였다(Wilber, 1977, pp. 3-4).

　윌버 사상의 가장 큰 특징은 서양심리학의 특징인 자아(ego) 혹은 자기(self)라고 하는 개념과 자아와 끊을 수 없는 합리적 정신을 인간발달의 과정

속에서 체계적으로 정리한 후, 이를 초월하는 발달로서의 자기성찰의 깨달음, 그리고 무심(無心, 대상으로서의 그것 자체를 의식하지 않는 순수의식)과 무아(無我)의 상태를 각성하는 것이라고 볼 수 있다.

월버는 자기성찰의 깨달음, 무심, 무아의 상태를 각성하기 위해서는 마음의 눈(eye of mind), 혹은 정관의 눈(eye of contemplation)이 필요하다고 말한다. 마음의 눈은 사물의 외형 너머 보이지 않는 곳에 있는 의미의 세계를 보는 지혜를 의미하고, 정관의 눈은 좀 더 깊은 차원의 지혜, 즉 궁극적인 마음이도록 할 수 있는 것이다(윤종모, 2009, p. 17).

4. 명상

1) 영성과 명상의 관계

영성은 지식이나 정보의 수준에 머물러 있으면 큰 의미가 없다. 영성은 머리의 차원에서 마음의 차원으로 녹아들어야 하는데, 그러기 위해서는 반드시 수련의 과정이 필요하다. 기독교의 영적 독서와 관상기도, 불교의 선(禪), 요가, 위빠사나 등은 모두 명상이라고 할 수 있는데 이것들은 본질적으로 수련이다.

기독교에서는 영성형성을 위하여 영적 독서(Lectio Divina), 이냐시오 로욜라(Ignatius de Loyola)의 '영성수련' 등이 있으나 동양의 수행자나 자아초월심리학에서는 영성형성을 위하여 명상을 수련하고 있다. 그러나 기독교의 영적 독서, 영성수련, 그리고 관상기도 등도 사실은 성격상 명상에 속하는 것이다.

명상은 그릇으로, 영성은 그 그릇에 담겨 있는 내용물로 이해할 수 있다. 명상이라는 그릇 속에서 영성은 세련되고 성숙해지는 것이다. 영성을 단지 지식이나 정보로만 이해하면 별 의미가 없다. 명상을 수행하면서 쉬고 깨달음을 얻어야 영성이 형성되고 성숙해진다. 이런 의미에서 영성과 명상은 불가분의 관계에 있다 하겠다.

2) 명상이란 무엇인가

(1) 명상의 정의

영성이란 말이 다양하게 해석되듯이 명상이란 말도 다양하게 이해되고 있다. 명상을 이해하기 위하여 먼저 중요한 명상가들이 명상을 어떻게 설명하며 정의를 내리고 있는가 하는 것을 살펴보는 것이 좋겠다. 기독(목회)상담가인 클라인벨은 명상을 다음과 같이 정의하고 있다.

> 명상은 자신의 의식을 침묵하게 하여 중심으로 모으는 방법이며, 또한 심리학적으로 명백하고 흐트러짐이 없는 공간 속으로 들어가게 하는 방법이다(Meditation is any method of quieting and centering one's consciousness, of getting into a clear, uncluttered space psychologically) (Clinebell, 1989, p. 129).

클라인벨의 명상의 정의에는 다음과 같은 세 가지 요소가 있다.

① 의식(마음)을 침묵하게 한다.
② 의식을 중심으로 모은다.
③ 명백하고 흐트러짐이 없는 마음의 공간을 형성한다.

클라인벨의 명상에 대한 정의는 매우 정확하고 명확하다. 명상은 먼저 의식을 침묵하게 하고 의식을 중심으로 모아야 한다. 그런 다음 분명하고 흐트러짐이 없는 마음의 공간을 형성해야 한다. 그래야만 사물을 바르게 볼 수 있으며 내면에서 들려오는 소리를 들을 수 있다. 클라인벨은 상담심리학자의 관점에서 명상을 매우 정확하게 설명한 것이다.

블루마운틴 명상센터를 설립한 이스와란(E. Easwaran)은 자신의 경험을 바탕으로 명상에 대하여 다음과 같이 말한다.

> 명상은 초자연적인 능력이나 초과학적인 힘과는 무관하다. 명상이란 마음을 비우는 것을 의미하지도 않는다. 또한 최면이나 암시상태에 빠지는 것도 아니다. 명상은 우리 마음의 잠재력을 최대한도로 이끌어 내고 응축해 내기 위한 기술이라고 할 수 있다. 명상은 마음의 훈련, 특히 집중력과 의지력의 훈련이라고 할 수 있으며, 그런 훈련을 통해서 우리는 의식의 표면으로부터 저 깊은 마음의 심층까지 여행할 수 있게 된다.

많은 명상가들이 명상은 마음을 비우는 것으로 설명하고 있는 데 반하여 이스와란은 명상을 마음을 비우는 것이 아니라고 주장하고 있는데, 이것은 명상을 이해하는 방식이 다양하다는 것을 의미한다. 『뇌내혁명』이란 책으로 유명해진 하루야마 시게오는 명상을, "긍정적이고 즐거운 상상은 모두 명상이다."라고 말하기도 한다.

필자는 "명상은 마음을 집중하여 고요히 생각하는 것이며, 깊이 생각하는 것이며, 마음을 비우고 사물을 바라보는 것이다. 그러면서 자기 자신을 온전히 알아 가는 것이며, 치유를 경험하고, 마침내는 신의 마음과 눈으로 세상을 보는 것이다."라고 정의한 바가 있다.

자아초월심리학에서는 모든 문제의 근원적인 원인을 통찰, 해결하는 중요한 도구로서 명상을 이해하고 있으며, 하버드 의과대학의 허버트 벤슨(H. Benson)과 그의 제자들은 명상의 치유 효과를 주된 연구주제로 삼고 있다.

명상을 다시 간추려서 정리해 본다. 기독교와 불교, 이슬람교, 힌두교 등의 종교에서는 깨달음과 마음의 평화에 중점을 두고 명상을 이해하고 있으며, 상담가나 심리학자는 명상의 심리학적 기능을 강조하고, 의사들은 명상의 치료효과에 관심을 집중하고 있다. 실제로 명상을 하는 사람들은 공통적으로 '명상은 삶을 좀 더 효과적으로 살기 위한 기술'이라는 생각을 가지고 있다(윤종모, 2009, pp. 27-28).

명상은 실로 맑고 밝은 의식으로 자기 자신과 사물을 바라보는 것이다. 불교에서는 명상을 '병 속의 혼탁한 물'로 비유적으로 설명하고 있다. 불순물이 가득 담긴 병 속의 물은 분명하고 깨끗하게 볼 수 없지만, 불순물이 가라앉은 병 속의 물은 분명하고 깨끗하게 볼 수 있다는 것이다. 바쁜 마음은 불순물이 가득한 병 속의 물이요, 고요한 마음은 불순물이 가라앉은 병 속의 물이다. 명상은 마음의 불순물을 가라앉히는 가장 효과적인 도구인 것이다.

(2) 명상수련의 방법

명상은 기본적으로 지(止)와 관(觀)을 두 축으로 하여 이루어지는 고도의 정신수련인데, 지(止)는 사마타, 집중, 삼매, 마음챙김/마음주시(mindfulness) 등으로, 관(觀)은 위빠사나(vipassana), 분석, 탐구, '이 뭣꼬?,' 자각 혹은 알아차림(awareness) 등으로 이해할 수 있겠다. 이것은 기독교, 불교, 힌두교, 이슬람교 등 종교의 전통적 수련에서는 물론이고 심리학자나 일반인들의 생활명상에서도 같은 방법을 사용하고 있다.

지(止)의 명상, 즉 사마타(samatha) 명상으로부터는 쉼과 함께 마음의 평화, 사랑, 감사하는 마음과 기쁨, 걱정 근심으로부터의 자유 등을 경험할 수 있고, 관(觀)의 명상, 즉 선(禪) 명상이나 위빠사나 명상에서는 자기성찰과 사물의 본질을 그 깊이에서 살펴볼 수 있는 지혜, 즉 깨달음을 얻을 수 있다.

사람들은 바쁜 마음을 멈추고 고요히 앉아서 심호흡을 하며 마음을 집중하다 보니 심신(心身)이 이완되고, 내면의 평화와 기쁨이 넘치는 것을 발견했을 것이다. 성경 요한복음 14장 27절에 보면 예수님이 제자들을 떠나면서, "나는 너희에게 평화를 주고 간다. 내 평화를 너희에게 주는 것이다. 내가 주는 평화는 세상이 주는 평화와는 다르다. 걱정하거나 두려워하지 말라."고 말씀하셨는데, 이때의 평화는 바로 내면의 평화를 의미하는 것이다.

내면의 평화는 내면의 깊은 곳으로 들어가서 마음을 성찰하고 마음을 공부하지 않으면 좀처럼 성취하기 어려운 과제이다. 내면의 깊은 곳으로 들어가려면 먼저 바쁜 마음을 내려놓고 깊은 호흡을 하면서 마음을 고요히 집중해야 한다.

그래서 사람들은 지(止) 명상을 수련하기 시작했다. 지(止)는 '그치다' '멈추다'의 뜻으로 고대 언어인 팔리어 혹은 산스크리트어인 'sati'와 'samatha'의 번역어이다. 지(止)는 마음을 하나의 대상에 멈추고 집중시켜 바쁜 마음을 멈추고 고요함을 이루는 것이다. 마음을 하나의 대상에 집중하여 고요함을 이루면 인식의 주체와 객관적 대상의 대립이 사라지고 주체와 객체가 하나가 되는 현상이 생기는데 이것을 지(止), 정(定), 혹은 사마타(samatha)라고 말한다.

요즘은 마음챙김(mindfulness) 명상에 관심을 두는 사람들이 많다. 아마 매사추세츠대학의 존 카밧진(J. Kabat-Zinn) 교수의 영향 때문일 것이다. 마음챙김이란 말은 팔리어 'sati'를 번역한 말인데 이 말은 어떤 사물이나 사실을 집중하여 바라본다는 뜻과 집중하여 바라보다가 미처 못 보던 사물의 본질을 알아차린다는 뜻이 있다.

예를 들어보자. 바쁜 아침 출근길에 옆에서 차가 끼어들면 화가 치밀고 그래서 혼잣말로 욕을 뱉으며 경적을 울린다. 옆에서 차가 끼어드는 것도 봤고, 그것에 대해 욕을 하고 경적을 울리는 행동도 했다. 그러나 옆에서 끼어든 차로 인하여 자신의 마음에 화가 일어났음을 보지는 못 했고 자신이 욕을 하고 경적을 울리는 행동을 하고 있음을 깨닫지는 못했다. 그러나 이때 '아, 내가 차가 끼어든다고 화를 내고 욕을 하고 경적을 울려 대네.' 하며 알아차린다면 이것이 마음챙김이라고 할 수 있다(김정호, 2016, pp. 12-14).

사람들은 또한 어떤 사물이나 생각을 깊이 들여다보다가 어떤 깨달음을 얻

는 경험을 했을 것이다. 깨달음을 얻었을 때의 기쁨과 해방감, 그리고 자유스
러움은 경험한 사람이 아니면 이해하기 어려운 기쁨이다. 그래서 사람들은
어떤 사물이나, 마음 깊은 곳에서 솟아나오는 의문들에 대하여 살펴보고 성
찰하기 시작했는데, 이것을 관(觀) 명상이라고 한다.

　관(觀)은 '자세히 본다'는 뜻으로 'vipassana'의 번역이다. 그러니까 관은 대
상을 자세히 살피고 관찰하여 대상의 참된 모습을 통찰하는 것인데, 주로 자
신의 본 마음을 살피고 사물의 본성을 꿰뚫어보는 것이다. 그러므로 관(觀)
명상을 통하여 우리는 사물의 참된 모습과 바른 도리를 알 수 있게 되는 것이
다. 사물의 참된 모습과 바른 도리를 아는 것을 지혜라고 한다. 그래서 관을
혜(慧)라고도 한다.

　명상에서는 지와 관이 항상 같이 가야 한다. 이런 이유로 지관쌍수(止觀雙
修) 혹은 정혜병수(定慧竝修)가 명상을 수행하는 가장 중요한 방법이 되는 것
이다. 다시 정리하여 말하면, 명상은 기본적으로 지(止)와 관(觀)을 두 축으로
하여 이루어지는 고도의 정신수련인데, 지(止)는 쉼과 집중과 마음챙김을, 관
(觀)은 자각, 알아차림, 깨달음 등으로 이해할 수 있겠다.

　이 원리는 기독교 명상이라고 할 수 있는 영적 독서와 관상기도도 비슷하
다. 먼저 침묵하여 내면의 고요를 형성하고 살펴보는 면에서는 비슷하지만,
기독교에선 살펴보는 대상이 신앙적 차원인 절대자인 하느님이라는 면에서
는 불교와 일반 명상과는 다르다. 명상이라는 그릇은 비슷하지만 그 그릇에
담는 내용물은 다른 것이다.

　명상은 또한 치유와도 관계가 있다. 명상을 뜻하는 'meditation'이란 단어
는 라틴어 'mederi'에서 나왔다고 하는데, 'mederi'에서 파생된 또 다른 하나
의 단어는 'medicine'이란 단어이다. 'mederi'라는 단어의 뜻에 '치유하다'라
는 뜻이 포함되어 있으므로 명상을 하면 치유의 효과가 있다는 것을 옛 명상
수련가들은 경험으로 알고 있었던 것 같다.

(3) 명상의 장소

명상을 처음 수행하는 사람은 명상을 하는 장소는 어떤 곳이어야 하는 데에 신경을 많이 쓴다. 명상을 할 때는, 특히 명상을 처음 시도하는 사람에게는 명상의 장소와 주위 환경이 중요하다. 먼저 자신만의 조용한 장소를 찾는 것이 중요하다. 일반적으로 다음과 같은 장소가 적당할 것이다.

① 흐르는 물소리가 들리는 강변이나 시냇가
② 고요하고 아름다운 호숫가, 평화로운 산꼭대기
③ 철썩이는 파도소리가 들리는 바닷가
④ 나무 사이로 밝게 비치는 달빛이 보이는 곳
⑤ 한적하고 인적이 드문 산속
⑥ 종교가 있는 사람이라면 촛불이 켜져 있는 제단
⑦ 바람소리, 새소리, 졸졸졸 흐르는 시냇물 소리가 들리는 계곡

등 마음의 고요함을 이룰 수 있는 곳이면 어떤 장소라도 좋다.

처음에 명상하는 장소는 중요하다. 주위 환경이 주는 기운이 엄청나기 때문이다. 그러나 일상생활 중에 이런 장소를 일부러 찾아가 명상을 하는 것은 쉽지 않기 때문에, 하던 일을 멈추고 바쁜 마음을 잠시 내려놓고 앉을 수 있는 곳이면 어느 곳이나 괜찮다. 대신 눈을 감고 위의 장소를 마음속으로 눈앞에 그려 보며 명상을 하면 좋을 것이다.

(4) 명상의 자세

명상을 할 때는 바닥에 앉아서 해도 좋고 의자에 앉아서 해도 좋고 누워서 해도 좋다. 바닥에 앉아서 할 때는 결가부좌 혹은 반가부좌가 좋다. 결가부좌는 왼쪽 발을 오른쪽 넓적다리 위에 놓고 오른쪽 발을 왼쪽 넓적다리 위에 놓고 앉아서 손은 손바닥을 위로 향해 무릎 위에 놓는다. 혹은 그냥 무릎 위에

놓아도 된다. 흔히 다이아몬드 자세라고 부른다. 결가부좌가 불편하면 반가부좌로 앉아도 좋다. 반가부좌는 우리가 흔히 앉는 양반다리라고 이해하면 된다.

혀는 윗니 뒤쪽 입천장에 가볍게 갖다 대고, 얼굴은 약간 미소를 짓는 느낌으로 하는 게 좋다. 미소를 지으면 마음을 긍정적으로 흐르게 하고 명상에 좀 더 집중하게 만들기 때문이다. 의자에 앉아서 할 때는 허리를 똑바로 세우고 하고, 누워서 하는 명상은 주로 이완을 목적으로 하는 명상일 때 할 수 있지만, 일반 명상일 때는 명상이 아주 숙달됐을 때나 가끔 하는 것이 좋다.

(5) 명상할 때의 호흡

명상 시의 호흡은 심호흡이 좋다. 심호흡은 바쁜 마음을 멈추고 마음을 집중하여 내면의 고요를 형성하여 흐트러짐이 없는 마음의 공간을 만드는 명상의 알파와 오메가이다. 복식호흡, 단전호흡, 보디 스캔(body scan)을 하면서 하는 호흡 등이 있는데, 숨을 들이쉬면서 코끝을 보고 하나, 내쉬면서 하나 하고 하면서 의식을 집중한다.

기독교 전통에서는 예수기도를 하면서 의식을 집중한다. 숨을 들이쉬면서 '예수' 내쉬면서 '그리스도여'를 반복한다. 혹은 숨을 들이쉬면서 '예수 그리스도여' 숨을 내쉬면서 '우리를 불쌍히 여기소서'를 반복해도 좋다. '예수 그리스도여, 우리를 불쌍히 여기소서'라는 말은 라틴어 '기리에 엘레이손(Kyrie, Eleison)'을 번역한 말이다. '예수 그리스도'를 반복하면서 예수의 신비와 사랑을 온몸으로 느끼고, '우리를 불쌍히 여기소서'를 반복하면서 인간의 죄 된 존재, 인간은 죽을 수밖에 없는 존재, 이런 사실을 하나님께 아뢰면서 하나님과 합일하기를 간절히 원하는 마음을 의식과 무의식 속에 가득 채우게 된다.

심호흡의 효과는 의식이 집중되어 내면 깊숙이 들어감으로써(centering down) 마음이 안정되고, 분명하고 명확한 의식의 공간이 형성된다는 점이다. 심호흡으로 의식의 깊은 곳으로 들어가면 좌뇌는 잠시 쉬고 우뇌가 활성화되면서 집중력과 창의성이 비상하게 활발해진다. 동시에 내면의 소리를 들을 수 있어서 밝은 깨달음을 얻을 수 있다. 뇌의 파장은 알파파(8~12Hz)가 흐르고, 뇌에서는 엔도르핀과 세로토닌 같은 행복 호르몬이 분비된다.

심호흡으로 마음의 고요가 이루어지면 좌뇌는 쉬고 우뇌가 활성화되는데 좌뇌와 우뇌의 기능을 잠시 살펴본다. 좌뇌는 분석적이며 논리적이다. 그리고 언어를 담당하며 시간을 연속성으로 인지한다. 즉, 시간을 과거, 현재, 그리고 미래를 연결하여 인지하는 것이다. 그러므로 과거를 기억하며 후회하고, 미래를 걱정하며 불안해하는 것은 좌뇌의 영향 때문이다. 반면에 우뇌는 직관적이며 정서적이다. 그리고 지금 여기만 인식한다. 과거를 기억하여 후회하거나 미래를 걱정하여 불안해하지 않는다.

뇌신경학자인 질 볼트 테일러(Jill Bolte Taylor)는 좌뇌에 뇌출혈을 일으켜 우뇌만 주로 작동할 때의 상태를 무한한 평화와 편안함만 존재하는 니르바나(nirvana) 같았다고 TED에 출연하여 경험담을 들려준 바 있다. 명상으로 마음의 깊은 고요를 이루면 질 볼트가 경험한 니르바나를 경험할 수 있다. 그러나 뇌의 기능은 오묘하여 우뇌가 활성화되어 있는 상태에서 어떤 사물이나 사실에 대해 성찰하기 시작하면 잠시 쉬고 있던 좌뇌가 다시 활성화된다.

호흡은 우리의 육체와 무한한 우주 공간을 연결시켜 주는 유일한 끈이기도 하다. 숨을 들이쉬면서 우주 공간의 한 부분을 몸 안으로 받아들이고, 숨을 내쉬면서 몸 안의 한 부분을 우주 공간의 한쪽으로 배출한다고 느낀다. 숨을 들이쉬면서는 우주의 생명력을 들이마신다고 생각하고, 숨을 내쉬면서는 몸 안의 나쁜 기운과 감정을 내보낸다고 생각하기도 한다. 그래서 명상 시 심호흡을 할 때는 숨을 들이마시는 시간보다 내쉬는 시간을 좀 더 길게 하는 것이다.

3) 기독교 명상과 불교 명상

클라인벨은 "명상은 기독교와 유대교의 중대한 유산 가운데 하나이다."라고 말한다(Clinebell, 1989, p. 129). 예수의 종교적 뿌리는 유대교이다. 유대교는 천지를 창조한 유일신을 믿는 종교이다. 예수는 세상적인 것보다 '먼저 하느님의 나라와 하느님의 의를 구하라' '원수를 사랑하라' '사람은 빵만으로 살 것이 아니라 하느님의 말씀으로 살아야 한다'는 등의 가치를 주장했다. 예수는 또한 '내가 주는 평화는 세상이 주는 평화와는 다르니 걱정하거나 두려워하지 말라.'고 가르친다.

예수는 율법의 불완전함에 대해서도 가르쳤다. 율법을 지키는 것은 중요하지만, 율법의 근본 영성을 잃어버리고 율법 자체에 매달리면 율법이 하느님을 대신하는 우상이 될 수도 있다는 점을 사람들에게 깨우쳐 주려고 했다. 그는 사람들이 율법을 맹목적으로 따를 것이 아니라 그 근본정신을 깨닫기를 원했던 것 같다. 깨달음은 깊은 성찰에서 오는 것인데 이것은 곧 명상인 것이다.

붓다의 종교적 배경은 힌두교이다. 힌두교는 다양한 신(神)을 인정하지만 유대교처럼 유일신을 믿지는 않았다. 붓다가 힌두교에서 영향을 받은 것은 다양한 신관이 아니라 삶의 윤회(輪廻)에 대한 생각이다.

인간의 삶은 번뇌와 업(karma)에 때문에 끊임없이 윤회한다. 전생에서의 업 때문에 현생(現生)이 있고, 현생의 업 때문에 다음의 생(生)이 있다. 그런데 붓다가 깨달은 것은 이 세상의 삶은 생노병사(生老病死)와 번뇌로 가득한 고(苦), 즉 고통의 바다라는 것이다. 그러므로 그에게 구원이라는 것은 윤회에서 벗어나는 일이다. 윤회에서 벗어나는 것은 깨달음을 얻어 번뇌와 업을 끊어 해탈하는 것이다. 그것이 곧 열반(nirvana)이다.

예수와 붓다는 수많은 영성의 공통점을 공유하고 있지만 구원관은 이처럼 근본적으로 달랐다. 예수에게 구원이란 우주만물과 생명의 창조주인 하느님께로 돌아가 그와 하나 되는 경험을 말하고, 붓다에게 구원이란 신과는 관계없이 깨달음을 얻어 윤회에서 벗어나는 것이었다.

4) 명상의 효과

명상을 하다 보면 명상을 왜 하는지 궁금해질 때가 있다. 그래서 명상을 하면 그 효과가 어떤 것인지를 이해하고 하면 효과적이다. 왜냐하면, 명상을 하면서 명상의 효과를 인식하고 있으면 명상의 방향과 목적을 설정할 수 있어서 명상을 즐길 수 있기 때문이다. 그리스의 스토아학파는 '어떤 것이 좋으려면 재미가 있어야 하고, 감동이 있어야 하며, 유익함이 있어야 한다.'고 주장했는데, 명상을 제대로 익히고 수련하면 재미도 있고 감동도 있고 유익함도 얻을 수 있다.

명상의 효과는 수없이 많이 있겠지만 필자가 경험한 명상의 효과 열세 가지를 아래에 소개한다.

① 명상을 하면 세상을 보는 관점이 바뀐다.
② 명상은 정서를 안정시키고 EQ를 강화한다.
③ 명상은 상한 감정을 치유하여 사랑과 위로, 용기를 얻게 한다.
④ 명상을 하면 몸과 마음이 건강해진다.
⑤ 명상은 집중력을 비상하게 발달시킨다. 명상은 긴장을 이완시켜 우뇌가 활성화되는데 이때 집중력이 비상하게 향상된다.
⑥ 명상은 면역력을 강화시켜서 성인병의 예방과 치료에 좋다. 즉, 생리적 치유효과가 있다.
⑦ 명상은 긍정적인 마음을 형성한다.
⑧ 명상을 하면 창조력이 발달한다.
⑨ 명상은 잠재력을 계발시켜 능력 있는 사람으로 만든다.
⑩ 명상은 자존감(self-esteem)을 높여 준다.
⑪ 명상은 깨달음을 얻어 자아를 초월하게 만든다.
⑫ 명상을 하면 자연과 하나라는 일치감을 느낀다.

⑬ 명상은 궁극적인 행복감을 가져온다.

　명상의 효과 중 첫 번째, '명상을 하면 세상을 보는 관점이 바뀐다.'는 말을 한번 살펴보겠다. 사람들은 모두 어떤 편견이나 선입견, 즉 생각의 틀을 가지고 있다. 그런데 이 편견이나 선입견, 생각의 틀은 본래 내 것이 아니다. 주위의 사람들에 의해서 나에게 주입되어 내가 거기에 사회화된 것이다. 예를 들어, 나치 시대에 나치의 추종자들은 유대인을 지구상에서 말살시키는 것이 옳은 일이며 정의로운 일이라고 수없이 세뇌되어 유대인의 말살은 곧 선한 일이라는 편견을 가지게 되었다. 그 결과 그들은 아무 죄의식 없이 수많은 유대인을 학살했던 것이다.

　만약 그들이 명상을 배웠더라면 자기들의 신념이 과연 옳은 것인지, 유대인이 그렇게 말살되어야 될 정도로 정말 사악한 것인지, 나는 지금 그들에게 무슨 짓을 하고 있는지 등을 살펴보았을 것이다. 그러면 그들을 바라보는 시각이 바뀌었을 것이다.

　사람들은 세상을 살면서 성공을 목표로 부단히 노력하며 살아간다. 경쟁하고, 출세하고, 성공하여 부와 권력을 잡으려고 안간힘을 쓰다가 어느 날 병을 얻어 쓰러진다. 그러면 내가 과연 옳게 살아온 것인가, 이것이 인생인가 하는 등의 의문을 가지게 된다.

　만약 그들이 명상을 했다면 진작에 이런 주제들을 살펴보고 사색했을 것이다. 나는 누구인가, 끊임없이 경쟁하고, 남을 짓밟고라도 출세하고 성공해야겠다고 무진 애를 쓰는 나의 이런 모습이 과연 의미가 있는가 하는 것을 성찰했을 것이다. 만일 그랬다면, 바르게 명상한 사람들이 깨달은 지혜, 즉 부와 성공이 중요하긴 하지만, 그 자체가 목적이 아니고 행복을 위한 전제 조건일 뿐이라는 사실, 행복을 위해서는 지금 여기서 최선을 다하고, 사랑하는 사람들과 함께 있으며, 다른 사람을 위해 봉사하는 삶이 의미가 있다는 사실 등을 깨달았을 것이다. 클라인벨은 이런 의식을 '새로운 의식의 창'이라 했고,

월버는 '마음의 눈'이라 했다. 명상을 바르게만 한다면 세상을 보는 관점이 바뀐다.

명상의 효과 중 열세 번째에 서술한 '명상은 궁극적인 행복감을 가져온다.'는 말에 대해서도 잠깐 살펴보자. 행복의 조건에 대해서 사람들은 여러 가지를 말한다. 행복은 다른 사람과 비교하지 않는 것이고, 사랑하는 사람이 있어야 하고, 좋아하는 일이 있어야 하고, 사람들에게 인정을 받아야 하고, 태양과 바다와 자연으로부터 기쁨을 느낄 수 있는 마음의 여유가 있어야 한다는 등등의 이야기들, 그 외에도 여러 가지 좋은 말들이 많다. 모두 옳은 말들이다. 그러나 만일 이런 행복의 조건들이 사라지면 어떻게 할까? 명상하는 사람들은 이런 문제까지도 살펴보고 성찰해야 한다.

사람들은 대개 행복을 외부의 환경에서 찾는다. 외부의 조건이나 환경이 행복에서 중요한 요소임에는 틀림없다. 그러나 외부의 환경은 항상 변하지 않은 채로 거기에 그냥 있는 것이 아니라 언제라도 바뀔 수 있는 것이다. 재산도 날아갈 수 있고, 건강이 나빠질 수도 있는 것이며, 사업이 망할 수도 있고, 사랑하는 사람이 죽을 수도 있고, 직장에서 퇴직하는 날이 올 수도 있는 것이다. 어제까지도 행복했던 사람들이 이런 일을 겪으면 오늘 불행해져서 우울증에도 걸리고, 삶의 의욕을 잃어버리기도 하며, 가끔 자살로 삶을 마감하기도 한다.

영성적 차원의 행복은 행복의 본질을 외부의 환경이 아니라 내면의 영성에 둔다. 절대적 빈곤이나 결핍이 아니라면 외부의 환경에 크게 좌우되지 않는 행복의 감정인 것이다. 상대적 빈곤감을 초월할 뿐만 아니라 외부의 환경이 바뀌어도 크게 영향을 받지 않고 고요한 마음의 평화를 유지하는 행복감이다. 이것은 분명히 한 차원 높은 행복이다. 그러니까 행복이나 불행의 근본적 원인은 외부의 환경에 있는 것이 아니라 그 외부의 환경을 보는 인간의 마음에 달려 있다고 주장하는 스토아학파의 행복론이 한 차원 높은 행복의 개념과 비슷하다고 할 수 있다. 외부의 환경이 어떻게 변한다 할지라도 사라지지 않는 이런 내면의 기쁨(joy)이야말로 궁극적 행복의 감정이 아니겠는가. 다만 이런 가르침이 좌뇌 중심의 인지적 차원으로만 끝나면 실제적으로는 별 효과가 없다는 것이다. 명상 속에서 이 사실을 마음으로 받아들여 우뇌에 한 차원 높은 행복의 신경회로를 만들어 놓아야만 가능하다.

　명상이 다루는 주제는 다양하다. 어느 한 가지만을 강조하여 명상을 정의하지는 말라. 바른 기도와 예배도 명상이고, 기독교의 영적 독서와 관상(觀想)기도도 명상이며, 불교의 선(禪)도 명상이다. 또한 음악을 감상하는 것도 명상이고, 심리치료 이론을 머리의 수준에서 가슴의 수준으로 성찰하는 것도 다 명상이다. 땅을 밟고 걷는 것도, 숲속에서 바람소리와 새소리를 듣는 것도, 심지어는 설거지를 하는 것도 진지하게 의미를 추구하며 행한다면 다 명상이라고 할 수 있다. 이렇게 명상을 수행하는 중에 영성은 성장하고, 영성이 성장하면 치유를 경험한다.

5. 나오는 말

　영성은 종교의 유무를 떠나 좀 더 진실된 것, 좀 더 선한 것, 좀 더 아름다운 것, 그리고 인간의 한계를 초월하는 그 어떤 존재를 추구한다는 점에서는 같다고 할 수 있다. 이런 경험으로 영성을 형성하고 성장하여 치유를 경험하는 것도 비슷하다.

　클라인벨은 정신통합(psychosynthesis) 훈련을 받은 다른 한 심리치료사에게 상담을 받은 적이 있는데, 그때까지 풀리지 않던 슬픔과 분노의 단단한 덩어리가 보다 높은 자아(higher-self), 즉, 인간의 내부에서 인간이 온전한 전체가 되는 그곳과 접촉했을 때 차가운 응어리가 녹는 것을 느꼈다고 고백하고 있고, 정신과 교수인 부어스타인(S. Boorstein)은 자신의 명상 수행이 그가 수련 받았던 오랜 기간의 개인 정신분석적 방법으로 해결하지 못한 어떤 심리적인 갈등을 설명하고 해결해 주었다고 말한다(윤종모, 2009, pp. 67-68).

기독(목회)상담사들은 상담에 대한 지식과 기술과 함께 영성형성이 필요하다. 그리고 영성형성의 방법인 명상을 익혀 행함으로써 자신을 성찰하고 치유하고 성장한다면 좀 더 완전하고 유능한 상담사가 될 수 있을 것이다.

참고문헌

김외식 (1994). 현대교회와 영성목회. 서울: 감리교신학대학출판부.

김정호 (2016). 마음챙김 명상 매뉴얼: 이해, 성장, 행복을 위한 프로젝트. 서울: 솔과학.

박종천 (1991). 상생의 신학. 서울: 한국신학연구소.

서인석 (1993). 성서와 영성수련. 서울: 성바오로출판사.

엄두섭 (1991). 진리의 바다. 서울: 은성.

윤종모 (2004). 주님 당신의 손길이 그립습니다. 서울: 맑은울림.

윤종모 (2008). 그리스도인의 경청. 서울: 대한기독교서회.

윤종모 (2009). 치유명상. 서울: 정신세계사.

이정기 (2013). 그리스도입문. 경기: 도서출판 실존.

임경수 (2005). 인생의 봄과 가을. 서울: 학지사.

정인석 (2003). 트랜스퍼스널심리학. 서울: 대왕사.

Anderson, D. (1985). Spirituality and systems therapy. *Journal of Pastoral Psychotherapy*.

Assagioli, R. (1965). *Psychosynthesis*. New York: The Viking Press.

Benner, D. (2000). 정신치료와 영적탐구 [Psychotherapy and the spiritual quest] (이만홍, 강현숙 역). 서울: 하나의학사. (원저 1989년 출판).

Clift, W. B. (1994). *Jung in Christianity: The challenge of reconciliation*. New York: Crossroad.

Clinebell, H. (1989). *Basic types of pastoral care & counseling*. Burlington: Welch Publishing Company Inc.

Green, T. H. (2012). 마음을 열어 하나님께로 [Opening to God] (최상미 역). 서울: 도서
　　출판 로뎀. (원저 2006년 출판).

Griffiths, B. (1976). *Return to the center II*. London: Collins.

Harpur, T. (1995). *The uncommon touch: An investigation of spiritual healing*.
　　Toronto: McCleland & Stewart.

Johnston, W. (1991). 내면의 불꽃 (정창영 역). 서울: 깊이와 넓이.

Kushner, H. S. (1995). 선한 사람들에게 왜 불행이 오는가 (송정희 역). 서울: 중앙M&B.

LaPierre, L. (1994). A model for describing spirituality. *Journal of Religion and
　　Health, 33*(2).

Merton, T. (1961). *New seeds of contemplation*. London: Burns & Oates.

Nouwen, H. (1981). *Making all things new: An invitation to the spiritual life*. New
　　York: Harper & Row.

O'Toole, D. R. (1987). *Healing and growing through grief*. Michigan: Blue Cross
　　and Blue Shield.

Sperry, L. (2011). 영성과 심리치료 (이정기 외 역). 경기: 도서출판 실존.

Wilber, K. (1977). *The spectrum of consciousness*. The Theosophical Publishing
　　House.

기독교 영성수련과 기도방법

이강학

(햇불트리니티신학대학원대학교 기독교영성학 교수)

1. 들어가는 말

기독교 영성은 삼위일체 하나님을 경험적으로 알고, 그 하나님과 더욱 깊이 있는 관계를 경험하며, 그 하나님의 부르심에 응답하는 삶을 사는 것이다. 과거의 권위와 가치 체계에 의문을 제시하는 포스트모더니즘 시대를 살아가는 현대 기독교인들에게 경험적으로 하나님을 알아가는 것은 매우 중요한 영적 과제이다. 따라서 하나님을 알아가는 환경을 제공하는 기독교 영성수련에 대해 기독교인들의 관심이 높아지는 것은 자연스러운 결과이다.

그런데 현대 기독교인들이 갖는 기독교 영성수련에 대한 관심에는 몇 가지 특징이 있다. 첫째, 현대 기독교인들의 관심은 근본적인 변화를 지향한다. 최근 한국 교회는 위기를 맞고 있다는 점에 많은 기독교인들이 공감하고 있다. 그 위기의 원인 중 하나는 목회자들과 성도들이 예수 그리스도를 닮아가는 영적 여정에 있어서 충분한 변화를 보여주지 못하고 있다는 점에 있다. 아울러 지금까지 해오던 영성수련들, 즉 통성기도, 제자훈련, 그리고 큐티 등에 대한 반성도 일어나고 있다. '어떻게 해야 좀 더 근본적인 변화를 경험하는 기독교인이 될 것인가?'라는 질문에 대한 응답이 전통적 기독교 영성수련에 대한 관심으로 나타나고 있다.

둘째, 현대 기독교인들의 관심은 내면을 지향한다. 그동안 한국 교회는 활동을 중시해 왔다. 교회는 온갖 프로그램들로 넘쳐났고, 목회자와 교인들은 전도활동과 교회 안팎의 봉사활동으로 분주했다. 그러는 가운데 많은 목회자와 교인들이 탈진을 경험하게 되었다. 신앙생활의 본질인 하나님과의 깊이 있는 교제를 경험하기 힘든 상황이 되었다. 현대 기독교인들은 하나님의 임재 안에서 쉼을 맛보고 자신의 삶을 성찰하고 하나님께서 주시는 에너지를 덧입어 하나님의 뜻을 추구하고 싶은 영적인 갈망을 크게 경험하고 있다. 이에 대한 응답이 전통적인 기독교 영성수련에 대한 관심으로 나타나고 있다.

마지막으로, 현대 기독교인들의 관심은 침묵을 지향한다. 그동안 한국 교회가 강조한 기도방법은 오직 통성기도였다. 하나님께 부르짖는 과정에서 하나님의 응답을 경험하고 하나님과의 교제를 경험할 수 있었다. 그런데 통성기도는 하나님께 일방적으로 말씀드리는 데 집중한다. 기도가 하나님과의 대화일진대 통성기도만 하면 하나님의 임재를 알아차리고 하나님의 말씀을 듣는 측면은 소홀히 할 수밖에 없다. 동시에 한국 교회는 고요히 하나님께 귀를 기울이는 영적인 분위기를 제공하는 데 실패했다. 현대 기독교인들은 세상 속에서 분주한 일상을 보내다가 교회를 찾아온다. 그런데 교회에서도 하나님과 함께 머물 수 있는 고요한 시간과 공간을 발견하기 어렵다. 많은 현대 기독교인들은 전통적인 기독교 영성수련에 관심을 갖는 이유 중 하나는 침묵 때문이라고 할 수 있다. 침묵 속에서 경험하는 하나님의 임재 그리고 하나님과의 교제에서 오는 쉼이 가능하다는 것을 알게 되었기 때문이다.

그러므로 현대 기독교인들의 영혼을 돌보고자 하는 목회자들과 상담가들은 현대 기독교인들의 영적 갈망의 성격을 제대로 파악할 필요가 있으며, 동시에 전통적인 기독교 영성수련이 어떤 맥락에서 대안이 될 수 있는지를 정확하게 이해하고 적용할 필요가 있다.

2. 영성수련[1]과 실천

1) 영성수련이란 무엇인가?

영성수련은 하나님의 은혜, 즉 변화와 영적 성장의 경험을 할 수 있도록 도와주는 모든 외적이고 내적인 준비와 방법들을 가리킨다. 영성수련을 표현하는 말들은 영성훈련(spiritual disciplines), 영성수련(spiritual exercises), 영성실습(spiritual practices), 은총의 수단(means of grace) 등이다. 개신교에서는 특별히 영성수련을 이해하는 데 있어서 우리의 공로보다 하나님의 은혜의 우선성을 강조하기 위해 "은총의 수단"이라는 표현을 사용해 왔다. 본 장에서 필자는 이 용례들을 대표해서 영성수련이란 표현을 사용하려고 한다.

성경은 영성수련의 필요성과 목표를 분명히 언급하고 있다. 대표적인 본문은 디모데전서 4장 7-8절이다. "망령되고 허탄한 신화를 버리고 경건에 이르도록 네 자신을 연단하라(train yourself to be godly) 육체의 연단은 약간의 유익이 있으나 경건은(godliness) 범사에 유익하니 금생과 내생에 약속이 있느니라(이하, 한글성경은 『개역개정판』, 영어성경은 NIV)." 사도 바울에 따르면, 육체의 수련도 유익하고 필요하지만, 경건에 이르기 위한 수련, 즉 영성수련은 더욱 필요하다. 또, 사도 바울에 의하면, 영성수련의 목표는 경건에 이르는 것(to be godly)이다. 경건에 이른다는 것을 다른 표현으로 하면, 예수 그리스도를 본받는 삶을 사는 것이다. 영성수련의 목표가 예수 그리스도를 본받는 데 있다는 것을 로마서 8장 29절은 분명하게 밝히고 있다. "하나님이 미리

아신 자들을 또한 그 아들의 형상을 본받게 하기 위하여 미리 정하셨으니(For those God foreknew he also predestined to be conformed to the likeness of his Son)." 여기에서 '본받는다'의 영어 표현은 'conform', 즉 일치이다. 다시 말해서, 영성수련의 목표는 예수 그리스도와 일치되는 삶을 지향하는 것이다. 또 사도 바울은 영성수련의 목표를 성령과의 관계에서 설명하고 있다. 즉, 영성수련의 목표는 성령의 인도하심을 따르는 삶을 사는 것이다. "너희는 성령을 따라 행하라 그리하면 육체의 욕심을 이루지 아니하리라(갈 5:16)."

또한 영성수련은 영성형성(spiritual formation)을 증진시키는 데 도움이 되는 수단들을 말한다. 인간의 형성(formation)은 개인이 지닌 가치관, 세계관, 선호, 성격, 습관 등의 형성을 가리킨다. 한 개인이 형성되는 데 영향을 끼치는 요소들은 유전자, 관계, 교육, 자연환경, 사회적 환경, 소속 집단 등이다. 기독교인의 형성 과정은 이미 형성된 개인의 내면에 변화를 일으킨다. 영성형성은 기독교인의 형성 과정을 일컫는 말인데, 영어성경에서 'reformation', 'conformation', 그리고 'transformation'과 같은 단어들로 표현되고 있다. "만군의 여호와 이스라엘의 하나님께서 이와 같이 말씀하시되 너희 길과 행위를 바르게 하라(reform your ways and actions) 그리하면 내가 너희로 이곳에 살게 하리라(렘 7:3)." "하나님이 미리 아신 자들을 또한 그 아들의 형상을 본받게 하기 위하여(to be conformed to the likeness of his son) 미리 정하셨으니 이는 그로 많은 형제 중에서 맏아들이 되게 하려 하심이니라(롬 8:29)." "너희는 이 세대를 본받지 말고(do not conform) 오직 마음을 새롭게 함으로 변화를 받아(be transformed by the renewing of your mind) 하나님의 선하시고 기뻐하시고 온전하신 뜻이 무엇인지 분별하도록 하라(롬 12:2)." "우리가 다 수건을 벗은 얼굴로 거울을 보는 것 같이 주의 영광을 보매 그와 같은 형상으로 변화하여(being transformed into his likeness) 영광에서 영광에 이르니 곧 주의 영으로 말미암음이니라(고후 3:18)."

영성수련에 대한 오해 중 하나는 영성수련을 열심히 하면 영적 성장을 경험할 수 있다고 생각하는 것이다. 이런 생각을 영성수련결정론이라고 한다. 그러나 영성수련을 한다고 모든 사람이 다 영적으로 성장하는 것은 아니다. "수련이면 다 된다?"는 생각은 금물이다. 영적인 성장과 변화는 순전히 하나님의 은혜로 주어지는 것이다. 하나님의 은혜를 강조하는 이 인식이 16세기 종교개혁 당시에 개신교의 영성수련 이해를 가톨릭의 영성수련과 구분하는 신학적인 차이점이 되었다.

2) 영성수련의 종류

영성수련에는 구체적으로 어떤 것들이 있는지 영성수련을 소개하는 개신교의 대표적인 책들을 중심으로 살펴보자. Foster(1978)의『영적 훈련과 성장(Celebration of Discipline)』은 한국 교회에 전통적인 기독교 영성수련을 본격적으로 소개한 책이다. Foster는 이 책에서 열두 가지 영성수련을 세 종류로 나누어서 소개한다.

① 내적 수련: 묵상, 기도, 금식, 학습
② 외적 수련: 단순성, 고독, 순종, 봉사
③ 공동체적 수련: 고백, 예배, 영성 안내, 경축

Willard(1993)는『영성훈련(The Spirit of the Disciplines)』9장 "주요 영성훈련"에서 열다섯 가지 영성수련을 두 종류로 구분해서 소개한다.

① 절제의 훈련: 독거, 침묵, 금식, 검약, 순결, 입이 무거움, 희생
② 참여의 훈련: 성경탐구, 예배, 찬양, 봉사, 기도, 친교, 죄 고백, 복종

Thompson(2015)은,『영성훈련의 이론과 실천(Soul Feast: An Invitation to

the Christian Spiritual Life)』에서 아홉 가지 영성수련을 소개한다.

① 영적 독서, ② 기도, ③ 예배, ④ 안식(sabbath), ⑤ 금식, ⑥ 자기성찰
(self-examination), ⑦ 영성지도(spiritual direction), ⑧ 환대(hospitality),
⑨ 삶의 규칙(a rule of life)

Wolpert(2005)는, 『기독교전통과 영성기도(Creating a Life with God: The
Call of Ancient Prayer Practices)』에서 열두 가지 영성수련을 소개한다.

① 독거와 침묵, ② 영적 도서(lectio divina), ③ 예수기도, ④ 부정기도
(apophatic prayer), ⑤ 성찰(the examen), ⑥ 창의성, ⑦ 영성일기, ⑧ 몸
기도, ⑨ 걷기, ⑩ 자연묵상, ⑪ 세상 속의 기도, ⑫ 기도하는 공동체

Bass(2004)가 편집한 『일상을 통한 믿음 혁명(Practicing Our Faith: A Way of
Life for a Searching People)』은 열세 명의 저자가 참여해서 열두 가지 영성수련
을 소개한다. 그런데 이 책은 구체적인 영성수련 방법을 안내하기보다는 기
독교인으로서 반드시 실천해야 할 영성수련들의 필요성을 설득력 있게 설명
하고 있다. 그 열두 가지 영성수련 항목은 다음과 같다.

① 몸 존중하기, ② 환대, ③ 경제 활동, ④ '예'와 '아니요' 말하기, ⑤ 안식
일 지키기, ⑥ 간증(testimony), ⑦ 분별, ⑧ 공동체 세우기, ⑨ 용서, ⑩ 치
유, ⑪ 죽음 잘 맞이하기, ⑫ 노래

Calhoun(2005)은 『영성훈련 핸드북(Spiritual Disciplines Handbook)』에서 예
순두 가지의 영성수련을 일곱 종류로 구분해서 실습 안내문과 함께 간단명료
하게 소개하고 있다.

① 예배하기: 경축, 감사, 성만찬, 삶의 규칙, 안식일, 예배

② 하나님께 나를 열기: 관상, 반추, 일기 쓰기, 임재 연습, 쉼, 피정, 자기 돌보기, 단순한 삶, 속도 늦추기, 배우려는 자세, 플러그 뽑기

③ 거짓 자아 포기하기: 고백과 자기성찰, 초연, 분별, 은밀함, 침묵, 고독, 영성지도, 복종

④ 다른 사람들과 내 삶을 나누기: 서로를 의탁하는 동반자, 순결, 공동체, 언약 그룹, 제자 삼기, 환대, 멘토링, 섬김, 소그룹, 영적 친구, 연합, 증거

⑤ 하나님의 말씀 듣기: 성경 공부, 경건한 독서, 묵상, 암송

⑥ 그리스도의 사랑을 실천하기: 환경 돌보기, 긍휼, 혀 길들이기, 겸손, 정의, 청지기적 삶, 진실을 말하기

⑦ 기도하기: 호흡기도, 향심기도, 관상기도, 대화식 기도, 금식, 정해진 시간에 드리는 기도, 내적 치유의 기도, 중보기도, 미로기도, 예전 기도, 기도 짝, 성경을 따라하는 기도, 회복의 기도, 보행 기도

마지막으로 필자는 집중 영성수련 프로그램을 구성할 때, '묵상'에 초점을 맞추어 다음과 같은 네 종류의 영성수련 항목들을 반영하여 편성하고 있다.

① 말씀 묵상: 영적 독서, 상상력을 이용한 복음서 묵상

② 자연 묵상: 자연, 몸, 음식

③ 인생 묵상: 영적 자서전 쓰기, 의식성찰

④ 예술 묵상: 그림, 음악

위에서 열거한 영성수련의 종류를 볼 때, 그 다양성에 놀랄 수도 있지만, 다시 생각해 보면, 영성수련은 우리 삶의 전 영역이 예수 그리스도를 닮아 새롭게 형성될 수 있도록 도와주는 것이기에 우리 삶의 모든 요소들이 영성수련화될 수 있는 것이다.

3) 긍정의 길과 부정의 길

기독교 영성 전통을 하나님께 나아가는 방식에 따라 크게 두 가지 흐름으로 구분하기도 한다. 긍정의 길(kataphatic way)과 부정의 길(apophatic way)(Holt, 2002, p. 45)이다. 긍정의 길은 세상에 존재하는 대상, 개념과 경험 등을 적극적으로 사용하여 하나님께 나아가는 방식의 영성생활을 가리킨다. 예를 들어, 기독교 전통 가운데서 성경 묵상이나 자연 묵상, 성화 묵상 등을 통해 하나님께 나아가는 방법을 중시하는 전통은 모두 긍정의 길의 전통에 해당한다. 개신교 전통은 대부분 긍정의 길에 서있다. 반면에 부정의 길은 세상에 존재하는 것, 개념이나 경험 등을 사용하지 않으려고 하는데, 그 까닭은 그런 것들이 하나님을 아는 데 방해가 된다고 여기기 때문이다. 하나님은 인간의 개념이나 경험으로 표현할 수 없는 분이시다. 그래서 영성생활에서 하나님께 가까이 나아갈수록, 다시 말해서, 영적으로 성장할수록 기독교인은 '어두움(darkness)' '밤(night)' 그리고 '무지(unknowing)'를 경험하게 된다. 부정의 길을 대표하는 기독교 영성고전은 동방교부 Gregory of Nyssa(2003)가 쓴『모세의 생애(Life of Moses)』, 무명의 카르투시안 수도사(2000)가 쓴『무지의 구름(The Cloud of Unknowing)』, 그리고 갈멜 수도사인 John of the Cross(2010)이 쓴『어둔 밤(The Dark Night)』등이 있다.

이 두 가지 흐름은 영성수련, 특히 기도의 방법에 영향을 끼쳤다. 긍정의 길의 특징을 가장 많이 보이는 기도방법에서 시작해서 부정의 길의 특징을 가장 많이 보이는 기도방법의 순서로, 주요 기도방법들을 나열하면 다음과 같다. 그리스도의 생애 묵상, 영적 독서, 의식성찰, 자연 묵상, 그림 묵상, 예수기도, 그리고 향심기도이다. 이 장에서는 이 중 다섯 가지, 즉 ① 그리스도의 생애 묵상, ② 영적 독서, ③ 의식성찰, ④ 예수기도, ⑤ 향심기도를 소개하려고 한다. 그 순서는 앞의 스펙트럼을 연상하며 배열했다.

4) 영성수련의 준비

영성수련을 본격적으로 시작하려면 다음의 사항을 점검하고 준비할 필요가 있다. 영적 갈망, 침묵 그리고 영성생활 규칙이다.

(1) 영적 갈망(spiritual desire)

영적 갈망은 영성수련을 출발시키고 지속시키는 기관차이다. 그러므로 우리는 영성수련을 시작하면서 내 안에 영적 갈망이 얼마나 있는지를 점검할 필요가 있다. 예를 들면, 이런 마음들이다. '하나님 정말 만나고 싶습니다.' '하나님을 알기 원합니다.' '예수님을 닮은 사람으로 변화되고 싶습니다.' '성령님의 인도함을 따르는 삶을 살기 원합니다.'

영적 갈망을 잘 보여주는 대표적인 성경 본문은 시편 42편이다. 시편 기자는 42편 1-2절에서 이렇게 말한다. "하나님이여 사슴이 시냇물을 찾기에 갈급함같이 내 영혼이 주를 찾기에 갈급하나이다. 내 영혼이 하나님 곧 살아계시는 하나님을 갈망하나니 내가 어느 때에 나아가서 하나님의 얼굴을 뵈올까." 나는 시편 기자와 같은 목마름 또는 영적 갈망이 있는가? 또한 요한복음 4장에서 예수님은 사마리아 여인의 내면 깊은 곳에 있는 영적 갈망에 초점을 맞추고 대화를 나누신다. "이 물을 마시는 자마다 다시 목마르려니와 내가 주는 물을 마시는 자는 영원히 목마르지 아니하리니 내가 주는 물은 그 속에서 영생하도록 솟아나는 샘물이 되리라(4:13-14)." 예수님과의 대화를 통해 사마리아 여인은 육체적 목마름, 정신적 목마름, 영적 목마름, 그리고 거룩한 목마름이 차례로 올라오는 것을 경험하게 된다. 육체적 목마름은 물에 대한 갈망으로 표현되고, 정신적 목마름은 남편에 대한 갈망으로 나타나며, 영적 목마름은 예배에 대한 갈망으로 드러나고, 거룩한 목마름은 마을 사람들에게 예수님을 증거하고 싶은 갈망으로 표현된다.

영적 갈망이 늘 우리 마음에서 올라오는 것은 아니다. 어떤 이유에서건 영적 갈망이 사라지면 영성수련은 곧 율법이 되고 만다. 그리고 우리는 위선자가 되고 만다. 그런데 영적 갈망을 경험하는 것은 하나님의 은총이다. 그러므로 우리는 영성수련에 앞서서 영적 갈망을 발견하고 일으키기 위해 기도해야 한다.

(2) 침묵

침묵은 모든 영성수련의 기본이다. 모든 영적 경험이 일어나는 지평이다. 특히 기독교인은 하나님의 음성을 잘 듣기 위해 침묵을 한다. 성령의 인도하심을 잘 알아차리기 위해 침묵을 한다. 다른 종교에서 하는 침묵 수련과 혼동하지 말아야 한다.

성경은 침묵의 필요성에 대해 다음과 같이 언급한다. "너희는 가만히 있어 내가 하나님 됨을 알지어다(시 46:10)." "나의 영혼아 잠잠히 하나님만 바라라 무릇 나의 소망이 그로부터 나오는도다(시 62:5)." 하나님 앞에서 기독교인은 우선 침묵할 줄 알아야 한다.

침묵에는 외적 침묵과 내적 침묵이 있다. 외적 침묵은 외적 환경을 고요하게 만드는 것이다. 하나님과만 함께 있는 공간으로 나아가는 것을 고독(solitude)이라고 한다. 과거에는 사막이나 깊은 산 속으로 가서 수도생활을 하는 경우가 많았지만, 현대 기독교인은 도시 생활하는 가운데 외적 침묵이 가능한 공간을 찾아야 한다. 다른 한편, 내적 침묵은 내면의 소리들을 가라앉히고 하나님께 집중하는 것이다. 분주한 삶을 사는 현대 기독교인은 외적 침묵이 이루어져도 내적 침묵을 경험하기가 쉽지 않다. 그러나 날마다 연습하면 몸과 마음이 내적 침묵을 경험할 수 있다.

(3) 영성생활 규칙(rule of life)

영성수련은 지속적으로 반복해 나가는 것이 중요하다. 이 지속성과 반복성을 지지해 주는 것이 규칙이다. 이 '규칙'은 본래 수도원의 규칙에서 가져온 표현이다. 자유를 추구하는 현대 기독교인은 '규칙'이라는 표현을 그다지 좋아하지 않는다. 그래서 규칙이라는 표현 대신 '리듬'이라는 낱말을 사용하기도 한다. 리듬은 규칙과 비슷하게 지속성과 반복성을 지니면서도 규칙에 비해 자유롭고 부드러운 느낌을 준다. 성령님의 인도하심을 받는 영성수련은 실제로 그렇게 자유롭고 부드러운 경험을 자아낸다.

영성수련 계획을 구체적으로 수립할 때는 먼저 시간에 맞추어 정기적인 계획을 세우는 것이 도움이 된다. 예를 들어, 하루 중에 할 영성수련, 일주일 이내에 할 영성수련, 한 달 사이에 할 영성수련, 그리고 일 년 사이에 할 영성수련들을 생각해 본다.

① 일간(daily)－말씀 묵상, 의식성찰
② 주간(weekly)－금식, 예배, 자연 묵상, 운동, 영성고전 읽기, 안식
③ 월간(monthly)－영성지도, 침묵의 날
④ 연간(yearly)－영성수련(3박4일)

영성수련 계획을 세울 때는, 성령님은 기독교인 개개인의 고유한 특성을 존중하신다는 점을 기억한다. 모든 기독교인이 똑같은 영성수련을 동일한 방식으로 해야 하는 것은 아니다.

마지막으로 내가 하고 있는 영성수련들이 균형 잡혀 있는지를 점검해 보는 것이 필요하다. 예를 들어, 다음과 같이 질문해 본다. 내가 하고 있는 영성수련들에는

① 몸과 마음의 균형이 있는가?
② 지성과 감성의 균형이 있는가?
③ 기도와 실천의 균형이 있는가?
④ 개인과 공동체의 균형이 있는가?

3. 그리스도의 생애 묵상

1) 성경과 상상력

기독교 영성사를 살펴보면 다양한 성경 묵상과 기도방법들이 나온다. 이 방법들은 성경 묵상과 기도가 자연스럽게 이어져 있기에 묵상기도라고 할 수 있다. 그중에서 가장 많이 사용되었던 묵상 기도법들 중 하나는 상상력을 이용한 그리스도의 생애 묵상이다. 이 방법의 목적은 복음서에 나오는 예수님을 더 잘 알고, 예수님을 더 사랑하고, 예수님을 더 잘 따르려고 하는 갈망이 일어나는 것을 경험하기 위한 것이다. 영성생활의 목표가 예수님을 닮아가는 삶이라고 할 때, 예수님이 주인공으로 등장하는 복음서의 이야기들을 묵상하면서 예수님을 더 잘 알게 되고, 예수님을 더 사랑하는 마음을 품게 되고, 그 결과로 예수님을 더 가까이 순종하면서 잘 따라가려고 하는 마음이 충만해진다면 기독교인에게 그것처럼 효과적인 묵상은 없을 것이다.

그리스도의 생애 묵상에서는 상상력을 주로 사용한다. 성경에 따르면 상상력은 하나님이 인간을 창조할 때 주신 중요한 기능 중 하나이다. 천지를 창조하실 때 하나님은 먼저 상상력을 사용하셨다. 창조를 디자인하는 능력이 하나님의 상상력이었다. 하나님은 하나님의 형상인 인간에게 상상력을 선물로 주셨다. 그래서 인간도 상상력을 사용해서 하나님이 만드신 자연의 이치를 탐구하고 이해하며 필요한 것을 발명하여 미래를 개척해 나아간다. 어떤 옷을 입을까, 어떤 음식을 만들까, 오늘 강의는 어떻게 할까 등등의 일상생활에서 우리는 늘 상상력을 사용한다. 상상력은 아마도 어린 시절에 가장 활발하게 발동되는 것 같다. 아이들은 현실의 조건에 제한받지 않고 상상한다. 동식물과 대화를 나누고 인형과도 상상 안에서 대화를 나눈다. 아이들은 상상 안에서 시공간을 뛰어넘어 피터팬처럼 날아다닐 수도 있다. 어른이 되면서 현실의 조건을 인식함에 따라 상상은 현실에게 자리를 내어준다. 현실만 고려하느라 상상력이 고갈된 어른들이 있긴 하지만 그렇다고 해서 어른들이 상상을 하지 않는 것은 아니다. 앞서 말한 것처럼 우리들은 일상생활을 위해 상상력을 수시로 사용하고 있다.

그리고 상상할 때 우리는 자연스럽게 오감, 즉 다섯 가지 감각기관을 사용하게 된다. 직접 가서 몸으로 경험하지 않아도 오감을 사용해서 상상하면 어느 정도 생생한 경험을 얻을 수 있다. 눈으로 보고, 귀로 듣고, 코로 냄새를 맡아보고, 혀로 맛을 보고, 손으로 만져보는 등의 시도를 상상하면서 간접적으로 경험할 수 있다. 만약 복음서에 나타난 그리스도의 생애를 묵상할 때 상상력을 이용하고 오감을 사용해서 시도해 보면 우리는 복음서의 이야기에 더욱 생생하게 참여할 수 있게 된다. 그리고 그 과정에서 성령께서 우리를 도와주시면 그 생생함은 더욱 강렬해질 수 있다. 그 강렬한 경험은 예수님을 더 잘 아는 데 도움이 되고, 예수님을 더 사랑하는 데 도움이 되고, 예수님의 제자로서 순종하는 삶을 사는 데 도움이 되는 마음을 불러일으켜 줄 것이다.

2) 이냐시오 로욜라의 『영신수련』

그리스도의 생애 묵상을 체계화시킨 인물은 16세기 예수회의 설립자인 이냐시오 데 로욜라(Ignatius de Loyola)이다. 로욜라(2010)는 회심 후에 자신의 묵상 경험을 바탕으로 『영신수련(the spiritual exercises)』이라는 영성수련 매뉴얼을 썼다. 『영신수련』에서 제시하는 영성수련들은 기독교인이 내면에 질서가 잡히고 하나님의 창조 목적에 맞게 선택하며 살아갈 수 있도록 도와주려는 것이다. 『영신수련』은 4주로 구성되어 있으며, 각 주의 묵상 주제는 다음과 같다. 첫째 주는 죄와 하나님의 은혜, 둘째 주는 그리스도의 일생, 셋째 주는 그리스도의 고난, 그리고 넷째 주는 그리스도의 부활이다. 각 주마다 묵상을 시작할 때 구할 은총이 다르다. 첫째 주는 진심어린 회개와 하나님의 은

혜에 대한 감사하는 마음을 경험하는 은총을 주시도록 기도한다. 둘째 주는
그리스도를 더 잘 알고 더 사랑하고 더 가까이 따르고 싶은 열망이 일어나는
은총을 주시도록 기도한다. 셋째 주는 그리스도의 고난에 함께 참여할 수 있
는 용기가 일어나는 은총을 주시도록 기도한다. 마지막으로 넷째 주는 그리
스도의 부활에서 담겨 있는 기쁨을 경험하고 온 세상에 가득한 하나님의 사
랑을 알아차리는 은총을 주시도록 기도한다. 첫째 주는 정화(purification)의
경험, 둘째 주는 조명(illumination)의 경험, 그리고 셋째 주와 넷째 주는 일치
의 경험(union with God)이 일어나기를 기대한다.

『영신수련』에서 제시하는 묵상과 기도의 방법에는 몇 가지 특징이 있다.
첫째, 로욜라는 묵상(meditation)과 관상(contemplation)이라는 말을 혼용하여
사용한다. 대체로 묵상은 성경 본문의 의미를 생각하고 곱씹어보는 것을 의
미하고, 관상은 성경 본문에 상상력을 이용해서 참여하고 이야기의 전개과정
을 바라보는 것을 의미한다. 로욜라가 사용하는 관상이라는 말의 의미가 다
른 기독교 영성고전에 나오는 관상과는 다른 의미가 있다는 것을 염두에 둘
필요가 있다. 둘째, 『영신수련』의 묵상과 기도는 성경 중심적이다. 대부분의
기도 자료가 성경 본문이거나 성경에 근거한 안내문이다. 셋째, 『영신수련』의
묵상과 기도는 기본적으로 30일 동안 집중적으로 진행해야 하지만, 일상 속
에서도 매일 한 시간 가량 시간을 낼 수 있다면 가능하게 되어 있다.

3) 그리스도의 생애 묵상 실습 안내

그렇다면 상상력을 이용한 그리스도의 생애 묵상은 구체적으로 어떻게 하
는 것인가? 누가복음 10장 38-42절에 나오는 마르다와 마리아의 이야기를
예로 들어보자. 나는 먼저 이 본문을 반복해서 읽으면서 그 상세한 내용을 마
음에 담는다. 그런 후에, 이 묵상을 통해 하나님께서 어떤 마음을 주시면 좋
겠는지 내가 진정으로 원하는 것을 하나님께 말씀드린다. 예를 들어, 이렇게

기도할 수 있다. "주님, 이 묵상을 통해 제가 예수님을 더 잘 알게 해주십시오. 예수님을 더 사랑하는 마음을 주십시오. 또 예수님을 더 가까이 따르고 싶어 하는 갈망을 주십시오." 이제 복음서의 장면을 상상한다. 집은 어떻게 생겼고 등장인물들은 어떤 모습인가? 또 어떤 소리들이 들려오는가? 집 안에서 풍기는 냄새는? 만져지는 가구의 느낌은? 상상할 때 내가 그 안에 등장하는 인물 중 한 명이라고 설정한다. 마르다가 될 수도 있고 마리아가 될 수도 있다. 예수님의 역할을 맡지는 말라. 그분은 내가 바라보아야 할 대상이다. 마르다가 되어 보기로 선택했다면, 마르다가 한 일들을 그대로 따라서 해본다. 예수님을 영접한다. 예수님을 위해 요리를 준비한다. 그 외에도 예수님을 위해 준비할 것이 무엇인지 떠오르는 대로 실천한다. 그러는 가운데 내 안에 어떤 생각과 느낌이 올라오는가? 동생 마리아가 예수님 앞에 가만히 앉아서 말씀만 듣고 있는 모습을 보면 어떤 마음이 드는가? 불평이 드는가? 그 불평을 예수님께 그대로 표현해 본다. 예수님은 나에게 뭐라고 말씀하시는가? 나를 바라보시는 예수님의 표정과 말투는 어떠한가? 내 마음은 어떻게 반응하는가? 이제 나는 예수님께 뭐라고 답변하고 싶은가?

만약 마리아가 되어 보기로 선택했다면, 마리아가 한 일들을 그대로 따라서 해본다. 예수님이 집에 오셔서 앉으셨을 때 예수님의 발치에 앉는다. 예수님은 나에게 무슨 말씀을 하시는가? 예수님의 나를 바라보시는 표정은 어떠하며, 말투는 어떠한가? 예수님의 눈을 바라보며 예수님의 말씀을 들을 때 나의 마음은 어떻게 반응하는가? 질문이 일어나면 질문을 한다. 기쁨이 일어나면 "예수님, 저에게 좋은 말씀해 주시니 정말 기뻐요." 하고 말씀드린다. 그렇게 계속 예수님의 말씀을 들으며 대화를 나눈다. 묵상을 마칠 시간이 되면 감사 기도를 드린 후에 주기도문으로 묵상을 마친다.

그런데 이 묵상법을 사용할 때 우리는 상상력이 긍정적인 기능과 동시에 부정적인 효과를 가져올 수도 있다는 사실을 유념해야 한다. 영적인 유익을 가져오는 상상은 성령께서 도와주시는 상상이다. 그러나 우리는 우리의 상상을 성령께서 어느 정도 도와주셨는지를 파악하기 힘들 수도 있다. 그러므로 상상력을 이용해 복음서를 묵상한 후에는 다음과 같은 안전장치가 필요하다. 첫째, 성경공부를 통해 복음서 본문에 대한 이해를 분명하게 해야 한다. 성경을 공부하는 것과 성경을 묵상하는 것은 다르다. 공부는 지성적 이해가 목적인 반면, 묵상은 나를 향하여 하나님이 말씀하시는 것을 듣고 순종에 이르는 변화를 목적으로 한다. 묵상은 경험이며, 기도이고, 순종에 이르게 한다. 묵상이 제대로 되려면 성경 본문을 제대로 이해하고 있어야 한다. 따라서 묵상에 앞서서 성경공부는 필수적이다. 둘째, 묵상 가운데 일어난 경험이 성령으로부터 온 것인지를 잘 분별해야 한다. 성령으로부터 온 경험은 고린도전서 13장에서 강조하는 믿음, 소망, 사랑을 증가시키는 특징이 있다. 또한 성령으로부터 오는 경험은 갈라디아서 5장 22-23절에 나오는 성령의 열매, 즉 사랑, 기쁨, 평화, 인내, 자비, 양선, 충성, 온유, 절제 등이 묵상하는 사람의 성품에 나타나는 특징이 있다. 반면에 상상 안에서 경험한 것이 혹시 내 이기적인 욕망의 투사가 아니었는지를 점검할 필요가 있다. 이를 위해 묵상 후에 차분한 마음으로 경험한 것을 살펴보며 영성일기에 기록한다. 그리고 신뢰할 수 있는 신앙의 선배 또는 목회자에게 경험한 것을 이야기하며 객관적으로 점검받을 기회를 갖는다. 다른 기독교인의 지지를 받지 못하는 경험을 두고 혼자서만 하나님이 주신 경험이라고 확신하는 것은 잘못된 분별일 가능성이 많다. 대체로 묵상 중에 나 자신에게 시선이 고착되는 경향이 있으면 영적으로 유익한 상상이 아니다. 반대로 나보다는 예수님께 시선이 더 많이 가 있으면 영적으로 유익한 상상이다. 셋째, 상상이 잘 일어난다고 너무 좋아하지 말고, 상상이 잘 일어나지 않는다고 실망할 필요는 없다. 사람마다 하나님께서 말씀하시기 위해 사용하는 커뮤니케이션 통로가 다를 수 있다. 중요한 것은 상상력을 이용했을 때 일어난 경험이 강렬함의 정도와 상관없이 그 경험이 예수님을 닮아가는 데 얼마나 실제로 도움이 되었는가 하는 것이다.

4. 영적 독서

1) 성경과 말씀 묵상

영적 독서(lectio divina)는 6세기, Benedict of Nursia(2011)의 『베네딕트의 규칙서(Rule of Benedict)』에 나오는 lectio divina(렉시오 디비나)를 번역한 것이다. 영적 독서라는 표현이 이 규칙서에서 처음 발견되지만, 그렇다고 해서 베네딕트가 처음 창안한 것은 아니다. 영적 독서가 성경에서 비롯된 것임을 시편 119편 97-104절을 살펴보면 곧 확인할 수 있다. 이 본문은 말씀 묵상에 대하여 어떻게 설명하고 있는가? 첫째, 말씀 묵상 준비는 말씀 사랑에 있다. "내가 주의 법을 어찌 그리 사랑하는지요(97a)." 시편 기자는 말씀을 묵상하기에 앞서서 "주의 법" 즉 하나님의 말씀을 사랑한다고 고백한다. 하나님의 말씀을 사랑하는 까닭은 당연히 하나님을 사랑하기 때문이다. 그리고 시편 기자에게 하나님을 사랑하는 마음은 출애굽 사건을 기억할 때마다 계속 퍼올려지는 생수 같은 것이다. 기독교인이라면 예수 그리스도의 십자가 사건을 기억할 때 똑같은 경험이 일어난다. 하나님의 구원 사건을 기억할 때 우리의 마음은 하나님을 향한 감사와 사랑으로 가득 차게 된다. 말씀 묵상을 준비시켜 주고 지속시켜 주는 힘이 바로 이 하나님 사랑에서 나온다. 둘째, 말씀 묵상은 말씀 암송으로 시작한다. "내가 그것을 종일 작은 소리로 읊조리나이다(97b)." 성경에서 제시하는 묵상법이란 원래 "작은 소리로 읊조리는 것"이었다. 작은 소리로 읊조리기 위해 암송은 필수적이다. 정해진 성경 본문을 반복해서 읽으면서 나와 공동체에 중요한 의미를 담고 있는 구절들을 선택하고 암송하여 마음에 담는다.

셋째, 말씀 묵상은 종일 하는 것이다. "내가 그것을 종일 작은 소리로 읊조리나이다(97b)." 어쩌면 말씀 묵상이 아침 경건의 시간 또는 새벽예배 때 완결되는 것이라고 생각해 왔다면 성경적 묵상을 제대로 이해하지 못한 것이다. 묵상은 "종일" 진행되는 것이다. 교부 요한 크리소스톰(J. Chrisostom)의 말대로 성경이 "하나님이 쓰신 사랑의 편지"라면 말씀 묵상은 종일 진행되는 것이 이치에 맞다. 사랑하는 사람들이라면 종일 보고 싶고 종일 대화를 나누고 싶어 하지 않겠는가? 수도원의 역사에서 세 시간에 한 번씩 묵상과 예배를 위한 시간을 가진 것도 이 사랑에서 비롯된 것이라고 할 수 있다. "주의 의로운 규례들로 말미암아 내가 하루 일곱 번씩 주를 찬양하나이다(119:164)." 넷째, 말씀 묵상은 말씀 순종으로 이어진다. "주의 법도들을 지키므로(100a)" "내가 주의 말씀을 지키려고 발을 금하여 모든 악한 길로 가지 아니하였사오며(101)" "주께서 나를 가르치셨으므로 내가 주의 규례들에서 떠나지 아니하였나이다(102)." 말씀 묵상의 완성은 말씀 순종에 있다. 순종의 실패는 열매 없는 삶으로 귀결되고 만다. 그러므로 말씀을 묵상했으면 일상생활에서 내 몸이 순종할 태도와 행동이 무엇인지에 대한 구체적인 깨달음에 이르러야 한다. 마지막으로, 말씀 묵상은 말씀의 단맛을 경험하게 해준다. "주의 말씀의 맛이 내게 어찌 그리 단지요 내 입에 꿀보다 더 다니이다(103)." 말씀을 묵상하는 사람은 원수보다, 스승보다, 그리고 노인보다 더 지혜롭고 총명해지는 것을 경험하게 된다. 거기에 더해서 말씀의 단맛은 말씀 묵상을 신실하게 하는 사람에게 주시는 하나님의 은혜 또는 위로라고 할 수 있다. 이 단맛 경험으로부터 말씀 묵상과 말씀 순종을 지속시키는 힘이 나온다.

2) 귀고 2세의 『거룩한 사다리』

영적 독서는 시편 119편 97-104절에 담겨 있는 말씀 묵상의 정신을 수도회 공동체의 일상에 그대로 적용한 것이라고 할 수 있다. 12세기에 이르러 카르투지오 수도회의 Guigo II(2010)는 '수도승의 사다리(The Ladder of Monks)'라는 글에서 영적 독서를 네 단계로 나누어서 체계적으로 설명하고 있다.

① 독서(lectio), ② 묵상(meditatio), ③ 기도(oratio), ④ 관상(contemplatio)이다. 첫째, 독서의 단계는 말씀을 통해 하나님께서 나를 변화시켜 주실 것을 기대하면서 주의를 기울여 읽는 단계이다. 정보를 얻기 위한 정보적 읽기(informative reading)가 아니고, 예수님을 닮은 사람으로 형성되기를 갈망하는 형성적 읽기(formative reading)이다. 또한 읽기는 동시에 순종을 염두에 둔 듣기라는 사실을 명심하며 읽는다. 둘째, 묵상의 단계는 하나님의 말씀을 전인격적인 기능을 사용하여 생각해 보고 느껴 보는 단계이다. 묵상은 곧 되새김질(rumination)이라고 자주 비유한다. 묵상의 단계에서 지성적 경험인 깨달음이 일어나기도 하고, 감성적 경험인 사랑과 평화 또는 부끄러움과 뉘우침 등이 일어나기도 한다. 셋째, 기도의 단계는 묵상의 단계에서 일어난 경험을 바탕으로 하나님께 마음을 올려드리는 단계이다. 하나님께서 베풀어 주신 은혜에 대한 깨달음과 사랑의 경험을 바탕으로 감사와 찬양을 표현하거나, 하나님께서 깨닫게 해주신 자신의 죄에 대하여 회개를 표현하고 자신의 연약함에 대해 도우심을 요청하거나, 하나님의 부르심 앞에 순종을 맹세하는 등의 기도를 드린다. 마지막으로, 관상의 단계는 하나님과 사랑의 연합이 일어나서 "세상과 나는 간 곳 없고 구속한 주만 보이는" 단계이다. 하나님의 임재 안에 깊이 머물며 하나님께 사랑의 몰입이 일어나는 경험이다. 기도하는 사람의 노력이나 의지와 관계없이 하나님의 은혜로만 일어나는 평화롭고 감미로운 경험이며, 성령님을 통하여 내적으로 예수님을 닮은 성품을 형성시켜 주는 경험이다.

　영적 독서의 네 단계는 서로 유기적으로 연결되어 있고 기도하는 사람의 내면에 일어나는 경험은 성령님의 자유하심에 맡겨져 있으므로, 기도의 실제에 있어서 네 단계를 엄격하게 구분하여 적용하려고 시도하면 무리가 된다. 그러나 대체로 영적 독서를 할 때, 기도하는 사람의 경험은 네 단계를 자연스럽게 따라 흐르게 된다. Bianki(2010)의 책 제목, 『말씀에서 샘솟는 기도(Pregare La Parola: introduzione alla "Lectio Divina")』는 독서에서 기도까지의 흐름을 비유적으로 잘 보여주고 있다. 영적 독서에서는 독서, 묵상, 기도가 구분된 행위가 아니라 자연스럽게 샘물이 솟아오르듯 이어진다. 또한 Guigo II(2010)는 각각의 요소가 필수적이라는 점을 다음과 같이 강조한다. "묵상 없는 독서는 건조하며 독서 없는 묵상은 오류에 빠지기 쉽고, 나아가 묵상 없는 기도는 미지근하며 기도 없는 묵상은 결실이 없는 것이라고 결론지을 수 있겠습니다. 정성들인 기도는 관상을 얻게 해주며, 기도 없는 관상의 선물은 드물고 기적에 가까운 것이라 하겠습니다(Guigo II, 2010, pp. 154-155)." 메마름, 오류에 빠짐, 냉담함, 열매 없음 등의 경험이 일어날 때, 이 요소들 가운데 혹시 어떤 부분이 빠졌는가를 살펴보면 도움이 될 것이다.

마지막으로, 현대의 영성지도자들은 영적 독서의 네 단계에 "실천"이라는 하나의 단계를 더 추가하였다. 실천, 즉 말씀에 순종하는 것이 없으면, 말씀 묵상은 지적이거나 감성적인 유희에 불과할 것이다. 그러므로 말씀 묵상이 순종을 통하여 예수님을 닮아가는 데 있어서 어떤 삶의 변화, 즉 열매를 가져왔는지 매일 성찰할 필요가 있다.

3) 영적 독서 실습 안내문

다음은 영적 독서의 방식으로 묵상할 때 참고할 안내문이다. 앞에서 설명한 네 단계에 준비 및 실천을 보충해서 여섯 단계로 제시했다.

① 준비
   -몸과 마음의 준비: 편안한 자세를 취하고 복식호흡으로 마음을 가라앉힌다.
   -오늘 묵상할 성경 본문을 확인한다.
   -시작 기도: 하나님의 임재(the presence of God)를 구한다.
② 읽기

　-하나님의 말씀 듣기를 사모하는 마음과 하나님의 말씀에 순종하겠다
　　는 마음으로 듣는다.

　-첫 번째 읽기: 성경 본문을 천천히 눈으로 읽는다. 전체적인 내용을 파
　　악한다.

　-두 번째 읽기: 가장 마음에 다가오는 한 낱말 또는 구를 선택한다.

③ 묵상

　-선택한 낱말을 마음으로 반복하며 질문한다. "왜 하나님께서 이 말씀
　　을 나에게 주셨을까?"

　-마음을 들여다보면서 무엇이 떠오르는지 살펴본다. 이미지, 기억, 성
　　경구절, 사건, 깨달음, 생각, 느낌 등등.

④ 기도

　-묵상의 결과 마음에 자연스럽게 일어나는 반응을 하나님께 표현한다.
　　하나님의 은혜에 감사하며 찬양한다. 깨달은 잘못을 회개하고 반복하
　　지 않겠다고 결심한다. 하나님의 뜻에 순종할 수 있는 믿음과 인내, 의
　　지를 구한다.

⑤ 관상

　-스바냐 3장 17절을 암송하며 하나님의 사랑의 임재 안에 머문다. "너
　　의 하나님 여호와가 너의 가운데에 계시니 그는 구원을 베푸실 전능자
　　이시라 그가 너로 말미암아 기쁨을 이기지 못하시며 너를 잠잠히 사랑
　　하시며 너로 말미암아 즐거이 부르며 기뻐하시리라."

　-사랑하는 마음으로 하나님을 바라본다. 하나님의 따뜻한 시선을 느끼
　　며 그 앞에 조용히 머문다. 쉼을 누린다. 하나님께 모든 것을 맡긴다.
　　하나님을 기다린다.

⑥ 마무리 및 실천

　-주기도문을 천천히 드리며 기도를 마친다.

　-하나님이 주신 말씀을 작은 메모지에 적는다. 하루 동안 주머니에 지

니고 다니면서 수시로 꺼내 읽고 암송한다.

−경험한 것을 영성일기에 기록한다.

−경험한 것을 소그룹에서 나눈다.

−깨달은 것을 일상 속에서 실천한다.

5. 의식성찰

1) 성경과 성찰

성찰이란 매일 일상 속의 경험을 살펴보면서 하나님의 임재를 알아차리는 훈련을 가리킨다. 이런 경험이 무척 오래된 것임을 우리는 먼저 성경에서 찾아볼 수 있다.

시편 16편 7절은 시편 기자의 성찰하는 삶의 습관을 엿보게 한다. "나를 훈계하신 여호와를 송축할지라 밤마다 내 양심이 나를 교훈하도다." 그는 밤마다 자신을 하나님 앞에서 살펴보았는데, 그때마다 하나님의 말씀에 의해 잘못을 깨닫고 고치는 경험을 하였다. 성찰은 매일 밤 하나님 앞에서 자기를 살펴보는 것이다.

시편 139편 23-24절에서 시편 기자는 자신의 마음과 뜻, 그리고 행위를 살펴보고 있다. "하나님이여 나를 살피사 내 마음을 아시며 나를 시험하사 내 뜻을 아옵소서 내게 무슨 악한 행위가 있나 보시고 나를 영원한 길로 인도하소서." 이 구절들은 성찰에 다음과 같은 특징들이 있음을 알려 준다. 첫째, 성찰은 하나님의 시선으로 나의 삶을 살펴보는 것이다. "하나님이여 나를 살피사." 나의 시선이 아니라 하나님의 시선으로 본다는 아이디어는 무척 중요하다. 나의 시선은 자기정죄적일 때가 많아서 성찰이 자기혐오로 끝날 때가 많기 때문이다. 반대로 사랑과 구원을 베푸시는 하나님 아버지의 시선은 자기

혐오로 이끌지 않고 오히려 따뜻한 사랑의 분위기 안에서 회개와 결단으로 이끈다. 둘째, 성찰은 감정과 생각, 그리고 삶의 방식을 살펴보는 것이다. 영어성경(NIV)에 '마음'은 'heart', '뜻'은 'anxious thoughts'로 되어 있다. 그리고 '악한 행위'는 'any offensive way'로 되어 있다. 마음은 감정들을, 뜻은 생각들을, 그리고 악한 행위는 하나님을 거스르는 행동의 방식으로서 말을 포함한 다양한 행동들을 가리키는 것이다. 그러므로 성찰이란 지난 하루 동안 경험한 감정들과 생각들, 그리고 행동들을 살펴보는 것이다. 그리고 영원한 길로 인도함을 받는 데 있어서 성찰이라는 훈련은 무척 중요한 역할을 한다는 것을 알 수 있다.

마태복음 5장 8절에서 예수님은 "청결한 마음"을 기독교인이 지녀야 할 마음으로 제시하시는데, 이것은 성찰의 목표라고 할 수 있다. "마음이 청결한 자는 복이 있나니 그들이 하나님을 볼 것임이요." "마음이 청결한 자(the pure in heart)"는 마음이 거울과 같아져서 하나님을 보게 된다는 것이다. 이것은 모든 기독교인이 갈망하는 것이 아닐까? 이기적인 욕심으로 더러워진 우리의 마음을 성찰하고 깨끗하게 닦아서 하나님을 더욱 쉽게 알아차리게 볼 수 있게 되는 것은 기독교인의 성화 과정에서 필수적인 경험이다. 실제로 초대교회 이후로 교회사에서 영성훈련이 두드러진 시기로 알려진 "사막의 영성" 시기에 사막의 수도자들이 그들의 수도생활에서 가장 중요하게 생각했던 것이 바로 "청결한 마음"이었다.

성경에 나오는 "악덕 목록 리스트들"은 성찰이 무척 구체적으로 실시되었다는 사실을 말해준다. 마태복음 15장 17-20절에서 예수님은 사람을 더럽게 하는 것은 입으로 들어가는 것이 아니라 입에서 나오는 것들이라고 말씀하시면서 입에서 나오는 것들의 예로 일곱 가지를 말씀하신다. 악한 생각, 살인, 간음, 음란, 도둑질, 거짓 증언 그리고 비방이다. 갈라디아서 5장 19-21절에서 사도 바울은 육체의 일 열다섯 가지를 열거한다. 음행, 더러운 것, 호색, 우상 숭배, 주술, 원수 맺는 것, 분쟁, 시기, 분냄, 당 짓는 것, 분열함, 이

단, 투기, 술 취함, 방탕함 등등. 마지막으로 디모데후서 3장 1-5절에서 사도 바울은 말세에 사람들이 저지르는 악한 삶의 모습을 무려 열아홉 가지나 나열한다. 자기 사랑, 돈 사랑, 자랑, 교만, 비방, 부모 거역, 감사하지 않음, 거룩하지 않음, 무정함, 원통함을 풀지 않음, 모함, 절제하지 못함, 사나움, 선한 것을 좋아하지 않음, 배신, 조급함, 자만, 쾌락을 사랑하기를 하나님 사랑하는 것보다 더함, 경건의 모양은 있으나 경건의 능력은 부인함이다. 이 외에도 다수의 악덕 목록 리스트를 성경에서는 발견할 수 있다. 이런 리스트를 생각하며 구체적으로 열거한 이유가 무엇일까? 내 안에 이런 모습이 있다는 것을 성찰을 통해 알아차리고 기도하며 성령의 도우심으로 극복함으로써 청결한 마음으로 하나님을 볼 수 있도록 촉구하려는 뜻이 그 리스트들 안에 담겨 있는 것이다.

2) 성찰의 역사

기독교 영성사를 살펴보면 성찰 수련을 매우 중시했음을 확인할 수 있다. St. Augustine(2013)의 『고백록(the Confessions)』은 철저한 자기성찰로부터 비롯되었다. 그는 이 책에서 자신의 일생을 돌아보고, 진정한 안식은 하나님과의 만남에서 온다고 강조했다. 사막의 영성가를 대표하는 인물들 가운데 Evagrius of Pontus(2011)는 『프락티코스(Practikos)』라는 책에서, 우리 영혼이 하나님 앞에 고요히 머무는 것을 방해하는 여덟 가지 악한 생각(logismoi)들을 소개한다. ① 탐식, ② 음욕, ③ 탐욕, ④ 슬픔, ⑤ 분노, ⑥ 태만(아케디아), ⑦ 헛된 영광, ⑧ 교만이다. 그리고 매일 그것들이 내면에 있는지를 성찰하고 극복 또는 정화하려고 노력했다. 이 여덟 가지 악한 생각들을 성찰하고 극복하는 수련은 유럽에 수도원을 소개한 Cassian(2013)의 『담화집(Conferences)』에서 다시 강조되었다. 그리고 후에 로마 가톨릭의 일곱 가지 대죄, 즉 교만, 시기, 분노, 나태, 탐욕, 탐식, 정욕 등을 선정하는 데 영향을 끼쳤다. 가톨릭은 이 성찰 수련을 양심성찰(the examination of consciences)이라고 불렀고, 고백성사(the sacrament of confession)를 위해 모든 신자들이 반드시 해야 하는 수련이라고 강조했다. 그 연장선상에서 이냐시오 로욜라는 『영신수련』에서 양심성찰은 일반 성찰과 특별 성찰로 구분되어 날마다 두 차례 할 것을 제안하고 있다.

종교개혁 이후에 개신교회는 양심성찰이라는 표현을 쓰지는 않았지만, 성찰 수련의 중요성을 인식하고 강조해 왔다. 칼뱅(J. Calvin)은 『기독교 강요(the Institutes of Christian Religion)』에서 이렇게 말했다(Calvin, 1993, pp. 61-65). "하나님에 대한 지식과 우리 자신에 대한 지식은 서로 관계가 있다." "자기 자신을 알지 못하고는 하나님을 알지 못한다." "하나님을 알지 못하고는 자신을 알지 못한다." 자기 자신에 대한 지식은 곧 성찰 수련으로 연결되었다. 존 웨슬리(J. Wesley)는 성도들이 매주 "밴드(band)," 또는 "클래스(class)"라고 불린 소그룹 모임에서 서로의 삶을 성찰하고 기도하도록 안내했다(이후정, 2014, p. 322). 이것이 오늘날 감리교 속회의 뿌리이다. 청교도 목사인 Baxter(1991)는 『참된 목자(the Reformed Pastor)』에서 목회자들이 성찰을 해야 할 필요성에 대하여 강조하였다.

3) 의식성찰 실습 안내문

현대 영성수련에서는 성찰 수련을 양심성찰 대신 의식성찰(the examination of consciousness, the awareness examen) 또는 성찰기도(the examen prayer)라고 부른다. 양심성찰 수련이 자기의 죄를 돌아보는 데 집중하였다면, 의식성찰은 하나님의 임재(the presence of God)의 흔적을 살펴보는 데 집중한다.

다음에 제시하는 의식성찰 안내문을 사용하여 실습해 보자. 의식성찰을 하기에 가장 좋은 시간은 하루를 마무리하는 밤이고, 15~30분 정도 수련한다.

① 준비

　－매일 성찰기도를 위한 규칙적인 시간(15~30분)과 조용한 장소를 정한다.

　－몸을 편안하게 하고 마음을 고요하게 가라앉힌다.

② 시작 기도

　－감사기도: 지난 하루 동안 하나님께서 주신 선물에 감사드린다.

　－청원기도: 하나님의 일을 잘 식별할 수 있는 은혜를 구한다. 하나님의
　　임재/함께하심을 구한다.

③ 성찰(다음의 안내문 중 하나를 선택해서 성찰한다.)

　－하나님의 눈으로 지난 하루를 가까운 시간부터 먼 시간의 순서대로 돌
　　아본다. 하나님과 함께 "나의 24시간"이라는 영화를 본다고 생각하고
　　리모컨을 하나님께 드린다.

　－지난 하루 동안 일어난 일들을 하나님과 함께 경험한 일과 하나님과
　　상관없이 나 혼자 경험한 일로 구분해서 살펴본다.

　－하나님께서 나의 삶에 어떻게 함께 하셨는가?

　－하나님께서 가까이 계시다고 느꼈던 순간들을 포착한다. 성령의 역사
　　라고 할 수 있는 경험들(기쁨, 믿음, 사랑, 소망, 아름다움, 자유, 삶의 에너
　　지가 넘치는 순간들).

　－하나님께서 멀리 계시다고 느꼈던 순간을 포착한다(화, 걱정, 긴장, 불
　　안, 초조, 유혹, 두려움 등에 사로잡히는 순간들).

④ 마침 기도

　－하나님께 성찰하는 동안 얻은 깨달음과 느낌을 말씀드린다.

　－내 마음의 짐을 내려놓는다. 용서를 구한다. 다시는 그런 잘못을 반복
　　하지 않겠다고 결심한다. 하나님의 도우심을 구한다. 성찰기도 시간
　　동안 은혜를 주신 하나님께 감사드린다.

⑤ 기록

　－깨달은 것을 영성일기에 기록한다.

－매월 마지막 날에 영성일기를 다시 읽어 본다. 하나님과의 관계에 있어서 진보한 부분은 무엇이며 퇴보한 부분은 무엇인지 살펴본다.

6. 예수기도

1) 성경과 예수기도

예수기도(Jesus Prayer)는 예수님의 이름을 부르며 하는 기도이다. 예수님의 이름을 부르는 대표적인 기도문이 소경 바디매오의 기도이다. 마가복음 10장 46-52절에서 바디매오는 예수님께 "다윗의 자손 예수여 나를 불쌍히 여기소서."라고 기도한다. 아울러, 바디매오는 기도에는 장애물이 있으며 그것을 넘어서야 한다는 것도 가르쳐 준다. 그는 "많은 사람이 꾸짖어 잠잠하라."고 하는 데도 불구하고 계속 "다윗의 자손 예수여 나를 불쌍히 여기소서(10:48)."라고 기도했던 것이다. 기도는 멈출 수 없는 것이다.

성경은 예수님의 이름이 지닌 능력을 신뢰하는 것이 얼마나 영성생활에 있어서 중요한지를 말해 주고 있다. 성경 본문을 몇 군데 살펴보자.

① "내가 진실로 진실로 너희에게 이르노니 너희가 무엇이든지 아버지께 구하는 것을 내 이름으로 주시리라 지금까지는 너희가 내 이름으로 아무것도 구하지 아니하였으나 구하라 그리하면 받으리니 너희 기쁨이 충만하리라(요 16:23)."

예수님은 제자들에게 "내 이름으로 아버지께 구하라."고 말씀하신다. 제자들이 하나님 아버지께 나아가는 길은 우리의 중보자이신 예수님의 이름으로 가는 길밖에는 없다. 그럴 때 그 응답으로 "충만한 기쁨"이 임하는 것이다.

② "베드로가 이르되 은과 금은 내게 없거니와 내게 있는 이것을 네게 주노
니 나사렛 예수 그리스도의 이름으로 일어나 걸으라 하고(행 3:6)," "그
이름을 믿으므로 그 이름이 너희가 보고 아는 이 사람을 성하게 하였나
니 예수로 말미암아 난 믿음이 너희 모든 사람 앞에서 이같이 완전히 낫
게 하였느니라(행 3:16)."

이 본문은 베드로가 예수님의 이름이 지닌 능력을 사용한 대표적인 예이
다. 제자들에게는 "은과 금"은 없을지라도 "나사렛 예수 그리스도의 이름"이
있다. 그런데 그 이름은 성전 미문에 있던 앉은뱅이의 근본적인 문제를 해결
하는 파워가 있었다. 하나님의 능력과 영광은 언제나 예수님의 이름에 임한
다. 영성생활은 그 사실을 믿음으로 확인하는 생활이다.

2) 영성사에 나타난 예수기도의 특징

예수기도는 예수님의 이름을 부르는 기도라는 점 외에도 다른 특징들이 있
다. 예수기도의 특징을 잘 설명해 주는 대표적인 영성고전은 동방정교회 전
통에서 Nicodemos of Holy Mountain와 Macarios of Corinth(2008)의 『필로
칼리아(Philokalia) 4』와 무명(2009)의 『이름 없는 순례자(The Pilgrim's Tale)』이
다. 이 고전들에 담긴 예수기도의 특징 세 가지는 다음과 같다.

첫째, 예수기도의 다른 특징은 '쉼 없는 기도(the constant prayer)'를 지향한
다는 데에 있다. 영성가들, 특히 동방교회의 영성가들에게 있어서 사도 바울
의 권면, "쉬지 말고 기도하라(살전 5:17)."는 일종의 화두가 되었다. 어떻게
하면 기도가 우리의 입술과 마음에 항상 머물 수 있을까? 그리고 그 해결책
을 호흡에서 찾았다. 우리 몸이 살면서 쉬지 않고 하는 것 두 가지가 있으니
호흡과 심장박동이다. 호흡이나 심장박동이 쉬지 않기 때문에 우리가 사는
것이다. 반대로 둘 중의 하나가 쉬는 날 우리는 더 이상 살지 못한다. 쉼 없

는 기도는 기도를 호흡 위에 얹어 놓는 것이다. 어떻게 하면 기도를 호흡 위에 얹어 놓을 수 있을까? 동방교회 전통에서 잘 알려진 고전 중에『이름 없는 순례자』는 이 방법의 예를 잘 보여준다. 기도를 배우기 원하는 한 순례자에게 스승이 말했다. 예수기도를 하루에 3,000번 하고 오라. 다음에 갔더니 이번에는 6,000번 하고 오라고 했다. 그 후에 갔더니 12,000번 하고 오라고 했다. 스승의 권면에 순종했던 순례자는 그 후 놀랍게도 잠을 자는 순간에도 기도하는 자신을 발견하게 된다. 숨쉬는 모든 순간에 기도하고 있는 자신을 발견하게 된다. 이와 함께 그의 성품은 변화되었고 그의 삶에서는 예수의 향기가 뿜어져 나왔다. 예수기도는 한편으로 "숨겨진 순교(hidden martyrdom)"라고도 한다. 쉼없이 기도한다는 것은 곧 세상에 대하여 죽음을 의미하기 때문이다.

둘째, 예수기도의 또 다른 특징은 단순한 기도문을 사용한다는 것이다. 사막의 영성가 아바 마카리우스가 이렇게 말했다. "낱말로 시간을 허비할 필요가 없다. 손을 내밀어서 이렇게 말하라. '주님 당신의 소원과 지혜를 따라 자비를 베푸소서.' 만일 힘든 상황이면, 이렇게 말하라. '주님, 나를 구하소서.' 또는 '주님.' 주님은 무엇이 우리를 위해 최선인지 아신다. 그래서 우리에게 자비를 베푸실 것이다." 카시안은 이렇게 기도했다. "하나님이여 나를 건지소서, 여호와여 속히 나를 도우소서." 이 기도문은 시편 70편 1절이다. 하나님은 우리가 구하기 전에 우리에게 필요한 것을 다 아신다. 그러므로 우리는 기도하면서 긴 말을 할 필요가 없다. 단순한 기도문과 함께 하나님께 나아가는 것이 훨씬 우리의 마음을 하나님께 집중시키는 데 도움이 된다.

셋째, 예수기도는 "마음의 기도(the Prayer of the Heart)"라고도 알려져 있다(Rinckel, 2013). 우리 마음 깊은 곳에서 하나님의 임재를 알아차릴 수 있도록 도와주기 때문이다. 마음이란 무엇인가? 동방교회 전통은 마음을 이렇게 이해한다. 마음은 "우리 내면의 가장 깊은 곳에 있는 방"이다. 마음은 "하나님이 거하시는 은밀한 장소"이다. 마음은 "내적 성소"이다. 마음은 "그리스도의 궁전"이다. 그리스도께서 우리의 마음에 거주하러 오신다. 아바 마카리우스는 마음 안에 모든 것이 있다고 생각한다. "마음은 작은 그릇에 불과하다. 그러나 거기에는 용과 사자가 있고 독이 있는 피조물과 온갖 간사한 보물들이 있다. 울퉁불퉁한 길도 있고 입을 쩍 벌리고 있는 낭떠러지도 있다. 반면 거기에는 하나님도 계시고 천사들도 있다. 하늘의 도성과 은총의 보물들도 있다. 모든 것이 마음 안에 있다." 동방교회 영성을 헤지키아(hesychia) 영성이라고도 한다(Ware, 2000, p. 373). 헤지키아는 모든 정념(passion)을 극복한, 동요가 없는 마음의 고요 상태를 가리킨다. 헤지키아는 우리 마음 깊은 곳에 있는 내적 성소로 들어가는 준비이다. 예수기도는 헤지키아 영성에서 가장 중요한 길이었다.

3) 예수기도 실습 안내문

① 준비: 몸과 마음을 준비한다.
  -매일 15분의 시간과 방해받지 않을 조용한 장소를 정한다.
  -몸: 근육의 긴장을 푼다.
  -마음: 심호흡으로 마음을 가라앉힌다.
② 기도문 준비
  -"주 예수 그리스도 하나님의 아들이시여 죄인인 나를 불쌍히 여기소서." "주 예수 그리스도"를 부르며 "주님"이시고 "그리스도"이신 예수께 마음을 연다. "하나님의 아들"을 부르며 거룩한 자녀로 불러주신 은혜를 생각한다. "죄인인 나"를 말하면서 자신의 한계를 알아차리고 겸손한 마음을 품는다. "불쌍히 여기소서."라고 말하면서 하나님의 사랑과 치유를 구한다.
  -호흡이 짧은 사람은 더 짧은 형태의 기도문을 사용할 수 있다. "주 예수여, 나를 불쌍히 여기소서."
③ 시작 기도

　　－하나님의 임재를 구한다.
④ 호흡에 맞춰서 반복한다.
　　－소리를 내어서 반복하다가 자연스럽게 침묵으로 들어간다.
　　－호흡에 실어서 반복하다가 자연스럽게 하나님의 임재 안에 머문다.
　　－기도의 반복이란 마치 새가 비상할 때 힘차게 반복하는 날개 짓과 같
　　　다. 처음에는 힘든 노력이 필요하지만 새가 일단 원하는 곳에 오른 후
　　　에는 가끔 날개 짓만 해줘도 공중에 머물 수 있다. 예수기도도 마찬가
　　　지이다. 들숨에 "주 예수 그리스도 하나님의 아들이시여", 날숨에 "죄
　　　인인 나를 불쌍히 여기소서"를 반복하다가 어느 순간부터는 하나님의
　　　품 안에 있는 자신을 발견하게 된다.
⑤ 마침 기도
　　－하나님의 은혜에 감사드린다.
⑥ 실천
　　－기도를 통해 깨달은 것이 삶에 뿌리내리도록 순종하며 실천한다.
　　－영성일기를 쓴다.
　　－소그룹 또는 영성지도를 통해 기도의 경험을 나눈다.

7. 향심기도

1) 성경과 향심기도

　향심기도(Centering Prayer)는 침묵 가운데 마음으로 하나님께 집중하는 기도이다. 향심기도는 침묵으로 하는 기도 중 가장 단순하면서도 가장 어려운 기도이다. 침묵을 해본 사람들은 침묵이 참 어렵다는 것을 경험한다. 마음을 집중하기가 힘들기 때문이다. 왜 우리가 마음을 집중하기가 힘든지 그 원

인을 산상설교에서 찾아볼 수 있다. "네 보물 있는 그 곳에는 네 마음도 있느니라(마 6:21)." "한 사람이 두 주인을 섬기지 못할 것이니 혹 이를 미워하고 저를 사랑하거나 혹 이를 중히 여기고 저를 경히 여김이라 너희가 하나님과 재물을 겸하여 섬기지 못하느니라(마 6:24)." 내가 보물처럼 생각하는 것이 항상 하나밖에 없으면 마음은 나뉘지 않는다. 그러나 보물이 여러 개 있으면 마음은 산산조각으로 나뉜다. 향심기도는 침묵 안에서 마음을 하나님께로 집중하는 훈련을 하기에 아주 좋은 기도방법이다.

사도 바울의 다음 기도문은 향심기도가 지향하는 효과를 잘 보여준다.

> 내가 하늘과 땅에 있는 각 족속에게 이름을 주신 아버지 앞에 무릎을 꿇고 비노니 그의 영광의 풍성함을 따라 그의 성령으로 말미암아 너희 속사람을 능력으로 강건하게 하시오며 믿음으로 말미암아 그리스도께서 너희 마음에 계시게 하시옵고 너희가 사랑 가운데서 뿌리가 박히고 터가 굳어져서 능히 모든 성도와 함께 지식에 넘치는 그리스도의 사랑을 알고 그 너비와 길이와 높이와 깊이가 어떠함을 깨달아 하나님의 모든 충만하신 것으로 너희에게 충만하게 하시기를 구하노라(엡 3:14-19).

향심기도를 하나님께서 은혜의 통로로 사용하시면, 우리는 이런 것들을 경험할 수 있다. 다시 말해서, 우리의 속사람이 강건해진다. 그리스도께서 우리 마음에 계시는 것을 더욱 확신하게 된다. 지식을 뛰어넘는 그리스도의 사랑을 경험하게 된다. 더불어 그 사랑에 힘입어 하나님을 사랑하고 이웃을 사랑할 수 있게 된다. 특히 앞의 본문에서 눈여겨봐야 할 부분은 "지식에 넘치는 그리스도의 사랑"이라는 표현이다. 하나님의 사랑은 또는 하나님이라는 존재는 인간 이성의 한계를 넘어서는 분이라는 것을 인정할 때, 기도 역시 하나님을 이성으로 이해하려는 추구를 넘어서게 된다.

2) 향심기도와 『무지의 구름』

향심기도는 다른 한글 번역으로 집중기도라고도 한다. 마음의 중심에 계신 하나님께 시종여일하게 사랑 어린 집중을 하는 기도이다. 향심기도는 대표적인 관상기도(contemplative prayer)이다. 향심기도는 또한 부정의 길(apophatic prayer)의 전통에 서있는 대표적인 기도이다. 인간의 기능과 경험—이성, 상상, 이미지, 감정, 기억 등—을 사용하지 않는다. 더불어 우리 안에 떠오르는 수많은 생각들을 붙잡지 않는다. 즉, 묵상 너머에 있는 기도이다.

향심기도를 현대 기독교 영성수련으로 재발견하여 확산시킨 인물들은 트라피스트 수도사인 바실 페닝턴(Basil Pennington)과 토마스 키팅(Thomas Keating)이다(Keating, 2009). 그들은 현대 기독교인들이 불교의 명상에 심취해 가는 현상을 목도하면서, 기독교 영성고전 중 무명(2000)의 『무지의 구름』을 떠올리게 되었다. 왜냐하면, 『무지의 구름』에서 안내하는 기도방법이 불교의 명상에서 사람들이 기대하는 효과를 넘어서는 기독교적 기도라고 여겼기 때문이다.

『무지의 구름』은 14세기 영국의 카르투지오 수도사가 쓴 관상기도 안내서이다. 먼저, 저자는 하나님과의 사랑의 연합을 향하여 수련하는 수도사들은 초보의 단계에서 영적 독서를 게을리하지 말 것을 충고한다. 영적 독서의 세 단계, 즉 독서, 묵상, 기도는 영성수련의 기본으로서 중요하다. 다음으로, 하나님과의 사랑의 연합, 즉 관상을 지향하는 수도사는 이제 지금까지 지녀온 지식과 경험을 모두 내려놓을 필요가 있다. 저자는 이것을 세상과 수도사 사이에 있어야 할 "망각의 구름(the cloud of forgetting)"이라고 부른다. 마지막으로, 관상을 지향하는 수도사는 거룩한 단어만을 마음으로 반복하며 하나님을 향하여 나아가야 한다. 이때 거룩한 단어란 '아버지' '그리스도'와 같은 단어들을 말하며, 거룩한 단어를 반복할 때 묵상을 시도하지 않는 것이 중요하다. 거룩한 단어는 단지 하나님을 사랑하는 의지와 하나님을 향한다는 지향의 표시일 뿐이다. 그리고 하나님을 향하는 마음을 방해하는 생각들이 올라올 때 그것을 흘려보내는 도구로 사용될 뿐이다. 여기에서 생각은 감정이나 이미지도 포함한다.

3) 향심기도 실습 안내문

이제 다음에 나오는 안내문을 따라 향심기도를 실습해 보자. 향심기도는 하루에 두 차례 20분씩 하는 것이 좋다고 한다.

① 준비
　　－환경: 20분의 시간과 조용한 장소를 정한다.
　　－기도 중에 사용할 거룩한 낱말을 미리 선택한다: (예) 아바, 평화, 사랑, 예수.
　　－몸의 준비: 복식호흡과 근육의 긴장/이완을 통해 몸의 긴장을 푼다.
　　－마음의 준비: 복식호흡을 통해 마음을 가라앉힌다.
② 시작 기도
　　－하나님의 임재를 구한다.
③ 마음으로 거룩한 단어를 반복한다.
④ 마음이 고요한 가운데 집중되었으면, 하나님을 향하는 마음에 지속적으로 머문다.
⑤ 생각들이 올라올 때는, 거룩한 낱말을 반복하여 생각을 흘려보내고 다시 침묵으로 돌아간다.
⑥ 마침 기도
　　－주기도문을 드리며 마친다.
⑦ 영성일기에 경험한 것을 기록한다.
　　－생각이 많이 떠올라서 침묵에 방해를 주었다고 자책할 필요는 없다.

8. 나오는 말

이상에서 기독교 영성수련의 정의 및 종류와 대표적인 영성수련 다섯 가지를 살펴보았다. 글을 마무리하면서, 영성수련을 어떻게 관리할 것인지, 그리고 일상의 영성수련을 지속하는 데 도움이 되는 일상 밖의 영성수련에 관한 정보를 제시하려고 한다.

1) 영성수련의 관리

우리는 영성수련 방법들에 대해서, 그리고 영성수련 실습 과정에서 일어나는 경험들에 대해서 잘 관리할 필요가 있다. 영성수련을 잘 관리하려면 영적 분별(spiritual discernment)과 영성지도(spiritual direction)가 필수적이다. 영성수련을 실습할 때 하나님께서 은총을 주시면 우리는 어떤 영적 경험들을 하게된다. 그런데 영성수련을 할 때 일어나는 경험이라고 해서 꼭 하나님으로부터온 것은 아니다. 그러므로 영적 분별이 중요하다. 그리고 영적 분별은 혼자서할 수 있는 것이 아니다. 가능하면 영성지도라는 관계 안에서 일대일 또는 소그룹으로 자신이 경험한 내용을 이야기하고 함께 분별하는 것이 도움이 된다.

(1) 영적 분별

우리가 경험한 것이 하나님으로부터 왔는지, 아니면 다른 근원이 있는지어떻게 구별할 수 있을까? 영성지도자 Liebert(2011, p. 46)는 『영적 분별의 길(The Way of Discernment)』에서 영적 분별을 다음과 같이 정의한다.

영적 분별은 하나님이 어떻게 현존하시고, 활동하시고, 또 우리를 개인과 공동체로 부르시는지를 의도적으로 인식해 가는 과정인데, 이를 통해 우리는 날마다 조금씩 더 신실함으로 하나님께 응답할 수 있게 된다. 우리가 결정을 내리는 모든 순간은 분별이 큰 변화를 일으킬 수 있는 소중한 순간이다.

영적 분별은 우리의 경험 안에서 하나님의 현존과 활동을 인식하려는 노력이다. 성경이 제시하는 대표적인 영적 분별 기준은 갈라디아서 5장 22-23절에서 사도 바울이 제시하는 '성령의 열매' 아홉 가지와 고린도전서 13장에서 제시하는 믿음, 소망, 그리고 사랑의 경험이다. 기독교 영성사의 자료들 가운데서 영적 분별 기준을 제시해 주는 대표적인 자료들로는 이냐시오 로욜라가 『영신수련(Spiritual Exercises)』의 부록에서 제시하는 "영들 분별 규칙"과, Jonathan Edwards(2009)가 『신앙과 정서(Religious Affections)』에서 열거하는 "거룩한 정서를 나타내는 신뢰할 만한 표지 열두 가지" 등이다.

(2) 영성지도

영성수련을 실습하는 기독교인은 영성지도자를 만나서 정기적으로 대화를 나누면 크게 도움이 된다. 영성지도란, 한 성숙한 기독교인(director, 영성지도자)이 하나님을 더 가까이 만나기 원하는 다른 기독교인(directee, 피지도자)을 돕는 과정이다. Bakke는 『거룩한 초대(Holy Invitation)』에서 영성지도를 이렇게 정의한다. "영성지도는 우리로 하여금 하나님께 귀 기울이고, 하나님을 뵙고, 하나님께 응답하도록 돕는다(Bakke, 2007, p. 23)." 그리고 Barry와 Connolly가 『영적 지도의 실제(The Practice of Spiritual Direction)』에서 내린 정의는 다음과 같다. "영적 지도란 어떤 개인으로 하여금 하나님께서 개인적으로 의사 전달하시는 것에 주의를 기울이고, 이렇게 의사 전달하시는 하나님께 응답하며, 하나님과의 친교를 깊게 하고, 그 관계에 바탕을 둔 삶을 살아가도록, 한 사람이 다른 사람에게 베푸는 도움이라고 정의할 수 있다(Barry & Connolly, 1996, p. 20)." 이와 같은 정의를 바탕으로 볼 때, 영성지도의 목표는 피지도자와 하나님의 친밀한 관계 형성에 있다.

영성지도 대화의 바탕이 되는 분위기는 침묵기도이다. 아울러 영성지도자의 기본 자세는 "관상적 경청(contemplative listening)"이다(Liebert, 2011, pp. 30-32). 사랑하는 마음으로 기도하는 분위기에서 잘 경청하고 적절하게 반응해 주려고 노력한다. 여기에서 적절한 반응이란 영성지도자의 의견 제시가 아니라, 피지도자가 하나님께만 주의를 집중할 수 있도록 도와주는 최소한의 반응을 말한다. 전반적으로 피지도자와 하나님의 관계가 친밀해지도록 돕기 위해 영성지도자는 지시적 접근보다 비지시적 접근을 한다. 영성지도자는 영적 권위를 지니지만, 대화를 주도하지 않고 오히려, 영적 동반(spiritual companionship), 영혼의 친구(soul friend), 영적 안내(spiritual guidance)의 분위기로 대화를 나누려고 노력한다.

2) 일상 밖의 영성수련

기독교인 사역자들이 일상 속의 영성수련을 지속하면, 쉽게 영적 침체에 빠지지 않을 것이다. 그러나 일상 속의 영성수련들만으로는 사역자들이 영적으로 성장하는 데 한계가 있다. 그만큼 삶의 현장이 힘들기 때문이다. 따라서 일상을 떠나서 다음과 같은 일상 밖의 영성수련들이 요청된다.

(1) 계속 교육 프로그램

신학교 및 신학 연구소, 대형 교회에는 기독교 영성 및 기독교 영성수련을 위한 계속 교육 프로그램을 운영하는 곳이 많다. 주로 강의를 듣고 세미나를 하는 형식인데, 이런 교육 프로그램들은 사역자들에게 사역자 자신과 목회 현장을 바라보는 새로운 관점들을 제시해 줄 수 있다. 이 새로운 관점들은 사역자의 시야를 넓혀 주고, 사역 현장의 어려움들을 해결하는 돌파구를 마련해 주기도 한다.

(2) 단기간의 영성수련

신학교와 총회 및 교단 소속 목회자들이 운영하는 영성수련센터에는 사역자를 위한 2박 3일, 3박 4일, 5박 6일, 8박 9일과 같은 단기간의 영성수련을 제공하는 곳이 점점 늘어가고 있다. 최소한 일 년에 일 회 사역 현장을 떠나, 아름답고 고요한 자연 속에서 단기간의 영성수련에 참여하는 것이 좋다. 단기간의 영성수련의 목적은 교육이 아니라, 하나님의 임재를 경험하며 쉼을 맛보는 것이기 때문에 침묵 안에서 하는 것이 효과적이다.

(3) 장기간의 영성수련

장기간의 영성수련은 안식월과 안식년을 말한다. 3년에 한 번 6개월의 안식월을 갖든지, 6년에 한 번 1년의 안식년을 반드시 갖는 것이 바람직하다. 형편상 그것이 불가능하다면 최소한 3년에 한 달의 안식월은 가져야 사역자가 자신의 영성을 기본적으로 유지할 수 있다. 안식월과 안식년은 계속 교육 및 단기간의 영성수련이 잘 통합되도록 계획을 짜면 좋을 것이다. 안식월을 영성수련센터에서 영성지도자의 안내 하에 30일 침묵 수련으로 가질 수도 있다. 안식년과 관련해서는 목회자의 경우 불미스러운 일이 발생하기도 한다. 그러므로 목회자의 안식년은 교회와 목회자가 서로를 신뢰하는 가운데 허락되어야 하며, 이를 위해 노회 및 총회 차원에서의 지원이 필요하다.

상담을 포함하여 기독교인 영적 돌봄 사역에서 기독교 영성수련에 대한 이해와 경험은 필수적이다. 상담가가 내담자의 필요에 따라 영성지도자의 역할을 해야 할 때도 있다. 하나님과의 관계를 올바로 하고 더 친밀한 관계를 경험하는 것이 내담자의 내적 통합에 도움이 된다고 생각된다면 기독교 영성수련을 적절하게 소개하고 실습을 지도할 필요가 있다. 이를 위해 상담가가 먼저 일상에서 영성수련을 실습하여 경험하는 데 이 글이 도움이 되기를 바란다.

후주

1) 이하 영성수련은 기독교 영성수련을 의미한다.

참고문헌

무명 (2000). 무지의 구름 [The cloud of unknowing] (엄성옥 역). 서울: 은성.

무명 (2009). 이름 없는 순례자 [The pilgrim's tale] (최익철 역). 서울: 가톨릭출판사.

이후정 (2014). 기독교 영성 이야기. 서울: 신앙과지성사.

Bakke, J. A. (2007). 거룩한 초대 [Holy invitations] (최승기 역). 서울: 은성. (원저 2000년 출판).

Barry, W. A., & Connolly, W. J. (1996). 영적 지도의 실제 [The practice of spiritual direction] (김창재, 김선숙 역). 경북: 분도출판사.

Bass, D. C. (Ed.). (2004). 일상을 통한 믿음 혁명 [Practicing our faith : A way of life for a searching people] (허정갑 역). 서울: 예영커뮤니케이션.

Baxter, R. (1991). 참된 목자 [The reformed pastor] (지상우 역). 서울: 크리스챤다이제스트.

Benedict of Nursia. (2011). 베네딕트의 규칙서 [Rule of Benedict] (권혁일, 김재현 역). 서울: KIATS.

Bianki, E. (2010). 말씀에서 샘솟는 기도 [Pregare La Parola: Introduzione alla "Lectio Divina"] (이연학 역). 경북: 분도출판사.

Calhoun, A. A. (2005). 영성훈련 핸드북 [Spiritual disciplines handbook] (양혜원, 노종문 역). 서울: IVP.

Calvin, J. (1993). 기독교 강요 I [The institutes of Christian religion] 서울: 성문출판사.

Cassian, J. (2013). 담화집 [Conferences] (엄성옥 역). 서울: 은성.

Edwards, J. (2009). 신앙과 정서 [Religious affections] (서문강 역). 서울: 지평서원.

Evagrius of Pontus. (2011). 에바그리우스의 기도와 묵상 (전경미, 이재길 역). 서울: KIATS.

Foster, R. (1978). 영적훈련과 성장 [Celebration of discipline] (권달천 역). 서울: 생명

의 말씀사.

Gregory of Nyssa. (2003). 모세의 생애 [Life of Moses] (고진하 역). 서울: 은성.

Guigo II. (2010). 관상생활에 대해 쓴 편지. In E. Bianki, 말씀에서 샘솟는 기도 (pp. 139-161). (이연학 역). 경북: 분도출판사.

Holt, B. P. (2002). 기독교 영성사 [Thirsty for God: A brief history of Christian spirituality] (엄성옥 역). 서울: 은성.

Ignatius de Loyola. (2010). 영신수련 [The spiritual exercises] (정한채 역). 서울: 이냐시오영성연구소.

John of the Cross. (2010). 어둔 밤 [The dark night] (최민순 역). 서울: 바오로딸.

Keating, T. (2009). 센터링 침묵기도 (권희순 역). 서울: 가톨릭출판사.

Liebert, E. (2011). 영적 분별의 길 [The way of discernment] (이강학 역). 서울: 좋은씨앗.

Nicodemos of Holy Mountain & Macarius of Corinth. (2008). 필로칼리아 4 (엄성옥 역). 서울: 은성.

Rinckel, H.-P. (2013). 마음의 기도: 예수기도의 역사와 방법 (허성석 역). 경북: 분도출판사.

St. Augustine, A. (2013). 성 어거스틴의 고백록 [The confessions] (선한용 역). 서울: 대한기독교서회.

Thompson, M. J. (2015). 영성형성 훈련의 이론과 실천 [Soul feast: An invitation to the christian spiritual life] (최대형 역). 서울: 은성.

Ware, K. (2000). 헤지키스트들: 시나이의 그레고리, 그레고리 팔라마스, 니콜라스 카바실라스. In C. Jones, G. Wainwright, & E. Yarnold (Eds.), 기독교 영성학 [The study of spirituality] (권순구 역). 서울: 영성.

Willard, D. (1993). 영성훈련 [The spirit of the disciplines] (엄성옥 역). 서울: 은성.

Wolpert, D. (2005). 기독교전통과 영성기도 [Creating a life with God: The call of ancient prayer practices] (엄성옥 역). 서울: 은성.

제2부

정신역동, 영적 지도 그리고 기독(목회)상담

정신역동과 기독교 영성

이만홍
(SoH영성심리연구소 책임연구원/로뎀클리닉 원장)

1. 들어가는 말

비록 이제까지 그렇지는 못하였다고 하더라도, 기독교 영성[1]과 정신치료[2] (특히 정신분석에 기초한 역동정신치료)는 치유의 현장에서 서로를 풍성하게 도울 수 있는 가능성을 지니고 있다. 최근 들어 이 양자 간의 거리가 급속도로 다시 좁혀져 가고 있기는 하지만, 원래 이 양자는 고대로부터 이미 수천 년 동안 통합되어 내려왔었으며, 서로가 분리되어 있었던 시기는 고작 최근의 150년도 안 된다는 사실이 새삼스럽게 여겨질 수도 있다. 따라서 이 둘은 당연히 인간 치유의 현장에서 함께 가야 함이 지극히 당연하다. 아무리 오랫동안 정신분석을 연구하고 세밀하게 인간을 이해하고 치유를 돕는다 해도 그 한계는 점점 더 분명해지고, 분석가 자신의 인생이 공허하고 황량해지는 것을 피할 길은 없어 보인다. 그가 꿈꾸는 성숙이나 온전한 인간은 이루어지지 않은 채 죽음을 맞기 때문이다. 반면, 기독교 영성가는 하나님과의 연합에서 오는 내면적인 충만감을 보다 설득력 있는 논리로 타인을 이해시키고 좀 더 많은 사람이 성숙과 온전한 모습으로 변환되도록 하지 못한다면, 그가 얻은 깨달음은 박제화되어 버리고 현실에서 구현되지 못하는 안타까움으로 하나님의 실망을 사게 될 것이다.

지난 한 세기 좀 넘는 세월 동안 기독교 영성과 정신치료는 대체로 서로를 배척하여 왔다. 특히 정신분석을 위시한 심리학은 신의 존재를 부정하는 입장에서 기독교 영성을 심리학의 일부로 끌어내리려고 하였고, 기독교 영성의 세계에서는 그러한 심리학적 시도를 괘씸하게 여기면서 외면해 왔다. 기독교 영성은 신의 존재와 그의 인간과의 관계에 대하여, 정신치료는 인간의 존재(와 신과의 관계없음)에 대하여 말해 왔다. 동일한 영역, 동일한 체험에 대하여 서로 다른 표현을 쓰며 정반대의 입장을 취하여 왔지만, 따지고 보면 단 한 가지 출발점이 다를 뿐이다. 그것은 신이 존재하느냐 아니냐의 관점인데, 그러나 이것은 자연과학으로도, 인문학적인 인식론에 의해서도 입증되는 범위를 벗어나는 믿음의 영역인 것이다. 얼핏 보기에 이 양자는 서로를 영원히 용납하지 못하고 평행선을 달리는 듯 보인다(Hunsinger, 2000).

과거 한 세기도 더 넘게 정신분석을 비롯한 정신치료가 인간의 내면에 대하여 밝혀낸 학문적 가치는 실로 엄청나다. 인간의 존재가 어떻게 자기감을 형성하고 성숙되어 가는가, 혹은 어떻게 병적인 상태로 전락하고 이를 어떻게 치유할 수 있느냐에 대한 발달심리학과 심리치료법(역동심리치료)으로서의 성과는 우리의 정신세계를 풍부하게 하고, 정신병리를 이해하고 해결하는 데 매우 심오한 연구결과를 보여주었다. 프로이트(S. Freud)와 그의 제자들은 이를 토대로 종교나 신앙의 영역까지 추론의 한계를 넓히는 과욕을 보였다. 예를 들면, 프로이트의 저술들, 『환상의 미래』(1923), 『토템과 터부』(1931), 『모세와 유일신』(1939) 등의 내용들을 종합해 보면, 인간의 신에 대한 이미지는 어린 시절 유아의 무력함, 의존욕구, 특히 오이디푸스적인 갈등의 해결로서 이상화된 아버지상이 투영된 환상의 산물이란 점을 잘 설명하고 있다. 그의 설명은 인간심리의 상당 부분 진실을 담고 있어 보이며, 이러한 묘사는 나중에 대상관계이론을 끌어낸 Rizzuto의 하나님 이미지 이론으로 발전된다(Rizzuto, 2000). 그러나 문제는 이러한 심리적인 사실을 받아들인다고 하여 그것이 곧 신의 부재를 증명하는 것은 아닌데도, 마치 그렇게 타당한 논리적 전개를 가진 것으로 오해되기도 한다. 만약, 하나님의 존재를 인정한다면 이러한 심리적인 현상들이 훼손되는 것인가? 아니다. 하나님의 존재와 이들 심리학적 진실들은 상당 부분 공존할 수 있다. 아니 오히려 더더욱 양자를 풍성하게 할 수 있다고 본다. 프로이트 자신도 전이현상을 설명하면서 어디에선가 인간은 잃어버린 아버지를 찾아 평생 헤매는 존재라는 표현을 한 적이 있다. 이것은 얼마나 신학적인 성찰인가? 하나님이 존재한다는 믿음을 갖더라도 정신분석적인 현상들은 이해가능하다. 예를 들면, 이렇게 설명될 수 있다. 인간을 창조하신 하나님이 인간타락으로 인하여 상실된 하나님의 실존을 제대로 찾아오게끔 육신의 아버지를 주시고 그 이미지에서부터 누구나 하나님의 흔적을 상상하고 찾아올 수 있도록 길을 예비하신 것이라고 한다면, 정신분석의 논리들은 그대로 받아들여질 수 있을 뿐만 아니라, 오히려 우리의 영성을 더욱 이해하기 쉽게 만드는 논거를 마련하게 된다. 정신역동의 이론들과 기독교 영성은 신의 존재를 인정하느냐 마느냐 하는 아주 근본적인 입장이 다르기 때문에 전적으로 이 양자가 일치하지 않는 부분이 많기는 하지만, 본 장에서는 정신역동의 제 이론들과 기독교 영성의 모습 중 상호 이해가 가능하며, 서로를 보완하고 풍성하게 만드는 이론적 부분들을 밝히고, 어떻게 상호 간 그것이 가능한지를 설명하려고 시도하였다. 정신역동의 제 이론들 중에서 이미 고전적 정신분석의 여러 개념들, 즉 무의식, 저항, 전이 등의 정신역동 등의 개념들에 대한 영성적인 탐구는 이미 상당히 이루어져 있고, 목회적 돌봄의 현장에서도 어느 정도 익숙하게 적용되고 있으므로(이만홍, 황지연, 2007), 이를 간략히 살펴본 후, 지난 세기 후반부터 변화하기 시작한 정신분석의 관계적 흐름, 즉 대상관계이론과 코헛(H. Kohut)의 자기심리학의 이론들과 기독교 영성의 관계를 살펴보고, 이어서 마지막으로 현대 정신분석의 주요 흐름인 애착이론, 상호주관주의, 그리고 정신화(mentalization)의 이론들과 기독교 영성의 관계를 고찰하여 보고자 한다. 이러한 이론들은 새롭게 신학적인 통찰을 자극하고 있을 뿐만 아니라, 현대 기독교적 치유와 성숙의 구체적인 모습으로 제시되고 있는 영성지도(spiritual direction)가 어떻게 치유 현장에서 정신역동적 심리치료와 만나고 있는지에 관한 이해를 돕게 될 것이기 때문이다. 다음에 이어지는 장에서 필자는 상호주관주의와 정신화 등 현대 정신역동 치료와 영성지도의 바탕을 이루는 관상적 영성(contemplative spirituality)의 공통점을 지적하고, 이 양자가 치유와 성숙의 현장에서 통합의 모습으로 기독교적 전인치유를 이루게 된다는 가능성을 제시하고자 한다.

2. 고전 정신분석에서의 정신역동 개념들과 기독교 영성

고전 정신분석의 출발점이 되는 3대 전제는 정신결정론, 무의식의 존재, 정신에너지이론(정신역동이론)이다. 이 전제들에 대한 기독교적인 논의와 비판은 이미 매우 오래 전부터 줄기차게 있어 왔고, 일부 중요한 이론적 전제들이 기독교적인 관점과 충돌한다는 주장은 너무나 많이 있어 왔다. 그렇지만, 그런 주장들에 묻혀버린 심리학적 진리들 또한 그에 못지않게 많이 있음을 간과해 온 것도 사실이다. 예를 들면, 기독교적인 관점에서 인간의 의지를 강조한 나머지 무의식, 특히 핵심감정의 특성들의 중요성을 무시하거나 심하게 축소해 버렸다는 점이다. 무의식, 본능, 욕동, 핵심감정의 개념들은 가장 기본적인 정신역동의 개념들이면서도 가장 많은 오해를 산 개념들이기도 한데, 일반인이 상상하는 것 훨씬 이상으로 깊고 쉽게 해결되지 않는 것들이기 때문에 인간이 죽을 때까지 안고 갈 수밖에 없다는 사실은, "이전 것은 지나갔

으니 보라 새 것이 되었도다(고후 5:17)."라는 선언에 휘말려, 기독교인들에게
는 흔히 무시되거나 중요치 않게 간주된다. 그러나 무의식과 핵심감정에 대
한 통찰은 얻으면 얻을수록, 그것이 바뀐다는 것이 얼마나 어려운 일인가를
깊이 있게 이해하게 되고(Horney, 1974), 이에 따라 역설적으로 신앙 안에서
거듭나서 "새 것이 되었다."는 사실이 얼마나 위대한 기적임을 깨닫게 된다.

　　정신분석학은 인간을 이드, 자아, 초자아 등의 상호 모순적이면서 역동적
인 힘들에 분열되어 힘겹게 살아가는 비참한 존재로 그려내고 있는데, 이것
은 인간 실존의 비참함을 증언하는 성경의 인간관과도 일치하는 부분이며,
우리는 합리적으로 사고하며 선하게 살려는 의지에 비하여, 자신의 내면을
들여다보면 볼수록 끊임없이 나를 압도하려는 혼돈스러운 핵심감정의 존재
를 보면서 절망하지 않을 수 없게 된다. 놀랍게도 우리는 로마서 7장 15-25절
에서 이러한 똑같은 절망의 외침을 들을 수 있다. 그것은 하나님께서 인간을
선하게 창조하셨음에도 불구하고 인류의 타락으로 인하여 너무나도 절망적
인 모습으로 훼손되어 있다는 통찰을 담고 있으며, 죽음을 향하여 밀려가는
인간 실존의 모습을 증언하고 있다. 인간이 본래의 창조된 온전한 모습을 되
찾고자 할 때 가장 먼저 깨달아야 할 전제는 이러한 절망적인 우리의 자화상
앞에 직면하는 일이다. 어디를 둘러보아도 우리 속에서 구원은 가능하지 않
다는 사실을 슬프지만 인정하지 않을 수 없다. "그러므로 내가 한 법을 깨달
았노니, 곧 선을 행하기 원하는 나에게 악이 함께 있는 것이로다(롬 7:21)." 그
런데 기독교인에게는 이 절망은 절망으로 끝나지 않고 구원을 예고하는, 아
니 보장하는 절망이다. 다시 말하자면 절망을 느껴 보지 않는다면 성숙이나
구원은 있을 수 없다. 인간은 절망에 직면해야 비로소 위를 바라보게 되며,
자신 스스로의 내면에서는 구원받을 게 없다는 것을 깊이 있게 깨달아야 위
를 향하여 손을 내밀게 된다.

　　한편, 무의식의 핵심감정에 대한 통찰을 얻어 인격적 성숙에 이르는 치
유의 현장에서 가장 중요하게 다루는 정신역동 현상 중의 하나에 저항

(resistance)이 있다(Greenson, 2001). 저항의 존재는 인간은 한편에서는 성숙하려는 방향성을 가지고 있지만, 동시에 직면하는 고통과 좌절을 회피하기 위하여 성숙과는 반대로 퇴행상태로 되돌아가고자 하는 욕구가 동시에 있음을 알게 된다. 이러한 정신역동은 우리의 영적 생활에서도 마찬가지로 존재한다. 인간은 영적으로 성숙하고자 하는 욕구가 있는 반면, 동시에 영적으로 성숙하고 싶어 하지 않는 욕구도 동시에 가지고 있음을 인식한다. 그래서 심리적으로나 영적으로 성숙의 길은 그리 단순하고 일직선적인 것이 아니고, 복잡하고도 양방향적인 모습을 띠게 된다. 심리치료에서의 실패가 수없이 많은 것처럼, 영적 성숙의 길에서도 수많은 낙오를 볼 수 있다. 출애굽기의 반복된 수많은 반역과 불순종은 성숙의 길에 흔히 볼 수 있는 영적 저항의 대표적인 예이다. 하나님께 다가가면 갈수록 인간은 환희와 동시에 강한 두려움과 피하고 싶은 저항을 느낀다. 이것이 바로 영성지도의 중요한 포인트이기도 한데, 기도를 성찰하면서 우리는 흔히 기도 중에 하나님께 가까울수록 느끼는 두려움과 불안을 실감하게 된다. 따라서 심리학적으로 정신역동적 저항의 메커니즘은 그대로 영적으로도 적용이 가능하며, 우리는 죽을 때까지 자신을 성찰하는, 영적인 개념으로 말하자면, "회개"의 작업을 반복하게 되는 것이 바로 치유와 성숙에서 동일하게 이해가 된다. 역동 심리치료에서 저항은 우리들의 치유와 성숙을 방해하는 부정적인 자아의 모습이지만, 동시에 그런 방해의 의미를 잘 들여다보고 이해하고 극복하는 과정을 통하여 우리는 성숙의 길을 찾을 수 있게 된다.

정신역동적 심리치료에서 가장 중요한 개념은 정신분석의 꽃이자 무덤이라고 불리는 전이현상이라고 할 수 있다(Gabbard, 2008). 그런데 이 전이현상은 그 개념의 의미를 해석하는 입장에서 유신론적 입장과 무신론적 입장이 극명하게 반대의 입장을 취한다. 프로이트 이래 정신분석가들은 전이현상은 어린 시절 주요 양육자에 대한 신경증적 왜곡의 표현이라고 믿어 왔다.[3] 그리고 대상관계이론가들, 특히 Rizzuto에 의하면 이러한 양육자에 대한 유아기적인 의존이 중간 시기를 거치면서 하나님 표상으로 발전한다고 보는 것이며, 코헛의 말을 빌리자면 이상화된 부모상이라는 자기대상이 이상화 전이현상으로 표출되는 것이라고 본다. 진화론적인 입장을 취하는 애착이론에 의하면 전이란 어린 시절 병적인 애착관계에서 출발하는 내적 작동모델의 표현 형태라고 보기 때문에, 이들 모두의 무신론적인 전이개념의 해석은 하나님의 실체적 존재와는 아무 상관없는 유아기적인 표상의 표현일 뿐인 것이다. 그러나 기독교적인 유신론적인 관점에서 볼 때는 동일한 전이현상에 대한 이런 무신론적인 논리전개의 정반대적인 해석이 가능하다. 즉, 전이현상이란 타락한 인간이 파라다이스를 쫓겨날 때 신의 표상을 완전히 잃어버릴 것을 염려하신 하나님이 대신 육신의 부모를 주시고, 그 육신의 부모와의 관계로부터 원초적인 표상을 획득하고, 점차로 영적인 깨어남과 성숙을 통하여 하나님의 실체를 찾아가는 과정에 발생하는 과도적인 현상으로 설명할 수 있게 된다. 인간은 이상화된 부모상을 찾아 평생을 헤매는 존재라는 프로이트의 표현을 우리는 신학적인 성찰로 들을 수 있게 되며, 기독교적인 관점에서 볼 때 인간은 모두가 하나님을 잃어버린 자들이었고, 그들이 잃어버린 부모, 쫓겨나온 자신의 본래의 집을 영원히 그리워하며 찾아다니는 존재라는 개념은 기독교 세계 안에서는 전혀 새로운 내용이 아닌 것이다. 그런 의미에서 보면, 기독교인들이란 그들이 심적 내면에서 추구하던 이상화된 부모가 바로 하나님이었다는 것을 발견한 존재들이며, 세상에 속한 존재들이란 그 이상화된 부모상을 다른 것에서 찾는 존재라고 말할 수 있다. 만약 이 정반대의 해석을 이해한다면, 우리는 전이현상이 지니는 풍부한 기독교적인 영성의 한 중요한 현상을 보다 깊이 이해할 수 있게 된다. 이렇게 볼 때 왜 정신분석에서 전이가 그들의 논리처럼 충분히 해결되지 않으며, 결국은 전이는 정신분석적 치료의 무덤이 될 수밖에 없는 운명이라는 것이 자연스레 이해된다. 기독교적인 시각에서는 심리치료 내내 치료자를 향하여 사랑과 보호를 끝없이 갈망하던 내담자의 전이현상은 그가 마침내 눈을 돌려 하나님을 바라볼 수 있도록 도와주는 것으로 해결이 되며, 기독교적인 치유의 궁극적인 목표가 된다는 것이 명백해진다. 이에 따라 세례요한의 고백처럼 그분은 점점 커져야 하며 나는 점점 작아져야 한다는 것이 기독교적인 치유자의 고백이 될 수 있다.

심리치료의 장 안에서 통찰이란 자기 자신의 이해에 대한 의식적 인식을 확장하며, 자신의 대인관계 방식에 대한 이해를 보다 깊이 있게 증진시키는 것으로 요약할 수 있다. 이러한 통찰의 개념들은 영적 성숙의 장 안에서도 그대로 적용하는 데 무리가 없지만, 이를 넘어서 훨씬 더 확장된 개념으로의 적용이 가능하게 된다. 통찰의 과정을 통하여 기독교인은 하나님 앞에서 자신이 어떤 존재인가, 즉 초월적인 영의 존재로서 내가 어떤 존재인가 하는 것에 대한 통찰을 얻는 것을 의미한다. 자신의 존재의 초월적인 의미를 깨닫는다는 것은 바로 하나님이 어떤 존재인가 하는 데 대한 통찰로 이어지는 것을 뜻하는 것이기도 하다. 이는 바로 자신이 겪고 있는 내면의 문제를 해결해야 할 어려움으로만 볼 것이 아니라 그 문제를 통하여 깨닫게 되는 성숙을 향한 하나님의 뜻을 분별하게 되는 것이며, 기독교적으로 표현하면, 당면한 고난을 통하여 진정한 자기인식을 얻고 영적 성숙과 치유의 길로 들어서는 것임을 의미한다. 결과적으로 개인은 세상에서의 대인관계의 본질을 이해하고 관계 속에서의 갈등을 해결해 나가는 것뿐만 아니라, 초월자이신 하나님과 자신과의 관계가 창조자와 죄인 된 피조물의 관계에 있을 뿐만 아니라, 새로운 세계가 사랑으로 완성되는 과정에 하나님의 파트너로 참여하는 관계의 존재라는 데에 대한 폭넓은 이해에 도달하는 것이 통찰임을 알 수 있다(이만홍, 황지연, 2007).

이상 간략하게 논의하여 본 고전적인 정신분석의 기초 개념들은 비록 현대적인 개념들, 특히 관계정신분석, 즉 대상관계이론, 코헛의 자기분석심리학, 그리고 애착이론의 강한 영향을 받은 상호주관주의와 정신화 등 새로운 관계이론들에 의하여 심각하게 수정되어야 하며, 특히 역동정신치료의 현장에서 그렇게 새롭게 적용되어야 하지만, 그렇다고 하여 이들 개념들과 치료기법들이 통째로 무시되는 것은 아니다. 반대로, 고전적인 개념들을 분명히 이해하는 바탕이 있어야 비로소 현대적인 관계 정신분석들의 입장이 더욱 분명히 이해되며, 이에 따라 기독교 영성이 더욱 유연하고도 다양하게 설명되며, 함께 서로의 깊이를 더하게 된다. 오늘날의 정신분석과 역동정신치료는 고전적인 정신분석의 개념들을 충분히 이해하는 기초 위에서, 현대 정신분석이 추구하는 관계성, 상호주관주의 등의 요소들을 현실성 있게 포함하며, 기독교의 현대적 영성(필자는 이를 관상적 영성으로 표현하고 싶은데)의 성찰적 요소에 해당하는 정신화(mentalization)까지 응용하는 상태에 와 있다.

3. 현대 정신분석적 정신역동과 기독교 영성

지난 세기 후반에 들어서면서, 기독교 신학과 정신분석 양자에서 동시에 새로운 변화가 일어났으며, 이는 해를 거듭할수록 뚜렷하게 되고 있다. 그리고 이 변화는 기독교 영성과 현대 정신분석을 더욱 가깝게 묶어주는 고리로 등장하고 있다. 그것은 경험적 정서(experienced affect)와 관계성(relatedness)을 중심으로 한 정신분석의 새로운 흐름이다(Bland & Strawn, 2014).

정신분석에 입각한 현대의 정신역동이론은 적어도 다음의 네 가지의 기초 이론으로 구성된다. ① 자아심리학(ego psychology)은 프로이트의 고전적 정신분석이론으로부터 유래되었다. ② 대상관계이론(object relations theory)은 고전적 정신분석이론이 배경이 되어 Melanie Klein, Fairbairn, Winnicott 등으로부터 유래되었다. ③ 자기심리학(self psychology)은 코헛에 의해 시작되었다. ④ 포스트모더니즘적 시각(postmodern views)은 구성주의, 상호주관주의, 대인관계이론들, 관계적 갈등 모형 등 서로 느슨한 관련을 가진 이론들이 하나의 집단을 이룬 것이다(Gabbard, 2008).

프로이트가 창안하였을 때의 정신분석의 대상은 원본능, 자아, 초자아로 구성되는 객관적이고도 관찰이 비교적 용이한 개인의 내면적 현상이었다. 그는 정신분석을 하나의 자연과학으로 생각하였으며, 그의 시대에는 자연과학은 오직 경험에 의하여 확증될 수 있는 것, 가치-자유로운 방법론에 의하여 입증된 것만을 추구하였으므로, 자연히 정신분석은 인간의 가치관이나 윤리, 종교와는 다른 중립적인 자연과학으로서의 인간의 성격과 행위에 관한 연구를 의미하였다(Taylor, 2007). 그러나 모던 그리고 포스트모던 사회에서 자연과학적인 객관성은, 특히 인간을 대상으로 한 연구에서는 한계를 지닐 수밖에 없다. 왜냐하면, 인간존재는 생물학, 일부 심리학 등의 자연과학적으로 이해될 수 있는 요소와 더불어, 이들과는 다른 윤리, 가치관, 문화, 종교와 같은 요소들이 복합적으로 이루어진 존재이기 때문에, 이들을 단지 경험적이고 객관적인 과학의 대상으로 환원하여 분류하고, 정의하고, 관찰하고, 해석하는 것은 필경 진실의 한계에 도달할 수밖에 없기 때문이다. 인간의 행동이나 정신과정은 완전히 그 부분의 기능으로 환원될 수 없으며, 그 역동은 훨씬 복잡하기 때문에 객관적인 데이터의 수집 수준을 넘어서는, 관찰자와 피관찰자의 관계적인 경험, 정서, 시각, 가치관, 문화들이 포함될 수밖에 없으며, 그중 특히 주목을 받게 된 것은 정신분석의 현대적 흐름을 이끌고 있는 경험적인, 주관적인, 관계성에 대한 측면이다. 즉, 과거 프로이트의 고전 정신분석이 의도적으로 객관적인 팩트, 정체적이고 보편적이고 데이터적인 내용으로 구성되어 있었다면, 현대의 정신분석과 이를 현실의 상황에 응용하는 역동정신치료는 상호주관주의적 관계성과 경험된 정서(experienced affect)에 더욱 중요성을 두고 있으며, 이에 따라 애착이론, 상호주관주의 및 정신화(mentalization)로 일컬어지는 성찰의 이론들이 깊은 영향을 미치고 있다.

치료자는 더 이상 일방적으로 환자의 무의식 세계를 파헤치는 과학자, 관찰자로서 앉아 있는 것이 아니며, 치료과정이란 상호주관적 기질(inter-subjective matrix) 안에서 환자와 치료자가 함께 새로운 삶의 의미를 발견하고, 함께 창조해(co-create) 나간다(Orange, 1995). 따라서 치료자는 환자의 과

거력이나 캐고, 무의식의 진실을 의식화하기 위하여 뒤로 물러나 앉아 있는, 즉 고전적인 의미에서의 치료자의 중립성이나, 객관성, 텅 빈 스크린과 같은 태도는 더 이상 강조되지 않는다(Hoffman, 1983). 고전적인 의미의 전이 개념, 즉 중립적인 치료자에게 일방적으로 투사되는 환자의 왜곡된 감정이라는 정의 또한 생생하게 상호작용하는 치료자와의 관계에서 형성되는 현실적인 것이라는 쪽으로 이해되어야 한다. 치료자가 환자의 무의식을 해석하고 통찰을 얻게 하는 것처럼 동시에 치료자도 환자에 의하여 (어떤 형태로든)해석된다. 마찬가지로 통찰이란 이해는 환자의 개인 내면에서 발굴되는 어떤 고착된 진리(일인 심리학)가 아니라, 특정 치료자와 특정 환자의 상호 관계에서 형성되는 대화, 또는 관계의 산물이라는 것이다(이인 심리학). 따라서 현대 정신분석의 이론에 입각한 역동 심리치료에서는 치료자의 경험은 어떻게든 환자에게 다시 경험되며, 이 양자 간의 경험을 상호주관적인 입장에서 지속해서 추구하고 이해하는 자세가 필요하며, 그렇게 하기 위해서는 필연적인 치료자의 개입, 적극성, 참여를 용납하고 이해해야 된다는 것이다. 이러한 관계성에 대한 역동 심리치료의 입장들은 오늘날의 목회적 돌봄의 현장에서 시사하는 바가 참으로 크다. 즉, 과거에는 정신치료적 입장에서와 유사하게 제한적으로 이해되던 목회적 돌봄의 현장에서의 목회자의 적극성, 참여성, 상호성은 오히려 필연적이며 타당하다는 이해를 얻게 되며, 동시에 이러한 관점은 치유란 성령 하나님이 일방적으로 개입하심으로써 이루어지는 객관적인 성격이라기보다는, 상호주관적으로 인간과 하나님이 함께 만들어 가는 것이라는 성찰도 가능하게 한다.

이러한 변화는 신학 자체 내에서도 정신분석의 변화와 유사한 시기인 지난 세기 후반부터 동시에 일어나고 있음을 발견하게 된다(Bland & Strawn, 2014). 과거의 전통적인 신학이 하나님의 변치 않고 초월하여 홀로 계시고, 정해진 질서와 섭리에 따라 구원과 재창조를 이루어 가시는 초월적 하나님의 논리적 속성에 초점을 맞춘 조직신학이었다면, 현대로 들어오면서 이런 도그마들은 성경의 새로운 해석학과 문헌학 등의 발전과 더불어 변화하고 있다. 그 변화의 중심을 이루는 것은 놀랍게도 정신분석의 변화와 동일하게도 경험적, 관계적, 상호주관주의적인 요소들이다. 고정된 초월자의 진리로써 일방적으로 선포되던 복음은 빛을 잃고, 사람들은 경험주의적인, 즉 내재적인 성령의 역사를 체험하는 신앙에 열심을 내게 되어 오순절 신학에 몰려가게 된다. 하나님의 창조와 구원의 사역은 공동체적이며 관계적, 상호주관주의적인 역동의 맥락 안에서 이해되며, 그것은 정신분석에서의 치료 개념이 설명하는 것과 놀랍게도 동일하다. 우리 인간을 당신의 형상대로 지으셨을 때의 그 형상은 더 이상 이성이나 본성 등이 주목을 받지 못하고, 삼위일체의 내재적인 관계, 교통 속에서 사랑으로 창조하셨다는 점이 강조된다. 심지어는 개신교 대표적인 신학자 바르트(K. Barth)조차 하나님의 가장 중요한 속성이자 인간의 가장 신적인 속성은 상호 간의 관계, 특히 이 관계는 부부간의 관계에서 그 진수를 보인다고 강조한 바 있다(Barth, 1997). 더 이상 인간은 하나님의 꼭두각시나 노예로 머무는 것이 아니며, 우리들을 친구로 부르셨던 예수의 핵심적인 가르침은 하나님과의 관계, 인간 상호 간의 관계, 그리고 암묵적으로 다른 피조물들과의 관계로 이루어지는(창세기 무지개사건의 암묵적 의미—하나님은 인간만이 아니라 다른 피조물들과도 언약을 세우셨다.) 삼중관계의 중요성을 내포한다. 하나님의 창조, 인간의 타락과 구원, 성화와 재창조는 관계성 안에서 주요 의미를 가지는 것도 현대 정신분석의 강조와 궤를 같이 하며, 이런 일을 이루어 가시는 하나님이 성령으로 우리 속에 내재하여 지속적으로 우리와 교통하시며 이루어 가시는 것이 강조되며(정재현, 2005; Joseph & Bracken, 1998), 이 사역을 우리는 현대적인 목회 돌봄의 가장 실행적 모습인 영성지도의 장 안에서 찾아볼 수 있다.

4. 대상관계이론과 기독교 영성

인간관계에 치유의 중심으로 옮겨 간 현대적 정신분석의 흐름 중 가장 먼저 고전적인 정신역동이론의 틀을 깨고, 관계적인 역동이론으로 체계적인 흐름을 이룬 것은 Winnicott, Fairbairn, 및 Guntrip 등 소위 영국학파 3인방을 위시한 대상관계이론 학파인데, 이들이 모두 신학자와 목회자 또는 독실한 기독교인이었다는 사실은 매우 의미심장하다. Winnicott의 연구는 그의 독특한 성격과 같이 체계적인 이론을 제시하지 않고 매우 직관적이며 즉흥적인 통찰들을 보여주었음에도 불구하고 그의 작업들은 대상관계이론의 발달에 대한 포괄적이며 일관된 개념이 담겨 있다(Summers, 2004). Winnicott은 Klein의 대상관계이론에 영향을 받았지만 초기 대상관계와 자아발달의 관련성에 대해 욕동보다는 어머니-아이 사이의 유대를 강조했다. 그에게 치료는 발달 정지가 일어난 지점을 확인하여 그에 필요한 '촉진적 환경'을 제공하는 '충분히 좋은 어머니(상담가)'가 되어 현실세계로의 독립을 향해 나아가도록 돕는 것이다. 이를 위해 상담가는 내담자의 공격성을 '안아주기'로 견디어 주며 전체 인격으로 통합되도록 돕는다. 이러한 치료의 개입은 어떤 정신분석 이론가들보다 더 순수한 대상관계적인 이론가라고 할 수 있을 것이다(Winnicott, 2000). 모든 인간은 '성숙 과정'이라는 욕동을 갖고 태어나며 유아는 적절한 부모의 돌봄, 곧 '촉진적 환경(facilitating environment)'을 통해 성장하고 발달한다. 이 촉진적 환경이 실패할 경우 발달은 방해받고 정서장애가 발생할 수 있다. 발달은 아이가 어머니에게 절대적으로 의존하는 단계에서 상대적 의존을 거쳐 독립을 향해 가는, 아이와 어머니의 상호의존적 과정이다. 절대적 의존과 상대적 의존 단계 사이에 존재하는 '중간(transition)' 단계는 상대적 의존단계의 하위단계로서 Winnicott 이론의 중요한 발달적 지표이다.

Winnicott은 하나님과의 관계 형성을 위해서는 먼저 인간과 인간의 관계 형성이 필요함을 강조하며 영성에 대한 감각에 대해 언급했다고 한다. 우리는 우리의 영성이 든든히 성숙할 때까지 우리를 안아주시는 하나님을 필요로 한다. 아마도 우리의 이러한 의존이 실패하면 우리의 영성은 황량해질 것이다. 여기서 우리는 영적 실재에 대하여 좀 더 구체적으로 지각하기 위해서는 부모 이미지를 필요로 한다. 이 이미지를 형성하려면 아이들은 대상관계에서 대상 사용이라는 것을 배우면서 이 대상이 자기의 공격성으로부터 살아남는 것을 경험해야만 한다. 그래야만 그 파괴로부터 살아남은, 그 자체의 권리로 존재하는 독립적 대상의 충만한 타자성이 아이 안에서 경험된다. 그것은 하나님의 존재를 감각할 수 있는 영성의 경험적 체험의 시작이라고 할 수 있을 것이다(Winnicott, 2000). 심리치료에서 치료자는 치료과정 중에 내담자의 깊은 상처에 도달할 때 공허감, 분노, 등의 압축된 감정을 느끼게 된다. Winnicott은 상담자가 내담자의 의존성을 받아주며 존재함으로써 내담자가 회복될 수 있는 공간을 만들어야 한다고 했다. 이 공간에서 내담자는 자기감이 자라며 상징화할 수 있는 능력이 살아난다. 이 능력이 영성에 있어서는 하나님의 현존을 볼 수 있는 이미지로 나타날 수 있게 된다. 실재의 중심되시는 하나님께서는 이 이미지들을 언젠가는 실재와 연결해 주실 것이다. 이것은 우리가 존재할 수 있는 능력에 손상을 입으면 상징화할 수 없고 영적 삶 역시 힘들게 됨을 의미한다.

삼위일체 하나님이 자신의 형상을 따라 인간을 창조하셨기 때문에, 인간은 관계성 안에서 창조되었다는 전제는 대상관계이론을 공부할수록 더욱 깊이 이해된다. 즉 인간은 하나님과의 관계, 자기 자신과의 관계, 동료 인간과의 관계 안에서 존재하며, 충만하게 살아가도록 축복받았음을 믿으며, 이것은 모든 창조물 중에서 인간 존재 만의 독특한 의미를 지닌다는 것을 의미한다. Bland와 Strawn은 "따라서 나는 진료실 안에서 환자나 내담자 또는 수련자와 관계를 맺고, 심리치료를 하거나 영성지도를 하는 내가 하는 행위는 이러한

인간 존재의 전제를 구체적으로 실현하시는 하나님의 행위에 참여하는 일종
의 성례전적인 행위와 동일하다고 믿는다(Bland & Strawn, 2014)."라고 말하
고 있다.

대상관계이론은 인간은 성장한 후에도 다른 사람과의 관계를 통하여, 관계
자체를 자기의 구조를 재구성하는 쪽으로 내재화(internalization)한다고 말한
다. 그 관계가 깊고, 신실할수록 내재화하는 자기구조는 전 삶과 인격을 변형
할 만큼 결정적임을 주장한다. 기독교의 성만찬은 이 과정을 상징적으로, 또
는 신비적으로 실제화함을 보여준다. 예수 그리스도의 피와 살을 먹는다는
것은, 단순한 심리학적인 내재화를 넘어서 존재론적으로, 총체적으로 우리의
삶과 인격이 변형됨을 보여준다(Bland & Strawn, 2014). 대상관계이론은 이렇
게 신학적인 신비를 우리가 이해하는 데 심리학적 도움을 준다.

그리스도인들은 자신 스스로 및 하나님과 함께 깊은 평안을 누리면서 살
며, 또한 그가 속한 공동체 안에서 타인들과 함께 의미 있고 목적 있는 삶을
살도록 지음 받았음을 깨달을 필요가 있다. 따라서 심리치료자와 영성지도
자는 그리스도인들이 하나님과의 깊고, 지속적이며, 생명을 주는 연결을 통
하여 자신과 자신의 이러한 삶의 독특한 목적을 발견하고 이루어 가는 생의
여정에 함께 속한 공동체 안에서 지속적인 믿음의 동반자로 봉사할 기회를
갖게 된 것이다. 따라서 기독교 입장에서 대상관계이론은 치료자(그리고 지도
자)는 전이나 역전이로의 가상적인 대상이 아니라, 우리 스스로 현실 세계의
건강한 대상으로 우리 자신, 우리 몸과 시간과 정신과 영을 상대에게 내어 줌
으로써 그리스도의 성육신의 뜻을 이어가는 것이다. 그것은 우리가 단지 건
강하고 따뜻한 공감을 한다는 뜻을 넘어서, 보다 높은 가치, 즉 자율, 회생, 인
내, 절제, 그리고 이에 더하여 사랑 등의 고급한 가치를 내재화하도록 제공함
을 의미한다. 이는 이 세상이 줄 수 없는, 전통적인 정신분석에서는 제공되지
않는 성숙을 위한 기독교적인 가치를 제공한다는 의미이다.

5. 자기심리학과 기독교 영성

자기심리학의 중심 주제는 공감(empathy), 자기애(narcissism), 자기(self)이다. 코헛은 기존의 정신내적 갈등설로부터 자기(self)와 자기대상(self-object)의 발달과 변천으로 정신분석의 관심을 돌렸다. 그는 치료자는 환자를 향하여 깊은 공감적 자세를 견지함으로써 환자의 내면의 경험들, 증상들, 전이와 발달과정 등의 의미를 깊이 이해하는 것이 가능해지며, 이 공감이야말로 인간 치유를 가능하게 하는 거의 유일한 수단임을 주장하였는데, 이러한 지속적인 공감적 모드의 질문을 사용하는 것은 20세기 중반에 와서야 정신분석의 영역에서 하나의 혁신적인 방법이 되었다(Strozier, 2001). 공감은 치료자와 환자가 지각과 의미를 형성하는 데 있어서 상호 협력적 공동참여자가 되는 것을 가능하게 하는데(Ornstein, 2008; Stern, 1992; Stolorow, Brandchaft, & Atwood, 1987), 코헛은 공감이란 "a bridge between human beings"라는 초기의 언급에 더하여, 나중에는 공감을 건강한 자기기능을 형성하고 유지하는 데 결정적인 요소라는 보다 발전된 관점을 제시하였다.

공감은 치료자가 환자의 주관적인 경험을 이해하는 치료적인 도구이기도 하며, 나아가서 해석이라는 치료법과는 별개로 그 자체만으로도 치료적 효과를 가지는, 이해와 조율을 위한 치료적 반응(a therapeutic response of understanding and attunement)이라고 정의할 수 있다(Bland & Strawn, 2014). 프로이트 시대에는 진리란 중립적이고 객관적인, 과학적 경험을 통해서만 얻어진다고 보았는데, 이에 대하여 현대에는, 특히 인간에 관한 학문에서는 인간의 내면의 진실은 그런 동떨어지고 객관적인 방법에 의해서보다는, 공감이라는 상호밀착적이고 경험적인 접근과 해석방법에 의해서만 인간의 내면에 도달할 수 있다는 것이 강조되었다. 여기서 공감은 주관적인 개인의 내면세계에 대한 진정한 데이터를 얻는 방법이면서, 동시에 인간 간의 벽을 헐고,

서로를 이해하고, 함께 성숙해 가는 반응과 치료의 유일한 도구가 된다. 이런 의미에서 자기 정신분석은 인도주의적인 색채를 띤다. Aron(1996)은 "공감, 또는 분석적 사랑은 반드시 상호적으로 주어져야 되며, 상호적으로 받아들여져야 한다(Empathy, or analytic love, must be mutually given and mutually accepted)."라고까지 표현함으로써, 공감의 상호주관성을 잘 표현하였다. 부모-유아가 상호 조율(attunement)하는 것은 바로 환자-치료자 사이에서 서로 노력하는 것과 같으며, 이것은 경청의 경험친화 방식(experience-near mode of listening)이라고도 할 수 있다(Fosshage, 1997). 따라서 치료의 장 안에서 이루어지는 지속적이고도 공감적인 전념(immersion)은 하나의 기술적 방법에만 그치는 것이 아니라, 환자에게 어떻게 반응해야 하는지를 분석가에게 알려주는 것을 도울 수 있는 분석적 민감성(analytic sensibility)이라고 정의되는데, 이런 반응들은 분석가 자신의 주관성과 진정성을 불가피하게 표현하는 것을 포함한다고 Geist는 주장하였다(Geist, 2007). 특히 그는 최근에 공감적 연결(empathic connection)이라는 상호적, 양방향적인 자기심리학의 관점을 "우리가 경험한 것의 이해를 환자에게 전달하는데, 우리 자신의 주관주의의 맥락에서 이해한 우리의 이해를 환자가 수정하고, 명료화하고, 바로잡게끔 환자를 초대하는 식으로 전달한다(Geist, 2013)."라고 표현하였다.

이상의 공감에 대한 자기심리학적 관점은 신학적 성찰의 영역에서도 시사하는 바가 큰데, 즉 20세기 들어 신학의 영역에서도 경험적, 관계적인 신학들, 예를 들면 부버(M. Buber)나 몰트만(J. Moltmann) 등의 관계적 신학이 각광을 받게 된 것과 궤를 같이 한다. 그러나 아직도 대다수의 실천적인 목회 현장에서는 조직신학, 삼위일체 하나님의 특성, 은혜 등에 대하여 교인들을 향한 일방적인 선포나 제시 등 19세기 접근방식이 주를 이루고 있어, 종교적 경험에 대한 상호주관적인 접근이나 이해가 공감과 함께 아우러지는 관계적인 접근이 절실히 요구된다. 특히 이러한 관점은 상호 이해를 최우선 바탕으로 하는 영성지도의 영역에서는 더더욱 중요하다. 개인의 종교적 신념이나 관점, 영성, 하나님에 대한 이해 등은 심리의 가장 깊은 심층부의 구성으로부터 나오는 것들인 만큼 상대방의 개인적인 경험에 대한 상호주관주의적인 공감이 없이는 접근할 수가 없으며, 따라서 권위적이면서 관계적이지 않은 영성지도는 영적 변형의 증인이 될 수 없을 뿐만 아니라, 오히려 수련자와 하나님과의 관계에 장애물이 될 수도 있다. 그러므로 더 이상 기독교 영성도 19세기 객관주의적 정의로는 효과적으로 접근할 수 없다. 이제는 하나님이 누구냐, 은혜, 구원, 성숙이 무엇이냐를 정의하고, 이를 객관적인 진리로써 상대방에게 소개하거나 선포 또는 인식시키는 것이 중요한 것이 아니라, 하나님이 누구냐를 아는 것을 넘어서서, 영성지도의 수련자와 하나님이 심정, 마음, 사랑, 절망, 고통, 슬픔을 함께 상호적으로 느끼고 이해하고, 반응을 경험하는 것, 바로 하나님과 영성지도자와 수련자가 공감적으로 연결되는 경험이 중요하다. 하나님이 나의 마음을, 내가 하나님의 심정을 서로 공감하고 반응하고 조율함으로써 관계적으로 연결이 되는 것, 이것이 오늘날의 신학과 영성지도에서 필요하다는 것이다. 이것이 잘 이루어지지 않을 때 목회 현장에서의 말씀의 일방적 선포가 공허하게 들리고, 신자들이 변화가 일어나지 않으며, 결국은 교회 자체가 공동화하는 원인을 제공하게 된다. 현대의 영성지도는 이러한 위기에서 역할을 담당하고 구현해 나가는 새로운 시점에 있다. 그리고 이러한 관계적인 연결의 중심에 있는 행위가 기도이다. 큐티나 영적 독서를 하는 목적은 더 이상 하나님의 속성을 이해하는 수준에 머무는 것이 아니라, 하나님을 경험적으로 공감하고 하나님과 관계적 조율을 통해 연결이 되는 것, 이것이 바로 고대 수도공동체에서부터 오랜 기간 주장해 온 하나님과의 온전한 연합, 관상에 대하여 현대 심리학의 용어를 빌려 재해석하게 되는 것이다.

코헛이 주 연구대상으로 삼은 환자군은 자기애적 장애(narcissism)인데, 그는 프로이트의 치료 개념, 즉 어린 시절로부터의 반복적인 정신내적 갈등을 전이해석을 통하여 해결해 주는 대신, 환자의 연약한 자존감과 정서적 파편화를 공감적으로 이해하는 것으로 관심을 바꾸었다. 그렇게 함으로써만이 그는 환자의 자기 구조인 자기(self)의 파편화를 막을 수 있다고 보았다. 그에게 있어서 자기란 치유의 중심구조로서 관계에 둘러싸여 있고, 생물심리적, 정서적 시스템으로서, 정서적 그리고 지각적 정보를 통하여 개인에게 지속성과 주관성, 독특성과 연결성, 그리고 육체적인 한계 속에서 공동체적인 연결의 감각을 경험하게 하는 하나의 시스템인데(Kohut, 1971, 1977), 근본적으로 치료관계란 자기-증진(self-enhancing)의 속성이 있으며, 그는 이 과정을 자기대상 기능(self-object function)이라고 불렀다. 그런데 중요한 점은 이 자기대상 경험은 단순한 치료 경험으로서만이 아니라, 자기를 존재하게 하고 유지하는 데에 근본적으로 필요한 반응적, 관계적 환경(responsive relational milieu)으로 이해되며, 그 안에서 인간은 다양한 수준으로 자기를 표현하고, 인정을 받으며, 지지되고, 충분한 양의 공감적 조율과 함께 확신된다. 다른 말로 하면, 자기라는 심리적 공간 안에 대상(사람)이 있어서, 통합감과 응집감(sense of integration and cohesion)을 유지하는 것을 도와준다는 말이다. 이상의 자기대상의 개념은 바로 신학적으로는 우리 가운데 내재하시는 성령 하나님의 개념을 거의 완벽하게 설명해 주고 있다. 성경은 성령 하나님께서 우리 안에 거하셔서 우리를 체휼하시고, 이끄시며, 우리를 위하여 탄식하고 성부 하나님께 우리를 대신하여 기도하신다고 하는 사실을 차고도 넘치게 표현하고 있다(특히 요한복음 14장에서 17장). 즉, "내가 다른 사람의 주관적인 정서 세계 안으로 들어가서 잘 참여하고 나누고 있음과 동시에 다른 사람 또한 나 자신의 주관적인 세계 안으로 들어와 참여하고 있음을 동시에 경험하는 느낌을 갖는 상태"라고 기술한 자기심리학자 Geist(2013)의 말은 그대로 성령님의 내주하심과 활동하심을 가장 잘 설명할 수 있는 정신분석적 성찰이라고 할 수 있다. 하나님은 인간의 자기대상(selfobject)으로서 인간의 (영적) 탄생 시부터 간여하신다. 특히 성령은 우리 속에 내주하시면서, 우리의 영과 끊임없는 교류를 통하여 우리의 영이 안정되게 자녀로서 자리를 잡고 성숙하게 도

와 주신다. 인간은 하나님의 영과 함께 공동 참여자로서 성숙을 이루어 나간
다. 여기서 인간의 역할이 결코 전통적인 신학의 입장처럼 수동적 역할만은
아님을 강조할 수도 있다.

   코헛에 의하면 자기-자기대상 관계의 지속적인 참여가 자기의 확립과 유
지에 중요하다. 최근의 유아연구, 애착이론, 인지신경과학에서의 진전은 이
러한 자기응집, 생명력, 성장을 위한 인간의 기본적 동기에는 공감적 조율과
반응성이 충만한 발달의 틀이 필요하다는 자기심리학의 인식을 확증해 준
다. 개인의 자기 응집성은 과거 특수한 조건과 맥락 안에서 지속적으로 확
장되어 왔던 기억들, 즉 일어났던 지지적인 경험과 강화의 계속된 기억들
에 좌우된다. 뇌에서는, 계속되는 인생의 경험 가운데서 일어나는 정서적
반응과 상태들이 일차적인 가치를 갖게 되는데 왜냐하면, 신경세포의 발화
(neuronal firing)의 이러한 습관화된 패턴은 자기 시스템이 활성화되고 반응
하는 방법에 영향을 주기 때문이다(Siegel, 2012). 이 점이 바로 영성지도에서
갈 길을 잃고 방황하는 수련자에게 반복적으로 과거의 콘솔레이션의 경험에
대한 순간의 기억을 묻고, 이를 구체화, 형상화하도록 인도하는 이유일 것이
다. 이것은 비단 영성지도만이 아니라, 성경에서도 선지자들이 이스라엘 민
족에게 과거 하나님의 은혜의 순간을 기억하라, 기억하라 반복하여 요구하
는 것도 같은 맥락이라고 여겨진다. 앞을 향하여 나아가는 자기(self)는 전체
성(wholeness)과 완성(completion)을 추구한다. 인간은 확실한 자기대상 경험
을 지속적으로 추구하기 때문에 부족한 자기조직화는 일체감과 건강을 위한
잠재력을 가지고 있으며, 때로는 이런 추구는 주어진 생물학적 능력과 가능
한 환경 반응의 복잡한 상호작용 속에서의 이전의 실패로 인한 실망 때문에
불안과 걱정에 휩싸이게 될 수도 있지만, 자기대상적 필요를 지속적으로 충
족 받는 대상과의 관계를 통하여 자기는 성숙한다고 코헛은 주장한 바 있다.
자기는 전체성과 완성을 추구한다는 그의 관점은 "내가 온전하니 너희도 온
전하라."는 하나님의 말씀을 연상하게 한다. 본디 하나님의 창조 계획은 인

간을 온전과 전체성으로 완성시켜 가시는 데 있다고 볼 수 있다는 신학적 성찰은 정신분석적 해석에 의하여 보다 잘 설명된다. 반면, 구원받은 후에 영적 성숙의 과정에서 여러 가지 병적인 신앙행태가 생기는 것은 현실 종교의 비공감적이고 부적절한 자기대상 욕구경험 환경에서부터 오는 것이라고 볼 수도 있다. 즉, 여러 모양의 종교중독, 이단에의 탐닉과 지나친 권위에의 의존 현상들은 결핍상태의 연약한 자기대상을 지지하려는 병리적 현상으로 볼 수 있으며, 따라서 이에 대한 치유는 성령의 적절한 자기대상 관계를 경험하게 하는 건전한 영성지도의 차원에서 이루어질 수 있다고 본다.

우리는 종종 영적으로 깊은 경험을 하고, 이 경험이 전 인격과 영성에 걸쳐 근본적인 변화를 가져올 때 이를 영적 변형(spiritual transformation, 또는 영성형성)으로 묘사해 왔다. 영적 변형을 가져오는 과정이란 우리의 자기대상이신 성령님의 내재 속에서 성령님과 우리 자신의 영 간의 연결, 공감과 지지를 지속적으로 받으면서 영적 자기감을 확립해 가는 과정이라고 말한다며, 이는 코헛의 변형적 내재화의 개념을 사용하여 영적 변형을 좀 더 깊이 있게, 구체적으로 설명할 수 있게 된 것이다. 치유 작업으로서의 영성지도는 성령의 임재, 즉 내주하심과 성령 안에서의 삶, 성령과의 연합(자기심리학적으로는 연결, connectedness)을 지속적으로 수련해 나가는 작업이라고 할 수 있다. 성령의 내주하심(indwelling), 이것은 성령의 자기대상 되심, 특히 이상화된 부모상과의 연결, 융합(자기심리학적으로는 merger)의 이미지를 상기한다. 성령체험은 자기대상과의 경험이며, 파편화되고 연약해진 자기의 기능을 강화시켜 주는 경험이 된다. 자기애적인 미숙한 자기의 발달을 증진시키고, 미숙한 자기애를 보다 성숙한 자기성찰과 초월적인 가치관과 목표로 바꾸어, 하나님과 이웃에 대한 성숙한 관계성, 즉 사랑의 발달로 이끌어 가는 변형적 내재화(transforming internalization)를 이룬다.

Bland와 Strawn은 "은혜와 사랑은 초월적인 신과의 깊은 정서적 연결의 가장 강력한 경험의 형태이므로, 우리는 치료적 관계를 이런 은혜와 사랑을 소통하는 능력의 관점에서 평가할 수 있다. 나는 자기심리학적 치료에 존재하는 깊은 공감적 이해야말로 기독교 메시지의 핵심인 사랑의 변형적 힘을 구체화하는 것이라고 믿는다. 신앙공동체나 정신분석적 관계 안에서 일어나는 깊이 있게 연결되는 관계는 Benner(2000)가 언급한 대로 심리치료의 육화된 경험을 나타내 주고 있다고 본다."라고 말하였다(Bland & Strawn, 2014). 이는 Geist(2007)가 언급한 바와 같은 치료적 관계 안에서의 공감적 연결은 하나님의 아가페적인 임재를 반영하는데, 이 과정은 단순히 자기의 정서적 재조직화를 초래하는 자기대상 경험의 내재화를 의미하는 것을 넘어서, 연결된 치료적 관계에 초월하시고 내재하시는 성령의 적극적 사역을 포함한다. 치료자와 환자로서 깊이 연결된 안전감 속에서 상호 공감의 경계를 탐색할 때, 고통은 적나라하게 드러날 수도 있다. 이 순간에, 영성지도자는 치료자로서, 고통받는 구세주처럼 경험되며, 우리의 환자들(수련자들)은 가장 분명하게 성령의 임재를 체험한다. 그리스도의 임재 바로 그 연장선에서, 치료자들은 환자의 저항할 수 없는 통찰을 구체화하게 되는데, 치료자의 공감적 몰두 안에서 환자는 자기 자신에 대한 진실을 발견하고, 이제까지 자기를 억누르고 있었던 미성숙의 자기로부터 자유로워진다. 동시에 치료자는 영성지도자와 마찬가지로 수련자(환자)의 고통을 공감적 연결을 통하여 경험하며, 상처받는 치료자(영성지도자)로서 주님의 모습을 경험하게 된다.

　이상과 같이 자기심리학의 이론들은 기독교적 가치와 핵심 메시지를 심리학적으로 잘 설명해 주고 있다. 그러나 이런 이론들이 실제 치유의 현장에서 실행 가능한 것일까? 치료자는 치료의 장 안에서 전통적인 정신분석가와는 달리 훨씬 치료자 자신의 자기대상 기능과 공감능력을 요구한다. 매우 이상적이긴 하나, 이것은 과학적인 치료의 장을 벗어나 윤리적인, 혹은 나아가서 치료자의 종교적인 수준의 완성도를 요구하기 때문에 현실적으로 가능한 것인가 하는 의문을 제기하게 만든다. 코헛이 정신분석을 휴머니즘이라고 부르짖은 이유를 여기서 알 것 같긴 하지만, '일반 사회에서 이것이 종교적인 즉 기독교적인 인격의 성숙과 자기희생이 없이 가능할 것인가?' 하는 의문을 들게 한다. 그렇다면 기독교 치유자는, 목회적 돌봄의 장에서 활동하는 목회자들은 가능할까? 이 역시 궁금증을 낳게 하는 문제가 아닐 수 없다.

6. 애착이론과 기독교 영성

현대 정신분석에서 새삼 각광을 받는 애착이론은 1950년대에 영국의 정신과 의사 볼비(J. Bowlby)가 주창한 이론이었다. 인간에게는 태어날 때부터 자신을 위험으로부터 보호하고 안전을 유지하기 위하여 특정 양육 대상에게 애착하는 본능이 있으며, 이 애착행동은 일반적으로 상상하는 것보다 훨씬 능동적이고 정교하게 양육자와 조율하면서 하나의 관계시스템을 구성하고 이를 토대로 자기감이 형성된다는 관찰이다. 여기서부터 매우 훌륭하고 다채로운 애착이론과 상호주관주의 이론들이 발전한다. 그런데 애착이론은 애착행동의 원인을 자신을 위험으로부터 보호하고 생존을 유지하기 위하여 발달된 진화논리로 본다. 이러한 논리는 기독교계에 알러지 반응을 일으키는데, 그렇다고 하여 진화논리 때문에 애착이론 전체를 비기독교적이라고 하여 배척한다면 얼마나 어리석은 짓인가? 기독교 영성이 조금 사랑스러운 눈으로 애착이론을 보고 이해한다면 우리는 보다 풍부한 초기 유아−양육자 관계에 대한 귀한 정보를 얻을 뿐만 아니라, 나아가서 하나님과 인간 간의 성숙을 둘러싼 영적 성숙과 관계에 대한 아주 풍성한 지식을 얻을 수 있게 된다. 이 장에서는 애착행동을 살아남기 위한 종의 논리가 아닌, 혹은 이를 포함하지만 동시에 이를 뛰어넘어 하나님이 주신 은총으로 생각한다면, 애착행동은 생존을 위한 출발점이 될 뿐만 아니라, 나아가서는 서로 사랑하고 성숙된 관계를 이루는 기독교 영성의 성격을 보다 잘 설명할 수 있게 된다는 점을 설명하고자 한다.

애착이론은 볼비의 독창적이고도 세밀한 유아-엄마의 관계 연구를 바탕으로 유아의 발달과 치료관계에서 어떻게 건강한 애착과 성숙이 일어나는지를 구체적으로 증명해 보였으며, 그의 제자 Mary Ainsworth와 Mary Main 등으로 이어지는 연구들을 통하여 어린아이의 애착 유형이 성장 후의 대인관계 유형과 적응패턴의 토대가 된다는 것을 증명하였다. 그리고 Peter Fonagy와 그의 동료들은 Mary Main의 메타인지(metacognition)에 대한 연구를 확장시켜서 정신화(mentalizing) 또는 성찰(reflection)이 심리치료에서 무엇보다도 중요한 개념임을 강조하였다. 정신화는 개인이 타인과의 관계에서 심리적 자기를 발달시키는 과정에 기여하며, 안전한 애착과 상호주관적인 인간관계를 만들어 내는 기능을 함으로써 심리치료 관계에서 단순한 통찰을 얻는 것을 뛰어넘어 가장 의미 있는 치유와 성숙의 효과를 가져온다고 주장하였다(Fonagy, 2001).

애착이론의 관계적 패러다임은 인간이 하나님의 삼위일체적 관계의 형상으로 지음 받았으며, 하나님의 형상대로 지음 받은 인간의 타고난 속성임을 강조하는 기독교의 교리와 상당히 관련이 있다. 인간은 일차적으로 하나님과의 관계, 타인과의 관계, 그리고 이 지구상의 다른 피조물들과의 건강한 관계를 속성으로 하여 창조된 것이며, 따라서 애착이론의 관계성의 특성들은 우리의 아이덴티티, 자기의 감각, 발달과 웰빙에 중요한 의미를 지니게 된다. 즉, 온전한 인간이 된다는 것은 관계 속에서의 존재로서 구현되는 것이며, 관계성은 모든 존재들의 원초적인 존재방식이 된다. 또한 하나님과의 단절은 이러한 온전한 인간성의 상실을 초래하며, 반대로 온전한 인간이 되기 위해서는 무엇보다도 하나님과의 경험적 관계, 정서적 관계가 절대적임을 시사하며, 신학적 성찰도 이러한 관계성 위에 기초해야 건강하다는 것을 주장할 수 있게 된다.

한편 애착이론에서 주장하는 인간관계의 애착유형, 즉 안전형, 불안형, 회피형, 양가형 등의 개념들이 우리가 영적으로 거듭난 후에 내주하시는 성령님과의 관계에서도 그대로 적용할 수 있느냐 하는 문제는 인간의 종교 행동에 대한 또 다른 흥미 있는 분석들을 가능하게 한다. 애착이론은 우리 인격이 어린 시절의 애착대상과의 상호교류의 다양한 경험을 거치면서 성숙하는 것처럼, 우리의 영적 여정이 단순한 고정적인 차원이 아니라, 성령 하나님과의 역동적인 관계 경험을 통하여 지속적으로 영적 변화를 거치는 과정에 있다는 것을 시사하기 때문이다. 즉, 우리가 회심의 과정을 거쳐 성령 하나님과 어떻게 지속적인 상호작용과 공감적 관계성을 통하여 영적으로 성숙해 나가야 할 것인지에 대한 보다 구체적인 그림을 그려 준다.

따라서 애착이론으로부터 기독교적인 관점에서의 성숙, 하나님의 양육 원리의 주요한 핵심을 배울 수 있으며, 하나님이 우리를 치유하시는 원리의 일단을 이해할 수 있게 된다. 유아와 양육자의 정서적 및 주관적 정서 경험의 상호교류와 연결로부터 치료자와 환자 간의 치료에 필요한 관계 연결을 이해할 수 있듯이, 이런 모습의 유추를 통하여 우리를 성숙하게 하시는 하나님의 모습을 이해할 수 있다.

또한 애착이론은 새로운 시대에 걸맞는 영성지도의 과정과 관계를 조명해 준다. 이제까지의 권위적이고 일방적인 지도자-수련자 관계를 벗어나 수련자가 하나님 경험을 충분히 느낄 수 있도록 지도자와의 관계(성령과의 삼각관계) 속에서 관계적 여백, 즉 침묵기도에서의 기도 충만한 공간을 제공하는 것, 이것이 지도자의 역할이 된다. 그리고 그 안에서 자신의 하나님 경험이 이해되고 정신화(mentalization)될 수 있도록 긍정적인 체험의 기억과 정서를 활성화시키는 것이 지도자의 역할이 된다. 좋은 엄마, 좋은 치료자란 아기 또는 내담자가 자신의 파편화된 정서 경험을 활성화하여 통합된 정서 경험을 하도록 안전기지를 제공하고, 이를 토대로 자신의 삶과 외부세계와 타인과의 관계를 재구성하는 정신화하는 성찰능력을 함양하도록 돕는 것처럼, 좋은 영성지도자는 기도와 성찰을 통하여 수련자가 하나님과의 관계를 정신화할 수 있도록 돕는 역할을 한다고 말할 수 있다. 그러기 위해서는 치료자나 지도자는 평소 스스로 자기의 반응과 내담자(수련자)의 반응을 깊이 있게 성찰하는 능력을 훈련해 나가야 할 필요가 있게 된다. 일반 사회에서는 정신분석과 심리치료의 장에서 정신화는 이러한 성찰을 보다 구체화하고 실제 임상에 적용될 수 있도록 진화해 나가고 있는데, 북미와 유럽에서는 결국 여기에는 필연적으로 영성적 수련(명상)을 겸하는 것이 보다 효과적이라는 주장까지 나오게 되었으며(Wallin, 2010), 바로 이 점이 기독교 심리치료자로서 우리 모두가 심각하게 주목하고 고민해 봐야 할 대목이다.

유아와 양육자의 정서적 및 주관적 정서 경험의 상호교류와 연결로부터 치료자와 환자 간의 치료에 필요한 관계 연결을 이해할 수 있으며, 이런 모습의 유추를 통하여 우리를 성숙하게 하시는 하나님의 모습을 이해할 수 있다. 성경은 구약의 하나님 묘사에서, 특히 시편을 통하여 우리의 기쁨과 고통에 조율하시는 하나님의 심정과 그 표현을 쉽게 볼 수 있는데, 인간이 울면 하나님은 귀를 기울이시고, 우리가 슬퍼하면 위로하시고, 우리가 춤추고 노래하면 하나님도 기뻐하신다.

정서는 관계에서 인간의 내적 진리에 대한 진리를 말하고, 우리의 내적 필요와 상호작용을 알려주는 중요한 선생이다. 그동안의 기독교 신앙의 현실 세계에서는 진리의 선포로 인해서 어느 정도 경험과 정서의 측면을 소홀히 다룬 감이 있는데, 이러한 애착이론과 정신분석의 정서 경험에 관한 지식은 기독교 공동체 내에 더 온전한 치료와 성숙을 가져오는 요인으로서 주목할 필요가 있다. 정신분석은 대상관계이론과 자기심리학 이후 상당기간 동안 이렇다 할 이론의 발전이 없다가, 최근 들어 급격한 변화를 보이고 있는데, 그 중심에는 다소 오래된 이론인 애착이론의 재흡수가 있으며, 특히 그중에서도 상호주관주의이론과 정신화라는 치료이론들이 있다. 필자는 마지막으로 이 두 이론과 기독교 영성과의 상호 연관을 언급하고자 한다.

7. 상호주관주의와 정신화 그리고 기독교 영성

현대 정신분석의 특징적인 흐름인 상호주관주의는 인간은 일차적 상호주관성(primary intersubjectivity)을 타고남으로써(Trevarthen, 1979), 유아는 관계의 단순한 수혜자가 아니라 엄마와 함께 적극적으로 관계성을 만들어 가는 파트너십의 존재라는 관찰에서 가장 잘 표현된다. 여기서 엄마는 처음부터 완벽하게 반응하는 것이 아니라, 그 과정에서 오는 필연적인 공감실패를 이해하고 수용하고 성찰하며, 아이의 유치한 주관적 세계를 끝까지 존중함으로써 유아가 상대방과의 관계성과 자신의 주관세계 양자를 모두 포기하지 않고도 점차로 자기의 주관성을 확립하고 상대방을 수용, 이해함으로써 성숙한 인격이 될 수 있다는 주장을 담고 있다. 엄마가 아기를 다룰 때 자신의 현실적인 성숙한 태도를 허물고 한없이 유치하게 아기의 수준으로 내려가서 아기와 소통하는 것을 우리는 사랑, 그것도 흠잡을 데 없는 사랑이라고 여기며, 이러한 엄마의 자기포기를 통하여 아기는 성숙하게 됨을 우리는 관찰할 수 있다. 이러한 상호주관주의 입장은 심리치료에서의 개념에 상당한 변화를 일으키고 있다. 치료자와 내담자는 더 이상 건강한 사람이 병든 사람에게 일방적으로 주는 수혜적 관계라는 고정된 시각에 갇히지 않고 진정하게 동등한 차원에서 서로 연결된 상태로 깊은 공감을 주고받음으로써 서로의 인간적 취약함과 고통, 연약함을 나누면서 치유와 성숙을 향해 함께 나아가게 된다는 것이다. 더 이상 과거의 일방적인 전이나 저항의 개념은 치유적으로 적용하기 어렵게 되었으며, 일방적인 해석과 통찰보다는 서로 간의 이해와 통찰을 주고받으면서, 내담자와 상담자 모두 어느 정도의 삶과 의식의 공유(공개)를 통하여 성찰을 증진시켜 나가는 것에 중점을 두게 된다.

이러한 상호주관주의에서 얻어진 심리치료적 통찰을 우리의 영적 성숙, 즉 하나님과의 관계 안에서의 영적인 삶의 성숙에 적용할 수 있을까? 유아와

돌보는 엄마의 관계를 가장 깊이 해석하는 것이 상호주관주의이며, 상호주
관주의를 가장 잘 이해할 수 있는 현상을 어린아이와 돌보는 자의 관계에서
관찰할 수 있다면, 이러한 통찰은 우리와 하나님과의 관계, 즉 영적인 삶에
어느 정도 적용할 수 있지 않을까? 이와 같은 질문을 해 나가다 보면 상호주
관주의적인 개념은 영적인 성숙의 차원에서도 대단한 성찰을 불러일으킬 수
있다(Joseph & Bracken, 1998). 무엇보다도 최고의 상호주관적 모범은 예수
님의 성육신이라는 통찰과 함께, 왜 그분이 우리와 같이 되시고 우리의 고통
과 질고를 공감적으로 감당하셨는지를 보다 깊이 있게 이해할 수 있게 해주
며, 우리를 종이 아닌 하나님의 성숙한 친구, 사랑의 파트너십으로 부르시고
새로운 세상에서 온전한 사랑의 파트너로 삼으신다는 복음의 관계성을 보
다 감격적으로 설명할 수 있게 된다. '하나님은 사랑이시라(요일 4:8).' 이것은
그 자체가 바로 상호주관주의적 선언이다. 절대자 하나님이 먼저 선험적으
로 존재하시고, 말씀이 정해진 계획에 의하여 세상을 창조하시고 예정대로
인간을 창조하신 것이라는 토마스 아퀴나스식의 전통적 개념은 뒤로 물러나
고, 사랑이라는 상호주관적 영역이 먼저 존재하고 그 영역을 통하여 나와 하
나님이 창조되고 상호주관적인 세계가 완성되어 간다(하나님이 창조된다는 것
은, 객관적인 실체로서의 하나님이 아닌, 하나님의 표상이 인간 마음속에서 창조된
다 혹은 복원된다고 이해할 수 있다). 하나님은 창조주이자 은총을 일방적으로
베푸시는 절대자이고, 인간은 은총의 일방적인 수혜자라는 불균형의 이론은
주목받지 못하는 반면, 사랑 가운데서 하나님은 인간으로 인하여 더욱 하나
님답게 되시고, 인간은 하나님으로 인하여 더욱 인간답게 된다(여기서도 하나
님은 객관적인 실체로서의 하나님이라기보다 인간의 마음속에서 형성되고 성숙되
어가는 하나님 표상을 의미한다고 보면 좋겠다). 그렇게 해서 새로운 세계, 천국
은 상호주관주의적 개념으로 완성된다는 이해도 가능하다. 그러므로 인간은
스스로 일방적인 은총의 수혜자로 전락했었지만, 하나님은 인간을 종의 위
치에서 높여 당당한 친구, 애인, 신부라는 파트너로 부르시고, 새 하늘과 새

땅의 창조에 함께 상호주관적으로 참여하라고 초대하신다. 새 하늘과 새 땅은 지리적, 공간적 특성의 개념이라기보다는 상호주관적이라는 심리적, 영적 특성을 지니게 된다. 주님은 우리를 결코 조련사가 자신의 의도에 맞추어 일방적으로 동물을 조련하듯 우리를 성숙하게 하지는 않을 것이다. 주님이 바라시는 것은 사랑의 완성이며, 사랑이란, 상대방의 인격이 없어지는 것을 추구하는 것이 아니므로. 즉, 사랑은 상호 주관적이기 때문에 우리는 주님의 귀한 사랑의 파트너로 초대된다. 이 점은 사실 옛 영성가들이 하나님과 동행하는 삶을 "성령님과 함께 춤을 춘다."는 이미지로 잘 표현한 것에서도 잘 표현된다.

이렇게 볼 때 엄마와 아기의 애착관계에는 하나님의 깊은 메시지가 담겨 있음을 인정할 수 있고, 우리는 이제 상호주관주의 이론을 기독교 영성과 연관시키는 데 관심을 가져야 할 것 같다. 보다 구체적으로는 영성지도나 목회적 돌봄의 장에서도 정신분석적 치료에서처럼 성령의 성화 사역 또한 경험적으로, 상호주관적으로, 관계적으로 진행된다는 이해가 가능하다. 치료는 성화를 밑에서부터 부분적으로 도우면서 성령의 이끄심을 고대하고, 성령의 성화 사역은 정신분석적 이해와 접근을 통하여, 더 깊은 이해가 가능하다. 정신분석적 치료는 바람직하기는 초월적이고 관계적인 성령 하나님의 내재적 임재에 대한 이해를 촉진할 수 있으며, 성령 하나님은 정신분석적 노력에도 내재해 있는 소통적이고 상호주관적인 과정을 통하여 그분의 목적을 이루신다는 설명이 가능하다. 성령 하나님의 내재하심은 정신분석에서 이해되는 것과 유사하게 목회적 돌봄과 영성지도의 장 안에서 그분과의 관계를 통하여 치유를 촉진하신다. 정신분석의 특징인 진실되고 진리를 탐구하는 치료적 자세는 하나님의 임재하심을 상징할 수도 있다. 하나님의 심정, 병자를 치료해 주고, 죄인을 죄의 속박에서부터 해방시키시고 싶으신 하나님의 자비로운 사랑, 그 하나님의 심정과 간절한 고통과 속박으로부터의 해방을 원하는 인간의 사랑을 갈구하는 심정이 만나는 곳, 바로 그곳이 상호주관적 만남의 장이며, 그곳에 예수 그리스도의 육화와 치유의 기적이 있다고 말할 수 있지 않을까? 따라서 상호주관주의는 심리치료에서 새로운 치료자상을 보여주는 것처럼, 또한 새로운 기독교 영성지도자상, 새로운 치유자와 목회자상을 그려 볼 수 있게 해 준다. 이제까지의 기독교적인 치유자, 목회적 돌봄의 사역자가 가르치고, 선포하고, 알려주고, 모델링하거나 코칭을 하는 역할을 주로 보여 주었다면, 보다 성숙한 이제부터의 목회적 돌봄이나 영적 지도자의 새로운 상은 대등하게 상호주관적인 관계 속에서 함께 연약함을 드러내며, 함께 성찰하는 상처받는 치유자, 십자가상에서 피를 흘리시는 주님을 함께 바라보는 자로서 존재한다는 것이다. 여기서 우리는 묵상기도 가운데서 함께 연약함을 나누는 기독교적인 치유의 영성을 발견하게 된다. 그리고 우리는 묵상기도와 영적 독서와 같은 영성수련을 통하여서도 상호주관주의적인 통찰을 나눌 수 있다는 이론적인 이해를 제공받게 된다. 이러한 상호주관적 접근의 자세는 정말로 영성지도에서 얼마나 필요한 자세인가? 상호주관의 공간은 바로 영성지도에서 이루어져야 할, 기도 가운데서 만들어지는 분별을 위한 기도 충만한 공간을 잘 설명하고 있지 않은가? 영성지도야말로 그 어떤 짜여진 수순이나 기술에 얽매이지 않고 자유롭게 움직이시는 성령님과 수련자가 만나는 장에서 이 양자의 움직임, 경험을 끊임없이 지속적인 탐구를 해나가는 상호주관주의적인 장인 것이다. 이렇게 해서 정신분석 치료자가 내담자와 함께 치료를 이루어 가듯이, 영성지도와 목회적 돌봄의 장 안에서는 성령과 지도자, 그리고 수련자, 또는 목회자와 평신도와 성령은 상호주관적인 연결을 통하여 성화를 이루어 간다.

최근 들어 정신분석이 새로운 방향을 잡고 나아가는 모습을 보이며 이를 현대 정신분석이라는 개념으로 기존의 고전 정신분석과 차별화하는 데는 두 가지 중요한 흐름이 포함되기 때문인데, 그 하나가 방금 설명한 상호주관주의 개념이며, 다른 하나는 소위 Fonagy 등의 애착이론가들의 주장인 정신화(mentalization)이다. 이 두 개념 모두 고전 정신분석이 유일한 치료인자로 거론하는 통찰만으로는 치유가 일어나지 않는다는 한계를 극복하는 출구가 되는 개념들로서, 통찰이나 훈습의 개념 너머의 관계 장애, 특히 언어 이전의 관계 장애를 정서 경험적이고 관계적인 시각에서 풀어 나가려는 것이다. 정신화는 애착의 이론 중 메타인지, 즉 자녀를 건강하게 성숙시키는 훌륭한 엄마란 자신의 정서 경험을 반복하여 성찰함으로써 자기감과 세계에 대한 지속적이고 안정감 있는 개념을 형성해 갈 수 있는 엄마로서, 아이가 엄마를 안정적인 발판으로 하여 자신의 고통스러운 경험에 매몰되지 않고 이를 객관화하여 반복 성찰함으로써 자기감을 확립하도록 도울 수 있는 능력을 말한다(Fonagy, 2001; Main et al., 2005). 정신화의 개념은 상호주관주의와 서로 씨줄과 날줄처럼 맞물려 이루어지는데, 즉 아이의 정신, 정서 상태를 잘 파악하고 이에 대한 이해를 상호주관적으로 아이에게 되돌려주는 엄마의 좋은 품성은, 아이뿐만 아니라 자신 속에서 움직이는 정서상태를 잘 파악하고 이해하는 성찰 능력, 마음을 해석하는 능력, 즉 정신화를 잘하는 엄마의 능력과 함께 어우러져, 그것들이 바로 성숙을 이룰 수 있는 훌륭한 치유자의 자질이 된다는 주장이다. 정신화는 성찰의 확장된 개념이라고도 볼 수 있는데, 성찰과는 달리 특히 언어 이전의 경험 및 신체경험 등 생의 초기경험을 중요시하며, 비언어적인 관계를 통하여 주로 교류되는 것으로 본다. 정신화는 상호주관주의의 구체적인 실현으로서, 정신분석의 목표를 결과론적인 통찰 너머로 확장시킨다. 즉, 통찰에만 의존하던 치유인자가 공감적인 관계 속에서 함께 고민하고, 함께 해법을 찾아가는 의식의 과정, 세계와 자신을 이해하는 패턴 자체가 치유의 주요 인자가 된다는 것이다. 이런 개념은 그대로, 기독교 상담자, 목회자, 그리고 영성지도자에게도 적용될 수 있다. 즉, 영성지도란 가르치고, 알려주고, 모델링하고, 코칭하는 것이 아니라, 관계를 맺고, 함께 존재하고, 연약함을 드러내고, 서로 찾아가도록 돕는 과정을 통하여 자신의 감정 상태를 이해하고 나아가 자신의 존재의 의미와 외부 세계의 역동적인 상태를 바라보는 패턴을 주목하고 변화를 일으키려고 하는 노력, 이것이 바로 상호주관주의적인 정신화가 된다. 바로 이 점이 기독교 세계 안에서의 성숙과 치유작업들, 그것이 기독(목회)상담이든 영성지도이든, 그 과정 안에서 과거와는 전혀 다른 성찰적, 다른 말로 하자면 관상적(contemplative) 패러다임으로의 전환이 필요한 점이다. 이것이 바로 목회 현장과 기독교 치유의 장 안에서 논리적이고 신학적인 성찰은 뒤로 물러나고, 관상적인 영성이 필요한 이유이다. 논리적이고 이성적인 신학을 열린 신학으로, 함께 고민하는 관계신학으로, 어떤 논리는 회의하고, 질문을 사랑하고, 삶의 한복판에서 어떻게 적용할지를 고민하는 신학으로 바꾸고자 할 때 바로 이 "정신화"는 신학적인 성찰의 폭을 넓혀 준다. 예를 들면, 우리가 신앙생활에서 겪는 종교체험, 고난의 의미나 하나님의 침묵의 의미를 우리 속에서 우리를 성숙시키시고 이끌어가는 우리의 진정한 영성지도자이신 성령의 노력(이것이 바로 정신화의 노력이라고 말할 수 있는데)을 정신화의 개념으로 잘 설명할 수 있다. 하나님이 인간의 고난과 고통에 즉각적인 개입을 하지 않고 침묵하시는 것은 우리의 개성과 주관을 무시하지 않으시고 상호주관적으로 이해하시면서, 그 고통에 함께 참여하시면서 우리가 자신과 하나님을 바라보는 성찰, 하나님의 계획과 섭리를 이해하는 정신화의 과정을 거치면서 우리의 주관적인 세계에 성숙을 기대하시고, 우리 자신의 성찰을 통하여 (물론 성령의 이끄심을 따라서) 하나님의 지혜에 도달하도록 침묵으로 함께 하시는 것은 아닐까?

여기서 상호주관주의와 정신화는 묵상적 영성(contemplative spirituality)의 수용성(acceptability)과 맞닿게 된다. 묵상적 영성은 사물을 하나님의 눈으로, 하나님과 함께, 하나님의 마음으로 성찰하며, 성령님과 상호주관적으로 보는 특성이 있다고 말할 수 있다. 영성지도에서 지도자가 수련자와 함께 침묵하고, 서로를, 서로의 하나님 경험을, 서로의 삶을 나누는 것이 바로 그렇다. 그래서 묵상적 영성은 정서 경험적이며, 상호주관적이다. 이렇게 해서 현대 정신분석은 현대적 영성지도의 치유와 성숙의 실천을 논리로 뒷받침해 주며, 영성지도는 정신분석의 치유적 활로를 넓혀 주며, 서로를 풍요롭게 연결한다. 치료는 성화를 밑에서부터 부분적으로 도우면서 성령의 이끄심을 고대하며, 성령의 성화 사역은 정신분석적 이해와 접근을 도구로 삼으신다. 역동정신치료는 바람직하기는 초월적이고 관계적인 성령 하나님의 내재적 임재를 촉진할 수 있으며, 성령 하나님은 정신분석적 노력에 내재해 있는 소통적이고 상호주관적인 과정을 통하여 그분의 목적을 이루신다. 성령 하나님의 내재하심은 정신분석과 마찬가지로, 목회적 돌봄과 영성지도의 장 안에서 그분과의 관계를 통하여 치유를 촉진하신다. 애착이론, 특히 정신화와 상호주관주의는 아이의 정서 상태를 잘 파악하고 이에 대한 이해를 상호주관적으로 아이에게 되돌려주고, 아이가 자기와 세계에 대한 인식을 차원 높게 성찰하게 만드는 엄마와 같이, 치유자나 영성지도자도 내담자와 수련자의 정서적 경험, 종교적 경험을 파악하고 이해하는 성찰능력을 통하여 상대방을 함께 성숙의 장으로 나아가게 한다는 것이다. 여기서 가장 중요한 것은 아이의 정서 경험 자체뿐만 아니라 이에 대하여 자기 속에서 반응하는 엄마의 정서상태, 즉 마음을 이해하는 자기성찰 또한 함께 중요하다고 하겠다. 마찬가지로, 우리의 고난과 이를 이해하시면서도, 우리의 주관성을 존중하시며 침묵하시는 성령님의 존재를 의식하고, 이에 대한 우리의 정신화를 도우시는 성령님께 귀를 기울이는 것이 바로 영성지도의 현장이라고 할 수 있다. 그것은 기도 가운데서 자신의 내면을 바라보되, 비판적이나 논리적이 아니라 하나님의 사랑하시는 눈으로, 하나님과 함께, 하나님의 마음으로 바라보는 관상적 영성의 세계가 이루어지는 것이라고 할 수 있다. 따라서 영성지도와 치유가 공유하는 동일한 차원이 있는데, 그것이 바로 상호주관주의적 공간과 성찰이라고 말하고 싶다.

8. 나오는 말

이상과 같이 정신분석적인 탐구는 인간성에 대한 진실을 추구한다. 따라서 정신분석은 신학적 통찰에 방해가 된다기보다는 한층 폭넓은 성찰을 촉진할 수 있다. 특히 앞서 언급한 바와 같이 하나님의 이미지, 속성에는 타자와의 관계의 중요성이 강조되며, 이는 그의 이미지대로 지음 받은 인간의 타고난 속성임을 강조하는 기독교의 교리와 애착이론이 일치하는 부분이다.

인간은 일차적으로 하나님과의 관계, 타인과의 관계, 그리고 이 지구상의 다른 피조물들과의 건강한 관계를 속성으로 하여 창조된 것이며, 그것은 반복해서 확인된다. 따라서 애착관계성의 특성들은 우리의 아이덴티티, 자기의 감각, 발달과 웰빙에 중요한 의미를 지닌다. 온전한 인간이 된다는 것은 관계 속에서의 존재로서 구현되는 것이며, 관계성은 모든 존재들의 원초적인 존재방식이다. 바로 이 점에서 애착이론은 기독교 심리치료 및 영성지도, 목회적 돌봄에서 중요한 의미를 부여받는다.

그러나 최근 들어 우리가 정신화의 개념에 더욱 특별한 관심을 보이는 이유는 이 개념이 한편으로는 우리의 의식의 사고하는 과정의 패턴에 일차적인 관심을 둠으로써 이는 필연적으로 명상의 개념과 가까이 가고 있으며, 따라서 동양종교의 마음챙김 등 명상을 치유의 현장에 응용하려는 시도로 발전해 가고 있기 때문인데, 이미 그런 면에서 서구사회의 심리치료의 장에서 적극 활용되고 있다(Bartley, 2012). 이제 우리는 이 문제를 더 이상 방치할 수 없는 단계에 와 있으며, 이것이 바로 우리가 이미 역사적 전통 속에서 기독교 전래의 묵상기도 및 묵상적인 삶의 자세, 그리고 이를 다루는 기독교 전통의 영성지도를 이끌어 내어 적극적으로 치료의 장에 응용을 시도해야 한다는 것이다. 이 부분에 관하여는 다음 장에서 상세히 언급하고자 한다.

후주

1) 본 장에서는 사회문화적인 요소들을 포함하는 종교나 인문학적 사유를 포함하는 신학으로서가 아닌 하나님의 속성, 계시, 그리고 그분의 인간과의 관계 자체에만 국한된 개념으로서 영성, 기독교 전통적인 개념으로서의 영성으로 구별되게 사용하려고 한다. 이렇게 개념을 제한하여도 물론 여기에는 상당한 중복과 혼용이 있다는 점을 염두에 두긴 하지만 말이다.

2) 정신분석의 이론에 기초한 정신역동을 현실적인 심리치료의 형태로 적용하는 것을 일반적으로 역동정신치료, 또는 역동 심리치료라고 하는데 본 장에서 이론적인 측면을 의미할 때는 혼용한다.

3) 이 개념은 오랫동안 고정되어 왔으나, 자기심리학과 최근의 상호주관주의이론에서 상당한 변화를 보이는데, 즉 전이란 일방적인 유아기의 반복 강박이라기보다는 상호작용에 의하여 만들어지는 현실적인 관계 현상이라는 주장이다.

참고문헌

이만홍, 황지연 (2007). 역동심리치료와 영적 탐구. 서울: 학지사.

정재현 (2005). 폴 틸리히의 상호관계방법에 대한 분석과 비판-우리 자리에서 신학하기를 위하여. 신학논단, 39, 213-241.

Aron, L. (1996). *A meeting of minds: Mutuality in psychoanalysis*. Hillsdale, NJ: Analytic Press.

Barth, K. (1997). 교의학 개요 (신경수 역). 서울: 크리스챤다이제스트. (원저 1959년 출판).

Bartley, T. (2012). *Mindfulness-based cognitive therapy for cancer*. Wiley-Blackwell.

Benner, D. (2000). 정신치료와 영적 탐구 (이만홍, 강현숙 역). 서울: 하나의학사. (원저 1988년 출판).

Bland, E. D., & Strawn, B. D. (Eds.). (2014). *Christianity & psychoanalysis: A new conversation*. IVP.

Cairns, D. (1973). *The image of God in man.* Collins.

Davis, M., & Wallbridge, D. (1997). 울타리와 공간 (이재훈 역). 서울: 한국심리치료연구소. (원저 1965년 출판).

Fonagy, P. (2001). *Attachment and psychoanalysis.* Other Press.

Fosshage, J. L. (1997). Listening/experiencing perspectives and the quest for a facilitating responsiveness. *Progress in Self Psychology, 13,* 33-55.

Gabbard, G. (2008). 역동정신의학 (이정태, 채영래 역). 서울: 하나의학사. (원저 2005년 출판).

Geist, R. A. (2007). Who are you, who am I, and where are we going: Sustained empathic immersion in the opening phase of psychoanalytic treatment. *International Journal of Psychoanalytic Self Psychology, 2,* 1-26.

Geist, R. A. (2013). How the empathic process heals: A microprocess perspective. *International Journal of Psychoanalytic Self Psychology, 8,* 265-81.

Greenson, R. (2001). 정통정신분석의 기법과 실제 (이만홍 외 역). 서울: 하나의학사. (원저 1978년 출판).

Hamilton, N. G. (2007). 대상관계 이론과 실제 (김진숙 외 역). 서울: 학지사. (원저 1988년 출판).

Hoffman, I. Z. (1983). The patient as interpreter of the analyst's experience. *Contemporary Psychoanalysis, 19,* 383-422.

Horney, K. (1974). *The neurotic personality of our time.* Hillsdale, NJ: Analytic Press.

Hunsinger, D. V. (2000). 신학과 목회상담 (이재훈, 신현복 역). 서울: 한국심리치료연구소. (원저 1995년 출판).

Joseph, A., & Bracken, S. J. (1998). Toward a new philosophical theology based on intersubjectivity. *Theological Studies, 59,* 703-719.

Kohut, H. (1971). *The analysis of the self.* Medison, CT: International Universities Press.

Kohut, H. (1977). *The restoration of the self.* Medison, CT: International Universities Press.

Main, M., Hesse, E., & Kaplan, N. (2005). Predictability of attachment behavior and representational processes. In K. E. Grossman, K. Grossman, & E. Waters (Eds.), *Attachment from infancy to adulthood: Lessons from longitudinal studies* (pp. 245-304). Guilford Press.

Orange, D. M. (1995). *Emotional understanding: Studies in psychoanalytic epistemology.* New York: Guilford Press.

Ornstein, P. H. (2008). Heinz Kohut's self psychology-and ours: Transformation of psychoanalysis. *International Journal of Psychoanalytic Self Psychology, 3,* 195-214.

Rizzuto, A. (2000). 살아 있는 신의 탄생 (이재훈 역). 서울: 한국심리치료연구소. (원저 1979년 출판).

Siegel, D. J. (2012). *The developing mind: How relationships and the brain interact to shape who we are* (2nd ed.). New York: Guilford Press.

Sperry, L., & Shafransky, E. P. (2008). 영성지향 심리치료 (최영민 외 역). 서울: 하나의학사. (원저 2005년 출판).

Stern, D. B. (1992). Commentary on constructivism in clinical practice. *Psychoanalytic Dialogues, 2,* 331-63.

Stolorow, R., Brandchaft, B., & Atwood, G. (1987). *Psychoanalytic treatment: An intersubjective approach.* Hillsdale, NJ: Analytic Press.

Strozier, C. B. (2001). *Heinz Kohut: The making of a psychoanalyst.* New York: Farrar, Straus & Giroux.

Summers, F. (2004). 대상관계이론과 정신병리학 (이재훈 역). 서울: 한국심리치료연구소. (원저 1994년 출판).

Taylor, C. (2007). *A secular age.* Cambridge, MA: Belknap Press.

Trevarthen, C. (1979). Communication and cooperation in early infancy: A description of primary intersubjectivity. In M. Bullowa (Ed.), *Before speech: The beginning of human communication (pp. 321-347).* Cambridge University Press.

Wallin, D. (2010). 애착과 심리치료 (김진숙 외 역). 서울: 학지사. (원저 2007년 출판).

Wegter-Mcnelly, K. (2011). *The Entangled God: Divine relationality and quantum physics*. Routledge.

Winnicott, D. (2000). **놀이와 현실** (이재훈 역). 서울: 한국심리치료연구소. (원저 1971년 출판).

한국의 현실과 통합을 위한 시도

이만홍
(SoH영성심리연구소 책임연구원/로뎀클리닉 원장)

1. 들어가는 말

과제는 주어졌다. 인류 역사상 애초부터 오랜 세월 함께 내려왔던 심리치료와 영성이 갈라섰던 것은 지난 세기 불과 100년 남짓, 이제는 다시 원래대로 통합되어야 할 때가 무르익었다. 정신분석을 포함한 정신역동적 심리치료는 그 한계를 드러내면서 영성을 부르고 있고, 영성은 심리치료, 특히 현대 정신분석의 이론들로 인하여 보다 쉽게 이해가 된다. 심리치료와 영성은 함께 가야 할 명분이 더욱 뚜렷해지고, 여기저기서 다양한 시도들이 나타나고는 있다. 그럼에도 불구하고 온전한 통합의 모습이나 모델이 잘 나타나지 않고 있는 것은 무슨 이유일까?

오랜 임상경험에서 얻어진 결론은 표면적으로 보이는 임상적인 병리현상을 온전한 치유의 목표로 삼는 것은 현재의 상담기법이나 심리치료 방법만으로는 불가능하며, 혹 가능하다고 하더라도 삶을 성숙하게 하고 의미 있게 만드는 작업은 아니라는 한계가 있다는 것이다. 예를 들면, 우울증은 완치되는 것이 아니라, 체질적으로 타고나는 것이기 때문에 치료를 한다는 것은 그 방법이 아무리 효과적인 것이라 하더라도 단지 현재의 증상을 완화시키는 것이며(그것도 대단한 치유이긴 하다) 언제든 재발이나 악화를 다시 경험하게 된다. 이 점은 비단 우울증에서만이 아니라 사실은 상당수, 어쩌면 거의 대부분의 심리적(정신적) 병리현상에 모두 적용되는 점인지도 모른다.

  젊어서는 환자나 내담자가 가지고 오는 병리적 문제나 갈등을 과학적으로 관찰하고, 평가와 진단을 하고, 어떤 치료법을 어떻게 효과적으로 적용해야 하느냐에 몰두하게 되고, 증세가 호전이 되거나, 가족 관계에 있어서 획기적인 변화를 가져올 때마다 뿌듯한 자부심과 보람을 느끼곤 했다. 이렇게 빠른 속도로 치료법이 발전한다면 머지않아 해결하지 못할 정신병리가 없을 것 같다는 기대가 많았다. 그러나 수십 년이 흐른 현 시점에서 냉정히 살펴보면, 그것이 잘못된 생각이었음을 인정할 수밖에 없다. 시간이 흐르면서 정신적인 문제나 관계의 갈등에 호전을 보였던 환자나 내담자들은 상당수가―아니, 솔직히 대부분의 경우가―다시 재발하거나 근본적으로 해결되지 않는 채 그 문제를 그대로 안고 살아가고 있음을 볼 수밖에 없게 된다. 물론 거기에는 약간의―드물게는 아주 상당한―호전이나 개선이 있기는 하지만, 본래의 증상이나 문제로부터 자유로워짐과는 거리가 멀게만 보인다. 우울증이 그렇고, 조현병이 그렇고, 불안장애가 그렇고, 알코올 중독을 비롯한 대부분의 중독들이 그렇다. 날마다 새로운 약의 개발과 여러 다양한 심리치료의 방법들에 대한 논문이 쌓여 가고 있지만, 근본적인 치료가 이루어지기는 한계가 있어 보인다. 어찌 방금 열거한 주요 질환뿐이랴, 수면의 문제, 노화의 문제, 크고 작은 가족 간의 갈등의 문제 등등 결국 마음의 평안과 안정을 보증하며 사는 사람은 아무도 없지 않은가! 결국은 표면적으로 보이는 주요 증상들보다는 그 이면에 있으면서, 이러저러한 마음의 균형을 깨거나 관계의 갈등을 일으키는 인간 실존의 내재한 문제들, 특히 인격의 성숙하지 못함에 더욱 관심이 쏠리게 되며, 이에 대한 더 높은 차원의 해결책을 기대하게 된다. 다른 한편으로는 어차피 인간 실존이 이러한 마음의 병리와 불안정을 안고 살아가야만 하는 존재들이라면, 그런 취약한 점, 미성숙한 면을 수용하고 삶에 대한 새로운 의미를 부여하는 것이 필요하지 않을까? 예를 들어, 신체적으로 더 이상 치료가 가능하지 않은 시각장애를 가지고 있더라도, 그 장애를 안고 살아감에 있어서 삶을 더욱 성숙하고 의미 있게 지속할 수 있는 것과 마찬가지로, 우울증을 앓고 있더라도 이를 안고 사는 삶에 대한 초월적인 의미를 깨닫는다면 영적으로 보다 성숙한 삶이 될 수 있다는 생각을 하게 되었다.

이런 의문들을 존재의 초월을 향한 몸짓이라고 이해한다면 그것들은 자연스레 우리를 영적인 성숙의 영역으로 관심을 옮겨 가게 만든다. 그래서 나의 매일매일의 진료실에서의 관심은 당면한 문제의 해결보다는 그 배후에 있는 인격의 성숙과 영적인 성숙에 더 쏠리게 된다.

치유의 현장에서 어떻게 영성의 측면을 함께 아우를 수 있는가 하는 고민의 마당에서 최근의 일부 목회자나 영성가들이 기독교 전통 속에서 건져낸 목회적 돌봄의 한 방법이 있다. 바로 영성지도(spiritual direction)이다. 영성지도란 일반적으로 하나님과 수련자, 즉 다른 그리스도인과의 관계가 더욱 깊어지도록 돕는 행위를 말하는데, 좁은 의미로는, 하나님과 상처받은 인간이 두 인격체 사이의 복원된 관계 안에서 연약함을 치유하고 성숙을 향하여 나아가게 돕는, 보다 체계화된 과정을 의미한다. 최근 들어 새롭게 각광을 받고 있고, 일부 영성가들(Barry & Connolly, 1995; Edwards, 2010; Green, 2012)에 의하여 이루어지고 있는 영성지도는 과거의 전통적인 방법과는 상당히 다른 차이점이 있다. 그러나 한편으로는 아직도 하나의 보편적인 틀로 체계화가 잘 되어 있지는 않지만, 공통적인 몇 가지 특징을 가지고 있으며, 그 중심에는 묵상적 영성(contemplative spirituality)이 있다. 이러한 현대 묵상적 영성지도는 그 구체적인 방법이나 과정을 일반인들에게 설명하기가 쉽지는 않은데,

왜냐하면, 영성지도란 성령의 이끄심을 예민하게 느끼고 성령의 인도하심을 따르면서 이루어내는 작업이기에 정해진 방법이 없으며, 방법을 고정시키는 순간 본질이 훼손될 우려가 매우 높아지는 문제가 있기 때문이다(Phillips, 2016).

앞의 장에서 우리는 최근 들어 변화하고 있는 정신분석의 새로운 이론들, 특히 상호주관주의와 정신화의 개념이 어떻게 온전한 인간 이해에 새로운 지평을 열고 있으며, 특히 영적 성찰들을 보다 잘 이해할 수 있게 하는지를 살펴보았다. 본 장에서는 현대 묵상적 영성지도의 개념, 우리가 지켜봐야 할 영성지도의 모습, 그 특성, 그리고 이것이 어떻게 심리치료와 한데 어우러져서 온전한 치유에 한발 다가서는 데 도움을 주게 되는지에 대한 개괄적인 설명을 하려고 한다. 필자는 영성지도가 인간정신의 성숙과 심리학적인 치유 사역을 보완, 완성할 수 있는 기독교 전래의 소중한 은총이자 자산임을 확신하며, 기독교상담과 목회상담의 정체성에 대한 반성과 회의를 보완하여 심리치료와 통합을 시도함으로써 치유 사역의 중심으로 그 가능성을 제시하려고 한다.

2. 심리치료의 한계

본디 정신분석이나 심리치료란 우리가 이 땅에서 효율적으로 생존하기 위하여, 내지는 성공적으로 살아남기 위하여 고안된 치료법들이다. 그것은 이 세상에서의 효과적인 적응을 주도하는 자아의 영역을 다루는 치료법이다. 그러나 그리스도인들은 이 땅 위에서의 효율적인 적응만을 위하여 살아가는 존재들은 아니다. 생명과 기쁨과 평안에 찬 새로운 세상을 소망하면서, 서로를 용서하고, 함께 나누고, 당면한 고통을 기꺼이 감수하면서, 이 땅에서부터 새로운 세상을 만들어가려고 시도하며 살아가는 존재들이다. 거기에는 겸손, 절제, 양보, 신뢰, 자기희생, 용서 그리고 사랑이라는, 정신분석이나 심리치료와 같은 치료법들이 제공하지 못하는 고급스러운 가치들을 담고 있다. 그렇기 때문에 내담자들의 문제나 갈등을 돕는 기독교상담 치유의 현장에서 세상의 심리치료 기법에만 의존한다면, 뭔가 이것만으로는 안 될 텐데 하는 아쉬움의 목소리들이 점점 더 많이 들려오고 있는 것이다. 보다 온전한 치유를 위해서는 새로운 차원의 개입이 필요하다는 것이 절실하게 느껴지고 있다. 그 새로운 차원이라는 것이 영성임은 두말 할 필요도 없다. 그래서 오늘날 영성과 치유라는 두 단어는 짝을 이루며 점점 서로에게 근접하는 것처럼 보인다.

영성의 차원에서 치유의 문제를 풀어 나간다는 것은 우리의 숙명인 연약함과 성숙의 문제를 하나님과의 관계 안에서 새로운 시각으로 바라보고 새로운 의미를 부여한다는 뜻이라고 본다. 물론 영적 성숙을 이루어 나가기 위해서는 많은 경우 그 발목을 잡고 있는 정신병리를 먼저 해결해야 할 경우도 있으나, 정신병리의 치료 자체가 최종적인 치유 작업의 목표가 될 수는 없다. 즉, 치유 작업의 궁극적인 목표는 정신병리의 해결을 넘어서서 인격과 영성을 아우르는 전인적인 성숙을 염두에 둔다는 뜻인데, 이는 신학적으로는 성화의 개념에 가깝다고 할 수 있다(Sperry, 1998). 가지가 나무에 온전히 붙어 생명을 이어가듯이, 하나님으로부터 분리되어 고통을 받고 있는 우리 영혼들이 주님께 온전히 붙어 생명의 물을 공급받으며 아름다운 열매를 맺게 되는 것이 이론상으로 만이 아닌 매일매일의 치유 작업의 현실적이고도 구체적인 목표가 되어야겠다는 생각이다. 물론 이러한 생각은 새로운 것은 아니고, 이미 오래 전부터 이론적으로는 매우 익숙한 것들이었지만, 문제는 이를 현실적으로 치유를 필요로 하는 대상을 앞에 놓고 치료 작업을 하는 바로 그 현장 한복판에서 의식하고 실현한다는 것은 결코 쉬운 일이 아님을 점점 더 분명히 깨닫게 된다.

3. 정신역동이론과 영성의 세계적인 흐름

1900년대에 시작된 정신분석적인 이론을 바탕으로 매우 다양한 심리치료의 방법들이 만개하였다. 정신분석을 필두로 하여 역동심리치료, 인지 행동 요법, 인본주의 심리요법, 가족치료, 집단심리치료 등등 이루 다 열거할 수 없이 다양한 치료법들은 오랫동안 인류를 괴롭히던 많은 정신병리 현상들을 상당 부분 손댈 수 없는 신비의 영역으로부터 이해가 가능한 치유의 현장으로 끌어내려, 적어도 일부 그리고 일시적으로나마 치유되는 성과를 이루었다. 그렇게 해서 정신분석을 시작으로 한 심리치료, 특히 정신분석의 정신역동적 이론을 바탕으로 한 여러 다양한 심리치료 방법들은 거의 한 세기를 풍미했지만, 비약적인 발전은 거기까지인 것 같아 보인다. 20세기 후반에 들어 심리치료의 효과와 한계는 보다 분명해졌다. 비판적인 시각으로 볼 때, 심리치료는 치유의 현장에서 정신병리에 대하여 어느 것 하나 만족할 만한 임상적 성과를 거두지는 못한 것 같아 보였다. 특히 정신분석은 전이의 문제에 발목을 잡히면서 치료에 드는 오랜 시간(보통 수 년간에 걸친)과 비용에 비하여 초라한 치료성적을 보이면서 인간의 마음에 관한 형이상학적 이론의 하나로 취급될 위기에 처했다. 정신역동이론에 대한 관심이 치유의 현장에서 급격하게 하락한 주요 원인의 하나로서는 1970년대부터 괄목할 만한 발전을 이룩한 신경생리학과 뇌과학의 발전을 빼놓을 수 없다. 그 결과 전 시대에는 형이상학적인 역동에 의한 질환으로 여겨졌던 우울증을 비롯한 수많은 역동적 심리치료 대상들이 일종의 뇌질환으로 간주되어 신경약물학이나 신경물리치료로 대체가 되었다. 물론 이러한 변화는 전 시대에 정신역동이 해결하지 못하던 치유의 일부분에 상당 부분 기여한 것은 사실이지만, 그러나 아직도 한 가지를 남겨 놓고 있다. 그것은 본 장의 초두에 언급했던 것처럼 인간의 성숙과 온전한 치유가 인간의 물리적인 부분의 병리현상을 해결한다고 다 이

루어지는 것은 아니며, 보다 총제적인 인간의 치유와 성숙을 위해서는 아직
도 해결해야 할 인간 존재의 보다 고급한 가치와 의미, 즉 영성의 측면이 고
려되어야 한다는 점에서는 이견이 없을 터이다.

　지난 20세기의 이런 급격한 정신역동적 심리학의 발전과 한계를 기독교계
는 어떻게 겪었을까? 그 이전 시대까지 오랜 세월에 걸쳐 심리치료자의 역할
을 겸하였던 종교지도자들은 심리학과 심리치료법이 신앙의 세계에서 떨어
져 나가 독립하기 시작하는 지난 세기 초에는 이를 우려와 경이의 눈길로 그
저 바라보고만 있을 수밖에 없었다. 그러나 곧 1930~1940년대부터 정신분
석의 이론들을 적극적으로 수용하기 시작하여 목회상담학이라는 새로운 학
문이 태동하게 되었고, 뒤이어 좀 더 신앙과 심리학을 유연하게 칵테일하는
평신도 중심의 기독교상담학이 출범하여 최근까지 기독교계에서 치유 사역
의 중심 역할을 해 왔다. 그러나 심리치료와 기독교 신앙의 어색한 동거는 늘
치료 현장에서의 방법론에 있어서 애매한 입장일 수밖에 없었다. 이를테면,
치료시간 내내 전혀 기독교적인 가치관이나 의미와는 무관한 심리치료 자체
의 방법에 전적으로 의존하고는 그 시간 전후에 기도를 하는 것으로 신앙적
땜질을 하는 것이 고작이었다. 논문이나 책 속에서는 심리치료와 기독교 신
앙은 아름다운 동거와 통합이 가능한 듯 보이지만, 그것은 어디까지나 논리
속에서의 일일 뿐, 현장에서는 언제나 평행선을 긋는 모습을 보일 뿐이었다
(Hunsinger, 2000). 그나마 최근 들어 치료심리학의 한계와 더불어, 방법론에
있어서 지나칠 정도로 심리학에 경도되었던 목회상담학이나 기독교상담학
은 덩달아 한계에 부딪이는 상황이 되어 있다.

　심리요법적인 방법들이 한계에 봉착하게 된 또 다른 근본적인 원인은 처음
부터 인간을 총체적으로 바라보지 않은 심리학의 출발에도 원인이 있다고 본
다. 즉, 심리학이 20세기와 더불어 새롭게 출발하면서 그 전 시대의 신학으로
부터 독립을 하면서, 인간의 영혼의 존재와 영적 체험을 신경질적으로 부인
하고 이를 그 연구 대상에서 제외하였기 때문에 인간의 정신병리를 치유하는

데 한계에 이를 수밖에 없었다. 당연히 한편에서는 심리치료의 가시적인 성과에 심취하고 있는 사이, 다른 한 쪽에서는 이에 대한 각성이 있어 왔으며, 즉 인간의 성숙과 온전한 치유를 위해서는 영성적인 영역을 통합적으로 다루어 주어야 한다는 주장이 있어 왔다. 이 주장의 흐름을 거슬러 올라가면 정신분석의 초창기부터 융(C. G. Jung)이 본격적으로 제기한 것이기도 한데, 인간의 정신활동을 다루는 일에 영혼을 생각하지 않고는 충분히 온전한 치유와 성숙을 이루기 어렵다고 생각했고, 이를 본격적으로 치유 사역의 현장에서 실천하려는 시도는 지난 세기 중반에 구체화하면서 온전한 인간의 성숙과 의미를 고려하는 인본주의 심리학과 실존주의 심리학에 영향을 미쳤으며, 나아가 자기초월심리학(transpersonal psychology)을 거쳐, 최근에는 영성지향 심리치료(spiritually-oriented psychotherapy)라는 이름으로 다양한 시도가 이루어지고 있다. 이러한 시도들은 꾸준히 산발적으로 이루어지긴 하였지만, 그동안 정신분석의 본류에 존재감을 드러내거나, 심리치료의 흐름을 바꿀 만한 커다란 영향을 주는 방법론은 없었으며, 현재는 어떤 특정한 형태의 흐름에 국한되지 않고 모든 심리치료와 병행하여 아예 명상이나 기타 영적인 수행을 심리치료와 병행하는 것이 조금씩 보편화되어 가고 있는 추세에 있다(Wallin, 2010).

　기독교 심리치료자로서 우리가 주목해야 할 것은 바로 이 점이다. 치유의 현장에서 심리학의 외투를 입지 않고 바로 종교나 동양철학의 모습 그대로를 띠고 있는 것들, 즉 심리치료의 현장에서 동양의 명상기법을 그대로 병행하여 적용하려는 최근의 흐름들이다. 이 흐름은 제2차 세계대전 이후의 이성에 대한 회의, 포스트모더니즘적인 사고의 영향, 특히 1970~1980년대 북미와 유럽을 휩쓴 영적인 차원의 갈망과 관련이 있으며, 동양종교에 대한 관심, 신비주의, 뉴에이지 영성 등의 흐름과 궤를 함께 하고 있다. 그것은 한마디로 동양적인 영성으로부터 유래된 명상치료가 엄청난 기세로 심리치료나 정신과 분야 치료의 현장에 유행처럼 흘러들어 오고 있는 것이 현재의 상황이다.

북미대륙을 중심으로 많은 심리치료자들이 내담자들에게 심리치료 도중에 명상치료를 겸하는 것을 권고하고 있으며, 수많은 명상센터들 또한 심리적인 상담을 겸하여 시행하고 있다. 가장 유행하는 명상치료의 하나로서 위빠사나 명상(vipassana meditation)을 들 수 있는데, 예를 들면, 하버드대학에 명상치료센터가 있어 스트레스 치료에 가장 효과적이라고 하여 정신신체질환이나 비만, 암 등의 치료에 보조적인 수단으로 적극 활용되고 있으며, 그 효과에 대한 논문도 많이 나오고 있는 중이다(Bartley, 2012). 그러나 작금의 이러한 경향은 인간 중심에서 이해하는 보편적 영성의 경향을 띠기 때문에 기독교적 영성 이해와는 거리가 멀다.

지난 수십 년간 이러한 보편적 영성이 치유의 중심에서 관심을 끌고 있을 때, 기독교 세계 안에서도 몇몇 개척자들, 예를 들면, David Benner(2000)나 Gerald May(2006)와 같은 사람들을 중심으로 기독교 영성과 치유의 현장을 통합하려는 희미한 각성의 촛불을 밝혀 왔다. 이들 또한 1970년대부터 일기 시작한 기독교 내에서의 현대적 영성운동의 흐름(Frenette, 2008; Stairs, 2000)의 토양으로부터 자양분을 공급받았으며, 동시에 그 흐름의 중심에 있었다.

이처럼 현대의 치유 현장은 아래로부터는 신경생리학과 인지과학의 발달, 그리고 위로부터는 동양종교, 초월심리학, 신비주의, 뉴에이지 영성 등 거센 도전들의 틈바구니에 직면해 있다. 좋든 싫든 우리는 이미 하나 된 학문의 세계적 흐름 속에 살고 있다. 심리학, 특히 정신분석학이 이 양자로부터의 도전을 포용하고 확장함이 없이는 치료적 한계에 다다를 수밖에 없는 상황인데도, 유독 국내에서만은 특히 기독교 상담학의 분야에서만 오히려 정신분석의 해묵은 흥미에 빠져 있는 것 같은 현상은 마치 1950~1960년대 미국의 상황에 머물러 있다고나 할까, 우려를 느끼게 하고 있다. 그렇다고 우리에게 다른 심리치료적인 대안이 있는 것이 아니기에 치료자로서 우리는 혼란과 공허감을 느끼고, 자신의 치료 작업에 대하여 이것이 도움을 필요로 하는 사람들에게 진정한 도움을 주고 있는지 회의하고 있는 것이 현실이다.

4. 한국의 현실과 목회상담학의 노력

한국에서의 정신역동이론과 이에 기반을 둔 심리치료의 역사와 현황을 언급한다는 것은 좀 더 광범위하고 정확한 자료의 조사가 이루어져야 하겠으나, 일단 본 장에서는 필자의 주관적인 시각에 기초하여 간략히 언급하고자 한다. 정신분석 이론이 우리나라에 소개되고 치료 현장에서 정신역동이론으로써 적용되기 시작한 것은 두 가지 루트로 설명할 필요가 있다. 우선 먼저 한 가지는 일반 사회에서의 상황으로서, 직간접적으로 북미와 학술적인 교류가 본격화하기 시작한 한국전쟁 이후로서 일부 정신과 의사와 심리학 전공자들에 의한 경로를 들 수 있다. 그러나 1950~1960년대는 이미 북미와 유럽에서는 치료법으로서의 정신분석은 이미 그 기세가 한풀 꺾여 갈 때이며, 그 한계를 메우기 위한 여러 가지 응용 치료법이 쏟아져 나오고 있었으며, 정신분석의 한계와 비판이 만만치 않은 시기였다. 이러한 상황과 맞물려 정신분석과 정신역동적 치료법이 한국으로 소개 내지는 정착하게 되는 것은 그 순서가 거꾸로 되었다. 즉, 정신분석에 대한 제대로 된 이론이나 기법이 소개되기도 전에 비판이론이 먼저 소개되었고, 특히 이는 기독교 교회 안에서 더욱 비판적인 시각을 갖게 되었으며, 이와 동시에 내담자중심요법, 게슈탈트요법, 교류요법 등의 응용편이 일찍 소개되었으며, 당시 북미의 정신분석학계의 폐쇄적인 분위기와 맞물려 스위스의 융 학파의 이론이 일찌감치 소개되었는데, 이는 종교심리를 이해하는 데는 매우 탁월하였지만, 치유 현장에서 병리적인 문제를 다루는 데는 한계가 있어 보였다. 그 다음을 이어 당시의 세계적인 흐름에 걸맞게 대상관계이론과 자기심리학이 소개되었으며, 특히 대상관계이론은 한국인의 심성과 맞아떨어지는 측면이 있어 거의 지금까지도 우리나라에서는 정신역동이론 중에서는 가장 심리치료자들의 관심을 끄는 이론이 되어 있는 듯하다. 그러나 제대로 된 자아심리학적 고전 정신분석의 이해가 불

충분한 상태에서 소개된 이론들이나 치료기법들이 제대로 효과를 발휘할지
는 미지수이다. 그나마 아주 최근, 아마도 10년 미만의 시기에 북미의 정신분
석학계 문호가 열리면서 일부 심리치료자들이 직접 수련을 받는 경우가 생기
고 있는 듯한데, 이미 북미와 유럽 정신분석 학계는 그 기간 동안 또 다른 변
신을 하고 있는 상태로 그 중심에는 애착이론과 상호주관주의, 정신화 등의
새로운 이론들이 있으며, 이러한 이론과 기법들은 아직 우리나라에 소개가
미흡한 상태이다.

　　정신역동이론과 기법이 우리나라에 소개되고, 특히 나름 기독교 공동체 안
에서 하나의 치유기법으로 자리 잡게 된 또 다른 주요 루트로서 목회상담을
이야기하지 않을 수 없다. 지난 20~30여 년 동안 우리나라에서 목회돌봄과
목회상담학은 어느 학문분야보다 눈부시게 발전했다. 대부분의 대형 교회들
은 목회상담 전공자를 목회의 주요 협력자로 함께 사역을 하고 있으며, 최근
들어 상당수의 목회상담자들이 교회의 목회 환경을 벗어나 개인 상담실을 개
설하고 내담자들을 맞고 있으며, 이러한 현상이 일부 보수적인 시각을 가지
고 있는 신학자들의 부정적인 시각에도 불구하고 사회적으로는 긍정적으로
받아들여지고 있다. 목회상담은 이제까지 기독교인들의 현실 삶과 어느 정
도 동떨어진 느낌을 주었던 구원과 복음의 문제를 삶의 고통과 문제 그 한 복
판으로 끌어들이는 노력을 기울여 왔다. 개개인이 경험한 아픔과 그로 인한
상처로 하나님의 사랑과 은혜로 임하는 구원을 진정으로 누리지 못하는 사람
들에게 그 구원이 그들의 삶과 결코 멀리 떨어져 있는 것이 아니라는 사실을
깨닫도록 돕는 도구로 사용되었기 때문이다. 그런데 북미의 초창기 목회상
담학자들은 프로이트(S. Freud)나 로저스(C. Rogers)와 같은 정신역동적 심리
치료자들로부터 치유의 방법을 차용하였으며, 이후의 목회상담학자들은 보
다 다양한 심리치료와 가족치료 기법들을 사람들의 성장과 회복을 돕는 사역
에 적극적으로 적용해 나갔지만, 이것이 안팎으로 자신들의 정체성에 어려운
문제를 일으키는 주원인이 되었다. 즉, 북미에서의 목회상담의 사회화는 전

통적인 신학자들로부터 정체성의 의심을 받는 일이 생겼는데, 그 이유는 아마도 이들이 추구했던 신학의 방법론이 전통적인 주류 신학자들의 방법론과는 매우 달랐으며, 때로는 그들의 신학적 정체성이 의심받을 만큼 매우 혁신적이고 도전적이었기 때문일 것이다. 다른 한편으로는 목회상담 운동이 교회의 전통과 신앙공동체라는 맥락을 유지하지 않고 일반 정신건강 전문가와 경쟁하면서 자신의 영역을 넓혀 나가는 것이 과연 목회적이 될 수 있는가 하는 질문 역시 대두되었다. 그들은 자신들의 치유방법과 정체성이 기독교 신앙의 전통에 서 있는가에 대한 질문에 끊임없이 답해야 하는 입장이 되었으며, 다른 한편으로는 일반 심리치료 전문가들과의 방법론적인 경쟁에서도 살아남아야만 하게 되었다(정연득, 2012). 이러한 문제들은 북미에서 목회상담학을 수학하고 돌아온 국내의 대다수의 목회상담자들이 현재 진행형으로 똑같이 겪는 문제가 되어 있으며, 이에 따라 최근 들어 목회상담자들은 자신들의 정체성에 대한 논의를 매우 활발하게 벌이고 있는데, 이런 움직임은 목회적 돌봄과 목회상담을 힘의 불균형의 문제, 성차별의 문제, 정의롭지 못한 사회구조와 제도의 문제를 다루는 공동체적인 사역, 상호관계적 사역 등의 영역들로 확대함으로써 풀어 나가려고 노력하고 있는 중이다.

　여기서 필자가 이러한 목회상담 운동의 변화를 관심 있게 지켜보는 이유는 두 가지이다. 첫째는, 목회상담자들의 정체성에 대한 고민은 그 자체가 바로 영성과 심리치료의 통합의 과제라는 아주 중요하고 커다란 미래지향적인 주제를 누구보다 앞장서서 다루고 있기 때문이다. 정연득은 이를 다음과 같이 집약적으로 잘 표현하고 있다. "목회상담의 정체성은 심리학이라는 현대사회의 지혜를 교회의 전통 및 신학과 대화하며 적절하게 사용함으로써 미국목회상담협회의 슬로건인 '영성과 심리치료의 통합'을 추구해 왔다는 점에 있다. 따라서 살아 있는 인간문서의 시대를 통해 발전되어 온 목회상담 운동의 역사는 바로 신학과 심리학의 대화와 통합의 과정이었다고 할 수 있겠다(정연득, 2012)." 그러나 두 번째로, 관심 있게 지켜보면서도 우려의 마음을 가지고 있는 것은, 목회상담자들의 이러한 정체성 모색의 시도에 중요한, 아주 중요한 요소가 부족하다고 느끼기 때문인데, 그것이 바로 영성의 결여이다. 현재 목회상담자들이 추구하는 통합은 '신학과 심리학의 대화와 통합의 과정'이라고 앞에서 표현한 바와 같이 통합의 주 대상을 신학과 심리학이라는 학문체계로 삼고 있다. 그러나 '신학'과 '심리학'은 별개의 학문적인 논리체계로 이루어져 있기 때문에 통합이 어렵다는 것이 필자의 주장이며, 동시에 이 분야의 저명한 저자의 주장이자 결론이기도 하다(Hunsinger, 2000).

치유의 현장에서 필요한 것은 학문적인 이론보다는 실천적인 영성이 더욱 요구된다. 세계적으로 저명한 상담치유학자 Adrian van Kaam(1975)은 서구의 신학적 전통을 계시적이고 교리적인 아카데믹한 조직신학과 영성의 실천과 성찰을 주로 하는 수도원 신학 또는 신비신학으로 날카롭게 구분하였으며, 그는 인간의 성숙과 치유에는 후자가 절대적으로 중요하다는 점을 역설하였다. 그러나 아마도 현재 한국 개신교의 기독교 심리치료 또는 목회상담을 주도하는 분들의 신학적 배경이 대부분 오랜 세월 사변적이고 논리적인 개혁주의 신학의 배경을 가진 분들이기 때문에, 상담심리학과 영성의 통합 문제에 있어서 대부분 아카데믹한 신학적 성찰, 즉 논리적인 조직신학적 성찰을 택하고 있으며, 그 결과 치유의 현장에서 별다른 효과를 거두지 못 하고 있는 것이 현실이 아닌가 생각된다(Kaam, 1975). 인간 치유의 현장에서는 그러한 논리적 성찰은 자칫 비현실적이고 추상적으로 여겨져 그 적용에 어려움을 느끼고 이론으로 그칠 가능성이 높기 때문이다. 동시에 이는 (수도)영성적 성찰의 소홀로 자연스레 이어지는 결과를 초래한다. 저자는 여기서 신학과 심리학의 통합은 하나님과의 관계, 인간의 삶과 현실 가운데 내재하시는 하나님과 자신의 관계적 경험과 정서에 대한 (관상적)영성적 성찰이 중심에 있지 않고는 어렵다는 점을 강조하고 싶다. 그리고 이러한 통합의 분위기는 현대 정신분석에서 상호주관주의적 접근과 종교적 성찰의 심리학적 적용이라고도 볼 수 있는 정신화(mentalization)가 새삼 각광을 받게 되는 것과, 현대 영성지도에서 묵상적 영성의 실천이라는 공통점을 매개로 서로 접근하고 있으며, 이러한 관상적 영성을 중심으로 심리학과 신학이 인간 치유의 현장에서 통합의 분위기가 조용히 무르익어 가고 있다고 본다. (그러나 이와 같이 현대 영성지도의 가장 중요한 특징인 묵상적 영성은 아직도 개혁주의 신학과 어떻게 조화를 이루어가야 하는가 하는 질문을 던져주고 있기는 하다.) 필자의 주장을 요약하자면, 인간의 성숙과 치유를 위해서는 정신역동적 심리학의 성찰과 신학적 성찰이 통합을 이루어야 하며, 그것이 현실적으로 가능하기 위해서는 학문적 또는 논리적인 통합이 아닌, 치유 현장의 방법으로서의 정신분석과 현대적 영성지도를 주목할 필요가 있으며, 그 중심에는 성찰적인 수도원적(묵상적) 영성이 필요하다는 주장인 것이다.

5. 통합에 앞서 고쳐야 할 걸림돌: 온전한 인간 이해

온전한 치유, 즉 인간이 가진 병리적인 문제—그것이 일차적으로 정신적인 문제로 보이든, 신체적인 질병의 문제로 보이든 마찬가지인데—를 해결하고 그 너머의 회복과 성숙을 향하여 노력하려는 시도에는 그 바탕에 인간에 대한 온전한 이해가 먼저 자리 잡고 있어야 함은 두말할 나위가 없다. 인간의 중심은 정신이 아니라 영혼이며, 자기(self)가 아니라 영이다. 그런 의미에서 Pierre Teihard de Chardin이 인간을 '영적 여행을 떠나는 존재'가 아니라 '인간적인 삶의 여행을 가는 영(적 존재)'이라고 묘사한 것은 참으로 적절하다고 본다. 그의 표현대로 인간은 영을 지닌 존재가 아니라 육화된 영혼이며, 걸어 다니는 영이다. 그런데 이제까지의 역동이론과 정신치료(심리상담)는 인간의 중심이 정신이라고 보는 데서 출발하였다. 그 결과 지난 100년간 무의식이라는 인간정신의 내면 일부를 파헤치기 위하여 몰두해 왔지만, 이제는 영 중심의 시각으로 많은 선회를 필요로 하는데, 여기에 그 어느 때보다도 정신의학적 또는 심리학적 성찰과 신학적 성찰이 밀접하게 협력해야 할 필요가 있다고 본다. 그런 의미에서 앞으로 설명하려고 하는 현대적 영성지도는 영 중심의 인간학을 상담적 상황에 적용한 실용적 방법론이 되어 심리치료와 조화를 이루어 갈 수 있게 될 것이며, 이는 진정한 치유적 존재인 성령의 인도 아래 치유적 대행자인 영성지도자가 바로 심리치료자로서의 역할을 수행하는 것이며, 따라서 미래의 심리치료자는 영성지도자의 역할을 함께 해 나가게 되는 것이라고 본다.

한편 우리는 종종 종교적인 체험과 심리학적 체험을 구분해야만 한다고 생각을 하며, 이를 혼동할 때는 그 문제해결이 크게 잘못될 수 있다는 우려를 갖는다. 그러나 잘 생각해 보면 모든 종교적 체험은 동시에 그 자체가 심리적, 정신적 체험이기도 하다. 사람들은 어떤 체험 현상이 있을 때 그것을 심리학적 현상이냐 아니면 종교적, 또는 영적 현상이냐로 양분하고 싶어 하는 경향이 있지만, 우리가 겪는 모든 현상은 그것이 기도 가운데서 일어나는 체험이든, 예배 가운데서 느껴지는 하나님의 임재체험이든, 인간관계에서 겪는 갈등이든, 모든 체험은 인간의 뇌를 매개로 일어나는, 서로 분리할래야 할 수 없는 동일한 하나의 사건이자 체험이라고 볼 수 있으며, 나만 그것을 어떤 시각에서 보느냐에 따라 편의상 나누어질 수 있을 뿐이다. 그러므로 이들을 통합적으로 접근을 하지 않고, 굳이 어느 한 측면으로만 분류를 하여 그렇게 접근하게 될 때에는 오히려 그 결과 매우 잘못된 것이 될 수가 있다. 예를 들면, 어떤 사람의 상태를 우울증이라고 진단을 내린다면 영적인 측면의 고려함이 무시될 가능성이 높아지며, 반대로 그 사람의 상태를 어둔 밤이라고만 평가한다면 경우에 따라서는 우울증에 준하는 치료적인 측면이 무시될 가능성이 높아진다. 따라서 여기서 필요한 것은 양쪽 측면을 어느 정도 볼 수 있는 전문적인 안목이며, 그런 면에서는 심리치료적인 측면과 영성지도적인 측면 모두가 어느 정도 필요하게 된다. 실제로 현재 미국을 중심으로 활동하고 있는 영성지도자들의 상당수는 어느 정도 상당한 심리치료적인 자질을 갖추고 있는 것으로 보이며, 한편으로는 심리치료자가 향후 영성지도에 관심을 갖고 전문성을 갖춘다면 그가 하는 통합적인 안목은 상당히 효과적이 될 수 있다. 왜냐하면, 심리치료자는 앞으로 설명하게 될 상호주관적 관계 맺기와 심리학적 성찰을 오랫동안 해왔기 때문에 이러한 성향이 곧바로 영성지도를 효과적으로 할 수 있는 데 아주 잘 기여하게 되기 때문이다. 여기서 심리치료와 영성지도는 자연스레 통합을 향하여 한 발자국 가까워지게 된다.

6. 현대 영성지도와 묵상적 영성

필자가 인간을 통합적으로 보고 온전한 치유로 접근하고자 할 때, 치유 현장에서의 방법론으로서 염두에 두고 있는 양대 축은 현대 정신분석(특히 상호주관주의와 정신화)과 영성지도이다. 이 중 현대 정신분석의 최근 경향에 대하여는 앞의 장에서 미력하나마 소개를 하였으므로, 본 장에서는 그 다른 한 쪽인 '영성지도(spiritual direction),' 특히 현대적인 형태로서의 영성지도에 관하여 소개하고자 한다. 요즈음 국내에서도 영성지도에 대한 논의가 일어나기 시작하고 있지만, 넓은 의미에서 '영성 지도(spiritual direction)'란 한 사람의 그리스도인이 다른 그리스도인의 신앙생활 전반에 걸쳐 영적 성숙을 돕는 행위라고 말할 수 있는데, 이런 행위는 물론 거슬러 올라가자면 사도들의 성경적 사례와, 그 후 특히 사막의 교부들인 abbas, ammas의 예를 거쳐, 수도원이나 수도회에서는 매우 보편화된 제도였으며, 종교개혁 후에는 다양한 형태의 목회활동이나 소그룹 모임 등의 형태로 이어져 왔다. 이 경우 영적 지도는 spiritual guidance, spiritual friendship, soul friend, spiritual mentoring 등과 거의 같은 의미로 사용된다(Leech, 1980). 그 형태는 종파나 수련공동체 또는 신앙공동체에 따라 매우 다양하게 이루어지고 있는데, 성경에서의 대표적인 예를 들자면 디모데 전, 후서에서 사도 바울이 디모데에게 세세히 신앙생활을 가르치고 있는 예를 들 수 있다. 사막 교부들의 금언은 또 다른 영적 지도의 대표적인 예라고 할 수 있다. 오늘날 우리 주변에서 이루어지고 있는 영적 지도의 대표적인 예로서는 감리교의 속회를 들 수 있으며, 구역예배, 목장이나 셀이라는 이름의 다양한 소그룹 공동체 활동들이 모두 이에 속한다.

May는 영성 인도(spiritual guidance)란 "사람들이 그들의 영성형성의 과정 안에서 도움을 받고, 도와주고, 무엇에 주목을 하고, 촉진시켜 주는 그런 모든 상황에 적용되는 말이다. 이것은 하나님과의 관계에 있어서의 개인적인 깨달음을 더 깊게 해줄 뿐만 아니라, 그런 깨달음을 매일매일의 활동에서 역동적으로 살아나갈 수 있도록 적용하는 것이다. 영성 인도가 다른 개인과 일대일의 관계에서 공식적으로 일어날 때, 우리는 그것을 영성지도(spiritual direction)라고 부른다. 고전적인 형태로서의 영성지도는 지도자(director)와 수련자(directee)가 있는데, 즉 한 사람이 다른 사람의 삶에 있어서의 주님의 역사하심을 분별해 주고, 또한 자기의 삶을 다른 방향으로 유혹하려는 다른 영들의 힘 가운데서 구분하는 데 도움을 주는 것이다(May, 2006)."라고 정의하였다.

그러나 여기서 필자가 특별히 언급하고자 하는 협의의 영성지도란 최근 약 30~40년 전부터 새롭게 조명되기 시작한 특정한 형태의 영성운동, 즉 묵상생활과 기도(contemplative life and prayer) 및 영적 분별(spiritual discernment)을 주개념으로 하는 보다 체계적이고 구조화인 영성지도를 의미한다(이만홍, 2006; Edwards, 2010). 간략히 설명을 하자면, 영적 생활에 있어서 지도를 받고자 하는 그리스도인, 즉 수련자가 가지고 온 영적 체험, 특히 소명이나 기도생활, 하나님 표상 등에 관한 체험과 느낌들을 기도 가운데서 듣고 함께 성령님의 임재하심 가운데서 그분의 뜻을 분별해 나가는 작업을 말한다. 그렇게 함으로써 수련자의 묵상생활을 돕고, 점차로 수련자 스스로가 성령님의 음성을 듣고 분별해 나가게 되도록 영적 성숙을 돕는 것이다. 영성지도의 핵심은 '너희는 이 세대를 본받지 말고 오직 마음을 새롭게 함으로 변화를 받아 하나님의 선하시고 기뻐하시고 온전하신 뜻이 무엇인지 분별하도록 하라(롬 12:2).'는 말씀에 기초하여, 가장 중요한 두 가지 개념인 묵상기도(contemplative prayer)와 영적 분별(spiritual discernment)로 이루어져 있다. Barry와 Connolly(1995)는 그의 고전적 교과서, 『영적 지도의 실제』에서 영적 지도를 정의하기를, "대화로 다가오시는 하나님과의 개인적인 관계에 주의를 집중하여, 그분에게 개인적인 반응을 함으로써 하나님과의 친밀감을 증진시키고, 그 관계에 합당한 삶을 살아나가게 돕는 행위"라고 하였다(Barry & Connolly, 1995).

영성지도하면 우리는 많은 경우 수도원에서 행하여지는 수도자들 간의 권위적인 지도나, 피정기간 동안 체계적으로 하는 영성훈련과 같은 전통적인 모습을 상상하는데, 현대적 영성지도는 이와는 사뭇 다르다. 물론 영성지도는 신앙공동체의 전통이나 신앙 컬러에 따라 매우 다양하고도 형식에 매임이 없이 자연스레 이루어지므로 그 전형적인 모습을 보여주기가 쉽지는 않지만, 현대에 이루어지는 새로운 형태의 영성지도를 간략히 묘사하자면, 지도자와 수련자가 일상에서 2주 내지 한 달에 한 번 만나서 심리치료를 하듯 정기적으로 영성지도 시간을 갖는 것이며, 영성지도를 받고자 하는 그리스도인이 가지고 온 삶의 문제나 기도 생활의 문제들을 기도 가운데서 함께 나눈다. 영성지도자는 수련자와 함께 묵상기도와 묵상생활을 점검하면서, 삶의 매 순간 하나님의 부르심과 그분의 뜻을 분별하기 위하여 함께 마음을 열고 성령님의 역사하심을 의식하고자 하는 시간들로 이루어지는데, 특히 비권위적인 분위기에서 수련자의 말을 경청하고, 그러고 나서 그 문제를 놓고 함께 침묵 가운데 성령님의 인도하심에 마음을 열고 묵상기도를 하는 것이다. 그리고 다시 기도 가운데 느꼈던 느낌, 생각, 체험을 나누면서 함께 인도하심을 따라 분별하는 것이기 때문에 외형은 상당히 역동적 심리치료와 유사한 모습을 띠지만, 실제로는 그 목표나 진행과정 등에서 매우 다른데, 가장 중요한 차이점은 심리치료가 문제해결을 주목표로 한다면, 영성지도는 하나님의 임재에 함께 예민해질 수 있도록 훈련을 하는 것일 것이다. 그렇게 함으로써 수련자의 묵상생활을 돕고, 점차로 수련자 스스로가 성령님의 음성을 듣고 분별해 나가게 되도록 하며, 이를 통하여 영적 성숙을 돕는 것이다. 영성지도는 말씀공부도 아니고, 신앙에 관한 조언이나 충고도 아니고, 제자훈련과도 다르며, 은사사역도 아니고, 설교도 아니며, 고해성사와도 다르다.

영성지도는 과거 사막의 교부시대로부터 중세까지 상당히 성행하였지만, 중세 후반 이후에는 예수회 등 가톨릭의 일부 수도공동체에서만 명맥을 유지해 오다가 1970년대부터 다시 관심을 끌기 시작하고 있다. 왜 영성지도가 오늘날 사람들로 하여금 큰 관심을 가지게 하는가? 그 가장 큰 이유는 현대인들이 느끼는 영적인 갈급함에 있다고 할 수 있다. 현대는 삶의 공허함과 고독을 심각하게 겪는 시대이면서 동시에 개인적인 느낌과 경험으로 이를 극복하려는 체험의 시대이기도 하다. 그러나 현대의 다중화, 기계화, 정보화가 인간의 고립과 고독을 가중시켜 결국 영적 갈급과 공허함에 허덕이게 하며, 이를 채워 줄 영적 체험을 더욱 추구하게 된 것 같다. 이에 따라 지난 세기 말 1980~1990년대에 영성에 대한 관심이 고조되었고, 영적 성장, 영성훈련, 영성지도 등에 관한 주제를 다룬 책과 세미나들이 넘쳐나게 되었다. 이런 현상들은 결국 갈수록 심화되는 영적 갈급과 인간 존재의 공허함, 비인간화의 병폐, 그리고 여기서 출발하는 불안감과 병리현상들을 어떻게 교회가 치유해 나갈 것인가에 대한 심각한 질문과 책임감을 던져 주고 있다(Stairs, 2000).

그러나 오늘의 교회는 물질주의와 편의주의를 추구하는 사회와 밀착되어 다중적인 사역에 치우친 나머지 일대일의 인격적인 만남을 통한 영적 성숙에는 소홀한 감이 있다. 고식화된 종교제도와 종교생활이 초월을 향한 개인의 깊은 내면적 욕구를 채워주지 못하는 만큼, 신비와 거룩함을 체험함으로써 인간의 해방과 초월을 구현하고자 하는 실천적인 관심이 증가하고 있기 때문이란 것이다. 그럴 즈음, 삶을 영적 여행이라고 생각하는 신앙인들이 동반자나 인도자의 입장에서 같이 앉아 마음을 비우고 고요 속에서 주님의 음성을 듣고자 하는 묵상기도나 영성지도가 오늘날, 특히 개혁신앙 공동체에 속한 우리들에게까지 관심을 끌게 되는 것이다.

이제 우리는 다시 초대 기독교 시대 사막의 교부들이 꽃피워 왔던 영성지도를 우리의 치유와 성숙을 향한 여정에 사용할 수 있도록 신중히 검토할 필요성이 심각하게 대두되는 시점에 와 있다.

7. 현대 영성지도의 특성

앞에서 기술한 바와 같이 지나친 물질 위주와 편의주의, 사회와 밀착, 인격적인 만남의 관계와 영적 체험에 대한 결핍과 이에 대한 갈망, 권위와 부성의 상실 등 현대사회에서 영성지도에 대한 요구가 뚜렷해진 토양 위에서 기독교 영성가들은 과거의 전통으로부터 새로운 시도를 발굴해 내게 되었다. 즉, 판에 박힌 종교제도와 신앙생활로부터 깨어나, 초월을 향한 깊은 욕망과 고양된 갈망 위에서 거룩함과 신비를 체험하려는 실천적 방법을 모색하게 된 것이다. 이러한 경향은 1970년대 후반부터 구체적인 하나의 형태적인 흐름을 띠기 시작하였는데, 이는 필연적으로 과거의 전통적인 영성지도로부터 상당히 변화된 양상을 보이게 된다. 그 특징들을 요약해 보자면, 관상적(contemplative) 인식과 태도를 중시하며, 예전의 권위적인 모습은 사라지고, 지도자와 수련자는 동반자나 영적 친구와 같은 상호적인 개념과 자세를 가지며, 함께하는 기도가 중심이 되며, 규격화되거나 형식화된 기도가 아닌 직접적이고도 체험적인 성령님의 임재에 대한 강조가 중심이 되며, 교파와 교리를 초월한 상호 열린 모임의 형태를 띠게 되었으며, 에큐메니컬하게 연합적으로 상호 보완하는 연구와 실천 등이 강조된다. 아울러 지난 세기 동안 쌓여진 정신병리에 대한 심리치료에서의 통찰과 인간 이해가 영성지도의 과정에서 점점 하나로 통합되어 간다는 점 등이다(Houdek, 2004).

　필자는 영성지도에서의 이러한 현대적인 변화를 매우 중요하게 생각하며, 이를 과거의 전통적인 영성지도와 대비하여 현대 영성지도라 부르고자 하는데, 이러한 현대 영성지도의 몇 가지 주요 특성들을 다음의 세 가지 트렌드로 묶어서 이에 대하여 좀 더 상세히 설명하려고 한다.

　첫째, 근래 들어 북미를 중심으로 이루어지고 있는 현대 영성지도의 가장 중요한 특성으로서 묵상적(contemplative) 영성의 강조를 꼽을 수 있다. 앞서 언급한 것처럼, 일반적으로 목회활동을 포함하여 한 사람이 다른 사람의 영적 성숙을 유도하고 신앙생활을 지도하는 모든 행위를 넓은 의미에서 영적 지도라고 할 수 있는데, 이때 강조하는 영성이 어떤 성격의 영성이냐에 따라서 그 영성지도의 형태가 매우 다른 모습을 띠게 된다. 치유와 성숙을 위한 기독교 공동체들 안에서의 이러한 활동들은 오랜 역사와 전통 안에서 다양한 형태로 있어 왔는데, 예를 들면, 유념적 또는 무념적 영성, 사회봉사적 영성 또는 스콜라스틱 영성, 경건의 영성 또는 관상적 영성 등의 모습으로 있어 왔다. 그런데 1970년대부터 북미를 중심으로 붐이 일기 시작한 현대 영성지도는 수도원적 영성(monastic spirituality)에 기초하는데, 즉 예수회를 창립한 이냐시오, 아빌라의 데레사, 십자가의 요한 등 스페인의 신비적 영성가들의 저술에서 많은 영향을 받은 바 있으며, 뒤의 두 명은 상당 부분 동방정교회의 무념적 영성에 그 뿌리를 두고 있는 영성이며, 이 영성은 무엇보다 하나님 임재 앞에서의 침묵을 절대시하며, 감성적 체험과 성찰적 분별을 중요시하는 영성이다.

　현재 일고 있는 관상기도에 대한 관심은 기존에 해오던 기도를 대체하려는 것이기보다는 기도의 관상적 차원을 회복하고자 하는 움직임과 깊은 관련이 있다고 본다. Henri Nouwen은 그의 책『마음의 길』에서 기도를 능동적이고도 청원적인 성격으로 국한할 때, 이는 이성을 통해 세상을 지배하는 데 높은 가치를 두고 있는 문화의 산물이며, 우리의 지성적 노력으로 하느님을 발견할 수 있다는 신념에 기초하고 있다고 지적한다. 그리고 기도에 대한 이 같은 태도는 이해를 넘어서 하느님을 체험하고자 하는 현대인들의 갈망을 충족시키지 못하였다고 하며, 바로 이러한 점에서 묵상기도가 관심을 받게 된 이유이기도 하다.

묵상적 영성은 사막의 교부들을 거쳐 수도원적 전통으로 이어져 왔으며, 특히 서방교회의 지적이고 유념적인 영성에 대비하여 동방정교회적인 무념적 전통의 영향을 강하게 받은 것이다. 현대에 들어 각광을 받게 된 관상적 영성은 중세로부터 현대에 이르기까지 기독교 신학적 성찰이 지나치게 서방교회의 지성적 영성에 치우쳐 있음을 자각하고, 수도원적, 무념적 영성과 조화를 이루려는 시도로 풀이되고 있다.

영적 성장을 인간 영혼이 하나님과의 깊은 관계 속에서 각 사람을 향한 하나님의 고유한 사랑과 섭리에 기꺼이 응답하는 과정이라고 정의할 수 있다면, 묵상적(관상적) 영성이란 우리로 하여금 하나님의 임재 앞에서 침묵을 지키며, 그분의 말씀하심에 귀를 기울이고, 그분의 지혜 가운데서 분별을 함으로써 우리의 삶을 그분 안에서 존재하게 하며, 세상에서 거룩하게 행동하도록 영감을 받게 되는 것이라고 할 수 있다.

오늘날, 관상적 영성이나 관상기도를 설명하는 수많은 글들이 있지만, 각각 개인적인 체험과 강조점에서 기술하고 있기 때문에 많은 사람들이 아직도 관상이란 무엇이고 관상기도를 하면 어떤 깨달음이 있는지에 관하여 혼란스러워하고 있기도 하다. 이 문제는 특히 필자가 속해 있는 개혁신앙의 장 안에서 어떤 개념으로 이해될 수 있는지에 관하여는 보다 세심하고 깊이 있는 신학적 성찰이 필요한 부분이므로, 영성신학자들의 향후 지속적인 연구를 기대해 보지만, 동시에 이 문제는 우리 모두의 매일매일의 일상에서의 우리의 삶과 기도생활에 직결된 문제이므로, 본 장에서는 간략하게나마 여러 저술에 나타난 관상에 대한 개념들을 소개하고, 필자의 생각을 덧붙여 보기로 하겠다.

잘 알려진 대로 'contemplatio'라는 라틴어는 'cum(with)'이라는 전치사와 'templum(temple)'이라는 단의의 합성어로서, 하나님과 관계하는 특성을 의미하며, 하나님은 어떤 분이시고, 무슨 일을 하시며, 그 하시는 일에 내가 어떤 영향을 받고, 이런 깨달음 속에서 하나님께 반응하는 관계의 특성을 의미한다(Houdek, 2004). 관상이란 개념에는 집착, 과거, 욕망 등으로부터 벗어나 자유로움, 관조(觀照)의 뜻이 있으며, 자각(awareness), 깨어난다(awakening), 하나님께 의식을 연다(openning to God)란 뜻이 있다. 기독교적으로는 관상이란 하나님의 임재를 바라고 묵상하는 것을 의미한다. 17세기 카르멜 수도회 수사 로렌스형제가 "모든 것에서 하나님을 발견하는 사랑스런 바라봄(the loving gaze that finds God everywhere)"이란 표현을 한 것이 바로 이런 뜻이다 (Brother Laurence, 2012). 신학적으로는 초월적인 절대타자로서의 하나님의 이미지보다는, 성령으로 우리 속에 존재하시는 내재적 이미지가 강조된다. 여기서 'within temple'이란 어원을 가진 'contemplatio'란 단어의 뜻이 가장 선명하게 드러난다. 즉, 나의 내면 깊은 곳(영혼)에 하나님이 임재하시므로, 우리 자신은 하나님이 거하시는 성전이며, 우리 모두는 서로 연락되어 거룩한 교회를 이루는 하나님의 몸이 되는 것이다(고전 3:16, 엡 3:20-22).

관상은 성령의 말씀에 귀를 기울이며, 성령의 이끄심에 예민해지며(sensitive to Spirit), 성령의 이끄심에 순종하는 삶을 의미한다. 그런가 하면, 관상이란 하나님과 연합하는 삶, 하나님과 함께 하는 삶을 의미하기도 한다. 이것은 예수께서 가르쳐 주시고 몸소 실천하셨던 삶이기도 하며, 우리 모든 그리스도인들이 소원하는 삶이기도 하다. 이것은 하나님 품 안에서 누리고, 호흡하고, 쉬고, 안식하고, celebrate하고, 기뻐하고, 사랑하고, 열매를 맺는 삶이다(요 15:5). 이 밖에도 관상이란 말에는 하나님의 사랑에 머물고자 하는 갈망을 의미하기도 한다. 영적인 삶은 철저하게 사랑에 관한 것이다. 하나님은 사랑이시고, 우리는 사랑 안에서, 사랑하기 위해 창조되었다. 모든 사람은 하나님과의 사랑, 다른 사람들과의 사랑 가운데 성장하고자 하는 갈망을 그들의 중심에 가지고 있다.

그러나 관상의 대한 이상과 같은 신비주의적으로 심오한 듯 보이는 다양한 개념들의 표현에도 불구하고 필자 나름대로는 가장 소극적이고 소박한 의미로 만족하는 것이 좋다는 의견이다. 즉, 묵상이란 물욕에 찌든 세상으로부터 고개를 돌려 반복적으로 하나님을 바라보고자 하는 의도(willingness)를 의미하며, 주님 앞에서 그분의 함께하심(임마누엘)을 느끼고, 이해하고, 누리고, 축복하고자(celebrate)하는 태도와 기도라는 면을 가장 강조하고 싶다.

현대 영성지도의 두 번째 특성으로서는 상호주관주의적이란 점을 들 수 있다.

많은 사람들이 영성지도라는 말보다 영적 친구(spiritual companion) 또는 영적 인도(spiritual guidance)라는 말을 선호하는데, 그것은 권위적인 의미를 피하기 위해서이다. 현대에 들어 정신분석과 신학 양자 모두에서 나타난 중요한 변화의 하나로서는 상호관계성을 매우 중시하는 경향을 들 수 있다. 과거에 중세시대 전통적으로 수도원이나 신앙공동체에서 조직의 지도자에 의하여 행해지던 영성지도가 일방적이고도 권위적인 영성지도였다면 현대의 영성지도는 그러한 상호관계성을 중시하는 전혀 다른 모습을 띤다는 것이다. 즉, 세상 속에서 영성지도자와 수련자가 탈권위적으로 주님의 임재 앞에서 함께 같은 길을 가는 영성의 친구로서, 서로의 증인으로서 어깨를 나란히 한다는 것이다(May, 2006). 이에 따라 영성지도의 실제 현장 모습도 과거의 전통적인 수도단체의 모습과는 다르게 된다. 두 사람의 그리스도인이 그가 맡은 직위나 지식의 높고 낮음을 떠나서, 동등한 입장에서 동일한 하나님에 대한 갈망을 나누기 위하여 서로 만나 함께 기도하고 서로의 기도생활이나 하나님과의 관계를 고백하고, 나누고, 분별해 주는 자연스러운 상호 지도관계를 형성하는 것이다. 즉, 서로 번갈아 가며 영적 분별을 제공하고, 상호간에 완전히 협동적인 평등(co-equal) 관계에서 서로 충고를 하고, 제시를 하고, 지도를 제공하기도 한다(Dougherty, 2010). 때로는 이렇게 완전히 호혜적이지

는 않으면서 영성지도를 전문으로 하는 일종의 전문가가 나타나기 시작하였
는데, 이 경우도 기독교의 어떤 특정 종파에서 공시적인 종교지도자의 직함
을 받은 것이 아니라, 성령의 부르심과 인도하심에 따라 그러한 역할을 하는
평신도적인 사역이며, 어떤 경우에도 권위자로서 비권위자를 일방적으로 이
끌거나 가르친다거나 양육한다는 개념보다는, 함께 성령님의 임재 앞에서 동
등하게 마음을 열고 중보적인 입장에 선다는 정신이 중요하다고 보는 것이
다. 1970년대부터 생긴 현대 영성지도의 이러한 특성은 바로 마르틴 루터의
만인제사장주의를 그대로 실천한다는 것인데, 우리 모두는 영성의 길을 함께
가면서 서로 격려하고 분별해 가는 길동무, 즉 영혼의 친구라는 개념이다. 그
래서 새로운 영성지도는 '함께 간다'는 영적 친구(spiritual companionship)로,
너와 내가 함께 어깨를 나란히 하고 간다는 개념이며, 그런 면에서 평신도적
인 사역의 성격이 매우 강한 면이 있기도 하며(Green, 1986), 이 점이 바로 현
대의 심리치료자들의 입장과 일치하는 면이기도 하다.

이렇게 비권위적이고 상호주관적인 개념의 현대 영성지도는 하나님 앞에
서 권위나 정해진 조직체계나 신학의 논리의 그늘에 안주하지 않고, 누구에
게나 생생하게 역사하시는 하나님의 임재 앞에 벌거벗고 절실하게 서로를 비
추게 된다는 아주 좋은 장점이 있으며, 새로운 영성적 목회의 모습으로 기대
를 높여 준다. 동시에 이러한 상호주관적인 의미에서의 현대 영성지도는 실
제 치유의 현장에서는 매우 강력한 변화를 이끌어 내는 중요한 요소가 되며,
각 개개인이 하나님의 임재 앞에서 보다 적극적이고 책임적인 관계를 형성하
게 만들며, 따라서 성령을 향하여 직접적이고 관상적 수용성을 높여 줌으로
써 영적인 성숙을 보다 깊이 있게 만드는 요소가 되기도 한다.

현대 영성지도의 세 번째 특성으로는 영성지도 자체의 영적 분별(즉, 성찰)
의 모습과 심리치료의 통찰적 기능이 한데 연결되고 합쳐지는 경향을 들 수
있다. 영성지도에서 주개념 중의 하나인 영적 분별의 모습은 여러 신앙전통
에 따라 다양하긴 하지만, 현대적인 영성지도는 성령님의 인도하심에 보다

더 전적으로 의지하기 때문에 그 함께하는 영성지도의 분별의 과정이 보다 자유롭고 역동적이 된다. 즉, 영성지도 과정 중에 일어나는 체험, 생각과 감정들이 분별을 위한 성찰의 대상이 되는데, 특히 이냐시오의 개념을 빌리자면 분별이란 자신이 느끼는 위안(consolation)이나 고독(desolation)이 어디서부터 왔는지를 성령의 임재와 인도하심을 따라 깊이 성찰하는 것이라고 말할 수 있다. 이와 같은 분별의 과정인 성찰의 모습은 바로 현대 정신분석, 특히 애착이론에서 의미하는 메타인지(metacognition)와 이로부터 발전하는 정신화(mentalization)야말로 인간의 성숙을 이끄는 치유인자라는 주장과 매우 근접하게 된다. 따라서 현대의 정신역동적 심리치료의 과정은 그대로 현대적 영성지도와 자연스레 통합이 될 수 있는 강력한 근거를 얻게 되는 셈이다. 더구나 기독교적 심리치료가 일반 심리치료의 목표를 넘어서서 인간 내면의 깊은 곳에서 하나님을 알고 그 속에서 진정한 자아를 깨닫고 삶의 의미와 고통의 의미를 이해함으로써 성숙하게 되는 것까지 그 영역을 넓히는 사역이라고 이해한다면, 이것은 영성지도의 작업과 깊이 연결되는 것으로 이 양자의 목적까지도 많은 공통점을 갖고 있음을 알게 된다. 따라서 정신분석이나 통찰지향적 심리치료에서는 치료자가 내담자를 일방적으로 이끌거나, 문제를 해결해 주거나, 논리적으로 설득하는 것이 아니라, 내담자의 삶의 현장에서 느껴지는 감정을 상호주관적으로 이해하고, 내담자 스스로가 자신의 내면과 대화하도록 함께 도와 나가는 것이다. 이처럼 현대 영성지도 또한 수련자가 가진 신앙적인 문제를 일방적으로 권위를 가지고 해결해 주는 것이 아니라, 함께 하나님의 임재 가운데 상호주관적인 이해를 하고, 기도 가운데서 수련자가 직접 하나님과 대면하여 관계를 개선해 나가도록 돕는 작업이므로, 이 양자는 사실 그 정신과 방법에 있어 매우 근접해 있다는 것을 알 수 있다. 따라서 정신분석이나 통찰지향적 심리치료에 익숙한 사람은 현대 영성지도를 더 잘 이해할 수 있기 때문에 심리치료와 영성지도는 쉽게 통합이 될 수 있으며, 실제로 현재 미국을 중심으로 한 영성지도의 장 안에서는 이 양자가 뒤섞여 실행되고 있는 것을 흔히 볼 수 있다.

　한편, 현대 영성지도가 지나치게 심리치료에 물들어 있다는 비판이 있으며, 이에 대한 경계의 목소리도 있다. 물론 영성지도와 심리치료는 그 목적, 목표, 방법 등에서 다른 부분도 있고, 혼동해서도 안 되는 부분이 있으며, 이에 대하여는 기존의 다른 참고서들에 잘 나와 있으므로 여기서는 생략하겠다(May, 1992; Sperry, 1998). 아울러 현대 영성지도, 나아가서는 최근의 영성운동에 대한 비판적인 시각도 있는데, 특히 개신교의 신앙의 입장에서 신학적인 평가와 조화가 필요하다는 주장이 있다. 이러한 복잡한 입장을 감안한다면, 현재 강력하게 등장하는 현대 영성지도 운동과, 이를 포함한 영성운동 자체에 대한 일부의 우려하는 목소리에도 귀를 기울면서 진지한 자세로 논의를 해 나가는 것이 필요하다고 보는데, 이는 본 장의 범위를 벗어나는 것으로 추후 별도의 논의가 필요하다.

8. 심리치료와 영성지도의 통합

　새로운 현대 영성지도의 초기에는 대부분의 영성지도자들은 영성지도와 심리치료는 별개 영역이어야 한다고 주장하였다. 즉, 영성지도와 심리치료(심리상담 또는 목회상담을 포함하여)의 차이를 분명히 구분하고 혼동하지 않아야 하며, 특히 동일인이 양자 모두를 맡아서는 안 된다는 주장이 만만치 않게 제기되어 왔다(May, 2006). 그 이유는 이들 각각이 대상, 목표, 방법, 돕는 자의 태도 등에서 다르기 때문이라는 주장이다. 즉, 심리치료는 현실에서의 삶을 보다 더 효과적으로 증진시켜 주는 데에 그 의도가 있으므로, 개인의 욕구와 욕망을 충족시키는 개인적인 능력을 증진시키는 것을 추구하며, 자신과 주위 환경을 자율적으로 통제하고 극복하도록 하는 것을 성취해 주는 데에 목적이 있다. 반면, 영성지도는 자신의 집착으로부터의 자유, 자기를 버리

는 순종(포기)을 추구하고, 그렇게 함으로써 구분되는 하나님의 능력과 의지
에 자기포기적인 순종을 하는 것을 강조한다. 이것은 어떤 의미에서는 영성
지도는 우리들의 문화적인 가치 기준들, 즉 심리치료가 지지하고 있는 문화
적인 가치들에서 반대로 돌아서는 것을 의미한다.

　이러한 구분은 일반적으로 받아들여질 수 있다. 즉, 이러한 구분의 중심에
는 심리치료는 인간과 그가 처한 현실에 초점을 맞추어 문제해결을 도모하는
반면, 영성지도는 성령의 움직임에 초점을 맞추고 수련자의 삶과 기도에서
하나님을 바라보게 도와준다는 점이다. 따라서 심리치료가 성령께로 마음을
여는 것을 흐리게 하고, 인간심리 안에 관심을 가두어 두게 되어 하나님을 향
한 주의 집중에 지장을 주어 영성지도의 핵심을 방해하게 된다는 게 동시사
역을 반대하는 이유의 핵심이다. 간단히 말하자면 심리치료는 내담자의 내
면에 초점을 맞추고 영성지도는 하나님께 초점을 맞춘다는 상반되는 면이 있
기 때문이다. 이러한 주장에는 상당한 일리가 있고 바로 이 점을 주의해야 함
은 당연하다.

　그러나 시간이 흐르고, 새로운 영성지도에 대한 경험이 쌓여 가기 시작하
면서 북미를 중심으로 치유 작업의 현장에서 영성지도와 심리치료가 한 사람
에 의하여 이루어지는 현상이 자연스레 생겨나게 되었는데, 흥미로운 점은
이에 대한 신학적 성찰이나 이론적인 연구가 사전에 뒷받침된 것이 아니라,
자연발생적으로 현장에서 실행되는 현상이 나타났다는 사실이다. 그리고 사
람들은 점차로 이 양자가 동시에 한 사람에 의하여 이루어지는 것이 보다 자
연스럽고 당연하다는 것을 체험으로 깨닫기 시작하였으며, 따라서 양자 간
의 차이나 주의점 때문에 바로 동시사역을 해서는 안 된다는 결론은 설득력
을 잃게 되었다. 잘 양성된 영성지도자는 내담자(수련자)와의 만남과 대화 시
상대가 단순히 영적인 면만이 아니라 인간 실존의 모든 요소들과 함께 얽혀
있는 복합적인 존재임을 발견하게 되며, 따라서 그의 성숙은 영적 측면과 상
담심리적인 측면이 동시에 고려된 전인적인 것이어야 함을 깨닫게 된다. 영

성지도도 심리치료와 마찬가지로 상대방에게 (동시에 성령님을 향하여) 마음을 열어 놓고, 상대방의 목소리에 귀를 기울이면서 대화, 특히 소크라테스적인 질문을 통하여, 뜻을 이해해 나가는 역동적인 상호작용이다. 따라서 효과적인 영성지도가 되기 위하여 인간의 역동심리를 잘 이해해야 하며, 심리학적인 방법론을 무시할 수 없다는 데에 이 양자의 공통점이 확인된다(Barry & Connolly, 1995). 오히려 양자 간 목표와 방법론에 차이가 뚜렷하면 할수록, 이들 양자는 서로 상호보완적으로 조화 있게 적용되어야 하며, 오히려 가장 이상적으로 적용될 수 있는 방법은 동일 사역자에 의하여 행하여져야 한다. 왜냐하면, 우리가 영적으로 성숙하려면 우리 내면을 심리학적으로 잘 성찰함으로써 자신의 욕구와 기대를 잘 깨닫고 이로부터 자유로워야 하며, 동시에 성령의 이끄심 속에서 그리스도와 연합하는 체험을 필요로 하기 때문이며, 이러한 이해가 심리치료자와 영성지도자로 각각 다른 사람에 의하여 부분적으로 분리되어 이해될 수는 없는 것이기 때문이다. 일찍이 이냐시오도 영성수련의 목적을 다음과 같이 밝힌 바 있는데, 즉 "영성수련의 목적은 사람이 아무런 사욕편정에도 좌우됨이 없이 자기를 이기고 자기생활을 정리하기 위함이다(윤양석, 1967)."라고 하였으며, 여기서 사욕편정에 좌우되지 않으려면 역동적인 자기성찰이 필요함과 동시에, 자기를 이기기 위해서는 성령의 은총에 의지하여야만 하므로, 이 양자는 따로 갈 수가 없으며 동시에 이루어져야 한다. 즉, 수련자의 심리를 충분히 이해하고 그것을 바탕으로 할 때 영적인 문제나 주님과의 관계가 더욱 잘 이해될 수 있으며, 수련자가 병적이거나 신경증적인 문제가 있을 때 이를 해결하고 어느 정도 자아가 건강해져야 그 자아를 초월하거나 자기를 부인하고 주님을 선택할 수 있는 성숙의 과정으로 나아갈 수 있다. 그렇게 함으로써, 심리치료는 영성지도를 밑에서부터 도움을 주며, 영성지도는 심리치료의 한계를 초월하여 위로 이끌어 가게 된다. 특히 정신분석의 꽃이며 동시에 정신분석의 무덤이라 불리는 전이현상의 함정을 영성지도에서는 참 부모인 하나님을 바라보게끔 그 관심을 제대로 돌려

주게 됨으로써 훌륭한 해법을 제시하게 된다. 이 점이 바로 전통적인 영성지도의 방법을 치유 사역의 관점에서 다시 통합적으로 적용할 이유가 되는 것이다. 그러므로 한 심리치료자와 함께 상당 기간 자신의 심리적 실체를 깊이 있게 이해받던 것을 중단하고, 또 다른 제삼자인 영성지도자와 새로운 관계를 맺고, 그와 함께 이제까지의 심리적 작업과는 무관한 영성지도의 작업을 처음부터 다시 시작한다는 것은 매우 어색하고 극히 비효율적인 작업이 되기 때문에, 결국 심리치료와 영성지도는 자연스레 하나의 치유 현장에서 이루어지는 현상이 생기게 된다. 그러므로 결국은 영성지도와 심리치료를 동일인이 하는 것이 더욱 효과적이며, 실제로 북미 대륙에서는 많은 사역자들, 특히 목회상담자와 기독상담자들이 영성지도자로 활약하고 있으며, 역시 많은 영성지도자를 자처하는 목회자들, 가톨릭 사제들이나 개신교 목사들이 전문적인 임상심리를 동시에 수련하고 적용하는 현장의 모습이 늘고 있다는 점을 주목해야 하는데, 이는 기독교 전래의 치유 사역의 본질을 생각한다면 당연한 귀결이라 하겠다. 특히 기독(목회)상담가 중에 영성지도를 겸하거나, 영성지도자로 자신의 아이덴티티를 바꾸는 사람이 오히려 처음부터 영성신학하면서 영성지도를 하던 사람들보다 더 많아져, 이 분야의 하나의 큰 흐름을 주도하고 있다(Benner, 2000).

이렇게 영성지도와 심리치료는 서로 통합됨으로써 인간의 온전한 성숙과 치유에 있어서 보다 나은 방법으로 자리매김해야 함에도 불구하고, 치유 현장에서 그것이 어떻게 통합되어야 하느냐에 대하여는 아직도 일치된 견해가 있거나, 누구나 수긍할 수 있는 모델이 제시되지 못하고 있는 실정이다. 그 이유에는 몇 가지가 있다고 생각하는데, 즉 영성지도를 뒷받침하는 영성신학적 입장의 다양성, 관상적 자세의 미확립, 심리치료와 영성지도의 기술적인 차이에 대한 상호 이해의 부족, 그리고 이 양자를 동시에 전문적으로 수련함에 대한 어려움 등을 들 수 있다.

첫째, 전통적으로 영성지도를 해 오던 수도공동체들마다 각기 다른 형태의 영성지도를 해 오고 있다는 점이다. 예를 들면, 예수회의 이냐시오식 영성지도는 보다 체계화되어 있는 분별의 방식과 관상기도의 개념이 여타 수도공동체와는 다르며, 피정의 과정과 밀접하게 연관되어 있으며, 갈멜 수도회나 베네딕트 수도원의 경우 이보다는 훨씬 자유로운 양상을 띤다. 나아가서 이들 가톨릭 수도공동체들의 영성지도를 뒷받침하고 있는 신학적 입장은 개혁주의 교회공동체의 신학적 입장과 상당히 다르기 때문에 당연히 영성지도 또한 다를 수밖에 없다. 영성신학 자체가 개혁주의 신학에서의 수용 자체가 아직도 진행형에 머물러 있으므로, 통합의 갈 길이 훨씬 요원하다고 하겠다 (Smith, 2004; Phillips, 2015; Tyrrell, 1982).

두 번째 이유로는, 영성지도와 심리치료가 통합을 이루려면 관상적 기도와 삶의 자세가 확립되어야 하는데, 이는 단시일에 이루어지는 것이 아니므로, 특히 기독(목회)상담가를 포함하여 심리치료자들에게는 이를 받아들이고 수련하는 데 상당한 시간과 인내가 필요하다는 것이 심각한 걸림돌이 될 수 있다. 특히 관상적인 기도와 삶은 현대 영성지도의 가장 근간을 이루는 특징인데, 심리치료자들의 개별적인 신앙의 칼라나 그가 속한 신앙공동체의 신학적 칼라와 다를 수도 있기 때문이다. 이것은 결코 지적인 논리나 기술의 문제가 아니라 지도자(치료자)의 신앙과 인격의 핵심적인 부분이므로 오랜 기간에 걸친 수련과 위로부터의 부르심과 은총에 힘입지 않는다면 가능하지 않은 일이다. 양자 간의 통합은 지도자(치료자)의 인격 또는 존재 그 자체 안에서 자연스레(은총으로) 이루어지는 일이지, 그렇지 못한 상태로 기술적인 습득으로만 해결하려고 한다면 어려움에 봉착할 것이다. 이 부분은 특히 심리치료에서부터 출발하는 사람들이 쉽게 빠질 수 있는 함정인 동시에 매우 경계해야 할 점으로 많은 영성지도자들이 심리치료자 쪽에 우려를 보내고 있는 주된 이유이기도 하다. 따라서 이 심리치료와 영성지도의 통합의 문제는 천천히 시간을 두고 함께 고민하며 연구해야 하는 것이 현대를 살아가는 우리의 소명이라고 생각한다.

세 번째 이유로는, 심리치료자와 영성지도자들이 서로 상대 분야의 기본
적인 관점과 전문적인 방법론의 중요성에 대하여 충분히 이해를 하지 못하고
있는 점을 들 수 있다. 심리치료자들이 영성지도에서의 관상적 자세에 대하
여 충분히 이해하지 못하고 있는 것과 마찬가지로 영성지도 현장에서 이루어
지고 있는 심리치료적 관계의 역동, 특히 전이, 저항의 문제를 아직도 영성지
도자들이 충분히 이해하고 있지 못하는 것도 사실이다. 현대 영성지도 초기
에는 이런 점들이 중요하지 않다고 여겨지거나 심지어는 일어나지도 않는다
고 주장하는 사람들이 많이 있었다. 그러나 영성지도의 경험이 점차 늘어감
에 따라 영성지도의 관계 안에서도 심리치료에서와 똑같은 관계의 역동이 존
재하며 이를 다루지 못할 때는 영적 성숙도 기대할 수 없다는 것이 점차 인식
되고 있다(Barry & Connolly, 1995; Buckley, 2008; Ruffing, 2000).

여기서 잠시 전이, 저항, 역전이 등과 같은 정신분석적인 핵심 개념들이 어
떻게 영성지도의 관계 안에서도 역동적으로 존재하는지를 살펴보고 넘어가
야 하겠다. 전이현상은 정신분석뿐만 아니라 심리치료의 대부분 치료관계와
일상생활의 인간관계에서 광범위하게 발견되는 현상으로서 인간의 심층심
리 이해와 성숙에 중요한 의미를 내포하고 있으므로 우리는 마땅히 영성지도
에서 또한 이 현상에 대하여 잘 이해하고 적절히 다룰 수 있어야 한다. 특히
전이는 인간이 이 땅에 태어나서 육신의 부모로부터 오는 결핍을 통하여 이
상화된 부모상을 추구하는 것과 관련이 있으며 이는 성경적인 관점에 비추어
생각해 보면 궁극적으로는 마땅히 하늘 아버지에게로 향하여야 할 진정한 아
버지의 모습을 인간의 무의식 속에 당신이 계시해 주신 것이라고 해석할 수
있다. 따라서 전이현상은 하나님 상에 대한 개인적인 왜곡을 내포하고 있으
며 이의 이해와 수정을 통하여 영적인 성숙이 올 수 있는 중요한 관건이 된다.

그러나 대부분의 영성지도자들은 전이현상에 대하여 지나치게 가볍게 생
각하거나 부정적으로 생각하는 경향이 있다. 우선 영성지도에서는 전이현상
은 잘 일어나지 않는다는 낙관론이 있다. 즉, 영성지도에서 지도자가 수련자

와 만날 때, 지도자가 정신분석에서처럼 blank screen으로 역할을 하는 것이 아니라 그 자신의 통찰이나 어려움, 성공이나 실패, 재능이나 결함을 보다 자유롭게 나타낼 수 있기 때문에 수련자는 상대방의 장점과 약점, 및 실제 관계와 함께 현실적인 인간과의 대화에 참여하게 되므로, 이런 식의 상호 대화는 심리적 전이라는 뜻하지 않은 함정의 대부분을 피하기에 아주 적합하다고 보는 것이다. 더욱이 영성지도는 심리치료에서처럼 빈번하게 만나지 않고 대략 2주 또는 4주에 한 번 만나므로 더욱 전이현상이 일어날 기회가 없다는 것이다.

그러나 이것은 지나친 낙관론이다. 영성지도에서도 심리상담 때와 마찬가지로 전이가 일어날 수 있는 가능성은 얼마든지 있으며, 때로는 카리스마적이고 신비적인 영성지도자의 이미지로 인하여 오히려 더욱 특이하게 전이가 증폭될 수 있다. 수련자는 지도자에게 애착을 갖거나, 그에게 왜곡된 이미지, 감정, 기억, 경험을 전이시킨다. 자신과는 일상생활에서 거의 또는 전혀 무관한 지도자에 대하여 수련자는 매우 강렬하고 감정적이며, 종종 아주 부적절한 감정을 품게 된다. 이런 방식으로 분노, 증오, 두려움, 불안, 슬픔, 기쁨, 사랑, 미움 그리고 성적인 느낌이 지도자에게 전이될 수가 있다. 그리고 대부분의 영성지도자들은 전이현상을 영성지도에 부정적인 영향을 미치는 것으로 생각하는데, 정신분석에서 전이가 저항으로 되듯 실제로 수련자의 지도 과정을 방해하는 것은 사실이다. 그것은 수련자가 하나님과 맺는 관계보다 지도자에게 너무 많은 주의와 감정적이고 영적인 에너지를 소비하며, 심지어 고착함으로써 문제의 초점을 흐리게 하기 때문이다. 영성지도의 초점은 지도자와 관계가 아니라 살아 계신 하나님과의 관계에 있다는 것을 생각한다면 전이는 필연적으로 영성지도 관계에 문제점을 야기하는 것은 사실이다.

영성지도자는 이러한 전이의 문제와 아울러서 다른 심리 상담에서처럼 역전이의 가능성에도 마찬가지의 주의를 기울여야 한다. 진정한 전이는 결코 일방적으로만 일어나는 것이 아니기 때문이다. 초기에는 내담자(수련자)의 무의식적인 필요에 의해서 시작되지만, 그것이 충분히 발전하게 되면 돕는 사람도 불가피하게 역전이에 엮이어 들어가서 의식적, 무의식적 반응을 하지 않을 수 없게 된다. 이것을 전이-역전이 장애라고 한다. 그래서 전이를 인식할 수 있는 가장 도움이 되는 방법은 역전이의 감정을 주목하는 것이다.

역전이의 감정은 여러 가지가 있는데, 특히 영성지도에서 중요한 것으로는 예를 들면, 영성지도가 잘 되게끔 하려고 하는 강한 욕구가 지도자의 마음에 있다든지, 지도 시간에 말을 많이 하게 된다든지, 수련자에 관한 꿈을 꾸거나, 지나친 걱정, 이끌림, 반감, 적개심, 동정심, 불편한 감정, 약한 정도의 불안 등이 지도자의 마음속에서 일어날 때는 역전이를 생각해 보아야 한다. 수련자가 지도자의 마음속에서 중요성이나 특별함으로 느껴지는 것이 점점 증가할 때, 그것은 그 관계를 다시 되돌아봐야 하는 하나의 표징이 된다. 수련자를 중요하게 여기는 감정은 때로는 정당한 영적 부르심의 표시일 수 있고, 특별한 관심이나 기도가 더 필요하다는 것을 나타내는 표시일 수도 있고, 때로는 그것이 역전이일 수도 있다. 이 부분은 아주 세심하게 점검해 보는 것이 좋은데, 지도자는 이것을 수련자와 함께 공개적으로 다루고 수련자에게 지도의 환경에 무엇이 바뀌었는지 느끼는 것이 없느냐, 일반적으로 두 사람 사이의 관계를 어떻게 느끼느냐 등등의 질문을 해 줘야 한다. 이러한 변화와 현상들이 심리적인 원인인지, 영적인 원인인지를 잘 살펴봐야 하기 때문이다.

마지막으로, 영성지도에서도 심리치료 시와 마찬가지의 영적, 심리적 성숙에 저항하는 심리적 방어현상인 저항을 수련자로부터 발견할 수 있다. 영성지도자가 수련자에게서 이러한 저항이 일어나는 것을 알고 상담심리적인 관점에서 그것들을 정확하게 분류할 수 있는 능력은 그 저항을 영적 시각에서 분석하는 것만큼 중요하다. 이에 더하여 우리가 이해해야 할 것은 이러한 저항이 때로는 심리적인 방어기제로서 영적 진리에 직면해서 자기 이미지, 자기 중요성과 같은 것들이 위협받는 것으로부터 회피하고 보호하려는 데 그 목적이 있음을 이해해야 한다.

영성지도에서 저항에 직면하였을 때, 심리치료에서와 마찬가지로 수련자가 위협을 받는 것이 무엇인지, 왜 이 사람이 방어를 해야만 하는지를 잘 평가하고 대처하는 것이 중요하다. 그리고 그 영역에 있어서 그 사람을 지지해 주고, 안심시켜 줘야 하는 시도들이 필요하다. 심리치료에서처럼 이러한 지지가 필요한 적절한 시기가 있고, 그 방어를 직접적으로 해석해 주어야 할 때가 있는 것이다. 이러한 때들을 분별하는 것은 심리치료자와 마찬가지로 영성지도자들이 직관적으로 발달시켜야 할 하나의 분별의 예술이라고도 할 수 있다.

영성지도자의 임무는 이미 강조한 것처럼, 그 순간에 임재하시는 하나님께 수련자의 주의를 붙들어 두는 것, 그렇게 하기 위하여 마음을 열고 의식적인 시도를 하는 것, 또 은총에 순복하여 성령님께 마음을 여는 데 머물러 있는 것들이다. 따라서 모든 심리학적인 이해와 분석들은 이러한 마음가짐의 테두리 안에서 그 적절한 자리를 찾아가야 한다. 심리학적 이해와 분석 그 자체들은 영적인 성숙의 직접적인 도구로 사용될 수는 없지만, 수련자를 하나님께 향하여 자신을 돌아보고 비우는 준비 단계의 도구로 반드시 필요하며, 그것들은 영적인 목적을 위하여 적절히 사용되어야 한다.

네 번째, 영성지도와 심리치료를 통합하고자 할 때 걸림돌이 되는 것은, 이 양자 각각이 자체적으로 방대한 논리구조와 수련체계를 필요로 하기 때문에 영성지도자가 동시에 완숙한 심리치료 전문가가 되어야 한다는 것이 너무 어렵기 때문에 동시사역은 이상적이며 불가능하다는 주장도 있다. 그러나 목회상담자나 심리상담자는 교육과 훈련에 의하여 어느 정도 되어지지만 영성지도나 영혼의 돌봄 사역은 훈련에 의하여 되는 것이 아니라 위로부터의 부르심을 의식하고 그 부르심에 성실하게 응하는 삶의 자세에서 비롯된다. 그러므로 우리가 이것을 옳다고 본다면 전혀 불가능하지 않으며, 또 이를 가능하게 하시는 성령에 전적으로 의지해야 함이 영성지도의 핵심이기도 하다. 물론 이 양자 중 어느 한 분야의 전문가가 되는 것보다는 시간과 노력이 좀 더 많이 드는 것은 사실이지만, 모두가 그렇게 될 필요가 있다고 보지 않으며, 또 우리 모두는 영성지도이든, 심리치료이든 일단 완전한 경지가 되어서 상대를 돕는 것이 아니라 부족한 가운데 성령의 이끄심을 믿으면서 서로를 돕고 도움을 받아 가는 것임을 이해한다면 충분히 가능하다고 본다.

9. 나오는 말: 통합적 모델로서의 영성치유자

지금까지 살펴본 바와 같이 심리치료와 영성지도는 그 강조점이 서로 다른 데도 불구하고 오늘날 서구에서는 한 사람이 정신치료와 영성지도를 동시에 하는 경향이 늘어가고 있는 것이 현실이다. 심리치료를 하는 도중에 영성훈련을 강조하는가 하면, 영성지도를 한다고 하는데 마치 심리치료를 하는 것 같기도 하다. 내담자(수련자)는 심리적인 갈등을 표현하고 대인관계의 고민을 드러내면서도 그런 것은 동시에 영적인 갈망이나 해결책을 추구하고 있기도 한 모습을 띤다. 이것은 지극히 당연한 귀결이 아닐 수 없다.

그것은 심리치료와 영성지도 이 양자 간의 상이점 때문에 한 사람이 동시에 행하여서는 안 된다는 이론상의 주장에도 불구하고, 세월이 흘러가고 영성지도에 대한 경험이 쌓여감에 따라 지극히 자연스럽게 저절로 그렇게 되어지고 있는 현상이 되었다. 왜냐하면, 영성지도자는 영성지도의 현장에서 온전한 인간을 다루고 있기 때문에 심리역동적인 측면을 무시할 수가 없으며, 마찬가지로 심리상담자들은 자신이 대하는 내담자의 영적인 갈망과 욕구를 외면할 수는 없는 것이 당연하기 때문이다. 타인의 이야기를 올바로 듣고 공감하며, 전이와 같은 인간관계의 중요한 현상과 한계를 충분히 인식하지 못하는 영성지도자는 하나님의 피조물을 치유하시는 성령님의 사역에 온전히 참여할 수 없으며, 마찬가지로 내담자의 영적인 체험과 하나님을 향한 갈망을 이해하고 공감한다는 자체가 이미 영적인 영역을 다루고 있음을 의미하기 때문에 특히 기독교인들에 있어서는 영성지도는 필수적인 성숙의 한 과정이 될 수밖에 없기 때문이다. 본디 인간은 통합적인 존재이기 때문이다. 이제 문제가 되는 것은 어떻게 하여야 제대로 통합적이 되는가, 혹은 반대로 잘못 통합이 된다는 것은 어떤 문제를 일으킬 것인가 하는 것이며, 이제부터 이를 해결하기 위해서는 상당한 시각과 의식의 변화가 있어야 하며, 동시에 구체적인 방법상의 논의가 있어야 할 시점에 이르렀다고 본다.

오늘날 영성지도와 심리치료의 통합이 효과적으로 이루어지고, 바람직한 전인적 성숙의 길로 나아감을 돕기 위해서는 각각의 이론과 실천적인 방법이 서로를 더 잘 이해하고 허용적이어야 한다. 심리치료적인 이론들이 영성적인 실천과 체험적 현상들을 보다 잘 설명하고 이해를 도와야 하며, 심리치료적인 한계는 보다 자연스럽게 영성적인 실천과 추구로 보완되어야 한다. 본 장에서는 그 한 예로서 현대 정신분석의 대표적인 이론인 상호주관주의와 정신화 기법이 현대적인 영성지도의 주요 특징인 관상적 영성을 이해하고 설명하는 데 매우 도움이 된다는 점을 기술하였다. 영성지도와 심리치료가 치유의 현장에서 통합적으로 이루어져야 한다는 것은, 내담자(수련자)가 가지고 오는 문제나 현상이 한 사람에 의하여 전인격적 관계 속에서 다루어져야 한다는 것을 의미한다. 즉, 치유자는 영성지도자이자 심리치료자로 이 양쪽 전문분야에서 제대로 교육과 수련을 받은 사람이어야 한다는 뜻이다. 이 또한 많은 논란과 기대를 갖게 하는 점이며, 상당한 어려움과 부담이 예상되기도 한다. 따라서 이 부분도 향후 논의와 경험을 필요로 한다. 그러나 분명한 것은 성령님의 사역에 온전히 자신을 내어 맡길 마음의 자세(즉, 묵상적 수련)가 되어 있으면서 상담심리적인 전문지식과 그 한계를 훈련을 통하여 잘 갖춘 사람을 오늘날과 같은 병리적 시대이자 영적 공백의 시대가 절실히 요구하고 있다는 사실이다. 이러한 사람들을 현대적인 교육과 영적인 수련을 통하여 배출하는 일은 어느 정도 부담을 갖게 하는 일이지만, 결코 불가능한 일은 아니다. 그리고 이들은 현재와 다가올 미래의 사회에서 새로운 아이덴티티를 갖게 될 것인데, 우리는 그러한 사람을 온전한 영성치유자라고 부를 수 있을 것이다.

참고문헌

윤양석 (1967). 성 이냐시오의 영신수련, 21조. 서울: 한국천주교중앙협의회.

이만홍 (2006). 영성치유: 정신치료와 영성지도의 통합을 위하여. 한국영성치유연구소.

정연득 (2012). 서론: 현대목회상담학의 흐름. 현대목회상담학자 연구 (한국목회상담학회 지음). 서울:도서출판 돌봄.

Barry, W. A., & Connolly, W. J. (1995). 영적 지도의 실제 (김창재, 김선숙 역). 경북: 분도출판사. (원저 1982년 출판).

Bartley, T. (2012). *Mindfulness-based cognitive therapy for cancer.* West Sussex, UK: Wiley-Blackwell.

Benner, D. (2000). 정신치료와 영적 탐구 (이만홍, 강현숙 역). 서울: 하나의학사. (원저 1982년 출판).

Brother Lawrence. (2012). 하나님의 임재 연습 (임종원 역). 서울: 브니엘.

Buckley, S. (2008). 영적 지도와 영적 여정 (권희순 역). 서울: 은성. (원저 2005년 출판).

Dougherty, R. M. (2010). 그룹영성지도: 분별을 위한 공동체 (이만홍, 최상미 역). 서울: 도서출판 로뎀. (원저 1995년 출판).

Edwards, T. (2010). 영혼을 돌보는 영성지도 (이만홍, 최상미 역). 서울: 도서출판 로뎀. (원서 2001년 출판).

Frenette, D. (2008). Three contemplation waves. In *Spirituality, contemplation, and transformation: Writings on centering prayer* (pp. 9-56). NY: Lantern Books.

Green, T. (1986). 세상에서 기도하는 그리스도인들 (임보영 역). 서울: 성바오로. (원저 1981년 출판).

Green, T. (2012). 마음을 열어 하나님께로 (최상미 역). 서울: 도서출판 로뎀. (원저 1977년 출판).

Green, T. (2012). 밀밭의 가라지 (최상미 역). 서울: 도서출판 로뎀. (원저 1984년 출판).

Houdek, F. (2004). 성령께서 이끄시는 삶 (염영섭 역). 서울: 성서와 함께. (원저 1996년 출판).

Hunsinger, D. V. (2000): 신학과 목회상담 (이재훈, 신현복 역). 서울: 한국심리치료연구소. (원저 1995년 출판).

Leech, K. (1980). *Soul friend: The practice of christian spirituality.* San Francisco: Harper & Row Publishers.

May, G. (2006). 영성 지도와 상담 (노종문 역). 서울: IVP. (원저 1992년 출판).

Nouwen, H. (2015). 마음의 길: 이 시대 사역자들을 위한 영성 고전 (윤종석 역). 서울: 두란노서원.

Phillips, S. (2015). 촛불: 영성지도를 조명하는 빛 (최상미 역). 서울: SoHP. (원저 2008년 출판).

Ruffing, A. (2000). *Spiritual direction: Beyond the beginnings.* Mahwah, New Jersey: Paulist Press.

Smith, G. (2004). 분별의 기술 (박세혁 역). 서울: 사랑플러스. (원저 1997년 출판).

Sperry, L. (1998). Spiritual counseling and the process of conversion. *Journal of Christian Healing, 20,* 82-89.

Sperry, L., & Shafranski, E. (2008). 영성지향 심리치료 (최영민 외 역). 서울: 하나의학사. (원저 2005년 출판).

Stairs, J. (2000). *Listening for the soul: Pastoral care and spiritual direction.* Minneapolis: Fortress Press.

Tyrrell, B. (1982). *Christotherapy II.* New York: Paulist Press.

Van Kaam, A. L. (1975). *In search of spiritual identity.* Denville, NJ: Dimension Books.

Wallin, D. (2010). 애착과 심리치료 (김진숙 외 역). 서울: 학지사. (원저 2007년 출판).

영성지도의 기독(목회)상담에로의 적용

이주형
(숭실대학교 교목/교수)

1. 들어가는 말

이번 세기가 시작될 무렵, 한국의 기독(목회)상담 학계와 임상전문가들은 영성에 대한 신학적 관심과 실재적 탐구를 확대하며, 임상적 상황에서의 적용에 대한 연구에로 발전시켜 왔다(권수영, 2006, 2013; 김필진, 2008; 반신환, 2004; 안석, 2013; 이재현, 2014: 정석환, 2001). 영성에 대한 관심은 모던적 지식 접근 방법에 대한 반성과 포스트모던 개인의 개별적 경험에 대한 관심과 추구에서부터 그 역사적 기원을 찾을 수 있을 것이다. 개별적 경험과 실존적 성찰을 지식체계에 중요한 요소로 삼는 포스트모던 세대는, 심리치료와 상담의 분석적 틀 안에서 영적 경험과 그에 대한 궁금증까지 해소할 수 있길 기대하고 있다. 영성이란 삶의 본질적 영역에 대한 새로운 세대의 기대와 관심에 대해 임상전문가와 기독상담가, 목회자들은 어떻게 대응하며 준비할 수 있을까? 이 질문에 대한 학문적인 탐구는 자기 함축적 의미를 탐구방법론으로 삼고 있는 기독교 영성학의 방법론에 의지하고자 한다(Schneiders, 2005).

필자가 기독상담과 영성지도를 통합하여 포스트모던 세대의 영적 필요에 응답하고 영적 돌봄 사역의 새로운 방법론을 생각하게 된 계기는 학문 및 상담수련 과정 중에 경험한 고민과 연관된다. 목회학 석사과정에서 기독교영성 집중과정을 이수하고, 석사과정에서 종교심리학과 목회상담을 전공하며 UCSF Medical Center에서 1년간 CPE 상담 수련을 받은 직후, 영성지도자 과정을 시작할 무렵이었다. 영성수련을 통해 내면을 성찰할 기회는 많아졌으나, 내적 감각과 그로 인해 형성된 영적 경험을 표현할 만한 언어와 지식체계에 대해서 부족함을 느끼고 있을 때 심리학의 언어와 상담 수련은 큰 도움이 되었다. 심리학적 체계와 상담 훈련은 영성수련을 통해 감지된 내면체계와 그 변화과정에 대해 이론적이며 과학적인 언어와 지식체계를 제공해 주었다. 반면에, 상담 훈련 과정 중에 새롭게 떠오른 질문은 심리치료의 과학적이고 분석적인 언어와 지식체계가 지닌 본래적 한계와 관련된다는 사실을 깨닫는데, 그것은 초월적 경험, 즉 하나님 경험에 대한 표현과 이해의 부족이었다. 개인의 내적인 경험들에 대한 심리학적 해결방안은 나의 내면 구조와 체계를 묘사하고 기술하는 데는 큰 도움을 받았지만, 내면의 궁극적인 문제와 질문에 대해서는 한계를 느끼고 있었다. 내면 경험의 초월적이며 신비적인 요소들은 여전히 무의식과 ego 혹은 self라는 애매한 개념으로 표현되었고, 실존적으로 작동하는 하나님과의 관계는 객관적 정보추구라는 명목하에 그 의미가 축소되는 듯했다.

그때 영성지도자 수련과정을 시작하면서, 종교심리학과 상담체계로서는 접근하고 표현되기 어려운 내적 경험에 대한 해결책을 찾기 시작하였다. 비로소, 지도 교수가 제시한 영성과 심리학 사이의 변증적 수련의 과정이 통합에 이르는 실존적 지식을 체득하게 된 것이다. 영성수련을 통해 감지된 새로운 영적 경험들은 심리학적 언어와 지식체계를 통해 구체성과 체계성의 옷을 입기 시작하였다. 모던적 지식체계의 구축을 이끈 인간 내적 경험의 심리학적 이해와 상담은 영성지도의 영적 지식체계와의 대화를 통해 내면 체계의 질서가 정립되고 통합되는 경험을 하게 되었다. 이런 수련과정은 필자에게 있어 심리학과 영성이 서로 충돌하거나 부정하는 관계가 아닌, 상호보완적인 역동을 통해 인간 내면의 구체적이며 실재적인 변화와 성숙으로 이끄는 학문적이며 전문적인 동반자적 관계로 발전할 수 있다는 확신으로 이끌었다.

본 장은 한 개인의 학문적, 임상적 수련에 대한 성찰로부터 출발하여 기독상담과 영성지도의 장점을 통합하여 기독교 영성상담의 개념과 가능성, 이론적 근거, 구체적 특징과 방법들을 제시하는 실험적 탐구를 담고 있다. 현재까지 서구 유럽에서조차 기독교 영성상담이란 개념과 그 전문적 영역이 학문적으로 담론화되거나 구체적으로 제시되지 않은 상황에서, 본 장의 시도는 분명 무모한 도전일지 모른다. 그러나 한국 사회에서는 한국영성상담학회가 2015년에 발족하면서 심리치료와 상담전문가들이 영성적 접근과 치유모델을 적극적으로 수용하고 접목시키는 학문적이며 전문적 공동체가 활동하기 시작하였다. 한국영성상담학회는 한국적인 기독교 영성의 학문적 및 실천적 토대를 구축하고, 심리치료, 목회상담, 영성지도의 건설적인 대화와 협력을 통해 한국 상황에 맞는 영성형성훈련 프로그램과 영성지도 교육과정의 개발 및 보급을 목표로 학술 및 연구 활동을 펼치고 있다.

영성과 심리치료와의 적극적 통합과 대화를 통해 영성상담에 대한 전문가 집단의 관심과 탐구가 활발하게 진행되고 있는 가운데 본 장은 영성상담이란 영적 돌봄 사역의 통합적 모델을 제시하고자 한다. 모던과 포스트모던의 그 모호한 경계선 상에 서 있는 현대인들에게, 영성이 자아실현과 well-being에 있어 가장 중요한 요소라고 믿고 있는 사람들에게, 심리학과 영성은 상호 소통과 대화를 통해 통합적으로 작용할 수 있다고 믿는 상담전문가들에게, 주관적 경험이 객관적 분석이나 해석만큼이나 내면 문제 해결에 있어 중요하다고 느끼는 정신건강전문가들에게, 내면과 정신세계의 궁극적 치료는 과학적 접근과 해결방법만큼이나 상담자 혹은 환자의 주관적 확신과 믿음 체계의 영향도 받는다고 생각하는 사람들에게, 특정 기간 동안의 영성수련을 배경으로 하는 영성지도가 아닌, 일상 속에서 영적 대화를 통해 하나님의 현존을 분별하고 영적인 친밀함에 대한 갈망을 가진 현대 기독인들에게, 본 장은 작은 소통의 통로가 되고, 나아가 발전적 대화와 대안모색을 제시하는 토론의 장이 되고자 한다.

영성상담은 기독교 영적 돌봄 사역의 변증적 발전 과정의 종착점이 될 수 있다. 과학적 지식체계를 근거로 신화적인 요소를 제거하며 인간 내면과 정신의 문제에 대한 분석과 해결을 제시한 심리치료와 기독상담은 영성에 대한 포스트 모던적 관심에 도전을 맞이해 왔다. 이제 내면의 문제 해결을 객관적이고 과학적인 접근방식으로만 해결하려는 상담의 한계를 극복하고, 영적 경험의 실체를 적극적으로 수용하여 영성 안에서 자아실현과 초월적 삶의 의미를 추구하는 현대인들의 내적 기대와 갈망을 수용하는 기독교 영성상담을 제시하고자 한다. 기독교 영성상담은 심리/정서적 문제 해결을 포함하여, 하나님과의 영적 친밀감을 추구하는 내담자가 하나님의 임재 가운데 상담가와의 대화와 소통을 통해 초월성, 전인성, 통합성, 동시성으로 특징되는 영적 변화와 성숙을 도모하는 영적 돌봄 사역으로 정의할 수 있다.

본 장은 영성지도와 기독상담의 통합을 시도했던 기존 연구들을 살펴본 후, 두 전문 사역의 뚜렷한 차이점을 확인할 것이다. 영성지도와 기독상담의 이론적 통합의 근거로 경험원형도를 소개하면서 초월성, 전인성, 통합성, 동시성으로서의 영성을 소개하게 된다. 마지막으로 영성상담 임상에서 독특하게 나타날 수 있는 특징들을 소개하고 열거함으로써 영적 돌봄 사역으로서의 영성상담의 고유한 특징과 그 가능성을 제안하고자 한다.

2. 기존 연구 분석

본 장은 우선 포괄적 의미에서 영성과 기독(목회)상담의 대화와 소통 그리고 통합 노력에 초점을 기울이기보다는, 기독교 영성상담이란 새로운 가능성의 차원에서 임상적이며 실제적인 접근과 학문적 탐구를 모색하고자 한다. 이 과정은 영적 지도의 기독(목회)상담적 적용이란 측면에서 통합과 접목을 시도하는 과정으로부터 출발할 수 있을 것이며, 그 출발은 기존 연구들을 탐구하면서 시작하려 한다. 본 장이 주목하는 학자는 우선적으로 이만홍과 권수영이다. 우선, 권수영은 영성지도적 방법이 어떻게 기독상담에서 활용될 수 있는지를 임상적 사례를 통해 증명해 보이고 있다(권수영, 2006). 또한 영성 지향적 상담과 치료를 소개하면서, 내담자 내면에 형성된 작용적 신학의 틀을 이해하고 그 감정적 세계 안에서의 혼돈과 문제를 극복하려 할 때, 영성적 접근의 필요성을 제시하고 있다(권수영, 2013). 하나님의 임재를 인식하기 위한 영적 여정에 대한 신학적 해석을 영성적 접근으로 소개하면서, 기독상담의 상황 속에서 영성의 활용에 대한 통찰력 있는 주장을 제시하고 있다.

기독상담 혹은 정신분석의 테두리 안에서 영성지도를 통합하려는 시도는 이만홍의 연구가 기여하는 바가 크다. 정신분석과 심리치료가 인간 내면의 다양한 문제에 대한 근본적인 해결책이 되지 못한다는 사실을 성찰하며 영성지도가 기독상담에 상호보완적으로 활용되어야 한다고 주장한다(이만홍, 2005). 근대 과학적 체계의 산물로서 생성된 인간내면에 관한 개념들(self, ego 등)은 존재의 통합성을 해치는 방식으로 발달하면서, 인간이 영적 존재란 사실을 등한시 여기게 되었다. 이런 의미에서 인간 존재의 중심을 영으로 보고, 치료와 회복의 과정도 인간 존재의 근원인 영혼을 다루고 돌보는 데서부터 출발해야 함을 역설하고 있다. 그렇기에, 영성지도는 영적 존재로서 인간의 내적 문제를 다뤄왔던 기독교 영성 전통을 심리치료 과정에 상호보완적으로 통합하려는 시도가 현대사회에 필요함을 이만홍은 효과적으로 주장한다.

이만홍은 여섯 가지의 특징을 들면서 심리치료와 영성지도의 유사성을 밝히고 있다. 성숙을 향한 목표, 내면세계와 자기 인식의 관점, 인간 의식의 확장, 정서적 체험 중시, 대상과의 관계 중시, 내적 동기 부여가 그것이다(이만홍, 임경심, 2009). 두 영역 사이의 차이점을 분석하면서, 심리치료가 인간의 전체적 건강과 자율성의 확대에 초점을 맞추었다면, 영성지도는 개별 영혼의 자율성을 포기하면서까지 하나님과의 관계 증진을 위해 지향하고 있다는 점에서 차이점을 지적한다. 또한 상담은 상담자의 능동적이며 적극적인 태도를 기대하며 내담자의 내적 변화를 위해 내면 정보들을 받아들이는 데 초점을 두는 반면, 영성지도자의 역할은 수동적이며, 하나님의 현존하심과 움직임에 초점을 맞추고 있다는 점에서도 차이점을 밝히고 있다. 이만홍은 보다 본질적인 치유를 지향하기 위해서는 정신분석적 방법론을 출발점으로 하여, 영성지도 방법론을 통해 영적 존재인 인간의 본질적 변화를 유도할 수 있어야 한다고 주장하는 듯하다.[1] 이는 기독교 영성 전통에서 표현하는 변화의 세 단계(purgative-illuminative-unitive) 프레임 안에서 설명하자면, 심리치료를 내면정화의 방법으로, 영성지도를 조명의 방법으로 제시하는 것처럼 보인다.

근래에 번역 출간된 Moon과 Benner의 책,『영성지도 심리치료 목회상담 그리고 영혼의 돌봄(Spiritual Direction and the Care of Soul)』은 영성지도, 목회상담, 심리치료 세 전문영역의 상호 관계성을 광범위하게 소개하고, 기초적이며 근본적인 특징들을 설명하고 있어 본 논의에 주요 저작이라 할 만하다(Moon & Benner, 2011). 그들에 따르면, 심리치료와 영성지도 사이에서 발견되는 차이점은 영성지도가 기독상담과의 관계에서 발견되는 차이점보다 더 두드러지게 드러난다. 그만큼 영성지도와 기독상담이 영적 돌봄과 심리학적 배경을 포함하여 공통적 요소를 공유하고 있다는 증명이며, 상호보완을 통해 시너지 효과를 누릴 수 있는 반증이기도 하다(Moon & Benner, 2011, p. 26).

반면, 두 사역 형태의 차이점으로, 상담은 문제 중심적이지만, 영성지도는 성령 중심적이라는 사실이며, 이는 곧 상담이 내면의 문제를 해결하여 영적인 변화와 성장을 추구한다면, 영성은 문제를 통하여 하나님을 만나고 그를 향한 사랑을 더욱 증대시키는 데 있다. 상담은 하나님의 임재 안에서 이루어지는 두 사람의 만남으로 성장에 초점을 맞추지만, 영성지도는 한 영혼과 하나님 사이의 만남 가운데 한 영혼이 배석하는 역동을 갖춘 사역으로 정의 내리고 있다(Moon & Benner, 2011, p. 24).

기독상담 상황에서 영성지도의 보완적, 통합적 활용과 학문적 접목이 진행되어 왔음에도 필자는 이상의 연구들이 제시하는 통합의 역동과 그 방법론에 있어 아쉬움을 느낀다. 그 이유 중에 하나는, 영성지도의 고유한 특성에 대한 심도 깊은 이해와 담론이 선행되지 않았기 때문이며, 동시에 초월성, 통합성, 전인성, 동시성을 추구하는 영성지도에 대한 포괄적인 이해의 결여라고 전제한다. 그런 의미에서 우리의 담론은 기독상담과 영성지도의 본래적 특징들을 뚜렷하게 구분할 필요성을 절감한다. 상호 사역 간의 통합 혹은 접목을 통해 상호 보완과 시너지 효과를 기대하기 위해서는 차이점을 뚜렷하게 확인하는 데서부터 출발할 때 최대의 효과를 기대할 수 있기 때문이다. 이 과정은 결국 기독 공동체 안에서 영성상담이라고 하는 사역의 틀과 구성 범위를 담론화하여 제시하고, 공고한 토대를 쌓는 데 주요한 과정이 될 수 있기 때문이다. 이제 우리의 담론은 기독상담과의 관계에서 영성지도의 특징과 독특성을 확인해 보고자 한다.

3. 기독상담과 영성지도 비교연구

서로 다른 역사적 배경과 발전 과정을 거친 기독상담과 영성지도는 그 주요한 특징과 요소에서도 큰 차이점이 발견된다. 영성지도 관점에서 기독상담의 특징, 기독상담 관점에서 영성지도의 장점과 특징을 각각 확인하는 것은 건설적인 대화를 위해 필수적인 과정이라 하겠다. 심리학이라는 근대 학문의 태생과 발달 과정 중에 뿌리를 두고 있는 기독상담은 심리학 혹은 일반 상담이 가지고 있는 본래적 특성에서 크게 벗어나지 않는 특징들을 보인다. 임상적 상황에서 기독상담은 상담자와 내담자라고 하는 양자적 관계를 근거로 주관과 객관으로 뚜렷이 나뉘고, 상담자는 주관이 되어 대상인 내담자를 관찰하고 내면과 심리 상태의 문제를 분석하는 데 초점을 둔다. 상담의 궁극적 목표는 내담자의 의식과 무의식으로부터 출발한 심리정서적 문제를 파악하고 분석하여 해결하도록 돕고, 문제로부터 자유로워지는 경험을 유도하는 것이 궁극적인 목표이다. 문제해결 방법론은 심리치료 기법들을 기반으로 하고 있으며, 기독상담이라 하여도 그 이론적 기반은 일반 심리치료 체계에 두고 있다고 봐야 할 것이다. 지시적이고 직선적인 표현과 소통을 통해 상담자는 내담자의 내적이며 피상적인 경험과 문제를 구체적이며 실제적인 언어로 표현하도록 허용한다. 이때 상담가는 심리치료 기법을 특정해야 하며, 이론을 배경으로 내담자의 문제를 탐구하고, 원인을 분석하여, 특정된 심리치료 기법에 제시하는 해결책 혹은 치유기법을 적용하게 된다. 심리학적 틀 안에서 내면 혹은 관계적 문제의 해결로부터 출발하여 행복과 건강한 삶(well-being)을 통해 자아실현에 이르도록 유도하는 것은 기독상담이 추구하는 궁극적 목표일 것이다. 상담에서 강조되는 기법은 전이의 역동이며, 내담자의 경험과 내적 역동에 동참함으로써 상담자는 타자로서 내담자의 문제해결에 주도적인 역할이 부여된다는 특징도 발견된다.

영성수련을 통해 하나님과의 신비적 경험을 추구하는 영성가들과 수도원 영성으로부터 역사적 기원을 찾고 있는 영성지도는 근대적 인식체계 속에서 발전한 상담과는 다른 특징을 보인다. 기독상담과의 관계에서 영성지도가 보인 첫 번째 차이점은 양자적 관계가 아닌 삼자적(triadic) 관계를 전제로 한다는 것이다. 기독상담은 상담가와 내담자 사이의 계약적 관계를 전제로 한다면, 영성지도는 영성지도자와 피지도자가 하나님의 임재, 즉 성령님의 현재적 참여를 전제로 한 언약적 관계로 정의한다. 성령님의 현재적 임재를 전제로 피지도자를 만나는 영성지도자의 자의식과 역할은 자신에게서 발견되지 않고, 신적 사역의 동역자요, 대리인으로 이해된다. 즉, 성령님께서 피지도자의 직접적인 영적 지도자가 되신다.

기독상담과 다른 두 번째 특징은, 내담자의 심리정서적 문제를 해결하는 것이 궁극적 목표인 기독상담과 달리, 영성지도는 문제해결이 궁극적 목표가 아니라는 것이다. 물론 피지도자 혹은 영성수련자들은 자신의 내적인 혹은 영적인 문제를 인식하고, 그 해결책으로 영성지도를 추구할 수도 있지만, 문제해결이 궁극적으로 얻고자 하는 결과물이 아니다. 하나님과의 친밀한 교제와 영적 동행이기 때문에 오히려 내적 문제는 하나님으로 다가가기 위한 도구와 매개체로 인식되거나 고백될 가능성이 높다. 즉, 문제해결을 위해 영성지도를 시작하였던 수련자/피지도자들은 문제를 통해 하나님을 새롭게 만나는 경험을 하게 되는 경우들이 적지 않다.

세 번째로, 문제 중심적 접근을 지닌 기독상담은 계약적 관계의 길이가 일정 기간 제한되어 있는 반면, 영성지도는 영적 동행의 특성을 더욱 담아내고 있기 때문에, 지속적인 관계를 유지하는 것을 선호한다.[2] 그런 의미에서 네 번째 차이점은 치유의 개념에서 발견된다. 문제해결을 통해 치유를 경험하는 것이 기독상담의 지향점이라 한다면, 영성지도는 문제를 통해 새로운 하나님 경험을 확인하고, 더 친밀한 관계로 발전하도록 인도한다는 점에서 치유 경험은 영적 여정의 과정적 요소 혹은 정화 단계의 경험일 수 있다. 영성지도의 궁극적 인도자와 피지도자의 영성지도자는 성령 하나님임을 잊지 않는 것이 중요하다. 영성지도는 삼자 간의 관계를 언약적 만남으로 표현한다. 기독상담은 상호 이해관계를 중심으로 계약적 만남을 이어가지만, 후자는 하나님 안에서의 영적 동반과 여행을 전제하기 때문이다. 마지막으로, 영성지도자의 대화법 혹은 소통은 상담과 달리 비지시적인 언어와 표현을 선호하며 피지도자의 영적 수련과 다양한 경험을 유도하기 위해서 성경 구절 혹은 비유와 은유적 방법을 통해 표현하길 선호한다. 직접적이며 지시적인 표현과 소통은 영성지도자의 역할이 자칫 과도하여 성령님의 역할까지 행할 수 있기 때문이다.

두 사역을 각기 다른 상황과 대상으로 적용한다면 상담자이면서 영성지도자는 사역의 차이를 어떻게 느끼며 경험할 수 있을까? 동일인이 기독상담과 영성지도 두 사역을 동시에 실천하고 있다면 다음과 같은 차이점을 의식적으로 경험할 가능성이 높다. 기독상담은 문제해결 중심의 남성적(아니무스적) 기능과 역동이 강한 반면, 영성지도는 영혼의 내면에 공감과 긍휼로 동참하는 여성적(아니마적) 기능이 강조될 수 있다. 전자가 내담자의 내적 문제에 적극적으로 개입하며 타자로서 해결책을 찾으려는 노력에 초점이 맞춰져 있다면, 후자는 임상 상황에서 영성지도자가 문제를 파악하거나 해결하려고 시도하지 않기 때문에 소극적으로 느껴질 수 있다. 그러나 성령님의 인도하심과 그에 대한 영적 분별이 영성지도자와 피지도자의 내면 가운데 진행되고 있다고 전제하기에 '외연적'으로 후자가 소극적이게 보일 뿐이다. 영적 역동과 침묵 가운데 분별의 에너지는 지도자 내면 가운데 상당한 수준으로 진행된다. 영성지도자는 피지도자의 내면에 공감과 긍휼로 참여하는 데 초점이 맞춰져 있기에, 대화의 외연적 형태상 아니마적 가치를 더욱 강조하게 되는 사역이라 할 수 있다.

기독상담과의 관계에서 영성지도가 가지는 가장 큰 특징 중에 하나는 관상적 관점을 통해 초월성, 전인성, 통합성과 동시성을 추구하는 기독교 영성의 본질적 특징으로 표현된다. 초월적 경험과 전인적 변화를 목표로, 영성지도는 피지도자의 삶의 다양한 영역에서 영적인 성장과 성숙을 지향한다. 내면과 정서적 영역에서의 영적인 변화뿐만 아니라, 사회적 관계와 공동체, 사회 체계와 지역사회, 나아가 환경과 자연에 대한 피지도자의 관점과 경험까지 포괄적으로 점검되며 대화의 소재가 될 수 있다. 핵심적 질문은 주어진 상황과 경험 속에 하나님의 임재에 대한 분별로 압축될 수 있다. 만물 가운데 임재하시는 하나님을 발견하고 경험하며 고백하도록 돕는 것이 영성지도의 지향점이 된다. 삶의 다양한 영역에서 고백되고 경험되는 하나님의 임재와 그에 대한 지식은 각자 따로 존재하거나 고백되는 것이 아니라 상호 간에 통합되고 일치되는 방향으로 인도하는 것이 영성지도의 주요한 목표이기도 하다. 일례로, 개인적 삶에서 고백되는 하나님과 사회 체계 혹은 공동체에서 경험되는 하나님 사이에 통합과 일치를 지향하도록 돕는 것인데, 이를 통해 피지도자는 신앙과 삶 사이에 일치와 통합을 추구하는 계기를 얻게 된다.

　영성지도자의 역할과 기능에서 가장 뚜렷한 특징은 영적 분별에서 발견된다. 영성지도 중에 지도자의 영적 분별은 두 방향으로 동시에 향한다. 첫째는 피지도자의 이야기를 통해 내재되어 있는 주요한 이슈와 영적인 흐름을 대한, 피지도자를 향한 분별이며, 둘째는 피지도자의 이야기가 지도자의 내면에 미치는 내적 역동과 성령님의 움직임에 대한, 지도자를 향한 분별이다. 전자는 피지도자의 영적 경험에 대한 영적 분별인 데 반해, 후자는 영성지도 시간 동안 감지되는 지도자 자신의 영적 변화에 대한 감지와 그에 대한 분별이다. 두 방향의 분별은 피지도자에 대한 지도자의 분별의 중요한 정보와 영적 지각이 되며, 이를 통해 피지도자에게 적합한 반응을 제공한다.

　여기서 지도자의 분별은 상담에서 전이/역전이의 경험과 구분될 필요가 있다. 영적 분별의 역동은 성령의 임재와 그에 대한 영적 감각에 기반을 두고 있기에 영성지도자의 개별적 경험과 무의식적 투사를 통한 전이의 경험은 활용되지 않는 것을 원칙으로 한다.[3] 영적 분별이 온전하게 실행되기 위한 필수적인 요소가 영적 초연 혹은 영적 불편심이다. 영성지도자의 내적 근간이 되는 영적 초연/불편심은, 자신은 오직 하나님의 대리인이요, 피지도자의 진정한 지도자는 성령님이시란 고백과 정체성에 뿌리를 두고 있다. 지도자의 내적 요소를 적극적으로 내려놓고 비우고 부인함으로써 성령님의 임재 안에 거하고, 그 영적 역동에 동참할 때 지도자는 참된 영적 분별을 실행할 수 있다. 영성지도자의 내적 초점은 영적 초연/불편심을 위한 내려놓음과 비워냄에 맞춰져야 하며, 이에 따라 초기 단계의 영성지도는 전이와 역전이를 기본적으로 전제하지 않는 것이 바람직하다.

지금까지 기독상담과 영성지도의 특징을 살펴보며, 이를 통해 드러나는 두드러진 차이점을 살펴보았다. 현재까지 진행된 탐구는 기독교 공동체 안에서 영성상담을 위한 예비적 담론이었다. 이젠 영성상담의 실현 가능성을 전제로 하여 그 이론적 토대를 제안하고자 한다. 필자는 기독교 영성상담의 고유적 특성을 뒷받침할 이론적 근거로서 경험원형도를 소개하고자 한다. 이것은 기독교 영성의 궁극적 특징인 초월성, 통합성, 전인성, 동시성을 추구하기 위해 필요한 이론적 토대를 제공한다.

4. 경험원형도

영성의 초월성, 전인성과 통합성, 동시성을 향한 탐구는 인간의 경험에 대한 이론적인 개념의 틀을 도식화하는 방식으로 발전해 왔다. 샌프란시스코 신학대학원의 영성지도자 과정을 이끌고 있는 Elizabeth Liebert와 그의 동료 슈퍼바이저들은 영성지도 상황에서 인간 경험 이해의 정도가 영성지도자들의 경험의 테두리에 제한되어서는 안 된다는 원초적 고민을 나눠왔다. 지난 30여 년간 영성지도의 경험을 바탕으로 인간의 삶과 경험 속에 임재하신 하나님을 설명할 수 있는 이론적 체계를 완성하였는데, 그것이 인간 경험원형도(the experience circle)이다(Liebert, 2005). 이 도표는 크게 두 가지 이론적 초점을 도식화하여 하나의 도형에 담아내고 있다. 첫째, 경험의 감지와 인식에 있어 다양한 형태의 단층이 존재함을 보여주는 원형도이다. 인간 영혼의 내면에 하나님 혹은 하나님 경험으로 고백되는 신비의 영역이 위치하고, 그것을 둘러싼 세 겹의 단층으로 구성된 부분이 첫 번째 구성요소이다. 둘째, 인간 경험을 네 영역으로 구분하여 이해하고 있는 정사각형 구도의 도형이다. 신비를 중심으로 네 영역이 나누어지는데, 인간의 경험이 형성되는 서로 다른 네 개의 구획들이다. 두 가지 도식은 상호 연결되어 해석되도록 도식화되어 있으며, 경계선을 점선으로 표현하여 경험의 동시적 발생성을 형상화한다. 즉, 한 영역과 차원에서 각각 경험되는 것이 아니라, 경험들은 상호 연관되어 있으며 그러기에 동시다발적으로 감지될 수 있다는 것이다. 경험원형도의 중요한 기여도 중에 하나는 영적 경험과 하나님 경험을 자칫 이분법적 세계관으로 환원하는 오류를 차단할 수 있도록 도와준다는 것이다. 더불어 모든 경험 속에서 하나님의 임재를 감지하고 분별하여 삶의 모든 순간에서도 하나님과 동행하고 있으며 그분의 인도하심 속에 살 수 있도록 돕는다는 것이다. 이것은 기독교 영성의 본질적 특성인 초월성, 전인성, 통합성과 동시성을 만족시키는 것이다.

영적 감각의 다양한 차원을 표현하고 있는 경험원형도의 중심은 신비로부터 출발한다. 인간 실존과 경험의 기원은 하나님이며 그 초월적 존재의 내재

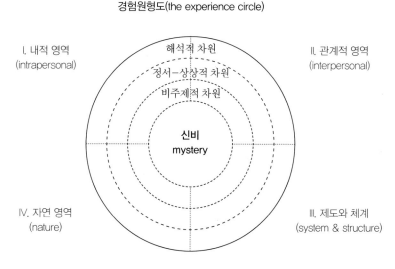

경험원형도(the experience circle)

I. 내적 영역
(intrapersonal)

II. 관계적 영역
(interpersonal)

해석적 차원

정서-상상적 차원

비주제적 차원

신비
mystery

IV. 자연 영역
(nature)

III. 제도와 체계
(system & structure)

[그림 6-1] 경험원형도

적 실체는 신비로서만 경험되고 감지된다. 점선으로 표현된 세 영역의 신비는 하나님, 자아, 자연(god, self, & nature) 사이의 신비적 관계와 페리코레시스(perichoresis)적 역동을 형상화한다. 삼자간은 간주관적(inter-subjective), 상호의존적(interdependent), 상호보완적(complementary) 관계를 통해 삼위적 일체와 조화, 화합과 통합을 지향한다. 신비를 둘러싸고 있는 세 겹의 테두리들은 하나님 경험의 단계적 차원들을 형상화하고 있다. 이 세 단층적 테두리들은 Rahner의 신학적 체계를 기반으로 하고 있다. Liebert는 인간의 하나님 경험은 모호하고 비주제적 인식에서부터 시작하여 성찰적이며 상상적 인식으로 경험되고 마침내는 논리성을 갖춘 해석적 인식으로 확장된다고 주장한다(Liebert, 2005, pp. 128-129).

우선, 존재의 기원인 신비에 대한 인간의 영적 혹은 원초적 경험은 비주제적 차원(non-thematic dimension)에서 최초로 경험된다. 언어적 표현 혹은 인지적 단계에서 해석되거나 감지되기 이전의 경험을 의미한다. 미묘하고 섬세한 경험이기에 때론 쉽게 잊히거나 스쳐 지나서 의식적 차원으로 끌어오기는 드문 순간이지만, 영적인 차원에서 의미 있는 경험이기에 영적 민감성을 지닌 영성지도자 혹은 피지도자들은 감지할 수 있는 차원이다. 일례로 "음악을 듣다가 갑자기 울컥했던 순간" "너무 심오해 한숨만 나오게 되는" 혹은 "주체할 수 없이 흘러내리는 눈물" "경이로운 광경을 보고 입이 벌어지는" 등의 경험이 해당된다. 이성적이고 인식적 차원이 아니기에 오히려 더 영적이며 원초적 차원에서의 경험들이 포함되는데 오히려 이런 경험이 신비로서의 하나님과 자연세계를 체득하는 데 더욱 결정적인 정보와 지식을 제공한다.

두 번째 테두리에는 정서-상상적 차원(affective-imaginative dimension)의 경험이 위치해 있다. 감각, 직관, 은유, 이미지, 색깔, 향기, 환상, 꿈, 신화, 이야기 등 비지시적 혹은 비언어적 경험과 방법들이 해당된다. 예술, 음악, 춤, 시 혹은 창의적 방법으로 표현되는 인간의 경험들은 정서적이고 상상 자극적 경험들의 풍성한 정보와 지식들을 제공하며, 영적 감각의 민감성을 자극한다. 가장 외부를 둘러싼 테두리인 해석적 차원(interpretive dimension)은 의식적 성찰과 해석이 경험되는 영역으로 이성, 논리, 사상, 정의 혹은 개념적 통찰과 분석 등이 해당된다. 언어적 요소에 상당 부분 의지하는 영역이기에 상대적으로 소통 가능한 방법으로 감지되는 경험들이다.

이제 인간 경험의 네 분야에 대해서 살펴보자. 첫 번째 분야는, 내적(intrapersonal) 영역으로 자아의 경험에 초점을 맞춘다. 내적 역동을 주의 깊게 살피어 인지되는 영역으로 일반적인 영적 경험과 그에 관한 정보와 지식이 파악되는 영역이다. 심리적-정서적 영역이어서 주로 심리학적 틀로 해석되는 경험들로 구성된다. 두 번째는, 관계적(interpersonal) 영역으로 타자와 주변인들과의 관계 속에 얻게 된 경험들에 관한 것으로 사람들과의 만남을 통해 형성된 관계에 초점을 맞춘다. 세 번째는, 사회제도 및 체계 안에 있는 자아(self-in-system)에 관한 영역이다. 공동체 혹은 사회가 의식적 혹은 무의식적으로 구성될 때, 형성된 습속, 관습, 전통, 규칙, 규범, 관계들에 관한 경험이 형성되는 영역이다. 개인이 어떤 방식으로 사회적 역할을 하는지에 초점을 맞추기보다는 규칙, 규범, 법률, 조직, 체계들이 관계와 사회 안에서 어떤 방식으로 역할을 하는지에 관한 경험적 정보들이 인식되는 영역이다. 마지막 영역은 생태계와 지구를 포함한 전 우주(nature)에 관한 영혼의 경험 영역이다. 우주와 지구의 모든 피조물들이 어떻게 상호의존적으로 존재하며 영향을 미치는지, 그것은 영혼에게 어떤 방식으로 경험되며 인식되는지에 관한 영역이다.

경험원형도를 바르고 적절하게 활용하기 위해서 알아둬야 할 몇 가지 사항들이 있다. 첫째, 인간 경험의 네 분야의 구분은 한 사람의 인생을 교정하거나 바꾸기 위한 개념보다는 실체를 발견하도록 도와주는 (heuristic) 장치로 이해할 필요가 있다. 한 사람의 경험들이 어느 방향에 집중 혹은 치우쳐 있는지를 확인하고, 무시되거나 돌봄이 부족한 삶의 영역은 어느 분야인지를 확인하도록 돕는 도구인 것이다. 둘째, 네 영역을 구분하는 선은 점선으로 표현되어 있다. 각 영역이 뚜렷하거나 선명하게 구분될 수 없다는 것을 의미한다. 즉, 상호 연계성, 전인성과 동시성을 전제한다. 셋째, 인간의 몸은 경험의 네 영역에 동시에 참여하고 있다는 전제를 하고 있다는 것이다. 내적 영역에서는 정서와 감성을 통해 몸은 참여하며, 관계적 영역에서는 몸 그 자체로 타자와 만나고 경험하고, 사회적 체계 안에서 몸은 그 자체로 체계/제도로 인식된다. (일례로, 예수님의 몸) 더불어 몸은 지구 생태계와 연결되어 있다는 측면에서 자연영역에도 참여하고 있다. 이는 몸에 대한 우리의 이해의 포괄적인 확충과 적극적인 인식을 요구한다. 넷째, 인간의 언어가 지닌 본래적 특징과 연관되는데, 영적 경험에 대한 언어는 내적 혹은 관계적 영역에 집중되어 있다는 것이다. 경험원형도는 언어적 체계에서 상대적으로 발달되어 있지 않은 사회체계와 제도 그리고 자연계 안에서도 실재하는 영적 경험들을 표현할 수 있는 언어와 도구들을 배우도록 초대한다. 마지막, 영성지도 상황을 위한 가장 중요한 특징으로서, 경험원형도가 전제하는 동시성은, 한 영역에서 경험된 신비 혹은 거룩함으로서의 하나님 경험은 한 분야에서만 국한되지 않고 흘러넘쳐 다른 영역에도 영향을 미친다는 사실이다. 예를 들어, 피지도자가 내적 영역에서 자유와 기쁨을 경험하고 인식했다면, 신비경험의 동시성을 인지하는 영성지도자는 그 경험이 피지도자의 다른 삶의 영역(관계와 사회적 참여, 그리고 자연 안에서의 경험들)에 흐르고 파장을 일으켜 자유와 기쁨을 확장할 수 있도록 인도하는 것이다. 즉, 하나님의 사랑과 은혜의 다면적이며 복합적 특징을 삶의 모든 영역에서 경험할 수 있도록 인도할 수 있는 것이 경험원형도에 충실한 영성지도자의 역할일 것이다. 이제 이 경험원형도가 영성상담에서 어떻게 적용될 수 있는지 살펴보자.

5. 기독교 영성상담

본 장에서 필자는 영성지도와 기독상담을 통합하여 기독교 영성상담을 위한 이론적인 틀을 제공하기 위해 시도하고 있다. 기독교 영성상담은, 심리정서적 문제 해결을 포함하여, 하나님과의 영적 친밀감을 추구하는 내담자가 하나님의 임재 가운데 상담가와의 대화와 소통을 매개로 초월성, 전인성, 통합성, 동시성으로 특징되는 영적 변화와 성숙을 도모하는 언약적 만남과 관계로 정의할 수 있다. 필자는 지난 장에서 기독상담의 영성형성에 주요 본질적 요소 세 가지를 제시하였는데, 이는 기독교 영성상담의 이론적 바탕으로도 제시하고자 한다(이주형, 2016). 신비, 임재, 만남에 대한 근본적인 이해와 경험이 부재한 상황에서 영성지도 방법을 접목시키는 것은 기독상담의 본질적 특성인 영적 돌봄 사역의 본질을 등한시하는 결과를 낳을 수 있다. 신비는 하나님의 존재방식이며 인간이 하나님을 경험하는 방식이다. 신비이며 비밀이기에 하나님을 만나는 것은 전적인 하나님의 은혜라는 사실을 상담가는 영적으로 고백한다. 그 신비의 하나님을 경험한 인간이 고백하는 방법이 거룩한 임재이다. 우리의 존재와 상담 사역을 수행하는 가운데 내 현존의 근원인 하나님의 임재를 고백하고 실천할 수 있어야 한다. 신비를 담아내는 상담가의 임재 경험이 내담자와의 만남(meeting)을 영적인 만남(sacred encounters)으로 변화시킨다.

이제 영성상담의 이론적 특성과 궁극적으로 추구해야 할 방향을 제시하고자 한다. 첫째, 영성상담은 초월성을 추구한다. 영성상담은 내담자의 기대감에, 상담자의 치료기법과 분석에만 국한되지 않는다. 성령님의 임재를 전제로 하기에 인간의 지식, 기대와 예상, 치료기법을 초월하여 역동한다. 또한 내담자와 상담자의 관점과 세계관, 가치관, 관점과 경험을 초월하는 방향으로 대화와 소통이 진행되며 나아가 사회적 체계와 구조, 문화적 규범과 규칙을 넘어서는 과정임을 받아들인다. 내담자의 문제와 내적 고통과 아픔을 치유하는 데만 머물지 않는다. 내적 고통과 심리적 문제를 통해 하나님께 보다 더 가까이 다가갈 수 있다는 가능성을 열어 놓는 방식으로 상담이 진행된다. 경험원형도의 중심에 위치한 신비는 하나님, 자아, 자연 사이의 삼자적 관계와 역동을 묘사하는데, 이 역동은 신비적이며 초월적이기에 인간의 인식적 차원에서 확인될 수 없다. 인간의 실존적 경험을 넘어서는 역동임을 잊지 않는다.

둘째, 전인성으로서의 영성상담이다. 경험원형도를 통해 영성상담은 개인의 영적이고 내적인 영역만 탐구하거나 접근하는 데 국한하지 않는다. 인간경험의 모든 영역에서 감지되고 경험될 수 있는 하나님을 전제하기에, 개인적이고 관계적인 측면을 넘어 사회체계와 자연과의 만남을 통해서는 하나님의 임재와 치유, 회복을 향한 거룩한 갈망을 만나길 기대한다. 영성상담의 치유의 과정 또한 전인성을 추구하는데, 이는 하나님과의 관계 혹은 사람과의 관계 속에 생성된 상처와 아픔의 회복과정은 사회체계와 자연 영역 안에서부터 출발할 수 있거나, 그 영역으로 확장되어 경험될 수 있음을 암시한다. 하나님의 전인적 임재는 자연과 사회체계에서의 치유로부터 시작하여 관계와 영적인 영역으로 인지되거나 치유될 수 있음을 암시한다. 영적 성장과 성숙까지를 목표로 하는 영성상담은 개인의 영역을 넘어서 관계적 치유와 회복, 도덕적 삶과 윤리적 의무, 사회적 책무와 시민의식, 생태계와 자연을 향한 그리스도인의 소명에로까지 인도할 수 있다.

셋째는, 통합성으로서의 영성상담이다. 영성상담의 궁극적 목표는 치유로부터 출발하여 회복과 자아실현, 하나님과의 친밀성으로 확장될 수 있다. 개인 내면의 치유는 단지 영적 영역에서만 경험되는 것이 아닌, 관계적, 사회적, 나아가 자연 영역에서도 경험되고 고백되는 것을 의미한다. 영성의 통합성은 하나님 경험을 개인적 영역에 초점을 맞추는 개신교도들에게 공동체적영성과 경험, 신학적 체계로의 확장을 주문하며, 반면에 공동체적 영성에 대한 집중으로 개인 경험에 치우칠 수 있는 천주교도들에게는 개인적 경험과 변화를 심화시켜 보완하도록 초대한다. 이를 통해 한 개인의 삶과 몸이 참여하고 있는 모든 영역, 영적, 관계적, 사회적, 자연적 세계 속에서 일관되고 통일된 신앙고백과 신학적 체계를 지향하도록 돕는다. 이는 기독교 영성형성의 궁극적인 방향이기도 하다.

영성상담의 마지막 특징은 동시성이다. 성령님의 임재와 역사는 인간의 모든 영역에서 감지되고 경험된다. 더불어 성령님의 사역을 통해 계시되는 하나님의 갈망(divine desire)은 편협적이거나 파편적이지 않다. 내면적 측면에서 경험된 하나님의 은총은 다른 삶의 영역에서도 감지될 수 있다. 자연계를 통해 감지된 하나님의 메시지는 사회체계와 관계적 측면에서까지도 동시다발적으로 분별되며 감지될 수 있다. 예를 들면, 자연계에서 발견되는 지구온난화 현상을 단지 타자의 경험으로만 무시하거나 거부하지 않고, 영적인 연계성을 깨닫고, 개인의 영역과 사회적 영역에서 반응하도록 돕는 것인 동시성으로서의 영성이다. 자연 안의 모든 피조물들은 하나님 안에서 서로 연결되어 있다는 사실을 깨닫는 것이며, 인간의 고통과 아픔의 현장에 하나님도 동시에 참여하고 계시다는 고백으로서의 동시성이다. 이 동시성은 상호의존적 존재로서의 인간에 대한 영성상담의 반응이기도 하다.[4]

이렇듯, 영성상담은 경험원형도가 제시한 인간 경험의 통합성, 전인성, 동시성이란 이론적 틀 위에 기독교 영성의 본질적 구성요소인 신비, 임재, 만남으로서의 초월성을 포괄적으로 구현해내고 있다. 이제 영성상담이 임상 상황에서 어떤 특징과 구체적 방법을 추구해야 하는지를 살펴보도록 하자.

6. 영성상담의 구성요소

초월성, 전인성, 통합성, 동시성으로 특징되는 영성상담은 어떤 구성요소로 실천될 수 있을까? 첫 번째는, 삼자적 관계에 대한 이해와 실천이다. 경험원형도에서도 살펴보았듯이, 영성상담의 삼자적 관계는 하나님 삼위일체의 페리코레시스적 역동을 모델로 하며, 성령님, 내담자 상담가 간에 상호주관적 관계를 지향한다. 앞선 연구들에서도 언급되었다시피, 양자적 관계로만 전제하는 심리치료와 상담과는 다르게 영성지도는 하나님, 영성지도자, 피지도자의 삼자적 관계를 전제로 하며, 이는 지도자의 역할과 기능에 근본적인 차이점을 안겨준다. 영적 동반자로서 상담가는 내담자의 기도 및 영적 여정에 동행하면서, 하나님과의 관계를 돌보는 역할을 하며, 내담자를 향한 하나님의 대리인으로서의 역할도 부여받게 된다. 따라서 영성상담 상황에서 상담가는 내담자의 내면의 영적 경험의 핵심적 주제들을 파악할 수 있을 뿐만 아니라, 성령님의 인도하심과 움직임을 분별하여 내담자를 안내할 수도 있다. 이런 이유로, 영적 분별이 상담가가 갖추어야 할 가장 중요한 실천 덕목과 수련 과목으로 제시된다.

두 번째 구성요소는, 거룩한 경청이다. 전인적 집중을 기반으로 한 임재 가운데 내담자의 하나님 경험 이야기를 듣는 사역이다. 이때 상담가의 자의식은 하나님의 대리자와 성령님의 임재에 정체성의 뿌리를 둔다. 거룩한 경청을 영성상담에서 실천하기 위해 무엇보다도 구비되어야 할 것은 침묵에 대한 영적 이해와 올바른 실천이다. 영성상담에서 침묵은 대화의 끊김도, 언어적 표현의 부재도, 어색한 순간도 아니다. 오히려 하나님께서 말씀하시는 가장 역동적인 순간으로 여겨진다. 내면으로 들어와 새롭게 주시는 통찰과 깨달음, 그를 통한 영적 감각과 정보를 확인하고, 임재하신 성령님의 인도하심에 다시 초점을 맞추는 순간이 침묵이다. 침묵 가운데 상담가와 내담자를 향한 하나님의 마음과 열망, 성령님의 인도하심과 미묘한 움직임을 감지할 수 있어야 한다. 이것이 거룩한 경청의 결정적 단초가 된다(Guenther, 1992). 또한 침묵을 기다림으로 채울 수 있어야 하는 것이 상담가의 역량이다. 상담가 본인이 먼저 침묵을 깨버린다면, 자칫 상담가 자신의 궁금증과 호기심을 채우거나 자신의 생각대로 대화를 이끌게 될 수 있기 때문이다. 가능한 한 내담자가 먼저 침묵을 깰 수 있도록 배려할 때, 내담자는 돌봄과 환대의 영을 경험하고, 영적 탐험에 격려를 받으며 진지하게 임할 수 있으며, 신뢰할 만한 안전함이 보장된다고 느껴, 심도 깊은 영적 경험을 나눌 수 있게 된다.

세 번째 구성요소는, 인간 실존의 핵심인 욕망/열망(human desire)에 대한 상담가의 관상적 이해이다. 욕망에 대한 영적인 이해와 성찰은 영성생활의 핵심적 과제이며 목표이다. 영성수련의 궁극적 목표는 나의 욕망을 내 영혼을 향한 하나님의 욕망/열망에 맞추거나, 그와 닮아가는 과정으로 지향한다. 그러하기에 내담자의 내면과 영적 상태를 파악하는 데 중요한 부분은 욕망에 대한 관상적 이해이며, 육체적/이기적 욕망의 절제 혹은 선하거나 악한 욕망 사이의 분별이다. 현재 내담자의 영적인 삶 혹은 내면 상태는 대체로 그/그녀의 깊은 욕망/열망에 대한 이해와 분석과 연관되어 있음을 영성상담자는 인식할 필요가 있다. 내담자의 이야기를 통해 내적 열망의 방향과 상태를 파악하는 것은 영성상담자의 주요한 과제이다. 경험원형도를 통해 내담자가 지닌 문제가 어느 영역에서 기인하였고, 그 여파는 삶의 다른 영역에서 어떻게 드러나고 있는지, 혹은 내담자가 자신의 문제를 어느 방향에서 해결하고 싶은지를 파악할 수 있다. 더불어, 신비로서의 삼위 하나님은 그/그녀의 욕망 안에서 어떤 역동을 촉발하시는지 혹은 어떻게 임재하시는지, 상담가가 파악하여 내담자가 건설적 방향으로 성찰하도록 돕는 데 초점을 맞춰야 한다.

영성생활의 핵심인 욕망에 대한 성찰과 이해는 네 번째 특징, 영적 분별과 밀접하게 연관되어 있다. 욕망에서 감지되는 내담자의 내면의 움직임, 역동, 감정적 변화 등에 대한 정보를 분별할 수 있어야 하는 것이 상담가의 역할이기도 하다. 감정적 혹은 정서적 정보로 대표되는 내적 혹은 영적 정보에 대한 영적 분별은 상담가뿐만 아니라, 내담자도 임상 시에 일관되게 실행되어야 한다. 영적 분별은 결국, 성령님의 인도하심과 그 변화에 대한 영적 지각이며, 감각적 발현과 변화는 그에 대한 기초적인 정보가 되기 때문이다. 더불어 내적 욕망들이 어떤 영역에서 투사되고 있는지를 확인하는 것도 중요한 부분이다. 이냐시오의 영적 분별에서 소개하는 영적 위로와 영적 실망에 대한 정의와 내용은 영적 분별에 있어 가장 유용하고 실용적인 체계를 제공한다. 영적인 변화와 역동을 분별하기 위해서 상담가는 내담자의 이야기, 언어적 표현뿐만 아니라, 비언어적 비지시적 표현과 행위 혹은 표현되지 않은 욕망과 갈망을 발견/감지할 수 있어야 한다. 내적 아픔과 상처로부터 기인된 다양한 감정들을 표현하는 것도 중요하지만, 그 감정들이 내포하고 있는 열망들을 감지하여 내적 정보를 파악하는 것도 분별의 초기적 과제이다. 감정들을 통해 얻게 된 내적 정보들은 보다 심오한 열망의 지시등이 되며, 이는 곧 내담자를 향한 성령님의 현재적 열망과 인도하심을 분별하기 위한 기준이 된다. 내적 욕망과 역동에 대한 이해와 분별이 빈약한 상담가는 내담자의 은밀한 영적 정보를 파악하고 분별하는 데 훌륭한 동반자가 되기 어렵다. 그러하기에, 영적 분별의 출발점은 자신의 영적 감각과 하나님의 임재에 대한 민감성이며, 이를 위해 관상기도를 통한 내적 성찰과 수련은 필수적으로 수행되어야 한다. 관상기도가 몸과 감각에 대한 민감성을 향상시키며, 몸과 감각에 대한 인식이 영에 대한 심오한 이해와 분별로 확장하기 때문이다.

영성상담의 다섯 번째 특징은, 상담가가 추구해야 할 내적 상태 혹은 영적인 미덕으로, 영적 초연/불편심이다. 영성상담가의 내적 정체성은 성령님의 현재적 대리인이며, 내담자의 영적 동반자이다. 내담자의 궁극적 치유자와 대화자는 성령 하나님이시기에 상담가는 침묵과 경청 가운데 내담자의 영적 여정에 동참하는 것을 궁극적 목표로 삼는다. 상담과정 가운데 수많은 생각과 질문들이 마음속에서 올라오는 것은 자연스러운 현상일 수 있지만, 자신을 드러내지 않는 방식으로 내담자와 동행하기 위해서는 영적 평정심을 필수적으로 추구해야 한다. 상담가 자신의 궁금증을 해소하기 위해 질문하거나, 상담가 자신의 판단과 기술을 통해 내담자의 문제를 해결해 주려는 의도, 상담가 자신이 생각하는 해결책을 유도하려는 모든 행위들은 성령님의 역사하심에 걸림돌이 될 수 있음을 자각하고 내려놓을 수 있어야 한다.

영성생활에 있어 핵심적 가치인 영적 초연/불편심은 "내 뜻대로 마옵시고, 아버지의 뜻대로 하옵소서."라는 예수님의 겟세마네 기도에서도 그 본보기를 찾을 수 있다. 상담가가 파악하고 감지하는 내담자의 감정, 문제, 그에 대한 해결책 등을 내려놓고, 오직 성령님께서 친히 내담자에게 말씀하시고, 만나주시고, 치유하시고 회복시키며, 성장시키시길 간구하는 영적 열망이 영성상담가의 내면에 가장 큰 미덕과 마음자세로 자리 잡혀야 한다. 영적 초연/불편심은 영성상담이 일반 상담과 다른 가장 큰 차이점이다. 일반 상담이 전이를 통해 내담자와의 내적인 역동을 구체화/극대화하는 데 초점을 맞춘다면, 영성상담은 내담자가 성령님과 직접적인 소통, 교제를 통해 영적인 영역에서 자신이 직접 경험할 수 있도록 인도하기 때문이다. 그러기에 영성상담가의 영적 초연/불편심은 필수적인 요소이다.

여섯 번째 특징은, 대화의 방법에 있어 열린 질문, 분별을 심화시키는 질문을 활용한다는 점이다. 상담가는 내담자의 기도생활과 영성생활에서 제기된 질문들에 대답을 해 줄 수 있다. 그러나 영성상담이 지향하는 관계는 사제관계가 아닌 영적 동반자이기에, 내담자의 내적 성찰과 탐구를 돕는, 열린 질문으로 안내한다. "예/아니요"으로 대답되는 질문이 아닌, 영적 경험에 대한 영적 성찰의 깊이를 도와주는 질문이어야 한다. 상담가는 문제를 해결하는 사람이 아니라, 내담자가 스스로 문제를 풀 수 있고 답을 얻을 수 있도록 돕는 조력자이기 때문이며, 성령께서 직접 영혼을 만나기 원하시기 때문이다. 영성상담가는 대화와 관계의 궁극적 인도자 혹은 상담가는 성령 하나님이심을 잊지 않는다. 내담자가 스스로 하나님의 인도하심과 자신을 향한 뜻을 분별할 수 있도록 돕는 것이 상담가의 대화와 소통의 지향점이다. 따라서 소통의 방법도 지시적 언어보다는 비지시적, 완곡한 표현 등이 깊은 성찰과 새로운 깨달음으로 인도한다. 때론 피지도자의 질문에 성경이야기 혹은 자신의 이야기로 응답할 수 있는데, 이때 은유적 표현 혹은 비유적 이야기 방식이 영적인 깨달음으로 인도하는 데 보다 더 효과적일 수 있다. 이 부분이 관찰과 분석을 통해 경험과 문제의 원인을 파악하고 해석하는 데 주안점을 두고 있는 기독(목회)상담의 접근방식과 두드러지게 다른 차이점이다.

일곱 번째 구성요소는 하나님과의 영적 소통을 통한 친밀한 교제를 목표로 한다는 점이다. 문제해결을 주된 목적으로 하는 심리치료와 기독상담과는 다르게 영성지도는 하나님과의 친밀한 관계를 고취시키는 데 있다. 내담자가 지닌 내적 문제들은 그 영혼을 부르시는 하나님의 섭리로 이해할 수 있어야 한다. 그러나 이것이 교리적 가르침으로 적용하는 방법을 삼간다. 내담자 스스로가 자발적으로 하나님께 기꺼이 나아갈 수 있도록, 내담자에게 내적 자유를 배려하는 것이 영성상담가의 역할이다. 성령님께서 직접 영혼을 만나셔야 한다는 영성상담의 임상적 신념이며 영적 고백이다. 또 다른 목표는 하나님과 이웃에 대한 사랑의 증대이다. 나 자신과 이웃, 그리고 하나님에 대한 사랑이 커가는 것이 영성상담의 궁극적 목표이다. 삶에 있어서 초월성의 회복, 신비의 영역을 받아들이는 것이 영성생활에서 추구하는 방향이며, 이를 통해 하나님과 친밀함을 향상시킨다. 기독교 영성의 전통적 변화과정을 영성상담에서도 추구할 수 있다. 즉, 정화(purgative), 조명(illuminative), 연합(unitive)의 틀을 적용할 수 있는데, 내면의 문제를 해결하고 치유하는 정화의 과정으로부터 출발하여, 자신을 향한 하나님의 새로운 뜻을 분별하고, 이를 통해 하나님과의 친밀감을 향상시켜 연합으로 향하는 영적 여정을 지향할 수 있다.

지금까지 기독교 영성상담을 구성하는 주요 요소들을 살펴보았다. 이 요소들이 필수적으로 동반될 때, 초월성, 전인성, 통합성, 동시성을 목표로 내적/심리적 문제를 해결하고, 영적 변화와 성숙을 추구하는 기독교 영성상담의 기능과 역동이 온전하게 발현될 것이다.

후주

1) 이 견해는 이만홍의 주장에 뒷받침이 되어온 Gerald May로부터 차이점을 보이는 부분이다. May는 영성지도를 심리치료 혹은 기독상담의 상황에서 적용하는 데 부정적인 입장을 견지한다(May, 1992, pp. 202-207).

2) 영성지도가 짧은 기간 불가능한 것은 아니다. 피지도자의 영적 상황과 급박성 등을 고려할 때, 충분히 짧은 시간 내에 영성지도 사역을 행할 수 있다. 좀 더 자세한 정보는 Bidwell(2004)의 『Short-Term Spiritual Guidance』(Minneapolis, MN: Augsbug Foretress, 2004)를 참고하라.

3) 영성지도의 권위자인 Janet Ruffing은 경험이 풍부하고, 영적 분별력이 뛰어난 영성지도자들은 전이와 역전이를 영성지도 상황 속에서 활용할 수 있다고 소개하고 있다(Ruffing, 2000).

4) 영성지도자 혹은 영성상담가는 자신과 내담자가 참여하고 소속되어 있는 사회문화적 체계와 가치관, 전통과 관습이 어떤 방식으로 영적인 삶에 총체적으로 영향을 미치는지에 대한 심도 깊은 이해와 분석이 필요로 한다. 좀 더 자세한 사항은 이주형의 "Social and Cultural Self-Awareness in Spiritual Direction: Reflection of a Korean Male Spiritual Director," Presence: an International Journal of Spiriutal Direction 21. No. 4 (Dec. 2015), 40-46을 참고하라.

참고문헌

권수영 (2004). 임상현장의 작용적 신학: 기독교상담의 방법론적 정체성. 한국기독교상담학회지, 7, 100-123.

권수영 (2006). 기독(목회)상담에서의 영성 이해. 한국기독교신학논총, 46(1), 251-275.

권수영 (2013). 영적 지향성을 가진 기독(목회)상담. 신학논단, 72, 7-36.

김필진 (2008). 상담 및 심리치료에서 영성과 영성문제에 대한 이해와 통합적 접근. 목회와 상담, 10, 9-37.

김필진 (2012). 심리학적 성숙과 영성적 치유에 대한 통전적 접근. 신학논단, 70, 43-74.

반신환 (2004). 기독교 영성의 관점으로 살펴보는 기독교상담의 정체성: 방법론적 정체성을 중심으로. 한국기독교상담학회지, 7, 45-75.

안석 (2013). 영성인가? 아니면 상담심리치료인가?: 영성지향적 상담심리치료로서의 기독교(목회)상담. 신학과 실천, 35, 435-458.

이만홍 (2005). 정신의학과 영성: 정신치료(심리상담치료)와 영성지도의 통합. 한국기독교상담학회지, 9, 55-84.

이만홍, 임경심 (2009). 심리치료와 영성지도의 유사성과 차이점에 관한 고찰. 한국기독교상담학회지, 11, 155-178.

이재현 (2014). 영성지도와 목회상담: 상담관계를 통한 영적성숙. 목회와 상담, 23, 144-172.

이정기 (2005). 내적 치유: 한 영성-심리 통합: 그리스도 요법적 관점에서. 한국기독교상담학회지, 9, 7-34.

이주형 (2016). 기독상담의 영성형성. 한기상 총서 강좌, 2016년 9월 3일

정석환 (2001). 기독상담과 영성. 신학논단, 29, 403-430.

Barry, W. A., & Connolly, J. W. (1995). 영적 지도의 실제 (김창재, 김선숙 역). 경북: 분도출판사.

Bidwell, D. R. (2004). *Short-term spiritual guidance*. Minneapolis, MN: Augsburg Foretress.

Buber, M. (1970). I and Thou. In W. Kaufmann (Tr.), *I and Thou*. New York: Touchstone.

Guenther, M. (1992). *Holy listening: The art of spiritual direction*. Cambridge: Cowley Publications.

Lee, J. (2015). Social and cultural self-awareness in spiritual direction: Reflection of a Korean male spiritual director. *Presence: An International Journal of Spiritual Direction, 21*(4), 40-46.

Liebert, E. (2005). Supervision as widening the horizon. In M. R. Bumpus & R. B. Langer (Eds.), *Supervision of spiritual directors: Engaging in holy mystery* (pp. 125-145). New York: Morehouse Publishing.

May, G. (1992). *Care of mind/Care of spirit: A psychiatrist explores spiritual direction*.

San Francisco: Harper & Row.

Moon, G. W., & Benner, D. G. (2004). *Spiritual direction and the care of souls: A guide to Christian approaches and practices*. Downers Grove, IL: InterVarsity Press.

Moore, T. (2007). 영혼의 돌봄 (김영운 역). 서울: 아침영성지도연구소.

Ruffing, J. (2000). *Spiritual Direction: Beyond the Beginnings*. New York: Paulist Press.

Schneiders, S. M. (2005). The study of Christian spirituality: Contours and dynamics of a discipline. In E. A. Dreyer & M. S. Burrows (Eds.), *Minding the spirit* (pp. 5-24). Baltimore: Johns Hopkins University Press.

영적 지향성을 가진 기독(목회)상담:
서방교회 영성과 동방정교회 영성의 통합적 만남*

권수영
(연세대학교 신과대학/연합신학대학원 목회신학 교수)

1. 들어가는 말

F. G. Rogers는 원시 기독교와 현대 기독교의 가장 극명한 차이는 인간 구원(salvation)에 대한 해석의 차이라고 밝힌 바 있다. 흔히 현대 기독교에서 구원이란 늘 법률적이고 법정 변론에 쓰이는 개념으로 정의된다. 즉, 인간이 지은 죄의 삯은 사망이었으나 신은 아들을 대신 죽도록 하여 그 죗값을 대신 치르도록 하셨고, 그 결과 인간의 죄는 모두 용서되었다는 것이다. 이에 비해 원시 기독교에서 구원이란 변화(transformation)의 과정이요, 인간 안에 숨겨진 하나님의 형상(image of God)을 완성하는 일로 설명되어 왔다(Rogers,

*이 장은 '신학논단'에 게재된 다음의 논문을 수정·편집했다.
 권수영 (2013). 영적 지향성을 가진 기독(목회)상담: 서방교회 영성과 동방정교회 영성의 통합적 만남. 신학논단, 72, 7-36.

2002, pp. 276-289). 기독교 영성의 역사에 등장하는 주요 신비주의자들은 모두 이러한 구원관을 가졌고, 이들의 전통을 이어가는 영적 지도자(spiritual director)들도 하나님과의 온전한 관계를 회복하여 하나님의 형상을 완성하는 일이 지고의 목표가 되었다. 20세기 중반 이후 북미의 기독(목회)상담학자들도 인간이 내면적으로 경험하는 하나님의 형상에 대하여 연구하면서, 부정적인 심리적 경험으로 말미암아 하나님의 이미지가 왜곡되는 과정에 대한 세밀한 연구를 진행하였다. 이에 정신분석학의 도움을 받아 하나님의 이미지를 구성하는 심리적 기원에 대한 연구는 기독(목회)상담학의 대표적인 연구영역이 되었고, 임상 현장에서 영성과 종교성을 다루는 연구는 지속적인 발전을 거듭해 왔다. 이러한 연구동향은 최근 영적 지향성의 심리치료(spiritually oriented psychotherapy) 분야의 발전까지 이어져 왔다(Shafranske, 2005).

영적 지향성의 심리치료 분야란 영성을 임상적으로 다루고자 하는 다양한 심리치료 전문가들을 통하여 제시되고 있다. 이 분야에서 주도적인 역할을 해온 Sperry는 영적 지향성(spiritually oriented) 혹은 영적으로 조율된 심리치료와 상담(spiritually attuned psychotherapy & counseling)이라는 중간 개념을 상정하여, 심리치료와는 대조적인 영적 지도의 대상(clientele), 개입(intervention)과 목표(goal)를 심리치료에 탄력적으로 수용하는 접근을 제시한다. 즉, 병리적인 증상이 없더라도 영적인 추구에 대한 번민을 가진 내담자에게, 기도나 영적인 수련의 방법을 가지고 개입하며, 치료나 증상완화뿐만 아니라 영적인 성숙을 목표로 하는 심리치료나 상담이 필요하다는 관점이다(Sperry, 2001, pp. 8-12). Benner도 문제해결 중심의 상담과는 달리 영적 지도는 하나님과의 관계 안의 성숙을 목적으로 하기에 구별되는 작업이라고 하면서도, 영적 지도의 자원들을 치료적으로 활용하는 "영적으로 민감한 심리치료(spiritually sensitive psychotherapy)"를 대안적인 서비스로 제시하고 있다(Benner, 2002, p. 88).

기독(목회)상담은 태동부터 전통적인 심리치료에서 제시하는 병리적인 의료 모형을 벗어나 신학적인 틀을 가지고 하나님과의 관계의 성숙을 목표로 삼고 발전하여 왔다. 국내의 연구자들도 같은 관점을 견지하며, 기독(목회)상담에서의 영성의 역할에 대해 연구해 왔다(권수영, 2006, 2010; 김필진, 2012; 정석환, 2001). 또한 국내 기독(목회)상담 연구자들도 영적 지도(spiritual direction) 방법론을 상담 현장에서 활용하는 방식에 대한 연구도 함께 진행해 왔다(김준수, 2005; 이만홍, 임경심, 2009; 이종천, 2011; 이현우, 2013). 한편, 대부분의 연구는 기독(목회)상담과 영적 지도의 차이점을 고려하면서, 영적 지도의 방법도 병행하여 활용하는 병렬식 통합을 고려하고 있다. 그렇다면 영적 지향성을 가진 기독(목회)상담의 모습은 무엇일까? 기독(목회)상담은 보다 견고한 해석학적 틀을 가지고, 영적 지향성을 추구하는 다양한 임상가들에게 선도적인 역할을 해야 한다. 이에 필자는 영적 지도가 가진 자원, 즉 침묵, 기도, 경청, 분별 등을 기독(목회)상담에 활용할 수도 있다는 단순논리에서 벗어나, 보다 구체적으로 기독교 영성의 신학적인 내용과 심리적인 기능을 모두 통합하여 기독(목회)상담의 임상적 현장에서 활용하는 방식에 대하여 탐구하고자 하였다. 영적 지향성이나 민감성을 가진 심리치료의 영역에서는 주로 영성의 심리적 기능만을 다루어 왔다. 최근에 쏟아지고 있는 영적 지향성을 가진 심리치료 연구자들에게서 영성의 신학적 내용에 대한 연구는 전무한 형편이다. 오히려 기독교 영성의 금욕주의나 자기부정(self-denial)의 신학은 자존감 회복, 자기실현과 같이 자기(self)의 기능을 강조하는 심리치료의 초점과는 상이한 방향성을 지닌 것으로 여겨지기 쉽다(Kurtz, 1999). 이에 필자는 기독(목회)상담의 임상 현장은 이러한 영성지향 심리치료와는 달라야 한다고 보고, 내담자의 영성이 가진 왜곡된 기능이 다시금 영성의 신학적 내용(예를 들면, 자기부정이나 신과의 합일 등)과 만나 재통합되는 과정이 치유의 과정이자 영적인 성숙의 완성으로 가는 길이라고 정의한다(권수영, 2006).

　이에 본 장에서는 기독교 영성의 두 갈래인 서방교회 영성과 동방정교회 영성을 대표하는 두 문헌을 신학적으로 고찰하고, 그 실천적 함의를 탐색하고자 한다. 먼저, 서방교회를 위한 문헌은 『무지의 구름(The Cloud of Unknowing)』으로 14세기 후반 영국에서 익명의 저자에 의해 집필된 작품으로 75개의 장으로 구성되어 있다. 또한 동시대 동방정교회를 대표하는 영성가로는 Gregory Palamas(1296-1359)를 선택하여 연구할 것이다. 이 두 영성은 각기 다른 신학적 내용을 가지고 있고, 서로 다른 실천적 기능을 제시할 것이다. 그러나 이 두 가지 모습의 영성은 서로 배척하지 않으면서 보다 통전적인 실천적 함의를 제공한다. 이들의 영성의 신학적 내용에는 이미 하나님과의 깊은 관계로 가기 위한 수련방법의 비전이 숨겨져 있기 때문이다. 본 장에서는 구체적인 사례연구를 통하여 이러한 기독교 영성의 신학적 내용이 어떻게 심리적인 기능과 통합하여 온전한 치유와 회복을 만들어 가는지 살펴볼 것이다.

2. 서방의 '가슴의 영성':
인간의 의지와 사랑을 통한 하나님 경험

기독교 영성의 신학적인 내용을 한마디로 정의하는 것은 쉽지 않다. 우선 본 연구에서는 14세기에 서방교회를 대표하는 영성과 동시대 동방정교회를 대표하는 영성을 선택하여 문헌을 중심으로 연구하고자 한다. 먼저, 서방교회의 14세기 대표적인 영적인 문헌으로는 『무지의 구름』을 논하려고 한다. 『무지의 구름』의 저자에 대한 정보는 아쉽게도 후대에 알려진 바가 없다. 그의 영성은 당대의 정적주의(quietism)의 영성과는 차별성을 지니고 있었다. 정적주의에 입각한 영성을 추구한 이들은 대개 영혼의 소극적 상태, 즉 인간의 노력을 최대한 억제하는 과정을 통하여 신의 활동이 온전하게 펼쳐질 수 있다고 믿었고, 이러한 정적인 태도가 기독교적인 완전함에 이를 수 있는 길이라 주장했다. 『무지의 구름』은 어둠으로의 상향식 추구(upward quest)를 견지하면서, 인간 의지와의 협력(the concurrence of the will)을 주장한다

(Anonymous, 2002, pp. 40-41).

후대의 독자들은 『무지의 구름』의 저자가 누구인지 정확히 알려지지는 않았지만, 문헌의 제목에서 의도하는 바와 같이 6세기 시리아의 수도자 위(僞)디오니시우스의 작품에 깊은 영향을 받은 것으로 추측한다. 저자는 신의 초월성(transcendence)과 불가해성(incomprehensibility)을 강조하는 것으로 보이기 때문이다. 그러나 디오니시우스적 신학이 인간의 영혼이 합리적인 이성을 통하여 하나님의 신비를 관통할 수 없다고 간주한 반면, 『무지의 구름』의 저자는 사랑(love)을 통해서는 인간 영혼과 신의 합일이 가능하다고 믿었다. 저자는 제4장에서 "오직 지성으로는 불가해한 하나님이시지만 우리와의 사랑 안에서는 알 수 있다."라고 분명히 밝히고 있다(2002). 이러한 점에서 저자는 디오니시우스 계열의 '어둠의 신비주의'와 중세의 '사랑 신비주의'와의 연합을 시도하는 것처럼 보인다. 이에 Louth는 디오니시우스적인 영성과 『무지의 구름』 저자의 분명한 차이점을 지적하고 있다. 즉, 디오니시우스적 신학은 영적인 경험이 인간 지성(nous)의 순화(purification)와 단순화(simplication)를 통하여 인식되는 과정이라고 설명한 반면, 『무지의 구름』 저자는 지성을 넘어서는 무언가의 중재로 설명하고 있다는 점에서다. 『무지의 구름』 저자는 이것을 사랑과 감정의 문제로 보았고, 사랑과 감정이 하나님을 인식하는 데 있어서 보다 깊이 있고 근본적인 방편이 된다고 보았다는 것이다(Louth, 1982, p. 187).

기독교 영성의 인간학에 있어서 사랑과 감정은 인간의 의지적인 측면을 반영한다. 즉, 인간이 스스로 감정을 느끼고 사랑을 하는 의지적인 행위가 인간의 정적주의와 지성의 순화 및 단순화 과정과는 대별된 기능으로 간주된다. 그래서 기독교 영성의 연구자들은 인간의 감정(feeling)과 의지(will)를 중시하는 강조점과 인간 지성(nous; intellect)과 지식(knowledge)을 중시하는 강조점 사이의 균형의 문제를 가지고 영성의 내용을 판단한다. 예컨대, Coakley는 『무지의 구름』 저자의 영성은 '지성'에 대한 초점보다 '의지'에 대한 초점이 더 강조된 경우라고 지적한다(Coakley, 1992, p. 96). 이후 16세기 신비주의자

십자가의 요한(John of the Cross)의 정서적인 강조점도 바로 이러한 영적인 계보를 이어간다고 볼 수 있다(Louth, 1981, p. 183).

인간 의지가 강조된다고 해서 하나님보다 먼저 행한다는 의미는 아니다. 『무지의 구름』의 저자는 예수 그리스도를 통하여 하나님께서 먼저 인간의 사랑의 욕구를 움직이셨다고 기술하고 있다. 인간의 영혼은 하나님의 은혜로 회복되었고, 이것이 우리가 사랑함으로써 하나님을 충분히 인식할 수 있도록 만드셨다는 것이다. 저자는 하나님이 가장 은혜로운 방식으로 자기 자신을 위하여 우리의 욕구를 불붙이셨고(kindle), 우리를 간절한 열망의 끈으로 하나님께로 묶으셨으며(bound), 결국 우리를 보다 특별한 삶으로 이끄셨다고 (led) 고백한다. 결국 주도권은 하나님께 있다(Anonymous, 2002, p. 37).

뿐만 아니라, 저자는 인간의 본성으로 도달할 수 없는 하나님과의 사랑을 하나님의 은혜로 도달할 때까지 하나님은 일하시기를 멈추지 않으시는 분으로 인식한다. 저자는 그의 책 제67장에서 우리는 영(spirit)으로, 사랑(love)으로, 결국 인간 의지와의 조화(in harmony of will)를 이루면서 하나님과의 합일을 이룬다고 본다. 저자가 주장하는 신과의 합일은 근본적으로 인간과 신 사이의 존재론적 차이점을 전제하고 있음을 알 수 있다. 인간의 측면에서 가능한 신과의 합일은 전적으로 하나님의 사랑을 통하여 주도되기 때문이다. 그러나 하나님의 선행적(prevenient) 은혜가 한없이 크고 충분하지만, 이는 저항할 수 없을 정도로 압도적이지 않다. 결국 인간 영혼의 협력이 필요하고, 이것이 없이는 하나님마저도 인간 영혼을 관상(contemplation)의 상태로 고양시킬 수 없다. 다시 말해, 영혼의 관상은 인간의 의지로 완성되어야 하는 불완전한 마음가짐의 문제이다. 『무지의 구름』의 저자는 인간의 욕구에 강조점을 두면서, 오직 하나님만을 향한, 있는 그대로의 마음가짐이 관상의 필수조건이라고 주장하고 있다. Tugwell은 『무지의 구름』 저자의 핵심 주제어를 "있는 그대로의 의지(naked intent)"라고 보고, 이는 하나님을 향한 '열망(longing)'과 '사랑(love)'에 긴밀하게 연관되어 있다고 보았다(Tugwell, 1985,

p. 177). 즉, '있는 그대로의 의지'란 개인의 인간적인 생각과 권리 주장을 초탈한 상태를 의미한다.

Louth는 『무지의 구름』 저자의 영성을 "가슴의 영성(spirituality of the heart)"이라고 명명하면서, "인간은 가장 깊은 곳에서부터 느낄 수 있고 사랑할 수 있는 존재이고, 바로 이러한 점에서 인간은 하나님을 알아갈 수도 있다고 주장한 점"은 당대에는 새로운 영성 이해였다고 지적한다(Louth, 1982, p. 190). 그리하여 '무지(unknowing)' 자체는 영혼을 순화하고, 하나님과의 사랑의 일치를 위하여 영혼을 준비하는 과정임을 알 수 있다. 이 과정을 설명하기 위하여 『무지의 구름』의 저자는 '방관(ignorance)의 구름'과 '무지(unknowing)의 구름'을 구별하면서, 독특한 용어인 '망각(forgetting)의 구름'의 단계를 추가한다. 이는 영혼이 자신의 유익을 위해서 자신의 권리를 스스로 포기할 때 생기는 금욕주의적인 추구를 의미한다. 『무지의 구름』 저자는 그의 책 제5장에서 마치 무지의 구름이 우리들 위에(above), 그리고 우리와 하나님 사이에(between) 있었다면, 이제 우리는 우리와 모든 창조물 바로 밑에(beneath) '망각의 구름'을 두어야만 한다고 주장한다. 저자는 무지와 망각의 구름이라는 상징을 통하여 여전히 하나님을 향한 영혼의 사랑을 강조한다. 바로 사랑(love)이라는 단어를 통하여 인간은 우리 위에 있는 구름과 어둠을 해소할 수 있고, '망각의 구름'을 바로 밑에 두고 모든 인간적인 생각을 제압할 수 있다고 믿었던 것이다(제7장).

『무지의 구름』 저자의 '사랑' 이해를 자세히 살펴보면, 사랑은 자연스럽게 그의 영성을 무념적(apophatic) 신비주의에서 유념적(kataphatic) 신비주의로 변화시킨다. 즉, 무지의 구름을 통과할 수 있는 것은 지식이 아니라 사랑의 화살이라고 주장한다. 저자는 이러한 사랑의 감정과 의지를 통하여 당대 디오니시우스적인 무념주의, 신비주의가 가지고 있는 현실적인 하나님 인식에 대한 냉혹한 부정주의를 피하려고 하는 것처럼 보인다. 하지만 저자는 하나님과의 무아지경의 기도(ecstatic prayer)를 지향하는 인간의 미성숙한 도전에 대하여 끊임없이 경고하고 있다. 저자는 그의 책 제51장에서 겸손한 기도와 영적 수련을 포기하는 순간, 누구나 즉각적인 몸과 영혼의 죽음을 경험하는 지름길로 가게 된다고 지적한다.

『무지의 구름』 저자에게 진정한 기도란 무엇이었을까? 기도는 명상으로 시작한다. 저자에 따르면, 이는 끊임없는 독서를 통하여 모든 생각과 이미지들을 '망각의 구름'에 흘려버리는 과정이다. 저자는 하나님이 어떠한 방식으로든 들려지고 보여질 수 없다는 데 동의하면서도, 특별한 단계에서의 하나님에 대한 비전을 말한다. 저자의 기도의 단계에 대한 이해에서도 그리스도의 인격성에 대하여 충분히 인식하고 있다는 점은 분명히 무념적 부정 신학자들과는 다른 차이점을 보인다고 연구자들은 지적한다(Egan, 1978). 저자에게 기도의 단계는 위계적이다. 일반적(common) 단계, 특별한(special) 단계를 거쳐, 은둔의(solitary) 단계와 완전의(perfect) 단계로 나아간다. 즉, 제1장에 보면, 관상은 은둔의 단계에 있는 엘리트 신비주의자에게만 가능한 것으로 설명하고 있다. Coakley는 『무지의 구름』 저자에게 나타난 인간의 지성(intellect)과 의지(will)의 구분뿐만 아니라, 명상(meditation)과 관상(contemplation)의 구분도 서방교회 영성과 동방교회 영성의 차이점을 극명하게 드러낸다고 지적한다(Coakley, 1992, p. 98).

『무지의 구름』 저자에게 관상은 자기 자신을 철저하게 하나님 앞에 굴복시키는 과정이다. 그리하여 온갖 인간적인 역경 속에서도 하나님과의 사랑의 일치를 경험하고 느끼는 과정이다. 여기서 저자의 사랑(love)에 대한 교리가 결코 인간의 정서적인 영역의 기능만을 의미하지 않는다는 것을 알 수 있다. 제49장에서 저자는 사랑이란 한마디로 "하나님과 함께 하는 인간의 선한 의지(a good will in harmony with God)"라고 천명한다. 즉, 사랑의 개념은 인간이 하나님으로부터 위로와 평안의 감정을 얻고 있는가의 문제와는 전혀 상관없다. 하나님과의 영적인 합일은 늘 전적으로 인간 의지의 헌신과 자기포기에 있기 때문이다. 때때로 관상의 단계에 있는 신비주의자는 영혼은 물론 육

체에도 유익이 있을 것이라고 말하곤 하지만,『무지의 구름』저자에게 인간
의 영혼은 분명히 육체보다 우위를 점한다. 심지어 그는 제62장에서 '당신 자
신'이란 말이 등장하면 이는 인간의 영혼을 의미하는 것이라고 정의하고 있
을 정도이다. 이러한 특징은 동방교회의 신비주의자들에게는 매우 상이한
방식으로 대별된다.

3. 동방의 또 다른 '가슴의 영성':
인간 신체의 중심부로 하강하는 하나님 경험

『무지의 구름』저자의 활동시기와 동시대에 그리스 동방정교회의 무념
적 신학의 극단을 추구하고 온전하게 극복하려고 노력한 영성가로 Gregory
Palamas를 들 수 있다. Palamas는 당대 무념적 신학에 대한 새로운 이해를
시도했다. 무념적 신학이란 인간의 경험에 대한 부정(negation)으로부터 시
작한다. 인간의 마음이 부정확하고 미약하므로, 긍정이 아니라 부정을 통해
서만 하나님과의 경험에 대하여 말할 수 있다는 것이다. Palamas는 하나님에
대한 인간의 직접적 경험에 대하여 신학적인 변호를 시작한다. Palamas와 그
의 제자들은 신플라톤주의에 입각한 전통적인 무념주의가 충분히 부정적이
지 않다고 보았다. 즉, 인간은 하나님께서 긍정은 물론 부정마저도 초월하시
는 분임을 명심해야 한다는 것이다. 하나님의 불가해성을 주장하기 위하여
하나님의 존재와 인간의 존재를 비교한다면, 결국 남는 것은 존재에 대한 지
식(knowledge)의 영역일 뿐이라고 지적한다. 하나님에 대한 지식보다는 사
고과정으로부터 분리(detachment)하는 것에만 중점을 두게 된다는 것이다.
관상은 무념적 분리의 결과이다. 그러나 그 자체로 분리나 부정이 될 수 없
다. 물론 이는 긍정도 아니다. 결국 Palamas는 관상이란 분리한 이후에 하나
님의 은혜로 말미암아 신비스럽고도 표현할 수 없는 경지로 나타나는 하나님

과의 일치 경험이라고 주장한다. 이에 Palamas는 동방정교회에 있어서 진정한 비전(vision)이란 부정 자체를 다시 부정하는 일이라고 보았다. 이는 부정을 영적인 비전으로 경험하는 것이고, 대상의 초월성과 연결된 부정이 된다(Meyendorff, 1964, p. 207).

부정의 부정은 중요한 종교적 경험의 진실을 보여준다. 하나님의 가장 초월적인 본질은 인간의 무념적 신학이나 유념적 신학이나 모두 인식 가능하지 않다는 점이다. 그러나 신과의 합일을 경험하는 성인(saint)들의 경우는 어떻게 설명할 수 있을까? 이것이 영성신학에서 영적인 경험의 과정을 기술해야 하는 신학적 내용을 위한 중요한 과제로 등장한다. Palamas가 이러한 과제를 어떻게 수행했는지는 우선 Palamas를 비롯한 동방교회의 헤시카스트(Hesychast) 은둔수도자들이 쉬지 않는 기도에 이르는 방법으로 실천했던, '예수기도(Jesus prayer)'를 살펴볼 필요가 있다.

쉼 없는 호흡에 역점을 두고 있는 예수기도를 실천했던 신비주의자들은 기도의 과정을 통하여 무엇보다 몸과 마음이 공히 신적인 빛(divine light)에 의하여 변화를 경험하고 결국 하나님의 직접적인 임재를 경험하게 된다고 주장한다. 물론 하나님에 대한 직접적 경험이 가능한가에 있어서는 늘 논쟁이 있었다. 예컨대, Palamas는 디오니시우스를 "신비주의적 신학자"라고 이해하고 신성과의 합일을 경험하는 인간의 직접적인 경험을 인정한 반면, Barlaam the Calabrian은 디오니시우스를 단순히 "철학적 신학자"라고 간주하면서 인간의 직접적인 하나님 경험에 대하여 인정하지 않았다(Ware, 1986, p. 249). Barlaam은 신적인 신비는 여전히 인간 영혼에게 전혀 알 수 없는 신비라고 보고, 헤시카스트 은둔수도자들이 주장하는 신체적인 훈련이나 하나님에 대한 영적인 지식을 모두 거부하였다.

이때 Palamas는 디오니시우스적인 '어둠'의 신비주의와 헤시카스트적인 '빛'의 신비주의를 통합시킬 필요가 있다고 느꼈다. Palamas는 헤시카스트 전통에서 인간은 빛 가운데 하나님을 볼 수 있는 가능성을 보았기 때문이다. 먼저, Palamas는 무지(unknown) 상태로 있는 하나님의 본질(essence)과 하나님의 활동력(energies)을 구분하였다. 간단히 말하면, 인간의 인식으로 하나님의 본질은 알 수 없지만, 하나님의 활동력은 알 수 있다는 것이다. Palamas는 하나님의 활동력은 "결코 창조되지 않았다(uncreated)."고 주장한다. 그 이유는 신의 활동력에 참여하는 모든 피조물이 창조되었고, 그분의 창조력은 하나님 안에 창조 이전부터 선재(preexist)했다고 본 것이다(Palamas, 1983, p. 106).

Palamas에게 인간의 마음은 어떤 경우에도 하나님을 이해할 수 없다. 그러나 오직 하나님의 "창조되지 않은 은혜(uncreated grace)"만이 인간을 하나님의 영광을 경험하도록 이끌 수 있다. 디오니시우스와 같은 부정신학자와는 달리 Palamas는 적극적으로 기독론을 전개한다. 예수 그리스도를 통하여 초월이 인간 경험의 자리로 하강했으며, 결국 알려지지 않는 분이 알려지는 단계로 스스로 이동하셨다고 보았기 때문이다.

디오니시우스에게 신학은 인간 경험 자체였다. 그래서 부정신학은 인간을 눈부시도록 밝은 신적인 존재를 보도록 이끄는 인간의 모든 관념을 부정한다. 이에 비해 Palamas에게 신학은 인간 경험과 구분되는 것이었다. 심지어 부정신학도 인간 경험에 속한 하나의 단어, 하나의 개념에 불과했다. 관상은 신학을 넘어서는 것으로 보았다. 그는 "신학을 부정적으로 하기 위해서, 우리가 우리 자신으로부터 빠져나갈 필요는 없다. 그러면 심지어는 천사도 자기 자신으로부터 벗어나야 한다…… 우리는 무념적 신학을 이해하고 있고, 이것을 말로 표현한다. 이러한 경우, 우리의 마음 그 자체는 다른 존재와 함께 부정하지만, 또 한편 마음이 하나님과 함께 일치를 경험할 수 있다."고 보았다 (Palamas, 1983, pp. 64-65). Palamas에게 기도는 하나님을 직접적으로 경험할 수 있는 과정이고, 하나님의 본질에 대한 알 수 없음(unknowability)은 장애가 될 수 없다고 주장한다. 오히려 이는 장애가 아니라 인간이 초월적인 세계로 진입하기 위한 역동적인 요소라고 보았다. 인간이 자신의 노력으로 준비는 할 수 있으나 결코 도달할 수 없는 신적인 합일이란 철저하게 은혜로 주어지는 황홀(ravishment)의 경험이다.

또 한 가지 Palamas의 영성의 내용에서 주목해야 할 점은 인간의 몸에 대한 강조이다. Palamas에게 하나님의 창조되지 않은 은혜는 인간의 영혼과 몸을 성화한다. Palamas는 성서에 기록된 인간의 온전성, 즉 몸과 영혼으로 구성된 전체적인 인간 이해에 대하여 강조한다. 그는 신비주의 문헌에서 쉽게 발견되는 인간을 오직 영적인 존재로만 여기는 이해를 거부한다. Palamas는 온전한 인간은 "본성에 의하여 영혼과 몸에 함께 거하면서, 결국 은혜를 통하여 영혼과 몸이 하나님을 경험"한다고 보았다(Palamas, 1983, p. 110).

이론적으로는 몸과 영혼이 연결되어 있고, 서로 갈등을 일으킬 수 있다는 논리는 자연스럽게 수용될 수 있다. 그러나 Palamas는 보다 적극적으로 영혼은 몸을 향한 강한 사랑의 욕구를 가지고 있다고 가정하고, 그래서 영혼은 신체와 분리되기를 원치 않는다고 본다. 영혼의 비물질적이고 이성적인 성질은 신체의 속성과 함께 창조되었고, 하나님으로부터 생명력을 얻은 후 끊임없이 인간의 몸에 생명력을 제공한다. 또한 성령은 인간의 몸과 영혼에 공히 영향을 미치고, 변화를 주도한다. 영혼에 의하여 영적으로 받아들여진 경험은 몸에 전달되고, 결국 몸을 움직이는 모든 경험은 영적인 경험이 된다. 그래서 몸과 영혼은 함께 동반자 의식을 가지게 되고, 기쁨과 슬픔을 함께 나누는 상호적인 영향과 작용을 지속하게 된다. 결국 인간의 몸은 성령의 영향으로 영적으로 변한다(Palamas, 1983, pp. 50-51).

인간의 몸은 하나님에 의하여 창조되었고, 그래서 본성상 선하다. 그리고 거룩하게 하시는 그리스도의 창조되지 않은 은혜로 말미암아 이는 성령이 거하는 성전으로 변모한다. 인간의 몸에 성령이 거하신다는 개념은 플라톤 철학이나 신플라톤주의에서 언급하는 무아경(ecstasy)과 비교되기도 한다. 이때 무아경이란 인간의 이성(nous)이 신적인 은혜에 참여하기 위하여 인간의 신체를 이탈하는 것을 의미한다. 이러한 플라톤주의적 이해는 Barlaam과 같은 신학자를 통하여 제시되기도 했으나, 헤시카스트 은둔수도자들은 이러한 견해를 결코 받아들일 수 없었다. Palamas는 기도 중에 인간의 이성(nous)은 인간의 내면 중심부(heart)로 하강해야만 한다고 주장했다. 이때 중심부나 심장이란 의미는 인간 존재의 정신·신체적인 현실(psychosomatic reality)의 중심을 상징하는 것이다. Palamas는 이것이 성서적 전통에 가장 부합하는 이해라고 여겼다.

Palamas와 헤시카스트 수도자들은 인간의 몸은 기도에 온전히 참여할 수 있고, 기도 중에 인간의 마음을 조력한다고 믿었다. 쉽게 말해, 기도 중에 금식을 한다든지, 기도 중 무릎을 꿇는 행동을 통하여 인간의 신체적인 행위가 기도에 참여한다. 이는 성서의 장면에 분명히 기록되어 있는 바이다(마 17:21; 막 9:29 등). 동방정교회에서 나타나는 특별한 몸의 자세와 규칙적인 호흡기도에 대한 훈련 등은 서방의 영성에서는 찾아보기 힘든 특징이라고 할 수 있다.

동방정교회에서 가장 궁극적인 영적 수련의 목적으로 여기는 신화(神化, theosis) 개념은 창조되지 않은 신적인 은혜에 몸과 영혼이 동시에 참여하는 경지를 일컫는 말이다. 결국, 성자의 몸이 거룩한 영광 안에 거하게 되는 것은 바로 모든 수도자의 염원이다. Palamas가 본 영성의 비전은 "인간의 중심부로 향하는 마음의 하강(the descent of the mind into the heart)"을 신체적인 기도(bodily prayer)를 통하여 이루고자 했다는 점에서 주목할 만하다(Palamas, 1983, pp. 42-43).

4. 사례연구: "엄마가 지옥불에 타고 있어요."
영적인 환상을 보는 우울증 환자

39세의 내담자 강도준(가명)은 지난 5년 동안 우울증 정신과치료를 받고 있는 환자였다. 도준은 모태신앙으로 신앙생활을 하다가 최근에는 교회 출석을 하지 않고 있는 상태이고, 집에서 기독교 신앙 관련 문헌을 보던 중 환상을 보게 되면서 담당 정신과의사를 통하여 46세의 남성 기독(목회)상담사에게 의뢰되었다. 먼저 상담사는 강도준의 담당의사에게 치료과정 중 특이한 점에 대한 보고를 요청하였고, 담당의사는 강도준이 처음 방문했을 때 이미 만성우울감을 갖고 있는 환자였고, 즉시 항우울제를 처방했으며, 초기 상담을 통하여 부모님이 환자가 6세에 이혼을 한 사실을 알게 되었다고 전했다. 아버지는 6세 이후 한 번도 만나지 못했고, 생사도 알지 못하는 상태이며, 그 후 엄마와 계속하여 함께 살고 있다는 사실과 환자가 한 번도 결혼한 적이 없는 독신이라는 사실도 첨언하여 설명해 주었다.

강도준을 의뢰받은 기독(목회)상담사는 내담자를 만나서 초기 상담을 진행하였다. 정신과의사를 통하여 의뢰받게 된 경위를 아는지 물었더니, 내담자는 자신이 의사에게 직접 의뢰를 요청하였다고 전했다. 도준은 정신과의사에게는 도움을 받을 수 없는 영적인 경험에 대한 도움을 받고 싶었다는 것이다. 내담자는 자신의 신앙을 어머니로부터 인정받지 못하고 비난받는 것에 대한 문제를 제시하고, 자신의 영적인 경험을 관련 전문가와 공유할 수 있기를 바란다는 소망을 말했다. 상담사가 내담자에게 보다 상세한 설명을 요청하자, 아들의 신앙에 대하여 지속적인 관심과 지도를 해온 어머니가 최근 내담자가 교회 출석을 하지 않아서 불만을 가지고 있고, 최근 내담자가 밤마다 하나님에 대한 환상을 보는 것에 대한 우려를 나타내고 있다고 말했다. 내담자의 어머니는 내담자가 시험에 빠진 것이라고 비난하지만, 내담자는 오히려 어머니가 지옥불에 있는 환상을 지속적으로 보게 된다고 불안을 드러내었다.

무엇보다 상담사는 내담자가 적극적으로 자신의 영적인 경험에 대하여 상담해 달라고 요청하였기 때문에 여러모로 당혹감이 느껴졌다. 그간 자신이 훈련받은 정신역동적인 심리치료를 바탕으로 한 기독(목회)상담의 근본적인 틀을 바꾸어야 할 필요성도 느껴졌다. 지도감독자는 상담사에게 영적인 지향성을 가진 기독(목회)상담을 진행하도록 슈퍼비전을 제공하였다. 즉, 영적 지도의 관점으로 내담자의 영적인 경험을 기독교 영성의 내용의 틀에서 접근하고, 심리치료적인 접근으로 그 영적인 내용에 대한 기능적인 변화를 추구하려고 시도하였다. 먼저, 서방영성의 주안점인 내담자와 하나님 사이에 존재하는 '무지(unknowing)의 구름'에 대하여 살펴보고, 내담자의 느낌이 어떻게 하나님을 향한 의지(will)로 나아가는 길을 방해하는지 탐색한다. 이때 내담자가 사랑 가운데 하나님과의 합일로 나아가기 위해서 꼭 필요한 '망각의 구름(자기포기)'을 상징적으로 활용한다. 두 번째 단계에서는, 동방정교회 영성의 심신 통합적 기능을 활용한다. 하나님과의 경험이 충분히 기능적으로 체화되기 위해서 상담사가 내담자의 몸(body)에 보다 민감해야 한다. 망각의 구름 위로 내리비치는 신적인 빛(divine light)을 상상하면서, 이 빛이 내담자의 몸의 중심부로 체화되도록 내담자의 수련과정에 함께 하는 단계이다. 이러한 서방교회와 동방정교회에서 발전한 영성의 내용이 기독(목회)상담사를 통하여 어떻게 내담자의 심리적 기능과 만나 통합적인 완성을 이루어 가는지 살펴보자.

1) 내담자의 무지(unknowing) 경험: 하나님과 함께 하는 선한 의지 탐색하기

앞서 서방교회의 영성 전통에서 사랑은 '하나님과 함께 하는 선한 의지'라고 정의한 바 있다. 우선 내담자에게 있어서의 하나님과의 사랑의 문제를 구체적으로 다루기 전에 내담자가 '무지(unknowing)'에 대하여 어떻게 경험하고 있는지 궁금했다. 현재 내담자가 가지고 있는 영적인 경험에 대한 느낌부터 물었다. 내담자는 5년 전부터 느끼기 시작했던 하나님의 존재에 대한 불안을 말하기 시작했고, 하나님과 함께 하는 경험이 자주 '어두움'과 '혼돈'이라는 단어로 표현되기도 했다. 5년 전부터 시작한 부정적인 정서적 경험이 최근 가중되기 시작하더니 지금은 암흑에 있는 것 같은 불안과 무기력감을 경험하고 있다는 것이었다. 하나님에 대한 '무지'가 어떻게 형성되었는지 그 기능적 측면을 알기 위하여 상담사는 내담자의 원가족 경험을 탐색했다. 내담자는 자신이 경험했던 어렸을 때 엄마와의 주된 기억을 다음과 같이 진술했다.

> 나는 어렸을 때부터 늘 혼자였어요. 일단 외아들인데다가 아버지도 없었으니까요. 엄마라도 나랑 충분히 놀아주거나 돌봐 주어야 했는데, 엄마가 일단 엄청 바빴던 것 같고요. 무엇보다 엄마는 신경질을 아주 잘 냈었던 것 같아요. 지금도 그렇지만…… 한번 야단맞으면 집에서 쫓아낸다는 말을 자주 했어요. 그런 말을 듣고 나면 내 방에 와서 혼자 불 끄고 많이 울었던 기억이 나요. 그때 교회를 다녀서 기도도 많이 했어요. 그러면 마음이 조금 안정이 되었어요. 아무도 없지만 누가 내 옆에 도와줄 것 같은 막연한 느낌이 있었던 것 같아요. 그러다가 다시 다음 날이 되면 또 다시 엄마의 신경질적인 분노 감정을 마주치는 게 일상이 되었던 것 같아요.

상담사는 내담자의 원가족 이야기를 듣고, 내담자에게 그가 정신과의사나 일반 상담사를 통하여 경험할 수 있는 심리치료적인 접근과 구분되는 영적 지도의 방식에 대하여 설명하였다. 예컨대, 내담자의 이야기를 듣고, 심리치료사나 세속적인 상담사는 내담자의 고립감이나 분리불안, 혹은 어머니의 공격성과 분노에 대한 내담자의 방어기제 등을 다루려고 시도하는 반면, 영적 지도자는 내담자가 어린 시절에 불을 끄고 경험한 임재 경험, 즉 누군가가 함께 한다는 느낌에 대하여 다루려고 시도할 것이다. 동일한 이야기를 듣고도, 치료사는 치료를 위한 정서적 요인의 기원을 추적하는 반면, 영적 지도자는 하나님에 대한 욕구를 가지고 정서적인 경험을 가졌던 사건에 보다 집중하려고 할 것이다. 상담사는 영적 지도의 방식대로 내담자의 임재 경험에 대하여 다루었다. 내담자는 어린 시절 짧은 느낌이 하나님의 임재를 느낀 충분한 경험은 아닌 것 같다고 잘라 말했다. 지금도 하나님의 임재 경험보다는 하나님이 자신 곁에 계신지 아닌지 알 수 없다는 것이 늘 혼란스럽다는 말만 되풀이하였다. 하나님의 '무지'가 내담자에게는 불안감만을 안겨다 주는 것 같았다.

이에 상담사는 내담자에게 서방영성의 내용인 '무지의 구름'과 더불어 '망각의 구름'의 역할에 대하여 설명을 시도했다. 내담자에게 심상기법을 사용하여 하나님과 자신 사이에 큰 먹구름이 있다고 상상하고, 그 구름을 느껴보라고 했더니, 그 느낌은 바로 불안과 암흑 같은 절망감이라고 말했다. 이어서 내담자 바로 밑에 있는 '망각의 구름'은 인간의 생각과 인식능력에 대한 자기포기를 의미한다고 설명하고, '망각의 구름' 위로 자신이 하나님을 꼭 알아야 한다는 생각이나 집착을 하나씩 떠나보내라고 요청하였다. 내담자는 눈을 감고 자신이 가진 생각을 하나씩 진술하고, 상상의 구름 속으로 떨어뜨려 보내도록 상담사는 옆에서 촉진자의 역할로 함께 해 주었다. 그리고 그 '망각의 구름' 위로 하늘 위 하나님을 바라다보는 상상을 하도록 하였다. 상담사는 하나님 앞에 마주한 내담자가 이제 적나라하게 있는 모습 그대로의 자신의 감정을 드러낼 수 있도록 지원했다. 그리고 상담사는 하나님을 향한 열망과 사랑을 가지고 있다면 어떠한 감정도 하나님 앞에 꺼내 놓지 못할 게 없다고 재차 격려했다.

내담자는 상담사의 지원으로 자신 안에 있는 숨겨진 감정을 꺼내놓기 시작했다. 여러 감정 중에서 어릴 적 엄마의 분노에 대한 불안과 공포감도 드러났고, 지독한 외로움도 드러냈다. 내담자의 환상에서 나타나는 하나님은 언제나 공격적인 모습이었다. 자신은 물론 어머니를 공격하는 무자비성이 느껴졌고, 결국 자신도 당할지도 모른다는 무력감으로 충만해 있음을 알 수 있었다. 『무지의 구름』 저자가 주장한 대로 하나님과의 '사랑'은 있는 모습 그대로의 인간의 의지라는 측면에서 보다 적극적인 자기노출과 자기포기가 가능해지려면 하나님에 대한 안전감이 필수적이었다. 상담사는 이러한 안전감은 상담사와의 관계에서 오는 안전감이 그 밑바탕이 된다는 점을 주목하고, 내담자가 자신과의 상담 경험에서 교정적인 정서체험을 하도록 지속적으로 노력하였다.

2) 내담자의 몸(body) 경험: 하늘의 빛을 심장 중심부로 하강시키기

내담자와 상담사는 초기 상담을 통하여 라포가 형성되고, 점차 정서적 경험을 다루는 시간이 늘어갔다. 내담자는 자신의 어머니에 대한 양가감정에 대하여 2회기와 3회기에 걸쳐 이야기하고, 독신으로 살고 있는 자신의 고립감과 불안 등도 좀 더 구체적으로 드러내기 시작했다. 내담자의 진술 중 하나님에 대한 이미지가 지속적으로 언급되었는데, 평소에는 '어둠' 속에 계신 하나님이요, 환상 속에는 다소 공격적인 하나님이지만, 자신의 인생을 인도하시는 분이라는 강한 확신(affirmation)을 피력하곤 했다. 그럴 때마다 상담사는 내담자가 가진 확신이 마치 '어둠'의 이미지와 같이 희미하고, 때로는 공포감을 유발한다는 것을 감지하였다. 내담자의 확신은 하나님과 내담자 사이에서 '사랑'의 단계로 가지 못하고 있었다.

상담사의 지도감독자는 먼저 하나님과의 '사랑'을 위하여 자신의 '의지'로 하나님께 나아가지 못하는 내담자의 내면을 보다 집중적으로 다루기 위하여 영적 지도의 방식을 취하도록 지도했다. 이에 상담사는 5회기에 이르러서 상상 속에 하나님과의 대화를 위하여 상담사의 임재를 더욱 적극적으로 활용하였다. 상담사는 자신의 위치와 내담자 위치 사이에 빈 의자를 두고 그 의자를 '무지(unknowing)의 하나님'의 자리로 명명하였다. 수용적인 상담사와의 어느 정도의 교정적 정서체험을 가졌다고 인식한 상담사는 내담자의 눈을 감기고 그 옆에 앉아 하나님께 나아가기 위해 혹시 드러내지 못한 감정과 그 감정을 구성하는 생각이 무엇인지 묻기 시작했다. 다시 심상기법을 활용하여 '무지의 구름' 아래 있는 자신을 상상하고 자신과 하나님 사이를 가로막고 있는 생각이나 편견을 걷어내고 하나님을 향한 열망에만 집중하도록 지도하였다.

하나님의 침묵이 느껴지면 바로 바닥으로 떨어지는 느낌이 든다고 운을 뗀 내담자는 다음과 같은 생각들을 발견해 냈다. "하나님은 내게 육신의 아버지를 대신한다." "어머니와 나는 모두 하나님 안에 있어야 한다." "어머니의 신앙이 너무 계산적이고 형식적이다." "나는 하나님과 특별한 관계이다. 혹은 특별한 관계여야만 한다." "나는 하나님의 음성이나 계시를 충분히 들을 수 있다." 등이다.

상담사는 심상기법을 통하여 내담자에게 '망각(forgetting)의 구름'을 상상하고 그 안에 거하면서 상담 회기 중 언급한 모든 생각과 강박적인 신념들을 내려놓도록 했다. 그 구름은 하나님을 향한 간절한 열망 하나만 남기고 모두 잊어버릴 수 있도록 하는 힘이 있다고 상상하도록 했다. 집착을 놓기 어려워 힘들어하는 내담자를 향해, 상담사는 '무지의 구름'을 타고 내려오는 '빛(light)'을 상상하도록 했다.[1] 그 빛은 내담자의 모든 집착과 생각을 비추어내고, 판단하는 것이 아니라, 모든 생각과 집착을 불태우는 힘이라고 확신을 주었다. 빛은 하나님이 주시는 선물이요, 은혜라는 점을 강조했다. 하나님이 주도권을 가지고, 빛을 통해 내담자 마음의 장벽들을 모두 하나님을 향한 뜨거운 열망으로 바꾸시는 과정이라고 설명했다. 두 손을 가슴에 모으고 그 뜨거운 빛을 경험하여 보라고 지시했다.

상담사의 지시대로 가슴을 두 손으로 꼭 부여안고 상상 속의 하나님을 경험하던 내담자는 눈물을 흘리기 시작하더니, 얼마 지나지 않아 상반신을 무릎에 닿을 정도로 꼬꾸라뜨리면서 울기 시작했다. 한동안 엉엉 소리를 내면서 울던 내담자에게 다가간 상담사는 어깨의 손을 얹고 그 느낌에 동참하고자 하였다. 30여 분을 울고 나서야 내담자는 숨을 고르면서 상담사에게 그동안 하지 못한 가족의 비밀 이야기를 하기 시작했다. 자신이 20세가 넘었을 때, 먼 친지로 하여금 자신의 친부가 자살을 했다는 이야기를 전해 들었다. 자살의 이유가 무엇이었는지, 이혼 이후 자살을 했다는 이야기만 들었을 뿐 자신의 어머니에게 조차 아버지의 자살이 사실인지 확인하지 못했다고 흐느

졌다. 지금도 자살한 아버지는 자신의 가슴 한복판에 있지만, 생각도 느낌도 없이 자신을 찌르는 송곳과 같다고 하면서 다시 오열했다.

내담자 강도준은 자신의 어머니는 물론 어느 누구에게도 아버지의 자살에 대하여 말한 적이 없다. 정신과치료를 받을 때조차도 이 비밀은 내담자의 가슴 속 깊이에 숨겨져 있었다. 아버지에 대한 미움이나 그리움, 안타까움과 연민도 오랫동안 내담자 가슴 속에 유배되어 있었다. 신앙생활을 통한 하나님 아버지와의 관계에서도 도덕주의적 사고는 활발하게 움직였지만, '있는 모습 그대로의 의지(naked intent)'는 충분히 가지지 못한 이유도 이 가족비밀에 숨겨져 있는 듯 했다.

상담사는 동방영성의 가르침대로 다시금 내담자의 가슴 한복판에 하나님에 대한 생각을 하강시켜 스스로 상처를 회복하도록 지도하였다. 가슴에 깊이 묻어 놓고 살아 왔던 아픔은 그가 가진 '정신 · 신체적인 현실(psychosomatic reality)'을 그대로 반영하고 있다. 그가 오랜 기간 우울증에 시달려 온 것도, 무기력을 경험하면서 독신으로 살게 된 것도, 어머니와 자신을 공격하는 종교적 환상에 사로잡힌 것도, 이러한 가슴 중심으로부터의 오는 존재론적 불안에 대한 반응이었던 것이다. 우선 상담사는 그 비밀을 하나님께 마음껏 고백하고 그 느낌을 나누는 일부터 시작하였다. 오히려 하나님이 자신의 가슴 한복판 수치의 자리에 하강하시고 일치를 경험하는, 그리스도의 성육신 환상을 가지도록 했다. 이어 심호흡을 통한 예수기도를 가르치고, 두 손으로 가슴을 감아 자신의 마음 중심에 하나님의 임재를 경험하도록 하는 기도 방법을 수시로 실천하도록 했다.

10회기를 걸쳐 내담자는 자신의 신체 안에 거하시는 하나님을 충분히 체험하게 되었다. 하나님의 이미지도 '어둠'이 아니라, 구름 위에 하늘로부터 내려오는 '빛'의 이미지로 대체되었고, 이는 자신의 가슴 안을 가득 채우고 자신을 뜨겁게 만드는 힘으로 인식되었다. 본질(essence)에는 '무지'의 상태로 계신 하나님이 내담자를 변화시키는 과정에서는 강력하게 활동력(energies)

을 발휘하는 것을 함께 발견할 수 있었다. 예수기도를 매일 실천하는 순간부터 종교적 환상이 사라지기 시작했고, 우울감도 감소되어 항우울제의 용량을 줄이기 시작했다고 보고했다.

상담사는 지도감독자의 '영적 지향성을 가진' 슈퍼비전을 통하여 영적인 문제를 상담받고자 했던 내담자를 만나 그의 환상과 같은 병리적인 증상이나 문제해결에만 집중하지 않을 수 있었다. 오히려 기독교 영성의 내용을 활용하여, 그 내용이 내담자의 내면과 삶에 기능적으로 통합되는 과정을 중점적으로 다루면서 내담자로 하여금 치유와 영적인 성숙을 동시에 가능하도록 인도하였던 것으로 평가하였다.

5. 나오는 말

물고기들이 정신없이 바다를 찾아 헤엄치고 있었다. 죽을힘을 다해 헤엄치고, 앞을 향하여 나아갔다. 바다가 나오지 않아 점점 초조해지고 불안과 혼란감이 극도에 달했을 때, 지혜를 가진 물고기 하나를 만났다. 물고기들은 지혜를 가진 그 물고기에게 물었다. "도대체 바다는 어디에 있지요?" 지혜를 가진 물고기는 차분하게 대답했다. "너희들이 쉬지 않고 헤엄치는 것을 멈추고, 서로 불안해하며 경쟁하는 것을 멈추면, 그때 비로소 너희들은 바다에 도착한단다. 왜냐하면, 너희들은 이미 바다 위에 있기 때문이지." Gratton이 하나님의 무소부재성(無所不在性)을 설명하기 위해 비유로 사용한 이야기이다(Gratton, 2000, p. 5). 이는 또한 영적 지도에 관한 비유가 된다. 하나님과의 임재 경험을 체득하는 것을 최고의 목적으로 하는 영적 지도에서 가장 중요한 것은 하나님의 임재성의 진실을 깨닫는 일이다. Gratton의 지적처럼, "우리는 하나님의 임재를 결코 얻을 수 없다. 우리는 이미 그분의 온전한 임재 가운데 거하기 때문이다. 우리에게 필요한 것은 그러한 현실에 대한 인식

(awareness)이다(Gratton, 2000, p. 28)."

기독교 영성은 인간이 하나님의 임재 가운데 거하는 것을 인식하기 위해 거쳐야 하는 영적인 여정에 대한 다양한 신학적인 해석이다. 본 장에서는 서방교회의 영성과 동방정교회의 영성이 추구하는 영적인 여정에 대한 특징적인 신학적 내용에 초점을 맞추어 연구를 진행하였다. 서방교회에서는 하나님의 불가해성으로 인해('무지의 구름') 어둠 가운데 거하시는 하나님의 임재를 느낄 수 없는 수도자에게 어떠한 과정이 필요한지 해석적 설명을 제공한다. 하나님에 대한 지식보다 감정을 더욱 중요하게 여기면서도, 하나님을 향한 '사랑'의 경험이 단순히 정서적 경험만을 의미하지 않고 자기에게 속한 모든 생각과 집착을 놓으면서('망각의 구름') 진행되는 친밀하고 은밀한 경험임을 강조한다. 하나님을 향한 순수하고 가공되지 않은 의지와 열망만을 유지하며 하나님의 사랑 안에 거하기 위해서는 영적 지도자나 영적 지향성을 가진 상담사의 동반자 의식, 즉 함께함(임재)이 중재되어야만 한다. 하나님을 향한 여정 가운데 망각의 구름을 바로 밑에(beneath) 두고 자신에게 고착된 신념과 생각을 떨쳐내야 하는 힘든 여정에는 자신의 원가족 경험이나 여타 심리적 역사 가운데 형성된 비합리적 신념들이 도사리고 있기 때문이다.

동방정교회의 영성에서는 하나님의 불가해성에 대한 새로운 신학적 내용과 수련방법이 제공된다. 바로 하나님의 본질(essence)과는 달리 하나님의 활동력(energies)에 대하여는 인식의 마음을 개방하는 자세이다. 하늘 위에 하나님의 빛이 구름을 뚫고 자신의 심장 한가운데로 하강하고 자신과 함께 하는 임재를 경험하도록 여러 가지 신체적 수련을 강조한다. 이미 상담사의 공감적 임재를 통하여 어둠 속에서 미세한 빛을 경험한 내담자에게 이러한 개인적인 수련은 신학적 내용이 자신의 일상적인 삶 가운데로 체화되고 기능되는 통합을 경험하도록 이끈다. 이렇게 지혜로운 상담사와 동행하는 경우, 내담자는 그동안 자신과 하나님 사이에 버티고 있는 어둠 가운데 끊임없이 번뇌했던 신념과 부정적인 감정을 내려놓고, 바로 그 자리에서 그분의 임재를 경험하며 그분과의 사랑의 합일의 경지를 맛볼 수 있게 되는 것이다. 결국 기독교 영성의 내용과 기능의 통합을 염두에 둔 영적 지향성을 가지고, 안전한 임재 경험을 가지도록 한 상담사로 말미암아 내담자는 하나님에 대한 앎(nous)과 느낌을 통합하여 가고, 발가벗은(naked) 모습 그대로도 안전감을 가지고 하나님께 나아갈 수 있는 사랑의 합일의 단계를 경험한다.

기독교 영성은 기독교 신비주의 문헌과 역사 속에 묻혀 있는 죽은 지식이 아니다. 필자는 기독교 영성에 관한 문헌들이 당대의 종교 문화와 역사의 산물인 것이 사실이지만, 그 영성의 내용에는 한 개인이 하나님과의 온전한 관계를 위해 평생을 씨름해온 자신의 실존적인 경험이 녹아져 있다고 본다. 그러기에 이러한 신학적 내용에는 각자의 삶에 기능하여 그 내용의 완성을 추구하기 위한 방법론적 비전이 숨겨져 있다. 이러한 해석학적 이해를 바탕으로 기독교 영성의 내용을 개인의 내면에 기능하도록 심리학적 도구를 활용한다면, 이는 현대 종교인에게도 적용 가능한 충분히 실용적인 진실(pragmatic truth)을 담고 있다. 앞으로 더 많은 영적 지향성을 가진 기독(목회)상담사들이 이러한 기독교 영성이 가지고 있는 자원을 충분히 임상적으로 활용하고 자신의 내담자를 영적인 성숙으로 이끄는 중대한 소임을 다하기를 기대한다.

후주

1) Palamas가 주장한 창조되지 않은 빛의 체험은 하나님과의 연합의 단계에서 주어지는 것이다. 내담자는 아직 하나님과의 연합의 단계에 이르지 못한 상태로 보이며, 내담자에게 있어서 빛의 체험은 은혜로 주어지기보다는 상담자에 의하여 빛을 상상하도록 요청받았다는 점에서, 빛에 대한 상상은 무념적 전통에 배치되는 것이라 볼 수 있다.

참고문헌

권수영 (2006). 기독(목회)상담에서의 영성 이해: 기능과 내용의 통합을 향하여. 한국
    기독교신학논총, 46, 251-275.

권수영 (2010). 영성과 가족체계: 가계도의 목회 상담적인 활용에 대한 연구. 신학논단,
    62, 31-55.

김준수 (2005). 기독교상담과 영적지도. 신학과 선교, 9, 370-387

김필진 (2012). 심리학적 성숙과 영성적 치유에 대한 통전적 접근. 신학논단, 70, 43-74.

이만홍, 임경심 (2009). 심리치료와 영성지도의 유사성과 차이점에 관한 고찰. 한국기
    독교상담학회지, 17, 155-178.

이종천 (2011). 영적 지도와 목회상담에 관한 연구. 아세아연합신학대학교 대학원 석
    사학위논문.

이현우 (2013). 영성지도와 목회상담의 통합적 모델 연구. 백석대학교 대학원 박사학위
    논문.

정석환 (2001). 기독상담과 영성. 신학논단, 29, 403-430.

Anonymous (2002). *The cloud of unknowing and other works*. New York: Penguin
    Classics.

Benner, D. G. (2002). *Sacred companions: The gift of spiritual friendship and direction*.
    Downers Grove, IL: InterVarsity.

Coakley, S. (1992). Visions of the self on late medieval Christianity: Some cross-
    disciplinary reflections. In M. McGhee (Ed.), *Philosophy, religion and the
    spiritual life* (pp. 89-103). Cambridge: Cambridge University Press.

Egan, H. (1978). Christian apophatic and kataphatic mysticisms. *Theological Studies*,
    39, 399-426.

Gratton, C. (2000). *The art of spiritual guidance*. New York: Crossroad.

Kurtz, E. (1999). The historical context. In W. R. Miller (Ed.), *Integrating spirituality
    into treatment: Resources for practitioners* (pp. 19-64), Washington DC:
    American Psychological Association.

Louth, A. (1981). *The origins of the Christian mystical tradition: From Plato to Denys*.

Oxford: Clarendon Press.

Louth, A. (1982). The influence of Denys the Areopagite on Eastern and Western spirituality in the fourteenth century. *Sobornost, 4,* 185-200.

Meyendorff, J. (1964). *A study of Gregory Palamas.* London: The Faith Press.

Palamas, G. (1983). *The Triads.* New York: Paulist Press.

Rogers, F. G. (2002). Spiritual direction in the Orthodox tradition. *Journal of Psychology and Theology, 30,* 276-289.

Shafranske, E. P. (2005). A psychoanalytic approach to spiritually oriented psychotherapy. In L. Sperry & E. P. Shafranske (Eds.), *Spiritually oriented psychotherapy* (pp. 105-130). Washington DC: American Psychological Association.

Sperry, L. (2001). *Spirituality in clinical practice: Incorporating the spiritual dimension in psychotherapy and counseling.* Philadelphia: Brunner-Rutledge.

Tugwell, S. (1985). *Ways of imperfection: An exploration of Christian spirituality.* Springfield, Illinois: Templegate Publishers.

Ware, K. (1986). The Hesychasts: Gregory of Sinai, Gregory Palamas, Nocholas Cabasilas. In C. Jones, G. Wainwright & E. Yarnold (Eds.), *The study of spirituality* (pp. 242-255). Oxford: Oxford University Press.

제3부

기독(목회)상담과
영성의 기타 주제들

제8장

생태와 영성:
하나님, 자신, 이웃, 창조세계와 나누는 숨

최광선
(호남신학대학교 영성학 교수)

1. 들어가는 말

캐나다 궬프(Guelph)에 있는 영성센터에서 경험했던 일이다. 어둠이 물러나고 아침이 다가오는 들녘이 내게는 장엄한 하나님의 성전이었다. 그 시간은 사람의 시간이 아닌 자연의 시간이며, 신비가 드러나는 하나님의 시간이었다. 그 시간은 하나님의 숨결이 생명을 불러일으켰다. 어둠이 가시지 않는 시간, 가을걷이가 끝난 들녘을 걸었다. 길의 모습과 나무의 형체가 어렴풋하게 눈에 들어왔다. 새 소리와 바람 소리는 새 날 아침의 신비를 알려주는 전령이었다. 숲 사이로 난 길을 지나 언덕을 넘어서니, 갑자기 뭔가 움직이는 물체가 보였다. 거리가 조금 떨어져 정확히 보이지 않아, 마음과 몸을 최대한 집중하여 그 물체에게 시선을 집중했다. 희미했지만 사슴은 아니었다. 덩치는 큰 개 같고 꼬리가 긴 것을 보니, 코요테가 분명했다. 찰나의 순간, 나와 그 동물은 눈빛을 교환했다. 우리는 그 들녘에서 하나의 호흡이 되었다. 다른 생각이나 다른 물체는 보이지 않고, 오직 그 동물과 내가 새벽 들녘에서 서로 깊이 연결되어 있음을 체험하였다.

시간이 지난 후, 나는 이 조우를 일찍 신비가들이 말한 일치의 경험이라고 생각했다. 이른 아침의 들녘에서 그 동물과 나는 한 호흡에서 일치를 이루고 있었다. 기쁨과 흥분을 그대로 안고 산책을 계속했다. 차가운 바람마저 설렘이 되었다. 나무들은 서 있는 그대로, 새들은 날아다니는 자유 그대로 하나님을 찬양하고 있었다. 얼마 후, 보고 싶었던 사슴 한 쌍이 다가오는 나를 알아차리고 힘찬 달음질을 하며 어둠 속으로 사라졌다. 이른 아침 신비의 시간과 하나님의 품 안에서 사슴, 코요테, 그리고 나는 궬프 들녘 공동체의 구성원으로 우주적 친교에 참여하였다.

환경운동의 모세라 불리는 레오폴드(A. Leopold)는 산을 지키는 사람이었다. 한때 사슴과 산을 보호하기 위해 늑대사냥을 하곤 했는데, 어느 날 그의 총에 죽어 가는 한 어미 늑대의 눈에서 푸른빛을 볼 수 있었다. 그 후, 그는 산과 사슴, 늑대 모두가 서로 연결되어 있고, 서로가 서로에게 필요한 존재라는 사실을 깨닫게 되었다고 『산처럼 생각하기』에서 쓰고 있다. 우리는 존재하는 모든 것과 서로 연결되어 있다. 그럼에도 우리는 인간의 필요와 가치에 따라 다른 피조물의 생사 여부를 결정해 왔다. 그러나 레오폴드는 죽어 가는 늑대의 푸른 눈빛이 훗날 사슴의 증가로 산이 파괴될 것을 예언하는 눈빛이었으며, 산과 사슴을 보호하기 위해 늑대를 죽이는 일은 산도 동의하지 않았을 것이라고 말한다. 이렇듯이 위험한 동물이라는 이유로 이 들녘에서 코요테를 없앤다면, 사슴은 기하급수적으로 늘어 농토와 산림을 파괴할 것이고, 궁극에는 사람과 사슴, 코요테도 없는 죽음만 남을 것이다. 나는 궬프의 아침 들녘에서 생명공동체의 가장 큰 특징인 '우리 모두는 연결되어 있다.'는 평범한 생태적 각성 체험을 하였다.

본 장에서 말하려는 생태영성은 생태시대의 기독교 영성을 줄인 말이다.

생태시대는 앞의 경험에서 말하였듯이 인간과 모든 창조세계가 깊이 연결되어 있음을 자각하며, 하나님의 신성한 현존을 창조세계 안에서 발견하는 시대이다. 이러한 자각은 인간의 영성과 치유가 지구의 건강에 의지하고 있음을 각성하게 하며, 생태적 삶을 지향하게 할 것이다. 본 장에서는 생태시대 기독교 영성의 맥락이 되는 생태위기에 대한 인식과 통합적 치유에 대한 고찰이 선행된다. 이어서 생태영성의 네 가지 길—네 가지 관계, 즉 하나님, 자신, 이웃, 창조세계와 맺는 관계를 통합적으로 이해할 것이다.

2. 생태위기와 기독교 영성

1) 우리시대 기독교 영성의 맥락

우리는 생태위기, 인간위기, 그리고 영성위기 시대를 살고 있다. 인류에게 가장 위급한 문제는 지구가 아주 심각한 위기에 처해 있다는 것이다. 기독교 역사 이래, 사이비 종말론자들이 늘 종말을 이야기했지만, 오히려 지금은 과학자들이 환경 대재앙과 관련된 종말을 연일 경고하고 있다. 하버드대학의 윌슨(E. Wilson)은 연간 매년 만종 이상의 생물종이 멸종하고 있다고 지적한다. 에얼릭(P. Ehrlich)은 현재 산업문명으로 가속화되는 생명파괴 현상은 핵전쟁으로 발생될 경험과 매우 비슷한 상황이라고 언급한다. 인간이 지구를 죽이고 있다는 경종에 대하여, 저명한 생태신학자 베리(T. Berry)는 "사람의 영광이 지구의 황폐화를 낳았고, 지구의 황폐화는 인간의 미래"라는 자명한 사실을 강조하며, 우리에게 생태적 회심을 촉구하고 있다(Berry, 2009, p. 117).

우리는 숨 쉬는 공기와 먹는 음식의 오염, 더 이상 수영과 물놀이도 할 수 없는 강물, 마시는 물속에 흘러드는 쓰레기 독성물질, 유전자 조작 식품, 지구 온난화, 산성비, 석유 유출, 오존층 파괴 등의 뉴스를 거의 매일 듣고 살아

간다. 참으로 안타까운 지구의 현실이다. 얼음이 없는 북극의 여름이 현실화될 것이라는 뉴스가 보도되고, 수년 안에 모든 북극의 얼음이 완전히 녹을 거라고 경고한다. "북극의 눈물"이라는 다큐멘터리에서 얼음이 녹아 삶의 터전을 잃은 북극곰과 이누이트 사람들의 이야기가 소개되었다. 이를 토대로 만약 우리가 지구온난화를 멈추지 못한다면, 북극곰과 이누이트 사람들의 모습은 우리 인류가 직면해야 할 미래가 될 것이다.

생태위기는 인간위기이다. 환경오염과 생태파괴로 사라지는 것은 단지 북극곰이나 꿀벌, 이름 없는 들꽃, 코요테만이 아니다. 사라져 가는 동식물들의 울음은 가난한 이들의 울음이며, 궁극적인 인간위기이다. 생태사상가 베리는 다음과 같이 말한다.

> 인간이 아닌 존재에게 일어나는 일들이 반드시 인간에게도 일어난다. 외부 세계에서 일어나는 것은 내부 세계에서도 일어난다. 외부 세계가 감소되면 인간의 정서적, 상상적, 지적, 영적 생활도 축소되거나 아예 사라져 버린다. 비상하는 새, 거대한 숲, 벌레소리, 자유로이 흐르는 시냇물, 꽃피는 들판, 한낮의 구름, 한밤의 별이 없다면, 인간은 모든 것에서 생명력을 상실하게 된다(Berry, 2013, p. 256).

인간의 무분별한 욕망에 의해 사라지는 울음은 인간 내면의 깊은 울림마저 없애 버리는 것이며, 더욱이 하나님을 믿는 우리에게는 하나님의 신비와 경험을 영원히 없애 버리는 사건과 같다. 그래서 자연 생명계의 파괴는 동시에 인간 내면세계의 파괴를 의미한다. 오랫동안 인류를 감쌌던 삼림의 파괴는 단순히 숲만 파괴하는 것을 의미하지 않는다. 이러한 파괴는 심원한 실체의 신비를 경험하면서 깨닫는 경이, 웅장, 시성, 음악, 영적 찬미의 상실을 의미한다. 이것은 곧 목재나 돈을 잃어버리는 것보다 더욱 중대한 영혼의 상실을 의미한다.

생태위기는 인간위기이며 또한 영성위기이다. 『불편한 진실』로 노벨 평화상을 수상한 앨 고어는 현재 생태계 위기와 기후 온난화 문제를 말하면서, 인간중심주의를 철저히 비판한다. "우리는 하나님과 같은 지혜는 없으면서 감히 하나님과 같은 힘을 행사하고 있다." 이는 생태계 파괴로 생명의 주권이 하나님께 있다는 사실을 망각한 것이며, 하나님이 하실 수 없는 일을 인간이 행한 비극적 결과임을 말해 준다. 생태계 파괴나 환경 위기의 표면적인 이유는 근대과학기술이 상업 산업자본과 결탁하여 지구공동체에 존재하는 다른 피조물들을 상업적 이익의 도구로만 보았기 때문이다. 그러나 보다 깊은 근본적인 문제는 영성의 문제다. 왜냐하면, 생태위기의 가장 큰 특징은 단절과 소외이기 때문이다. 사람으로부터 소외, 자연으로부터 소외, 진실된 자아로부터 소외, 궁극적으로 하나님으로부터 소외가 근본 문제이다.

기독교인에게 생태위기는 영성의 위기다. 영성가 나우웬(H. Nouwen)은 "하나님의 모국어는 자연"이라고 말한다(Nouwen, 2016, p. 108). 기독교 영성은 창조세계를 하나님이 드러내는 성스러운 책으로 이해하였다. 이런 전통 위에서 온 우주를 그리스도의 몸이라 고백하는 사도들의 가르침조차 영적 무감각에 의해 들리지도 보이지도 않는 현실에서 우리의 영적 위기는 점점 깊어져 가고 있다.

그럼에도 기독교를 비롯하여 어떤 종교도 이러한 환경 및 생태위기에 대해 잘 대처하지 못하고 있다. 많은 사람들은 기독교를 반 생태적 종교라고 비판한다. 비판자들은 환경위기를 초래한 과학기술문명이 기독교에서 유래되었고, 상업자본 문명 또한 같은 문화의 산물이기 때문이라고 주장한다. 또한 그들은 성경과 기독교 신앙을 지나치게 인간중심적으로 이해하여 인간을 자연으로부터 분리된 특별한 존재로 자리매김하면서, 기독교가 자연에 대한 착취와 파괴를 정당화시켰다는 비판을 가하고 있다. 이러한 비판에도 불구하고, 교회 안에서 생태위기에 대한 설교나 기도를 듣기는 어렵다.

무엇이 우리를 생태위기의 현실에서 우리의 눈을 막고 귀를 막고 있을까?

무엇 때문에 신실하고 양심적인 신앙인들이 생명파괴 작업에 수동적으로 참여하거나 침묵함으로써 동조하는 것일까? 예수께서 재림하면 공중 하늘로 들려 올라가는 휴거에 대한 믿음이 강해서일까? 이 세상은 나그네 길이고, 우리가 천국에 들어가면 그만이며 지구는 망해도 상관없다고 생각하는 것일까? 인간 영혼만이 구원의 대상이므로, 몸이며 다른 피조물은 우리가 마음껏 지배하고 우리의 이익을 위해 사용해도 된다고 생각하는가? 경제적인 풍요로움이 하나님의 축복이라며, 지구공동체와 생명을 파괴하는 데 앞장서고 있는 것은 아닌가? 하나님과 재물을 겸하여 섬길 수 없다는 예수의 외침은 경제적 진보와 풍요라는 신화 속에 가려져 있는 것은 아닌가? 하나님의 현존과 신비를 단순히 교회 조직과 건물 안으로만 한정시키고 있는 것은 아닌가? 기독교가 가장 인간중심 종교이며, 환경파괴에 가장 영향을 미친 종교라는 질타에 어떻게 응답할 것인가?

2) 숨을 매개로 이해한 기독교 영성

기독교 영성은 삼위일체 하나님께 뿌리를 둔다. 신학이 삼위일체 하나님을 성찰하는 것이라면, 영성은 삼위일체 하나님을 구체적 상황 안에서 경험하는 것이다. 영성은 하나님의 생명에 참여(요1 1:1-10), 예수님과 우정(요 15:9-17), 성령 안에서 삶(갈 5:25)으로 삼위일체 하나님에 대한 직접적 체험과 관련이 있다. 삼위일체적 접근을 하면, 내주하는 성령의 은혜로 예수께서 보여주신 길을 따라 하나님과 사귐이 깊어가는 여정에서 생명의 하나님 나라에 참여하는 것이다. 이 사귐의 여정은 자신, 이웃, 그리고 창조세계와 맺는 관계를 근본적으로 변혁시킨다. 사귐이 관계적이며 변혁적인 까닭에 영성은 고정적이며 기계적인 정의로 그 의미를 전달하기 어렵다. 오히려 우주가 우주창발의 연속 안에서 이해되듯이 영성은 구체적 상황(개인적, 사회적, 우주적 범주) 안에서 성삼위일체 하나님 체험과 관련하여 묘사된다.

영성의 정의는 다양한 맥락에 따라 각기 다른 의미로 사용되지만, 기독교 영성의 중심에는 하나님의 영, 그리스도의 영, 그리고 성령이 자리 잡고 있다. 영성의 어원이 되는 영은 숨과 깊은 관련이 있다. 영성의 어원은 스피리투스(spiritus)로 영(spirit) 또는 숨(breathing)이라는 의미이다. 이 라틴어는 신약성경의 프뉴마(πνεῦμα)와 구약성경의 루아흐(רוח)에 뿌리를 둔다. 부활하신 예수께서 제자들에게 나타나서서 숨을 내쉬며 "성령을 받으라." 말씀하신다(요 20:22). 여기에서 "숨을 내쉬다."라는 말은 "여호와께서 흙(흙의 먼지)에서 사람을 만드시고 생명의 숨(니쉬마트 하임)을 그 코에 불어넣으시니 살아 있는 생명체(네페쉬 하야)가 되었다(창 2:7)."에서 사용한 말이다.

영성을 어원과 관련하여 생각할 때, 이 숨은 구체적으로 생명을 살리는 숨이고, 하나님으로부터 불어오는 숨이며, 우주의 태초로부터 불어오는 숨이다. 숨을 매개로 영성을 이해할 때, 영성은 매우 경험적이며 실제적이며 관계이며 우주적임을 알게 된다. 저명한 영성학자 셸드레이크(P. Sheldrake)가 영성을 "공적인 삶의 방식"으로 이해하고(2003, pp. 19-37), 슈나이더스(S. Schneiders)는 "살아진 경험"으로서 기독교 영성을 정의한다(2005, pp. 1-6). 두 저자는 공통적으로 영성을 삶의 방식이나 경험과 관련하여 정의하는데, 이것들은 모두 실제적이며 직접적인 관계에 기반을 두고 있다. 즉, 호흡이 그렇듯이 삶의 방식이나 체험은 보다 구체적으로 하나님, 이웃, 자신 그리고 창조세계와 맺는 관계 안에서 드러난다.

또한 메이(G. May)는 영성을 "사람에게 힘, 기, 행동력을 주는 본질적인 것"으로 묘사한다(1982, p. 32). 윌버(K. Wilber)는 영성을 "살아 있는 실재를 직접적으로 경험하는 것"으로 이해한다(2008, p. 23). 이와 같이 영성 이해는 마치 숨이 생명의 근원이 되어 힘과 에너지, 삶의 원동력과 의지를 제공함과 같이 추상적 언어를 탈피하여 직접적 체험을 묘사하는 언어가 된다. 또한 영성을 숨과 같이 이해할 때, 영성훈련과 영성생활은 실천적이며 수행을 중시하는 면모가 있음을 쉽게 이해할 수 있다. 어느 전통이든 영성생활은 호흡과 명

상 또는 묵상의 중요함을 강조한다. 왜냐하면, 명상과 묵상은 영성훈련의 주
요 축이며 호흡과 관련이 깊기 때문이다. 16세기 스페인의 신비가인 십자가
의 성 요한(John of the Cross)은 다음과 같은 말로 숨이 영성에서 매우 중요하
며, 훈련과 수행의 뒷받침 가운데 직접적인 체험을 통해 영성을 이해하게 한
다는 사실을 예증한다. "당신의 감미로운 숨결 속에, 선과 영광 가득하고, 나
를 얼마나 미묘하게 사랑하시는지(John of the Cross, 2007, p. 188)!"

앞에서 보듯이 숨은 기독교 신앙의 핵심인 창조 이야기와 부활 이야기에
등장하면서 하나님-인간-창조세계를 맺는 통합적 관계에 대한 기독교적
선언을 담고 있다. 하나님-인간-자연이 맺는 유기적 관계, 상호연관성, 즉
모든 것의 바탕이 되신 하나님과 그 근원적 신비와 창조세계가 맺는 새로운
관계를 증언하는 것이다. 그렇기에 기독교 영성은 하나님과 피조물의 관계
를 자신과 타인의 관계로서 연합시킨다. 숨을 은유로 이해한 생태시대의 기
독교 영성은 크게 네 가지 관계—하나님, 자신, 이웃, 창조세계—로 이해할
수 있다. 이 네 가지 관계를 논하기에 앞서 생태영성과 상담의 접점에 대해
논하고자 한다. 이러한 논의는 기독교 상담가들에게 생태영성의 중요성을
일깨우는 촉진제 역할을 할 것이다.

3. 생태영성과 전인적 치유

생태영성과 상담에서 실재에 대한 통합적 이해와 인간의 전인적 치유에 대
한 이해는 중요하다. 근대 기계적이며 이원론적 관점에서 인간의 육체는 의
학, 마음은 심리학, 영혼은 종교의 영역이라는 통념 하에 정신의학과 상담,
종교의 영역은 서로 침범해서는 안 된다는 이원론적 입장을 취해 왔다. 이러
한 근대의 분화는 이성의 강조와 과학적 실증주의, 기계적 세계관 등의 특징
을 보이며 지나치게 외적인 면을 강조한 나머지 인간의 영혼 또는 영성의 문

제를 외면하였다. 그러나 최근에 이르러서는 오히려 몸과 마음, 그리고 영을 유기적 전일체로 이해하여 몸과 마음의 고통을 통합적 관점에서 치유하려는 시도가 점점 확대되고 있다.

심리학과 정신의학 분야에서 종교와 영성의 역할에 대한 이해는 분리적인 태도와 통합적인 태도로 나눠진다(Shea, 2005, pp. 49-54). 다소간의 차이는 있지만, 프로이트(S. Freud), 왓슨(J. B. Watson), 로저스(C. Rogers) 등은 정신의학과 종교 또는 영성과의 관계를 별개로 이해하였다. 유대인 배경을 가진 프로이트는 종교를 유아적 욕구의 소망 충족에 불과하다고 여겼다. 그는 과학만이 우리 자신 밖에 있는 실재에 대한 지식으로 인도한다고 하여, 종교를 치유 과정에서 소외시켰다. 행동주의 심리학의 창시자 왓슨은 모든 행위는 외부 환경에 의해 결정된다는 행동주의를 발전시켰다. 그는 종교를 유아적 두려움과 비이성적 통제에 의해 상승된 강요된 체제로 이해하며, 외부로 드러난 행동에 대한 연구가 인간의 삶을 보다 적합한 세상으로 만드는 데 기여할 것이라 주장하였다. 로저스는 일치성(congruence), 무조건적인 긍정적 존중(unconditional positive regard), 공감(empathy)을 상담자의 3대 자질로 제안하며, 무조건적인 사랑의 경험을 치유의 중요한 요소로 보았다. 그러나 그는 종교가 자유를 제한한다는 이유를 들어 거부하였다. 이들은 치유 과정에서 영성이나 종교적 범주를 포함하지 않고 보다 과학적인 탐구방법을 의존하며 집중하였다.

이에 반해 제임스(W. James), 융(G. C. Jung), 프랭클(V. Frankl) 등은 치유에 종교적·영성적 범주를 보다 적극적으로 수용하며 활용하였다. 『다양한 종교의 경험들』의 저자인 제임스는 종교와 우리의 하나님 경험의 깊은 연관성을 지적하며, 종교적 경험이 치유에 도움됨을 밝혔다. 융은 자신에게 온 환자들의 뿌리를 파고들어보면 그들이 신과 거리가 멀어진 사람들임을 발견하게 된다고 하면서 자기화의 과정에서 찾게 되는 참 자아와 하나님의 형상을 심리학적으로 동전의 양면으로 이해했다. 그는 영성의 범주를 적극적으로 수용하여 환자를 치유하였다. 의미치료 창시자인 프랭클은 삶의 의미와 가치를 치료의 핵심으로 보며, 심리치료와 영성 그리고 종교가 함께 기능함을 구체적으로 증명하였다. 어떤 사람이 삶의 의미나 가치의 의문을 가질 때, 그 사람은 병든 것이 아니며 오히려 삶의 의문을 가진 그 사람이야말로 참 인간이라는 것이다. 이때 종교와 영성은 삶의 의미와 가치를 부여하는 근본적 동기가 된다. 비록 그가 종교적인 개념과 혼돈을 피하기 위해 영적(spiritual)이라는 말 대신 정신적(noetic)이라는 말을 사용하지만, 그의 의미요법은 인간의 의미와 영적 차원에 관심을 두고 있다.

다른 한편, 기독교 영성 분야에서 우리에게 많이 알려진 나우웬과 그륀(A. Grün)은 상담과 치유, 그리고 영성을 밀접하게 통합시켰다. 나우웬은 목회자를 상처 입은 치유자(the wounded healer)로 인식함으로써 내면을 향한 여정이 영적 여정과 동일한 여정임을 인식하게 하였다. 나우웬은 보이센(A. Boisen)의 임상심리학을 탐구하였으며, 그의 상처 입은 치유자 개념은 보이센의 '살아 있는 인간문서' 사상에 영향을 받았다. 보이센은 심리학을 활용하여 병원에서 개인문제를 상담하고, 치유해 주는 상담기술을 본격적으로 발전시켜 나가면서 임상목회교육을 발전시켰다. 그는 자신의 정신질환 경험을 살려 종교체험적인 심리학을 목표로 타 학문과 협동연구를 시도함으로써 선구자 역할을 하였다. 보이센에게 영향을 받은 나우웬은 그 자신이 평생 갈망했던 사랑에 대한 추구와 외로움, 고독 등의 이야기를 읽는 이들로 하여금 자신의 내면을 들여다보며 치유를 경험하게 한다.

베네딕도 수도승 그륀은 아래로부터의 영성이란 "하나님께서 성서 안에서, 그리고 교회를 통해서만 우리에게 말씀하는 것이 아니라 우리 자신을 통해, 우리의 생각과 느낌들, 우리의 육체와 이상들, 우리의 상처와 나약함을 통해서도 말씀하는 것을 의미한다(Grün, 2003, p. 7)."고 말한다. 그는 이 사상의 원류를 "만약 네가 하나님을 알고 싶으면 먼저 너 자신에 대하여 알도록 해라."고 말한 사막수도승 에바그리우스 폰티쿠스(Evagrius Ponticus)에게서 찾는다. 그는 사막 교부의 말을 인용하여, 참된 자아인식을 동반하지 않으면 하나님에 대한 우리의 생각은 잘못된 투사일 위험이 있음을 지적하였다. 그는 하나님은 오히려 우리의 약한 부분들, 무능력, 좌절, 분노 등을 통해 말씀하시는 분이고, 바로 그곳에서 하나님과 인격적 교제가 일어나며 치유와 회복, 구원을 경험하게 됨을 말한다. 또한 그뤈은 일반 심리학은 상처와 치유의 대상이 무엇인지 분별하게 도와주며, 영성 심리학은 상처를 하나님께 꺼내놓고 치유와 변화로 이끈다고 한다.

나우웬과 그뤈이 보다 기독교 영성 전통에 충실한 입장에서 상담학을 수용하여 인간 이해의 폭을 넓혔다면, 메이, 스페리(L. Sperry), 베너(D. Benner), 이만홍 등은 임상의학과 상담학 쪽에서 기독교 영성의 유익함을 임상경험과 겸하여 구체적 실례를 제공하였다. 정신과 의사며 영성지도자로 활동하고 있는 메이는 영성과 심리학을 보다 임상적으로 통합하며, 영적 성장과 관계된 다양한 심리학적 역동을 제시한다. 스페리는 영성지향적 혹은 영적으로 조율된 심리치료와 상담이라는 중간 개념을 상정하여, 대상(clientele)과 개입(intervention), 목표(goal)를 심리치료에 탄력적으로 수용하는 접근을 제시한다. 베너는 영적 지도의 자원들을 치료적으로 활용하는 "영적으로 민감한 심리치료(spiritually sensitive psychotherapy)"를 대안치료로 제시하였다(김영수, 2015, pp. 26-27). 이만홍은 "특히 정신분석의 꽃이면서도 정신분석의 발목을 잡은 전이현상의 함정을 영성지도는 참 부모인 하나님을 바라보게끔 그 관심을 제대로 돌려주게 됨으로써 훌륭한 해법을 제시하게 한다(이만홍, 2006, p. 25)."라고 하면서 영성의 주요 관심사인 하나님과의 관계에 보다 주목함으로써 심리문제의 근원적 해결을 제시하고 있다. 그는 영혼의 치유와 돌봄에 있어 기독교 영성전의 중요성을 강조하며 보다 적극적인 수용을 요구하고 있다.

살펴본 바와 같이, 기독교 영성, 심리학, 정신의학 분야는 점점 더 통합적 관점에서 인간 이해를 시도하며 치유를 시도하고 있다. 클레쉬(W. Clebsch)

와 재클(C. Jaekle)은 기독교의 영혼의 돌봄이 치유, 지탱, 화해, 인도라는 요소들을 포함한다고 한다. 그에 따르면 치유는 "정신적, 육체적 장애를 지닌 사람들이 어려움을 극복하고 온전함을 향하여 나아가도록 돕는 노력을 의미한다. 이러한 치유적 활동에는 영적인 치유만이 아니라 육체적인 치유까지 포함한다(김영수, 2015, p. 24)." 이러한 치유에 대한 이해는 투르니에(P. Tournier)에게서도 발견된다. 투르니에는 "치유는 언제나 육체적인 차원과 동시에 영적인 차원을 의미하는데, 그 치유는 몸, 정신, 영혼의 온전하고도 완전히 조화된 전인적인 관점에서 회복을 의미한다. …… 진정한 치유는 단지 질병의 회복으로 끝나는 것이 아니라 질병의 회복 후에도 생명의 주관자이신 하나님 앞에서 봉헌된 삶을 사는 것이다(Tournier, 2004, pp. 278-279)."라고 밝힌다. 이들의 치유에 대한 이해는 상담학과 정신의학 분야가 육체적 질병뿐만 아니라 영적 갈망을 함께 극복하고자 하는 전인적 치유를 지향하며, 기독교 영성이 치유에 필수적임을 알 수 있게 한다.

더 나아가 치유에 대한 이해와 접근에서 보다 사회적이며, 전 지구적 차원을 고려할 필요가 있다. 우리 시대가 겪는 질병과 파괴, 부조화의 기원은 개인적 차원뿐만 아니라 보다 사회적 범주에서 일어나며 상호 연결되어 있기 때문이다. 클라인벨(Clinebell, 2006)과 같은 이들이 인간 치유와 지구 치유를 통합하여 생태요법을 제시하는 것이나, 기독교 영성이 전통적인 개인구원 중심적 이해를 넘어 창조영성을 포함하는 생태영성을 지향하며 발전하는 것은 그 좋은 예이다. 저명한 생태사상가 베리가 말하듯이, 아픈 지구 위에서 건강한 사람을 생각할 수 없다. 그렇기에 영성의 근본적인 네 가지 관계—하나님, 자신, 이웃, 창조세계—가 상담학과 정신의학 분야에서도 기독교적 치유를 위해 통합적으로 고려되어야 한다.

4. 생태영성의 네 가지 관계: 하나님, 자신, 이웃, 창조세계

영성의 어원인 루아흐나 프뉴마는 숨과 입김, 호흡을 의미하며 생명의 본질을 의미한다. 생명의 숨은 또한 생명의 원동력을 가져다주는 하나님의 힘과 권능을 드러내며, 사람에게 삶의 활력을 주는 기본적인 힘과 에너지로서 인간 생명의 근원이 된다. 생태영성의 네 가지 길은 분리할 수 없으나, 그 이해를 돕기 위해 부득이하게 네 가지 길로 표현된다. 우리의 호흡 안에서 앞의 네 가지 길과 이들의 관계는 분리될 수 없다. 오히려 이들의 관계는 네 줄의 악기가 만들어 내는 하나의 화음과 같다. 여러 가지 화음 중에서, 단독적으로 생태시대의 기독교 영성과 관련하여 단 하나의 코드를 짚는 것은 제한적이며 한계가 있다. 그럼에도 생태시대의 기독교 영성의 기본이 되는 화음을 다음과 같이 조율하며 제안하고자 한다.

1) 하나님과 맺는 불이(不二)적 친밀함

기도는 영혼의 호흡이며 영성과 신앙의 핵심이다. 복음서는 예수의 모든 삶이 기도와 연결되어 있기에 기독교인의 기도 생활은 예수의 기도와 그의 가르침에 뿌리를 두고 있다. 예수의 삶은 기도의 연속이었고, 예수께서 보인 기도의 특징은 하나님에 대한 근본적인 사랑, 무엇과도 비교할 수 없는 친교, 아버지와 아들 사이에 친교에 바탕을 두고 있다. 블룸(A. Bloom)은 "기도란 만남이며 관계라는 것, 곧 깊은 관계를 형성하는 것(2011, p. 37)"으로 이해한다. 리치(K. Leech)는 "기도한다는 것은 하나님과의 관계 안으로 들어가는 것이고, 그 사귐 안에서 변화되는 것(1995, p. 6)"으로 이해한다. 예수께서 보인 기도의 특징과 학자들의 견해를 생각해 보면, 기도는 성삼위일체 하나님의 친밀한 교제에 참여하는 것이며, 하나님 현존에 대한 사랑의 응답이라 할 수 있다.

예수께서 세례 받을 때와 변화산에서 "사랑 받는 자"라는 음성을 들었다. 바울은 로마서 8장에서 성령께서 우리의 영과 결합하여 우리 모두가 하나님의 자녀임을 증거한다고 편지하였다. 요한은 성경의 대단원의 결말을 하나님 사랑이라 천명하고, 우리는 그분의 사랑받는 딸이며 자녀라 선언한다. 이처럼 성경과 기독교 신앙은 일관되게 하나님의 사랑을 받아들이고 하나님을 사랑하라고 요청한다. 영성학자 홀트(B. Holt)에 따르면, "영성이란 이 사랑을 우리의 삶 안에서 기꺼이 받아들이는 것이며, 그 사랑이 우리의 습관과 감정과 생각을 변화시키는 것을 허락하는 것이며, 그리하여 먼저 사랑하신 하나님께 사랑을 되돌려 드리는 것이다(2002, p. 43)." 나우웬에게 기도의 요체는 "사랑 받는 자"라는 음성을 듣는 자리며, 하나님 현존 앞에 머무름이다. 이렇게 볼 때, 기도는 하나님과의 관계 회복과 친밀감을 키워가게 하여 하나님의 사랑을 믿고 받아드리는 자리이다.

그렇다면 기도 안에서 맺는 하나님과 관계 즉, 사랑의 공명을 어떻게 이해할 수 있을까? 기도의 종류나 이해가 다양하지만 여기에서는 비이원적 체험에 주목하는 관상기도에 관심을 기울여 보고자 한다. 그 이유는 관상(contemplation)은 한 사람의 영적 근본을 개혁하며 덕을 실천하는 삶에 영향을 미치기 때문이다. 또한 관상의 전제는 하나님과 변혁적 만남(transformative encounter with God)으로 이해되기 때문이다. 모세의 시내산, 엘리야의 호렙산, 예수의 변화산, 그리고 바울의 삼층천을 떠올려 보면 이러한 변혁적 만남을 이해할 수 있다. 이러한 기도를 이해하기 위해, 앤서니 드 멜로(A. De Mello)의 "바다로 간 소금인형"을 떠올려 보자(2007, p. 24).

소금인형 하나가 수천 킬로미터에 달하는 육지를 여행한 끝에 마침내 바다에 이르렀다. 소금인형은 바다를 보고는 완전히 매혹당하고 말았다. 이렇게 크고 기묘한 물 덩어리는 지금껏 보았던 그 어떤 것과도 전혀 달랐다. 소금인형은 바다에게 말을 걸었다. "당신은 누구십니까?" 바다가 미소를 지으며 대답했다. "들어와서 직접 확인해 보렴." 소금인형은 바닷물을 헤쳐 걸어가기 시작했다. 바다 속을 향해 나아갈수록 점점 녹아내리다 끝내는 아주 작은 알갱이 하나만 남게 되었다. 마지막 한 톨마저 녹아내리는 순간, 소금인형은 경이감 속에서 외쳤다. "이제 내가 누구인지 알게 되었어!"

소금인형은 우리 영혼으로, 바다는 하나님의 신비로 이해할 수 있다. 소금인형이 바다 속으로 들어가 자신이 녹아 없어졌을 때, "이제 내가 누구인지 알게 되었어!"라고 고백하듯이, 기도는 우리 자신이 하나님 안에서, 그분의 신비와 분리될 수 없는 실존이라는 사실을 깨닫게 하는 시간이다. 샤논(W. Shannon)에게 관상의 전제는 하나님과 인간의 비이원성이다. 비이원성은 우리의 존재가 하나님과 구별되지만 분리되지 않는다는 것이다. 이것은 우리가 하나님께 속했으며 하나님은 우리 존재의 바탕이 되신다는 것이다. 우리는 이미 하나님의 현존 안에 있고, 하나님은 우리 안에 계신다. 우리가 이러한 현존 의식을 가지고 있지 않거나 희미할 따름인데, 샤논은 관상기도는 바로 이 의식이 온전히 깨어나 우리가 진정으로 하나님의 현존 안에서 살아가도록 하는 깨달음의 기도(prayer of awareness)라고 한다(Shannon, 2002, pp. 51-57).

소금인형이 바다를 경험하듯, 우리는 호흡을 통해 하나님을 경험한다. 말로니(G. Maloney)는 "숨은 하나님께서 인간에게 주신 가장 중요한 선물이다. 숨을 쉬지 않게 되면 의사는 죽음을 선고한다. 그래서 숨은 생명의 표징이다. 따라서 숨이란 어떤 의미에서 하나님의 일부라고 할 수 있다. 하나님께서 당신의 숨을 불어넣어 주시는 한, 우리는 하나님의 생명에 참여하고 있는 것이다(Maloney, 1996, p. 12)."라고 말한다. 저자는 숨은 생명의 표징이며, 우리가 숨을 쉬고 있는 한 하나님의 생명에 참여하고 있다고 한다. 그러고 보니 숨

쉬는 것은 참으로 신비이다. 또한 우리가 숨을 통해 하나님의 생명에 참여하고 있다면, 우리가 하나님과 분리되어 있다는 이원론적이며 배타적인 사유는 설 자리가 없다. 하나님의 호흡에 참여하는 한, 우리는 하나님 현존 안에서 비분리적인 삶, 즉 신비를 살아가는 것이다. 바다 안의 소금인형처럼, 그분의 현존 안에 있음 그 자체는 가장 훌륭한 기도이며, 경이로움과 신비의 자리이며, 치유와 회복의 자리이다.

2) 자신과 맺는 통합적 관계

서론에서 말했던 영성센터에서 경험했던 일이다. 어느 날 비가 많이 오고 바람이 세차게 불던 밤, 강가의 버드나무가 한쪽을 잃었다. 이튿날 아침, 그 나무에게 갔다. 찢어진 가지를 떨군 그 버드나무를 보며 가슴이 아팠다. 밤새 얼마나 두려웠을까? 그 바람에 가지를 찢기는 아픔은 얼마나 컸을까? 자신의 절반을 잃은 그 나무의 슬픔이 크게 다가왔다. 어떤 위로의 말도 하지 못하고 그 나무 곁에서 한동안 멍하게 서 있었다. 영성훈련이 끝나 그곳을 떠나며 그 나무의 아픔을 잊어버렸다. 이듬해 영성훈련을 위해 그곳을 다시 찾았다. 즐겨 찾았던 그 강가를 산책하며 이전에 반쪽을 잃은 그 버드나무를 만났다. 반쪽을 잃었던 그 나무는 어느새 무성한 새 잎과 가지를 쏟아내며 새로운 생명의 도약을 펼치고 있었다. 그 나무의 생명력에 큰 감화를 받았다. 그렇게 상처를 받고, 그렇게 치유하며 살아가는 것이 나무의 일생이었다. 상처를 딛고 일어선 나무는 그 자체로 나에게 상처를 대면하라고 가르치는 훌륭한 상담가요, 스승이 되어 주었다.

영성에서 추구하는 자신과의 관계는 본래 진면목의 회복으로, 이는 자신의 숨을 쉬는 것이라 할 수 있다. 아울러 하나님의 형상을 회복하고 참 빛의 자녀로 창조된 본래의 아름다움을 자각하며 살아가는 것이 자신의 숨을 쉬며 사는 것이다. 그러나 루터가 인간을 죄인이며 동시에 의인이라 하듯 또는 기독교인들이 자신을 사랑 받는 죄인이라고 고백하듯이 양면성을 경험하는 것은 바울의 고백처럼 실존적 삶에서 제 숨 못 쉬고 사는 인간의 모습이다. 제 숨 못 쉬게 하는 삶에서 경험되는 실존적 어두움과 죄를 어떻게 본래의 숨으로 바꿔 쉴 수 있을까? 이러한 고민을 안고 우리 안에 있는 완전성, 양면성, 창조성을 인정하며 상보적 통합을 이루어가는 것이 영적 여정이라 할 수 있다. 이를 이해하기 위해 사막 교부 암모나스가 들려주는 지혜에 주목해 보자.

아빠스 암모나스는 어느 날 평판이 좋지 않는 수도승이 있는 곳에서 식사를 하게 되었다. 그런데 우연히 그 시간에 한 여자가 와서 평판 나쁜 그 형제의 독방으로 들어갔다. 이 사실을 안 수도승들이 화가 치밀어 그 형제를 쫓아내려고 모여 들었다. 그들은 마침 아빠스 암모나스가 이곳에 와 있다는 사실을 알고 그를 찾아가 자기들과 합세할 것을 요구했다. 문제의 형제는 돌아가는 사정을 눈치채고 여자를 커다란 통 속에 숨겼다. 마침내 수도승들이 떼지어 그 장소로 몰려갔다. 아빠스 암모나스는 곧바로 정황을 간파했지만 하나님을 위해 시치미를 떼고 모른 체했다. 그리고 방으로 들어가 통 위에 걸터앉은 채 사람들에게 방을 뒤지라고 지시했다. 이윽고 수도승들이 방안을 샅샅이 뒤졌지만 여자를 찾아내지 못했다. 그러자 아빠스 암모나스가 말했다. "이게 도대체 무슨 꼴들인가? 하나님께서 그대들을 용서하시기를!" 그는 기도를 바친 다음 사람들을 밖으로 내보내고 나서 그 형제의 손을 잡고 타일렀다. "형제여, 조심하게나." 그는 이 말을 남기고 떠나갔다.

이 이야기를 꿈이나 신화를 대하는 방식으로 읽어 보면 각각의 등장인물은 자신의 한 단면을 드러내는 표상들이다. 암모나스, 화가 난 형제들, 평판 나쁜 형제, 여자는 우리 자신의 내면에서 벌어지는 미묘한 상호작용을 말한다. 마이에스에 따르면, 평판 나쁜 형제는 영성생활의 위기에 직면했다. 그는 새로운 사태를 맞아 평정심을 잃고 여자를 사귐으로 이를 극복해 보고자 한다.

여성의 등장은 무의식을 뚫고 올라오는 여성성, 창조성으로 이해할 수 있다. 무의식을 뚫고 올라오는 생명의 근원으로 이해할 수 있는 여성성은 자아의 손길과 제어력이 미치지 못하는 순수한 생명의 의식화라 할 수 있다. 이때 자아는 본능적으로 외적 관계를 통해 상황을 처리하여 하지만, 육체를 지닌 여자는 남자의 정신적 잉태를 실현시켜 주지 못한다.

평판 나쁜 형제에게 다른 동료들은 화가 많이 나 있다. 이는 화가 난 형제들 또한 평판 나쁜 형제와 같은 내면의 위기를 맞이하나 대응이 다를 뿐이다. 겉보기에는 훌륭하지만, 위험스러운 함정을 그대로 가지고 있다. 그 위험이란 실제로 겪게 되는 내면의 울림, 요청, 근원의 부름을 애써 외면함으로써 부인하는 것이다. 그것을 무시함으로써 극복했다고 믿지만, 그들이 드러내는 분노와 완고한 도덕주의는 매우 파괴적인 결함을 가지고 있다. 앞 이야기에 등장하는 암모나스는 "고통받는 인간 안에서 태동하는 신적 완전성을 상징한다." 평판 나쁜 형제와 화가 난 형제들 모두가 성장을 통해 바라보아야 할 영적 지향점이다. 이렇게 볼 때, 앞 이야기는 우리가 걷는 영적 여정에 필요한 내적 수행의 과제를 잘 보여준다.

이와 유사한 참 자아를 찾아가는 여정을 잘 보여주는 복음 이야기가 있다. 누가복음 15장에 나오는 아버지와 두 아들 이야기이다. 작은아들은 자신을 아버지의 사랑이 아닌 다른 곳에서 찾고 헤매는 우리의 단면을 보여준다. 하나님의 사랑 없이 살 수 있다는 환상, 다른 곳에서 사랑을 찾을 수 있고 채울 수 있다는 환상을 드러낸다. 큰아들은 돌아온 동생을 환대하지 못하며, 오히려 분노를 표출한다. 이는 하나님 사랑에 대한 체험적인 앎이 없는 상태로 겪는 어려움을 드러낸다. 작은아들은 부끄러움과 수치를 드러내며, 큰아들은 분노와 두려움을 드러낸 것이다. 복음의 이야기에서 가장 상처받은 이는 아버지이다. 두 아들의 떠남을 묵묵히 받아들이며, 환대와 초대로 두 아들의 상처를 회복하게 하는 아버지는 긍휼하며 인자하신 하나님을 잘 드러낸다. 예수께서 "아버지가 온전한 것 같이 너희도 온전하라(마 5:48)." 하셨던 말씀을 떠 올려 본다면, "이제 당신이 큰아들이건 작은아들이건 아버지가 되어야 합니다."라는 초대는 옳다. 또한 작은아들이 아버지를 향했을 때, 이미 아버지는 뛰어나와 아들을 환대하였듯이, 인간이 하나님을 향해 마음을 열게 되면, 하나님을 만나며, 하나님에 의해 내적으로 완전히 변화되고, 온전히 하나님의 영으로 사는 능력을 갖게 된다(Grün, 1999, p. 56).

내면을 향한 여정은 하나님을 향한 여정과 분리되지 않는다. 샤논은 토마스 머튼(T. Merton)에 관한 책 『고요한 등불』에서 다음과 같이 말한다. "내가 하나님으로부터 구별되지만, 내가 하나님으로부터 떨어져 있지는 않다는 것입니다. 내가 하나님을 발견할 때, 나는 동시에 나 자신을 발견합니다. 그리고 내가 나 자신을 발견할 때, 나는 필수적으로 하나님을 발견합니다. 내가 나 자신을 발견할 수 있는 곳은 하나님 이외에 그 어디에도 없습니다(Shannon, 2008, p. 14)." 하나님 안에서 자신이 발견되는 여정은 내면을 향한 여정이며 동시에 하나님을 향한 여정이다. 이 여정에 필요한 지도 중 하나가 상처에 대한 이해이다. 평판 나쁜 형제, 화가 난 형제나 작은아들, 큰아들에게 필요한 치유와 회복은 상처를 새롭게 이해하고, 상처가 주는 창조적 역동성의 자리로 초대하는 것이다.

복음서에는 태어나면서부터 맹인의 치유 이야기가 나온다. 이를 그륀은 다음과 같이 해석한다. "너는 흙에서 왔다. 그러나 네 안에 있는 더러움과 너의 그림자들과 화해하여라. 사람이 되어라. 그러면 다시 보게 될 것이다. 네가 흙에서 왔음을 부정하는 한 너는 볼 수 없을 것이다(Grün, 1999, p. 81)." 그륀은 융을 인용하여 예수님이 인간이 되시기 위해 하늘에서 내려오셨다는 것이 기독교의 핵심적 역설이라고 언급한다. 우리는 예수님을 만나기 위해 그분과 함께 우리 자신의 고유한 땅의 속성과 인간성, 우리 자신의 진면목으로 내려와야만 참된 인간이 된다는 것이다.

하나님의 숨과 사람의 숨이 나뉘질 수 없다면, 하나님의 형상을 회복하는 것은 하나님을 발견하는 것과 같은 길이다. 심리학자 융은 우리 자신은 하나님이 탄생하시고자 하는 하나의 마구간과 같다고 한다. 그에 따르면 예수의 오심은 아래의 세계, 즉 무의식의 세계로 내려감으로써 이루어졌음을 알려주고 있다. 자기 내면에 존재하는 어둠 속으로, 무의식의 세계로, 어두운 저승의 세계로 내려감으로써 하나님께 올라갈 수 있다. 자아는 그곳에서 하나님의 충만한 은총을 받아 다시 위로 올라갈 수 있다는 것이다. 이와 비슷하게, 그륀은 "상처는 우리가 우리 자신을 만나는 장소이기만 한 것은 아니다. 우리가 이제 더 이상 나아갈 수 없고 앞날에 대한 희망이 전혀 보이지 않아서 포기하기 직전에, 그때 우리는 그리스도를 만나게 되고, 우리가 완전히 그리스도에게 내맡겨져 있다는 사실을 인식하게 된다(Grün, 1999, p. 81)." 우리가 상처받고 부서지고 한 바로 그 자리, 그 순간이 우리가 우리 자신을 깨뜨리고 하나님을 향해 나아갈 수 있는 기회이다. 자신을 만나는 여정은 상처라는 광야를 지나는 여정이며, 광야는 우리를 겸손하게 함으로써 하나님을 경험하는 또 다른 생명의 공간이 될 것이다.

3) 이웃과 맺는 친교적 관계

지갑은 내 것이냐 네 것이냐 따질 수 있지만, 숨은 내 숨과 네 숨 구별하여 따질 수 없다. 생명에서 가장 중요한 숨은 함께 쉬는 것이다. 우리 시대 가장 큰 어려움과 함께 숨을 쉰다는 사실을 망각한 것이다. 미세먼지나 황사에서 경험하듯 공동체의 건강함 없이 한 개인의 숨이 건강할 수 없는 것은 자명하다. 우리 모두의 숨을 멎게 하는 정치적, 경제적, 문화적 요인들은 복잡하게 얽혀 있다. 여기에서 말하고 싶은 것은 모든 문제를 해결할 수 있는 방법이 아니다. 단지 곁에 있는 사람과 함께 숨을 쉬고 있음을 알아차림으로써 보다 큰 공동체가 건강하기를 바라는 것이다.

예수님은 "'네 마음을 다하고 목숨을 다하고 뜻을 다하여 주님이신 너희 하느님을 사랑하여라.' 이것이 가장 크고 첫째 가는 계명이고, '네 이웃을 네 몸

같이 사랑하여라.'한 둘째 계명도 이에 못지않게 중요하다. 이 두 계명이 모든 율법과 예언서의 골자이다(마 22:37-40, 공동번역)"라고 말씀한다. 이 말씀에 비추어 볼 때 참된 영성은 자기중심성(self-centeredness)을 기초로 한 닫혀 있음에서 벗어나 이웃, 창조세계, 그리고 하나님을 향해 열려가는 여정이라 할 수 있다. 어떻게 이웃을 내 몸과 같이 사랑할 수 있을까? 숨이 그렇듯이 나와 이웃이 비분리적 실재임을 살아 낼 수 있을까? 여러 응답이 가능하겠으나, "이웃 안에서 그리스도를 발견하는 것이 지름길이 아닐까?"라고 되묻는다. 이웃 안에서 하나님의 형상을 발견하는 것, 이웃의 가슴 안에 있는 거룩한 불꽃을 볼 수 있어야 가능한 것 아닌가? 스스로 묻고 답해 본다. 복음서 중, 누가가 들려주는 이웃 사랑에 대한 이야기이다.

그러나 율법교사는 짐짓 제가 옳다는 것을 드러내려고 "그러면 누가 저의 이웃입니까?" 하고 물었다. 예수께서는 이렇게 말씀하셨다. "어떤 사람이 예루살렘에서 예리고로 내려가다가 강도들을 만났다. 강도들은 그 사람이 가진 것을 모조리 빼앗고 마구 두들겨서 반쯤 죽여 놓고 갔다. 마침 한 사제가 바로 그 길로 내려가다가 그 사람을 보고는 피해서 지나가 버렸다. 또 레위 사람도 거기까지 왔다가 그 사람을 보고 피해서 지나가 버렸다. 그런데 길을 가던 어떤 사마리아 사람은 그의 옆을 지나다가 그를 보고는 가엾은 마음이 들어 가까이 가서 상처에 기름과 포도주를 붓고 싸매어 주고는 자기 나귀에 태워 여관으로 데려가서 간호해 주었다. 다음 날 자기 주머니에서 돈 두 데나리온을 꺼내어 여관 주인에게 주면서 "저 사람을 잘 돌보아 주시오. 비용이 더 들면 돌아오는 길에 갚아드리겠소." 하며 부탁하고 떠났다. 자, 그러면 이 세 사람 중에서 강도를 만난 사람의 이웃이 되어 준 사람은 누구였다고 생각하느냐?" 율법교사가 "그 사람에게 사랑을 베푼 사람입니다." 하고 대답하자 예수께서는 "너도 가서 그렇게 하여라." 하고 말씀하셨다(눅 10:29-37, 공동번역).

누가가 들려주는 이야기 안에서 이웃은 누구인가? 누구에게서 그리스도의 표상을 보며, 누구에게서 거룩한 불꽃을 발견하는가? 오늘 우리의 이웃은 누구인가? 교회는 오랫동안 알레고리적 해석을 통해 이 이야기의 사마리아인에게서 예수의 표상을 발견했다. 그리고 설교가들은 사마리아인처럼 이웃을 돌봐야 함을 강조했다. 그러나 이러한 해석은 고난받은 자 안에서 그리스도의 얼굴을 발견하기 시작하면서 새롭게 해석되기 시작했다. 즉, 강도를 만난 이의 약함, 상처입음, 깨짐 안에서 십자가의 그리스도를 발견하기 시작한 것이다. 이와 같이 성서의 해석이 바뀔 때 이웃을 돕는 것은 도덕적 의무나 윤리적 책임을 넘어 그리스도에 대한 사랑의 응답이 된다. 그러므로 우리가 이웃을 사랑하는 것은 하나님 사랑에 대한 응답이다.

오늘을 사는 현대인들에게 이웃사랑의 가르침은 공허하고, 자기 사랑만 맴돌면서 외로움을 호소하며 산다. 그륀은 이에 대한 원인을 자아도취증에 두며 "자아도취증은 참된 자기 자신과의 만남을 잃게 하였고, 바로 그 때문에 그렇게도 심하게 자기 자신에게 몰두한다."고 한다(Grün, 1999, p. 208). 그렇다면 어떻게 자아도취증에서 벗어나 이웃사랑의 길로 참여할 수 있을까? 그륀은 소화 테레사를 인용하며 신적 사랑임을 말한다. "신적 사랑은 언제나 가장 낮은 자리를 찾아가는 물과 같다. 우리 자신의 무능, 상처와 아픔을 하나님께 내어 드리면 하나님의 사랑이 우리 영혼의 깊은 곳으로 흘러들어 그곳의 모든 것 안으로 파고들어 변화시킬 수 있다. 이러한 영성의 길은 치유하는 동시에 자유롭게 한다(Grün, 1999, p. 211)." 테레사는 이를 작은 길로 칭했고, 이 작은 길이 갖는 영적 의미는 일상에서 경험하는 짜증, 예민함, 소외감에 대한 두려움을 인지하나 자신을 심판하지 않는 길이다. 오히려 하나님의 사랑이 바로 그 안에서 흘러들도록 하나님을 청함으로써 현실의 실제 삶에 대한 감각을 회복시켜 준다.

다른 예는 머튼의 루이빌 경험에서 배울 수 있다. 머튼의 "루이빌의 환상"은 그의 영적 여정에 새로운 이정표를 놓았던 사건이다. 1958년 3월 머튼은 루이빌의 한 사거리에서 그 자신이 이 사람들을 사랑하고 있고, 그들이 머튼 자신에게 속하였고, 자신도 그들 가운데 속해 있다는 깨달음에 휩싸였다. 이 경험을 통해 머튼은 수도원 안에서 사는 사람은 구별된 거룩한 존재라는 관념을 산산이 깨뜨렸다. 그는 다른 사람들로부터 분리되지 않고 모든 남자와 여자들과 함께하는, 즉 단순히 인류의 한 구성원이 되는 영광에 감격했다. 그는 그 경험에 대해 "그 경험은 분리의 꿈과 특별한 세계 안에서 거짓된 자기-고립과 거부의 세계 그리고 가장된 거룩함의 꿈으로부터 깨어나는 것과 같았다(Shannon, 2008, pp. 376-377)." 이 경험을 통해 머튼은 자신과 다른 이들이 분리되지 않는 실재임을 체험했고 이는 그에게 "나는 그들을 대신해서 세상에 대하여 책임이 있다. 나는 홀로 있음을 그들에게 빚지고 있다. 그리고 내가 홀로 있을 때 그들은 '그들'이 아니라 나 자신이다. 따라서 이방인이란 없다(Shannon, 2008, p. 377)!"

머튼은 일반 사람들의 내면에서 아름답게 타오르는, 거룩한 불꽃을 보았다. 그는 "그것은 마치 내가 갑자기 그들의 마음의 비밀한 아름다움 …… 각자가 하나님 눈 안에 있는 바로 그 사람, 그 아름다움의 핵심을 보는 것 같았다."는 고백에서 울림이 된다. 각자가 가지고 있는 가장 내밀한 아름다움! 누구에게도 손상되지 않는 아름다움! 우리가 그것을 하나님의 형상이라, 또는 사랑 받는 자라, 아니면 그리스도의 영이라 부르든 간에, 그는 존재하는 이들의 가슴 안에 현존하는 하나님의 거룩한 불꽃을 보았다. 그렇기에 분리되고 배척될 수 있는 이웃은 없다.

나우웬은 영적 공동체가 우리로 하여금 경쟁 사회의 망상들을 벗고 현실을 직시하게 해 준다고 말한다. 이는 공동체 안에서 우리가 서로를 그리스도 안에서 형제자매요, 한 하나님의 자녀로 인식하게 된다는 것이다. 공동체는 삼위일체 하나님의 사랑의 교제 안에 우리가 참여할 때, 우리의 이웃 또한 그 사랑의 교제 안에 있음을 인식하게 될 때 형성된다. 예거(W. Jager)는 "예수는 하나님의 아들입니다. 하지만 하나님의 아들이라는 말은 예수뿐만이 아니라 인간을 포함하여 살아 있는 모든 존재에 붙일 수 있습니다. 하나님은 형체를 가진 모든 존재를 통해 자신을 드러내니까요. 우리는 모두 하나님의 자녀입니다(Jager, 2013, p. 140)."라고 말한다. 예거는 하나님의 아들로서 인류가 나누는 형제애를 초월하여 모든 존재를 향해 하나님의 자녀로 이해함으로써 우주적 형제애로 범위를 확장시킨다.

또한 공동체는 서로의 가슴 안에서 타오르는 거룩한 불꽃인 그리스도의 현존에 참여하는 것으로 삶에서 구체적인 참여와 실천을 통해 형성되고 드러난다. 독일의 신비가 에카르트(M. Eckhart)는 누가복음에 나오는 마리아와 마르다 이야기를 새롭게 해석한다. 그에 따르면, 예수의 발자취를 따르며 황홀경에 빠져 있는 마리아보다 지칠 정도로 열심히 예수에게 봉사한 마르다가 더 영성적인 길을 걷고 있다. 왜냐하면, 마리아는 관상 체험 후 일상으로 되돌아오지 않았지만, 마르다는 일상 안에서 신비적 영성을 체험했다는 것이다. 참된 기독교 영성의 지표는 이웃의 얼굴 안에서 그리스도의 얼굴을 발견하고, 고통당하는 이웃의 가슴 안에 계시는 그리스도께 사랑으로 응답하는 실천을 통해 형성해 가는 공동체에 있다.

4) 창조세계로 가는 길

가시적이고 물리적인 세계에서 사람의 숨은 절대적으로 창조세계의 숨에 의존해 있다. 나무가 내쉬는 산소가 없다면 인간의 생존 자체는 불가능하다. 숨은 하나님, 자신, 이웃과의 관계를 훨씬 뛰어넘어 전 창조세계와 맺는 관계를 보여준다. 영성을 떠올리면서 지금도 하나님과 인간의 범주에 머물러 있다면, 이제 창조세계와 맺는 근본적인 관계에 대해 새로운 눈을 떠야 한다. 과학자들은 현재 지구의 모습이 과거와 크게 달라졌고, 이를 새로운 지질학적 연대기인 인류세(anthropocene)라 칭한다. 인류세라 칭하는 이유는 이렇게 큰 변화를 일으킨 장본인이 인간 자신이기 때문이다(Steffen, 2007, pp.

614-621). 산업혁명 이후 사람들은 지구의 대기, 지질, 수질, 생물, 그리고 지구생명체계 자체를 급변시켰다. 인류세를 초래한 인간은 결국 멸종위기 종 또는 제 후손에게 아무런 책임과 보호본능을 느끼지 못하는 세대라는 비판에 직면하고 있다. 파괴되고 아픈 지구의 치유와 회복 없이 어떻게 사람의 치유와 회복을 논할 수 있겠는가? 아픈 지구 위에서 건강한 사람을 찾는 것은 어불성설이다. 그렇다면 다시 한 번 영성의 정의를 떠올려 보라.

> 진정한 기독교 영성은 단순히 '내면생활'이나 속사람만을 위한 것이 아니다. 그것은 영을 위한 것인 만큼 몸을 위한 것이기도 하며, 하나님을 사랑하고 이웃을 사랑하라고 하신 그리스도의 두 가지 계명의 이행을 지향한다. 진정으로 우리의 사랑도 하나님의 사랑과 마찬가지로 모든 피조물에게까지 확대되어야 한다. 진정한 기독교 영성이 미치는 범주 안에는 인간과 자연 모두가 포함된다(Wakefield, 1983, pp. 361-362).

기독교 영성의 범주를 하나님과 인간과 더불어 인간과 자연 모두를 포함한다는 것은 창조 이야기의 핵심이다. 아담은 땅이라는 히브리어 아다마에서 왔다. 또한 아담의 숨은 하나님의 숨으로 연결되어 있으니 인간은 하나님과 창조세계와 맺는 관계 안에서 이해된다.

이 장에서 생태위기와 기독교 영성의 주제를 폭넓게 다룰 수는 없다. 다만 우리가 처한 상황을 베리가 다음과 같이 요약한 것을 주목할 필요가 있다.

> 20세기 들어 인간의 영광은 지구의 황폐화가 되었다. 그리고 지구의 황폐화는 인간의 운명이 되어가고 있다. 이를 극복하며 새로운 생태시대로 전향을 위해 인간의 모든 제도, 직업, 프로그램 등 활동은 이제 우선적으로 그것들이 인간과 지구의 상호 증진 관계를 저해하거나 무시하거나 혹은 촉진하는 정도에 따라 판단해야 한다(Berry, 2009, p. 117).

영성과 치유도 이러한 맥락을 벗어날 수 없다. 클라인벨은『생태요법』에서 베리의 의견을 인용하여 "지구의 생태계의 건강은 인간들의 건강의 하나의 전제조건"임을 수용하며 생태요법에 대한 탐구를 시도하였다(Clinebell, 1998, p. 38). 사실 조금만 깊이 생각해 보면 우리는 지구 생태계의 건강이 인간의 생존과 치유의 전제조건임을 쉽게 알 수 있다. 우리는 심지어 가장 진보된 의학의 힘을 가지고 있다 할지라도 병든 지구, 파괴된 지구 위에서 건강한 사람으로 생존할 수 없다. 베리는 "지구의 건강은 근원적인 것이며, 인간의 건강은 그 위에서 파생되는 것"이라 단언하며 "인간의 모든 요소들이 지구에 깊이 뿌리를 두고 있다는 사실을 인식하며, 인간의 성장과 치유도 지구와 깊이 연관되어 있다는 사실을 깨닫는 것"을 강조한다(Berry, 1992, p. 237, p. 70).

베리는 우리가 이러한 심오한 장소와의 만남을 통해 형성되었는지를 절실하게 인식하였다. 그가 열한 살에 꽃들이 만발한 초원에서 경험했던 체험은 그의 전 생애에 걸쳐 생태적 윤리의 기반이 되었다. 초원의 경험을 통하여 베리는 우리의 상상력과 일체감은 우리를 둘러싸고 있는 것에 의해 키워지거나 훼손된다는 것을 알게 되었다. 그래서 베리는 다음과 같이 말한다.

> 바깥세상에서 일어나는 일은 내면에서도 일어난다. 바깥세상의 장엄함이 줄어들면, 인간의 정서와 상상력, 지성과 영성도 줄어들거나 소멸된다. 하늘을 가로질러 나는 새들과 울창한 숲, 곤충의 노래 소리와 화려한 색깔, 자유롭게 흐르는 냇물, 야생화가 꽃피는 들판, 구름과 별이 떠있는 하늘이 없다면, 우리는 우리를 인간으로 만드는 모든 면에서 빈곤해진다(Berry, 1999, p. 200).

베리가 들녘에서 경험한 것과 같은 "한없이 경이로움"은 헷셀(A. Heschel)에 따르면 이는 생명을 대하는 종교적인 태도의 주된 특성이자 우리가 신을 체험할 때 나오는 적절한 응답이라고 한다(Heschel, 1955, p. 117). 우리와 신을 깊이 연결하는 통찰은 "현학적 사유가 아니라 한없는 경이로움과 깊은 경외감으로 신비에 대한 우리의 감성에서, 형언할 수 없는 것을 자각하는 데서 온다." 독일인 신학자 죌레(D. Soelle)는 한없는 경이로움을 느낄 때가 관상이 시작되는 지점이라 한다. 이처럼 창조세계는 단순한 물질이나 인간의 여가나 진보를 위한 재료가 아니다. 오히려 베리의 경험과, 헷셀이나 죌레가 말하듯이 하나님과 신비스러운 만남의 거룩한 장소이다.

기독교 영성은 두 권의 책 전통 안에서 창조세계를 거룩한 삼위일체의 현존으로 그리고 묘사해 왔다. 피조세계를 하나님의 책으로 이해할 때 자주 인용되는 성경은 시편과 요한의 프롤로그, 그리고 바울의 서신들이다. 시편 기자에게 전 피조세계는 하나님을 찬양하는 찬양공동체였다(시편 24, 104, 148). 요한에게 만물은, 말씀이 육신이 되신 그리스도를 통하여 창조되었다. 바울은 로마서 1장 20절에서 "하나님의 보이지 않는 본성, 곧 그분의 영원한 힘과 신성을 피조물을 통하여 알아보고 깨달을 수 있게 되었다."고 증언한다. 즉, 피조세계는 보이지 않는 창조주의 능력과 신성을 드러내기에 거룩한 책으로 이해한 것이다. 어거스틴은 "하나님의 페이지가 당신에게 책이 되게 하십시오. 그러면 당신은 [성경을 통하여 하나님 음성을] 들을 것입니다. 또한 모든 세상이 책이 되도록 하십시오. 그러면 당신은 [하나님을] 보게 될 것입니다." 인용문이 보여주듯 어거스틴은 피조세계를 거룩한 책으로 이해하였다. 앞에 언급한 성경구절을 바탕으로 하여 피조세계를 거룩한 책으로 이해한 것은 면면히 지속되어 왔던 기독교 신앙의 유산이다. 중세신비가 보나벤투라(St. Bonaventure, 1221-1274)는 다음과 같이 말한다.

그러므로 누구든지 피조세계를 통해 드러나는 하나님의 장엄함을 보지 못한 사람은 눈먼 사람입니다. 피조세계의 외침에 깨어나지 않는 사람은 눈먼 사람입니다. 피조세계가 하나님을 찬양하도록 일깨우는데 하나님께 찬양을 드리지 않는 사람은 벙어리입니다. 그러므로 눈을 뜨십시오. 여러

분의 영적 스승에게 주의를 기울이십시오. 여러분의 입술을 여시고 마음
을 여십시오. 그렇게 함으로써 모든 피조세계 안에서 하나님을 보고, 듣고,
찬양하고, 사랑하고, 경배하고, 확대하고, 존경하십시오. 모든 세계가 당신
에게 저항하여 일어나지 않도록(Krueger, 2006, p. 225 재인용).

이러한 사상은 종교개혁과 루터(M. Luther)와 칼빈(J. Calvin)에게서도 발견
된다. 루터는 "하나님은 단지 성경에만 복음을 기록하지 않았다. 그분은 또
한 무한한 나무와 꽃과 구름과 별 위에 복음을 기록하였다(Luther, 2006, p.
240)." 그래서 개혁가에게 모든 피조세계는 가장 아름다운 성경이었다. 칼빈
또한 기독교 강요에서 하나님의 창조 그 자체가 가장 "장엄한 극장"으로 하나
님의 영광을 드러낸다고 이야기한다(Calvin, 1997, p. 306).

생태시대의 기독교 영성은 특별히 창조세계의 중요성과 건강에 주목해야
한다. 이웃사랑은 단순히 지금 곁에 있는 이들을 포함할 뿐만 아니라 아직 태
어나지 않은 미래세대와 전 피조세계까지 확장된다. 그렇기에 상담과 정신
의학 분야에서 지구 생태계의 건강과 안녕이 인간의 건강과 안녕을 위한 전
제조건임을 알아야 한다. 우리가 알고 있는 모든 의료적 지식이 있다고 해도
우리는 병든 지구 위에서 건강한 인간으로 생존할 수는 없다. 인간이 지구가
흡수하고 자연적으로 전환시킬 수 있는 것보다 더 많은 독소와 오염물질을
생산해 낸다면, 지구공동체만 파괴될 뿐만 아니라 인류 전체는 병들어 갈 것
이다. 그렇기에 베리는 말한다. "인간의 건강은 지구의 건강을 기본으로 하
여 파생되는 것이다. 지구의 건강이 일차적이다(Berry, 2010, pp. 398-399)."

창조세계와 맺는 관계를 통해 생태적 감수성을 회복해야 한다. 이를 위해
하늘의 해와 달, 별, 산, 들, 숲, 강, 노래하는 새와 동물들이 불러주는 노랫소
리에 귀를 기울여 보라. 우리는 대량 멸종으로 인해 피조세계의 찬양이 영원
히 멈추기 전에 그들의 음성에 귀를 기울여야 한다. 시편 기자가 148편에서
들었던 우주적 찬양은 피조세계가 사라지고 나면 다시 들을 수 없을 것이다.

만약 이들이 사라진다면 우리는 피조세계가 불러일으키는 시인의 감수성, 화가의 예술성, 그리고 심지어 깊은 종교적 신비체험을 다시는 접할 수 없게 되는 것이다. 피조세계에 귀를 기울여 듣는다는 것은 피조세계 안에 머물며 그 안에서 다양함을 경험하는 것이며, 다양성은 상호 연관성 또는 부분과 전체의 관계에 대한 우리의 제한된 시각을 확장시키는 것이다. 이 생태적 감수성을 회복할 때 현재 인간이 보이는 탐욕과 물질문명에 대한 숭배를 멈출 수 있지 않을까?

5. 나오는 말

본 장에서는 영성을 숨을 매개로 이해하였다. 생태시대의 기독교 영성은 하나님과 맺는 관계를 기도 안에서 깊어지는 비이원적 체험에 중심을 두고 살펴보았다. 자신과의 여정은 통합의 여정으로, 타인과 맺는 관계는 형제애로, 그리고 창조세계와 맺는 새로운 관계를 경이로움으로 이해하였다. 앞에서 언급하였듯이 이들 서로는 분리될 수 있는 별개가 아니다. 오히려 한 실재의 다른 모습들이며 한마디로 요약하면 사랑이라 할 수 있다.

조선 후기 한 시인은 "사랑하면 알게 되고 알게 되면 보이나니 보이는 것은 이전 같지 않으리라."라고 노래한다. 영성생활의 진보와 치유의 여정은 이러한 사랑의 여정이다. 이 여정은 하나님의 여정이며, 전 우주의 여정이며, 지구의 여정이며, 우리의 여정이다. 기도, 화해, 사랑, 연합은 이 사랑 이야기의 한 부분이다. 사랑과 치유를 생각해 보면, 사랑이 있는 곳에 하나님이 계시다는 찬양은 우주적 울림이다. 사막 교부의 가르침과 중세 신비가의 글로 사랑의 울림을 노래하려 한다.

항상 기도하라. 그래야 비로소 그 기도가 너를 완전한 사람으로 만들고,

그 기도를 통해 너의 품위를 발견할 수 있다. 아주 특별히, 기도야말로 하나님께 대한 너의 사랑을 깊게 해 줄 것이다. 기도가 점점 더 강렬해지다가 마침내 그 날이 오면 네가 동경해 온 것을 보게 될 것이다(Grün, 2004, p. 122).

너는 이 일에서 너의 주님이 무엇을 의미하는지 알기를 원하느냐? 잘 알아 두어라. 주님이 의미하시는 것은 사랑이다. 누가 그것을 너에게 계시해 주느냐? 사랑이다. 그분은 너에게 무엇을 계시해 주셨더냐? 사랑이다. 왜 그것을 계시해 주시느냐? 사랑 때문이다(Julian, 1978, p. 342).

참고문헌

김영수 (2015). 통합적 치유를 위한 영성 심리학적 전망. 사랑의 신비 안에서 이루어지는 마음의 치유: 영성과 상담 심리의 만남 (고계영 편). 서울: 프란치스코출판사.

이만홍 (2006). 영성치유. 서울: 한국영성치유연구소.

최광선 (2014). 생태영성 탐구: 창조세계를 책으로 실행하는 렉시오 디비나(lectio divina)는 가능한가? 신학과 실천, 38, 463-487.

Berry, T. (1999). *The great work: Our way into the future*. New York: Bell Tower.

Berry, T. (edited by Mary Evelyn Tucker and John Grim) (2009). *The Christian future and the fate of the earth*. Maryknoll: Orbis Books.

Berry, T., & Swimme, B. (1992). *Universe story: From the primordial flaring forth to the Ecozoic era*. San Francisco: Harperone.

Berry, T., & Swimme, B. (2010). 우주이야기: 태초의 찬란한 불꽃으로부터 생태대까지 (맹영선 역). 서울: 대화문화아카데미.

Berry, T. (2013). 위대한 과업 (이영숙 역). 서울: 대화문화아카데미.

Bloom, A. (2007). 기도의 체험 (김승혜 역). 서울: 가톨릭출판사.

Cannato, J. (2013). 경이로움 (이정규 역). 서울: 성바오로출판사.

Calvin, J. (1843-8). *The Commentary of John Calvin on the Old Testament,* vol. 30, Edinburgh: Calvin Translation Society. 재인용 Randall C. Zachman, "The Universe as the Living Image of God: Calvin's Doctrine of Creation Reconsidered,"*Concordia Theological Quarterly* 61:4 (Oct, 1997).

Clinebell, H. (1996). 생태요법 (오성춘, 김의식 역). 서울: 한국장로교출판사.

Cummings, C. (2015). 생태영성 (맹영선 역). 서울: 성바오로.

De Mello, A. (2007). 바다로 간 소금 인형 (문은실 역). 서울: 보누스.

Egan, K. (2005). Contemplation. In P. Sheldrake (Ed.), *The new Westminster dictionary of Christian spirituality*. Louisville: Westminster John Knox Press.

Frankl, V. E. (1972). 심리요법과 현대인 (이봉우 역). 경북: 분도출판사.

Grün, A. (1999). 내 나이 마흔에 (이성우 역). 서울: 성서와 함께.

Grün, A. (2003). 아래로부터 영성 (전헌호 역). 경북: 분도출판사.

Grün, A. (2004). 하늘은 네 안에서부터 (정하돈 역). 경북: 분도출판사.

Grün, A. (2015). 전인적인 치유의 길−영성 심리학적 관점. 사랑의 신비 안에서 이루어지는 마음의 치유: 영성과 상담 심리의 만남 (고계영 편). 서울: 프란치스코출판사.

Heschel, A. J. (1955). *God in search of man*. New York: Farrar, Straus and Giroux.

Holt, B. P. (2005). 기독교 영성사 (엄성옥 역). 서울: 은성.

Jager, W. (2013). 파도가 바다다 (양태자 역). 서울: 이랑.

John of the Cross (2007). 사랑의 산 불꽃 (방효익 역). 서울: 기쁜소식.

Julian of Norwich (1978). *Showings*. New York: Paulist.

Krueger, F. W. (2006). *A cloud of witness: The deep ecological legacy of Christianity*. Santa Rosa: Religious Campaign for Forest Conservation.

Maloney, G. A. (1996). 현대인의 영성: 신비가의 숨 (이봉우 역). 경북: 분도출판사.

May, G. (1982). *Care of mind, care of spirit: Psychiatric dimensions of spiritual direction*. San Francisco: Harper & Row.

Nouwen, H. (2016). 분별력 (이은진 역). 서울: 포이에마.

Leech, K. (1995). *True prayer: An invitation to Christian spirituality*. Harrisburg: Morehouse.

Luther, M. (edited by J. Matthew Sleeth) (2006). *Serve God, save the planet: A Christian call to action*. Grand Rapids, MI.: Zondervan.

Schneiders, S. (2005). Christian spirituality: Definition, methods and types. In P. Sheldrake (Ed.), *The new Westminster dictionary of Christian Spirituality* (pp. 1-6). Louisville: Westminster John Knox Press.

Shannon, W. H. (2002). 깨달음의 기도 (최대형 역). 서울: 은성.

Shannon, W. H. (2008). 고요한 등불 (오방식 역). 서울: 은성.

Shea, J. (2005). Spirituality, psychology and psychotherapy. In P. Sheldrake (Ed.), *The new Westminster dictionary of Christian spirituality* (pp. 49-54). Louisville: Westminster John Knox Press.

Sheldrake, P. (2003). Christian spirituality as a say of living publicly: A dialectic of the mystical and prophetic. *Spiritus, 3*(1), 19-37.

Steffen, W., Crutzen, P. J., & McNeill, J. R. (2007). The Anthropocene: Are humans now overwhelming the great forces of Nature. *A Journal of the Human Environment, 36*(8), 614-621.

Tournier, P. (2004). 성서와 의학 (마경일 역). 서울: 다산글방.

Wakefield, G. S. (Ed.) (1983). *The Westminster dictionary of Christian spirituality*. Philadelphia: Westminster John Knox Press.

Wilber, K. (2008). 통합심리학 (조옥경 역). 서울: 학지사.

다문화와 영성

장석연

[(사)글로벌 디아스포라 다문화코칭 네트워크 상임이사]

1. 들어가는 말

한국 사회는 2000년대에 들어서면서 급속한 산업화와 경제발전을 이루었지만 3D직종에 종사하려고 하는 한국인들이 부족하게 됨에 따라 외국인 이주 노동자들이 급증하게 되고 또 농촌지역의 남성과 여성의 성비불균형, 낮은 혼인율을 극복하기 위해서 많은 국제결혼이 전문 업체들에 의해서 이루어짐에 따라 결혼이민자들의 숫자도 급증하게 된다. 또한 한국의 경제발전을 보고 많은 재외국민들이 한국으로 다시 돌아오는 이른바 역이민 현상도 생겨나고 북한 이탈주민의 숫자도 급증함에 따라 문화적으로 다양한 배경을 가진 한국인들의 숫자가 늘어나고 있다. 뿐만 아니라 한류의 영향과 한국대학들의 외국 유학생 유치를 위한 적극적인 홍보와 유치 노력 등으로 인해 해마다 한국으로 유학 오는 외국인 유학생들의 숫자도 늘고 있는데 2015년 교육부

통계에 의하면 9만 명이 넘는 외국 유학생들이 180개의 국가에서 유학을 오고 있다고 보고되고 있다. 이러한 유학생들도 매우 다양한 출신국을 배경으로 하고 있기 때문에 한국이 다문화 사회로 변화하는 데 커다란 역할을 하고 있다. 최근의 통계에 의하면 2015년 말 기준 국내 체류 외국인은 1,899,519명으로 2014년 대비 5.7%(101,901명) 증가하였고, 최근 5년간 매년 8.6%의 증가율을 보이고 있다고 한다(법무부 출입국관리소, 2015). 이 통계는 다문화가족을 포함하지 않고 있으므로 다문화 가족까지 포함하면 한국에 살고 있는 다른 문화권 출신의 구성원들은 250만 명에 이르고 있다고 한다.

하지만 이토록 급증하는 한국의 다문화 구성원들은 한국인들의 보이지 않는 차별과, 경제적인 어려움 그리고 이주과정에서 발생하는 문화적 차이에서 오는 많은 심리적 고통을 경험하고 있다. 이주민들이 새로운 문화에 적응해 나가는 단계를 정리한 모델들에 의하면 교차문화적응단계는 U-곡선의 양상을 이룬다. 즉, 이주민들은 해외생활 초기에는 새로운 문화에 대한 호기심과 관심으로 허니문단계를 경험하지만(3~6개월), 시간이 지나고 현실적인 문제들에 직면하면서 외부인이라는 느낌을 받고 문화적 충격을 경험하게 된다. 문화충격은 시간이 지나면서 현지의 언어와 관습 등을 배워가며 문화적응단계를 통해 회복되는 과정을 거치게 된다(Gullahorn & Gullahorn, 1963). 하지만 문화적 충격(cultural shock)은 의사소통이 잘 되지 않거나 일상생활과 관계의 극단적인 변화가 일어나고 이해력을 상실하게 되면 감정과 가치관의 혼돈을 유발하게 된다. 많은 다문화 이주민들은 이러한 문화적 충격에 대항하기 위하여 문화적 적응과정을 거치게 되는데 이러한 문화적응과정이 순탄하게 일어나지 않을 때 스트레스가 쌓이고 신체적 질병이나 다양한 심리적 증상들을 경험하게 된다. 문화적 충격에서 오는 심리적 문제들은 우울과 불안, 다양한 중독문제와 성격장애, 심한 경우에 심각한 정신증까지 유발할 수 있다. 특별히 이주과정에서 다양한 심리적 트라우마를 경험할 경우, 문제는 더 심각할 수 있다.

한국 정부는 이러한 문제를 해소하기 위하여 매우 다양한 정책들을 개발하고 다문화지원센터나 건강심리지원센터를 통해 이주민들의 정신건강을 돌보기 위한 노력들을 하고 있다. 하지만 다문화 가족의 상담 경험을 살펴보면 그 비율이 매우 낮고 다른 복지 서비스에 비해서 상담이 도움이 되었다고 느끼는 만족도도 낮은 것으로 나타나고 있다(김승권 외, 2010; 김현수, 최연실, 2011). 미국의 다문화상담전문가인 Sue와 Sue(2011)에 의하면 다문화 내담자들이 상담 서비스가 필요한 것을 인식하고 있지만 상담 기관에서 상담 서비스를 받는 것을 주저하는 이유를 다음과 같이 지적하고 있다. 먼저, 언어가 다르기 때문에 발생하는 의사소통의 어려움과 주요 서비스 제도에 대한 지식 부족을 들 수 있고, 또한 문화적 요인이 크다고 한다. 개인의 가족문제나 사생활에 관한 어려움을 드러내는 것을 주저하는데, 그 이유는 집안문제를 드러내는 것은 창피한 일이고 혹시라도 강제추방과 같은 불이익이 생길 것에 대한 두려움 때문에 정신건강에 대한 도움을 받는 것을 두려워한다. 뿐만 아니라 대다수의 이민자의 가족들은 가난하고 서비스 지역으로 가는 이동수단이 부족할 뿐만 아니라 가능하면 많은 시간을 일해야 하기 때문에 시간을 조정할 수 있는 여지가 적어서 상담을 받을 시간이 부족하다고 말한다. 물론 이주민들이 여러 가지 이유로 상담에 오기도 힘들고 상담의 효과가 떨어지는 이유가 언어적, 문화적 장벽이 가장 큰 이유이기는 하지만 다문화 상담사들이 문화적 유능성을 갖추고 상담에 임한다면 이러한 장벽들도 극복될 수 있다고 본다.

본 장에서는 다문화 상담가들이 문화적으로 다른 내담자들을 만날 때 반드시 갖추어야 할 문화적 유능성과 치료적 관계에서 발생하는 문화적 전이와 역전이의 문제들을 살펴보려고 한다. 이어서 기독(목회)상담자로서 다문화상담에 대한 영적, 신학적 자원들을 성찰하고 다문화와 영성을 구체적으로 어떻게 통합할 것인지를 살펴볼 것이다.

2. 문화적 유능성

다문화 사회란 다양한 민족과 인종 및 종교, 문화적 배경들을 지닌 구성원들이 관련한 제반 제도와 장치나 활동 등에서 문화 및 정체성의 다양성을 존중받고, 다양성을 장려하고자 하는 정치이념과 정책이 활발하게 일어나는 사회라고 정의할 수 있을 것이다. 이러한 다문화 사회가 뿌리내리기 위해서는 서로 다른 문화에 대한 이해와 존중, 노력을 통하여서 형성된다. 하지만 문화가 서로 만날 때에는 상호교류를 통한 건강한 관계를 유지하기보다는 문화 간의 충돌과 지배와 같은 현상도 일어날 수 있다. 모든 인간이 사실은 문화적으로 다른 경험을 하면서 자라났기 때문에 우리 각자가 문화적 차이를 가질 수밖에 없다는 것을 인식한다면 다문화적이라는 말은 단순한 피부색의 차이나 문화적인 차이를 인정하는 것을 넘어서서 새로운 시각으로 세상을 인식하고 바라보는 인식의 변화를 필요로 하게 되며 이 과정에서 영성적인 각성은 당연히 요구되는 일이라고 볼 수 있다. 문화적으로 다양한 내담자들을 상담하는 과정에서 가장 중요하게 인식해야 할 것은 상담자의 문화적 다양성에 대한 이해와 문화적 유능성을 갖추는 것이고 이러한 문화적 유능성은 영성적인 성숙과도 연결된다.

문화적 다양성이란 인류의 문화를 유지하고 발전하는 과정에서 반드시 필요한 과정이다. 문화는 다른 문화를 수용하는 과정에서 발전이 가능하다는 것이 역사적으로 증명되고 있다. 또한 문화의 다양성을 통해 문화의 상대성을 인정하는 바탕을 갖게 되며 자기 문화를 반성적으로 살펴보는 기반이 될 수 있다. 문화적 다양성의 관점에서 보면 모든 문화는 끊임없이 변화하는 과정에 있으며 문화는 매 순간 새롭게 창조되는 것이며 특별히 문화적으로 서로 다른 사람들과 새롭게 관계를 맺는 방식을 가르쳐 준다. 또한 다문화적 사회를 위해서는 반드시 그 사회의 주류문화를 구성하고 있는 다수자가 먼저 인식의 변화가 일어나야 가능하지 소수자들에게 변화를 강요한다고 해서 다문화 사회가 이루어지지는 않을 것이다. 특별히 상담적 관계에서는 문화적 권력을 지닌 상담자가 먼저 다문화적인 인식을 갖추는 것이 중요하다고 하겠다.

다문화 상담자가 문화적으로 유능한 상담자가 되기 위해서는 다음과 같은 세 가지 요소를 갖추는 것이 필요하다고 Sue와 Sue(2011)는 주장한다. 먼저, 문화적 인식이다. 문화적 인식이란 사회 내에 존재하는 문화적 다양성에 대해 인식하고, 각 문화권에 속하는 개인들의 가치와 경험되는 현실을 인식하며, 그러한 인식을 상담과정에서 적절히 활용할 수 있다는 것을 의미한다. 또한 자신의 가치와 신념도 문화의 소산임을 인식하고, 자신이 갖고 있는 가치와 신념이 다른 문화권에 속하는 개인과의 관계에 어떻게 영향을 미치는지에 대해서도 민감하게 인식하는 것이다. 특히 문화집단 간에 존재하는 권력의 차이, 차별과 편견의 경험들이 상담 관계에 어떻게 영향을 줄 수 있는지를 인식하여야 한다. 두 번째는, 다문화 지식의 확보이다. 다문화 지식의 확보란 내담자들의 행동을 그들의 문화적 맥락 안에서 이해하기 위한 노력의 일환으로 그들이 갖고 있는 역사, 전통, 가치체계, 세계관, 가족체계, 예술적 표현 등에 대해 심층적으로 이해하도록 노력하는 것이다. 다양한 문화집단들의 출신국가의 사회, 경제, 정치적 상황이나 이주를 촉발하게 한 상황, 이주과정이나 이주 후의 경험에 대한 이해를 가진다면 효과적인 치료적 관계를 돕는 중요한 지식적 기반이 될 것이다. 마지막으로, 문화적으로 적절한 개입기술을 갖추는 것이다. 개입기술의 요소는 기존의 상담 개입전략과 관련된 이론과 원칙들이 다문화집단에 적용될 때 갖는 장점과 한계를 잘 이해하여야 한다. 또한 상담을 효과적으로 진행하기 위한 미시적이고 거시적인 차원을 모두 포함하여야 한다. 내담자의 문제를 사정하고 평가하는 과정에서 주류 문화적 관점에서 접근할 때는 문화적 소수집단의 행동이나 사고가 과도하게 병리화되는 것을 주의해야 한다. 또한 문제의 해결방식이나 개입의 성과를 규정하는 것도 문화에 기반한 가치, 신념, 태도에 의해 많이 결정된다. 개입과정에서 문화적으로 적절한 기술과 전략이 중요하지만, 동시에 언어능력이 중요한 요소이다. 특히 질병이나 위기상황과 같은 고도의 스트레스 상황에 있는 개인에게는 내담자의 언어로 서비스를 제공하는 것이 가장 바람직할 것이다.

Sue와 Sue가 말하는 문화적으로 유능한 상담사가 되기 위한 전제조건 중의 하나는 상담사가 스스로에 대한 문화적 분석이 이루어져야 한다는 것이다. 내담자의 문화적 가치와 신념이 어떻게 내담자의 문제에 영향을 미치고 있는가를 이해하기 위해서는, 먼저 상담자 자신의 문화적 정체성이나 신념, 가치, 문화적 편견이나 차별에 대한 인식이 우선되어야 한다. 상담자의 문화적 분석을 효율적으로 하기 위한 틀로서 Pamela Hayes(2010)는 ADDRESSING 모델을 제안했는데 이 모델은 두 가지 영역으로 나누어서 생각해 볼 수 있다. 먼저, 상담자의 성찰, 자기탐색, 그리고 문화가 자신의 신념체계나 세계관에 미친 영향을 이해하고 주류집단의 상담자로서 자신의 특권을 인식하며, 자신이 가지고 있는 가정들(assumptions)과 편견, 그리고 세계관과 일치하지 않는 여러 가지 정보들을 알기 위해 노력하는 개인작업의 영역이다. 두 번째로, 대인작업(interpersonal work)으로는 상담자의 문화에 대한 문화로부터 배우는 단계로서 자신의 대인관계경험이 문화적 정체성에 미치는 영향이나 내담자의 문화적 정체성을 이해하고 내담자의 신체적 외양, 언어능력 혹은 내담자의 이름이 주는 여러 가지 정보로 내담자를 일반화하지 않으려고 노력하는 영역이다. ADDRESSING 모델은 상담자나 내담자가 자신의 문화적 분석을 위해 〈표 9-1〉과 같은 요소들을 평가하게 된다.

이러한 문화적 분석은 상담자나 내담자의 문화적 정체성을 이해하는 데 매우 중요한 과정이지만 자신의 문화적 정체성이 어떤 의미를 지니는지는 사람마다 다를 수 있기 때문에 상담자는 자신의 문화 분석을 통한 자신의 정체성에 대한 이해와 더불어 그 의미도 생각해 보아야 한다. 특히 ADDRESSING 모델을 사용하여 자신의 문화적 자기 평가를 할 때에는 자신의 문화적 유산을 조사

〈표 9-1〉 ADDRESSING 모델

요소	범주	질문
나이와 세대요인(Age)	어린이, 청소년, 어른, 노인	성장하면서 어떤 사회적 분위기나 경험을 했는지요?
발달적, 선천적 장애 (Disability)	선천적 혹은 후천적 장애를 가진 사람	장애를 경험하거나 그런 사람들을 돌보아 준 적이 있나요?
언어 (Dominant language)	가족, 파트너, 본인이 주로 사용하는 언어	본인이 주로 쓰는 언어는 무엇이고 가족들은 어떤 언어를 쓰나요?
종교와 영적 지향 (Religion/Spirituality)	종교, 신앙, 영적인 특징, 특히 소수종교를 가진 자	어린 시절 종교교육은 어땠나요? 지금도 종교나 영적인 의식을 수행하세요?
민족적, 인종적 정체성 (Ethnicity or race)	민족적, 인종적인 소수자	당신의 문화적 배경에 대해서 이야기해 주시겠어요?
사회경제적 지위 (Socioeconomic status)	직업, 교육, 수입, 도시나 지방 거주, 가족배경에 의해 낮은 지위를 갖는 사람들	성장하면서 가족의 경제적 상황은 어땠나요?
성적 경향성 (Sexual orientation)	동성애나 양성애 경향을 가진 사람들	현재 당신에게 파트너가 있습니까? 지금까지 경험했던 친밀한 관계에 대해서 말씀해 주시겠어요?
토착유산 (Indigenous Heritage)	토착 원주민 (각종 소수민족들)	당신이 가지고 있는 문화적 전통이나 고유한 특성들이 있나요?
국적(National origin)	이민자, 피난민, 외국인 유학생	당신은 어느 나라 국민이라고 생각하세요?
성(Gender)	여성, 남성, 성전환자	당신의 문화와 가족에서 여자(남자) 아이로 자란다는 것은 어떤 의미였나요?

하는 데서 더 나아가 문화적 문제에 대한 이해, 더 나아가 상담에서 주류문화권에 속한 상담자의 특권이 상담과정에 어떠한 영향을 미치는지, 다문화 내담자들을 위해하기 위해서 다양한 정보의 원천을 통해 자신을 교육시키고 다양한 관계와 사회문화적 맥락이 끼치는 영향을 이해해야 한다(Hayes, 2010, p. 65).

3. 다문화상담에서의 치료적 관계

다문화상담에서 내담자와 상담자의 상호작용은 전통적인 정신분석적인 입장에서는 상담자의 역할을 어버이의 모습이 투영될 수 있는 빈 서판이나 거울 같은 전이를 불러일으킨다고 보았다. 이러한 내담자의 정서적인 반응은 "과거 경험을 바탕으로 한 경험과 왜곡의 투영"으로 보았다(Chin, 1994, p. 207). 하지만 문화의 개념을 상담자와 내담자 사이의 상호작용에 도입할 때, 상담자와 내담자 사이의 전이나 역전이는 종종 실제 세상에서의 차이와 힘의 불균형을 반영한다. Foster에 의하면 "분석자는 중립적인 입장도 아니고 전이가 일어나게 하는 흙으로 된 존재도 아니다. 사실 그들은 종종 강한 편견을 가지고 있는 무시무시한 사람이다(1996, p. 15)."라고 말한다. 뿐만 아니라 다른 문화적 정체성을 가진 상담자에 대한 내담자의 반응은 상담자가 속한 문화권 사람들 사이에서 내담자가 겪은 일상적인 경험과 관련되는 반면에, 내담자가 부모에게 느끼는 감정과는 관련이 적다. 많은 정신역동이론가들은 전이와 역전이의 개념에 문화적 영향력을 고려하는 방향으로 확장시켜 왔다. Hertzberg는 소수자의 정체성을 가지고 있는 사람들의 내적 표상은 "더 큰, 주류문화의 이방인으로서의 자기 경험뿐만 아니라 특정 하위문화 안에서의 자기 경험이 모두" 포함된다고 한다(Hertzberg, 1990, p. 276). 즉, 전이란 서구에서는 원래 어떤 사람에게 느끼던 감정이 다른 사람에게 부적절하게 옮겨가는 특정한 의미를 문화적으로 동의하고 있지만 다른 문화에서도 동일한 중요성을 가진다고 추측할 수는 없다. 그렇기 때문에 다문화 상담가들은 내담자의 고유한 문화적 환경 안에서 자기와 타자 그리고 관계에 대한 전이 분석을 해야 한다.

인종과 문화에 대한 투사는 여러 가지 전이현상을 불러일으키는데 Chin(1994)은 다음의 네 가지 형태로 특별히 아시아권 내담자와의 다문화상담에서 나타나는 전이현상을 구별하여 보았다. 먼저, "위계적 전이(hierarchical transference)"라고 불리는 것은 권위에 대한 것으로서, 유교적인 가치관을 내면화한 소수인종들은 권위를 가진 인물과 남성에 대하여 복종하는 것을 내면화하였으므로 상담가를 전지전능한 충고자, 반드시 따라야 할 조언과 권위와 지혜를 가진 인물로 종종 인식하며, 따라서 자발성이 부족한 듯이 보이지만 이것을 의사소통의 실패로 보아서는 안 될 것이다.

둘째는, 인종적 전이(racial transference)인데 이는 권력의 문제와 밀접한 관계가 있다. 상담자가 백인일 경우 유색인종 내담자의 주류사회와의 적응단계에 따라서 권위를 인정하고 상담자를 의지하는 한편, 자신을 열등하게 느끼거나 혹은 상담자에게 반항적으로 반응할 수도 있다. 유색인 상담자에 대해서는 자기 정체성이 아직 발달되지 않은 내담자인 경우 상담자를 신뢰하지 못하고 무능력하게 느낄 수도 있다. 소득이 낮은 소수인종들이 공통적으로 느끼는 상담자에 대한 전이는 무력감과 무기력이다. 이러한 내담자들에게는 권력이양과 함께 자신이 통제할 수 있는 작은 경험을 갖게 하는 것이 매우 중요한 상담적 목표가 된다.

셋째는, 자기대상 전이(self-object transference)로서 인종적 자기정체성과 연결된다. 자기심리학에서 주장하는 자기대상 전이를 일으키기 위한 거울전이는 소수인종 내담자들의 자존감을 키워줄 수 있다. 특히 이중문화적 자기정체성을 가지고 있는 이민자들은 전통적인 심리역동에서는 분리를 원초적 방어라고 보지만 서로 다른 문화적 정체성을 구별하여 나누면서 양문화적 정체성을 발달시켜 나가는 것으로 볼 수 있다.

마지막으로, 전오이디푸스적 전이(preoedipal transference)라고 하는 것은 상담자의 성별과 관계된 것으로서, 전통적인 오이디푸스 콤플렉스는 남성 상담자에 대하여 느끼는 내담자의 아버지에 대한 감정과의 병행적 과정이라고 본다면 동양문화에서 발견되는 어머니와 아들 간의 관계에서 느끼는 아자세 콤플렉스(Ajase complex)[1]는 여성 상담자에게 느끼는 내담자의 어머니와의 관계에 대한 역동이다. 동양문화에서는 아들과 어머니와의 매우 밀접한 관계 때문에 생기는 함입과 버려지는 것에 대한 두려움의 감정을 상담관계에서도 반복할 수 있다.

이러한 동양계 내담자들에게서 발견되는 전이현상들에 대한 연구에서 보듯이 인종과 문화는 상담관계에서 다양한 전이역동을 불러일으킨다. 뿐만 아니라 다문화상담에서 일어나는 다양한 내담자들의 전이 문제를 고려하는 데 있어서 인종의 문제에만 초점을 두기보다는 문화적 공통성, 종교, 신체적 특성, 언어 혹은 이러한 것들의 어떤 조합과 같은 다양한 특성을 고려해야 할 것이다. 특별히 다문화상담의 현장에서 일어날 수 있는 상담자와 내담자의 전이문제는 위계, 권력, 무력, 압제, 희생양 만들기 등과 같은 다양한 문화적 전이 반응을 드러내는데 특히 한국적 상황에서는 사회경제적인 불평등이 가장 큰 갈등요인이 될 수 있을 것이다. 하지만 이러한 전이 문제는 역기능적으로 부정적으로만 보기보다는 다양한 인종집단의 특성을 배울 수 있다는 점에서 긍정적인 면이 있다.

역전이는 일반적으로 환자에 대해 상담가가 가지게 되는 모든 감정과 반응을 일컫는다. 어떤 사람들은 역전이가 환자의 행동만으로 기인되는 것이 아니라 오히려 치료자 속에 있는 무의식과 전의식의 작용으로 인해 치료적 관계라는 현실에 부적절한 방식으로 내담자에게 반응하게 되는 것이라고 본다. 그러한 비현실적이고 이유 없이 나타나는 치료적 관계는 치료자가 어릴 때 겪었던 중요한 관계로부터 기인한 대치적 활동으로 보인다. 어떤 상담가는 현실 위주의 요인을 '반작용(counter reaction)'으로 규정하고 무의식의 변수에서 생기는 것들은 '역전이'로 분류한다. 대부분의 상담가들은 반작용이 자기방어적으로 사용될 때 상담가의 분석적 역할이 방해를 받을 수 있다고 지적한다. 왜냐하면, 그것은 "발달과정상의 나쁜 요소를 활성화시키며 무의식적 갈등, 불안과 자기방어를 불러일으키기 때문이다(Marcus, 1980)."

그러나 반작용이 자기방어적으로 사용되지 않을 때에는 내담자를 분석하고 효과적인 공감을 제공하는 가치 있는 자원이 된다. 매우 충동적이며, 과대한 반응을 보이며, 고도의 자기도취적인 성격을 띠며, 매우 호전적이며, 의지가 없으며, 반항적이며 혹은 자살 욕구가 있는 내담자들은 종종 상담가에게 두려움과 갈등을 불러일으킬 가능성이 충분히 있으나 상담가가 자신을 잘 관찰하고 자신을 의식함으로써 이러한 역반응들이 초래할 문제를 최소화할 수 있도록 상담 혹은 교육 분석을 통해 자신의 무의식, 전의식에 대한 갈등과 편견들을 잘 알고 현실에서 자신들의 행동을 적절하게 조절할 필요가 있다.

정신역동적인 상담에서는 이러한 상담자의 주관적인 역전이가 상담에 미치는 영향을 인식하는 것은 치료의 과정에 필수적인 요소이다. 특별히 다른 문화와 인종, 경제적인 배경을 가진 내담자를 만날 때는 더욱 중요한 문제이다. 이러한 문화적으로 다른 내담자에게 느끼는 상담자의 여러 단계적 의식 속에 존재하는 경험과 신념들에서 나오는 인지적이고 정서적인 그물망을 문화적 역전이(cultural counter transference)라고 하는데(Foster, 1998), 이 그물망 안에는 상담자의 가치관, 이론적 신념과 훈련받은 성향, 그리고 소수 민족에 대한 주관적인 편견들과 스스로에 대한 인종적 편견들이 서로 맞물려 있으며 이것은 상담에 다양한 영향력을 행사한다.

문화적 역전이에 대한 Chin(1993)의 연구에서 상담가가 유색인인 경우 유색인 환자와 지나치게 동일시하는 경향이 있어서 치료문제를 해석할 때 인종문제에 대해서는 지나치게 예민하게 반응하는 것이 관찰되었다. 결과적으로 심리적 역동에 대한 적절한 대응을 피함으로써 환자를 인종 문제적 시각으로 과도하게 보호할 수 있고 정신이상에 대한 진단을 내리기를 주저하는 문제도 있다. 또한 소수인종 상담가는 서구의 상담학적 심리치료 모델을 배웠기 때문에 서구의 가치관을 비평 없이 수용함으로써 소수인종 내담자가 가지고 있는 문화적 가치를 무시할 수도 있다. 하지만 소수인종 상담자가 자신의 정체성과 관련된 여러 변수를 적절하게 치료적 관계에 사용한다면 내담자는 강한 동질감을 느끼게 되며 더 나은 자존감, 더 발전된 자아 기능, 더 나은 사회적,

가족적 관계, 향상된 직무 수행력, 더 잘 조절된 분노나 억압된 감정들을 표현하는 이익을 얻게 될 것이다.

문화적 역전이를 극복하는 방법은 상담가가 내담자와 다른 문화적 배경을 가졌음을 인정하며 환자의 문화에 대하여 무지함도 인정하고 그래서 자신의 무지를 고쳐 주기를 원한다고 상담가가 표현하는 것이다. 이렇게 되면 환자는 자신의 개인 배경과 문화적 배경을 설명해 줌에 있어서 안정된 마음을 갖게 되고 두 사람의 치료관계가 발전함에 따라 문화적으로 적절한 역전이를 통해, 치료자의 다수 문화와 다른 내담자의 관습에 대한 평가보다는 내담자의 문화적 가치와 동조되도록 치료 결과를 재구성하는 것이 중요하다고 하겠다. 문화를 뛰어넘는 소통을 하기 위해서는 치료과정에서 내담자를 치료의 파트너로 세워주는 초공감(interpathy)²⁾적 배려가 필요하다.

4. 다문화에 대한 기독교 영성적 접근들

1) 상호문화적 접근

에모리대학의 목회상담학자인 Lartey(2011)에 의하면 기존의 일방향적인 다문화상담에서 벗어나 상호문화적 연구는 다양한 문화들에 의해 형성되고 영향을 받은 사람들 사이의 상호작용에서 나타나는 복잡성을 포착하고 다중적인 관점에서 고찰하려는 시도라고 정의하면서 인간이 가지고 있는 삼위일체적인 공식을 상호문화적인 관점에서 정의한다면 모든 인간은 어떤 면에서는 모든 다른 사람들과 같고 어떤 면에서는 어떤 다른 사람들과 같으나 다른 누구와도 같지 않다고 주장한다. Lartey는 이러한 인간의 본성을 상호문화적으로 상담하기 위해서는 다음과 같은 상담의 자원들이 필요하다고 말한다.

먼저, 목회상담자는 관계 속의 자기를 활용하여 다른 사람들과 함께할 수 있는 방식을 획득하여야 하는데, 이때 인지적, 정서적, 능동적인 능력을 개발하는 것이 중요한 과제이며 상호문화적인 상담사가 되기 위해서는 인식의 유연성과 개방성 그리고 겸손이 요구된다. 두 번째로는, 이야기를 소중한 자원으로 사용하는 것이다. Gerkin(1998)은 이야기의 해석학적 접근 방식을 말하면서 목회상담자는 내담자가 자기 이야기를 가지는 것을 통한 자기성을 느낄수 있도록 이야기의 경청자가 되어야 할뿐더러, 내담자가 자신의 이야기를 할 때 이야기의 촉진자로서 격려하고 질문함으로써 자신의 삶을 다시 엮어가는 것을 다시 시작할 수 있도록 도와야 한다고 말한다. 또 내담자의 이야기를 해석해 줌으로써 그 이야기가 일관되고 의미 있는 순서로 만들고 사건들을 고르고 정렬하고, 강조하는 과정에서 이야기를 신앙공동체의 큰 틀에서 해석하도록 도와야 하며, 내담자가 현재 자신의 행동을 합리화하기 위해서 이야기를 사용하려고 할 때는 이야기를 금지하기도 해야 한다고 말한다. 문화적으로 다른 내담자와의 상담에서는 이야기를 말하는 내담자의 언어 선택의 중요성과 의미들, 사투리나 억양, 표현의 선택, 특정 관용어에 대한 비판적인 검토가 반드시 필요하다.

그 외에도 상담자가 공감과 따뜻함, 진정성을 가지고 자신의 감정에 주의를 기울임으로써 공감적 감수성을 개발하여 자신의 상처와 고통, 슬픔과 비애에 대한 감정들에 긴밀하게 접촉할 수 있을 때 내담자의 고통도 공감할 수 있을 것이다. 목회상담자는 단순한 말뿐만 아니라 의미 있고 필요한 행동에도 동참해야 하며 문화적으로 다양한 배경을 가진 내담자가 가지고 있는 다양한 상징들을 이해하려는 노력이 필요하다. 융은 상징이 의식과 무의식을 연결해 주고 정신의 발달을 촉진한다고 보았다. 상호문화적 목회상담에서의 상징화란 공동체 안의 의미와 중요성에 대하여 나누면서 외부대상들의 세계에 관계하고 우리가 상징화하는 것을 상상으로 표현함으로써 공동체적인 관심을 위해 사용할 수 있다.

2) 선택한 형제자매들

미국의 흑인 남성학자와 동독의 백인 여성학자인 Smith와 Riedel-Pfaefflin (2004)은 성별과 인종의 차이를 뛰어넘어서 하나님의 선택한 형제자매들로서 어떻게 체계적으로 내담자들을 돌볼 수 있을 것인지 함께 연구했다. 그들은 다음과 같은 점들을 강조했다. 먼저, 목회적 돌봄과 상담에서 가르침과 실천을 위한 성(gender) 상호간의 그리고 민족 상호간의 시각이 발전되기 위해 형제자매(sibling)관계의 메타포를 선택했다. 이 메타포의 목적은 차이점을 존중하고, 낯선 사람을 적대하고 차이점을 물리치는 세상에서 관계를 만들어 나가고자 노력하자는 의미이며 우리가 하나님의 뜻을 행하는 모든 사람들을 향한 '확대된 형제자매라는 새로운 시각으로의 초대'이다. 이러한 초대에 응했을 때 돌보는 자들은 어려움 속에서 노력하고 변화와 능력 있는 관계를 가지고 새로운 형제자매 관계를 회복하게 한다. 다시 말해서, 고통 중에 있는 그들과 함께하고 그들에게 힘을 잃도록 하는 구조와 상황을 체계적으로 보는 것이다.

Smith와 Riedel-Pfaefflin은 상호주관성의 관점에서 다문화상담의 중요한 용어들을 새롭게 정의하면서 체계적인 목회적 돌봄의 모델을 만들었는데 다음과 같다. 다음과 같은 세 가지 단계로 체계적 상호문화 모델을 설명하고 있다. 첫째, 담론의 기능(narrative agency)이다. 사회, 문화, 의미를 부여하는 체계가 각기 다른 사람들과 만날 때 그들의 이야기, 신념, 인식하고 의미를 만들어 내는 방식에 무슨 일이 발생하게 될까? 담론의 기능의 목적은 자기성찰을 위한 능력을 개발하는 것을 고양시켜서 담론의 기능의 결정을 도와준 주제들을 규명할 수 있게 하는 것이다. 즉, 문제들은 규명되고 관계들은 재고된다. 이 단계는 두 가지의 작은 단계로 다시 나누어 볼 수 있다.

① 문제 정의: 목표는 상황과 자원의 정의 사이에서의 관계를 주목하는 것

과 문제를 규정하는 방법을 이해하고 평가하는 것이다. 또한 중요한 것
은 목회상담의 상황에서 상호관계적인 유형의 평가의 획득이다. 그리
고 어떻게 문화, 인종, 성적 정향, 사회적 성, 계급, 권력과 같은 일련의
관계들이 서로 충돌하는가이다.

② 관계를 개념화하기: 여기에서의 목표는 개인들 사이의 관계, 가족, 그
    룹, 회중 안의 패턴들 사이의 관계를 개념화할 수 있는 것과 그리고 교
    회그룹이나 회중에 의해 드러나는 문제를 개념화하는 것이다.

둘째, 체계적 사고(systemic thinking)이다. 체계적 사고의 목표는 사람들
자신의 틀 사이의 연관성, 그리고 그들의 신념, 감정, 행동들 사이의 연관성
을 규명하는 것이다. 또한 그러한 것들을 다르게 행할 수 있는 방법을 찾는
것이다.

① 관찰의 힘을 평가하기: 여기에서의 목표는 관찰, 묘사, 직시의 힘에 대
    한 우리의 평가를 증가시키고 목회적 돌봄에서 보여지는 새로운 방식
    들을 발전시켜 나가는 질문의 역할을 평가하는 것이다. 우리는 이 사례
    와 연관된 사람들을 중심으로 이 사람들이 상호간에 관계 맺는 방법을
    살펴보고 넓은 패턴을 인식해 보고자 한다.

② 개입을 개념화하기: 여기에서의 목표는 개인들, 가족, 집단, 회중 또는
    사회적 체계와 일할 때 가능한 개입을 개념화하고 그 사용을 점차로 늘
    려나가는 것이다.

셋째, 상호 문화적 실재(intercultural realities)이다. 여기에서의 목표는 다른
문화적 배경을 갖는 개인들 사이의 차이를 보여주는 간문화적 현실을 규명하
는 것이다. 그리고 동일한 인종 혹은 문화집단 안에 있는 개인들 사이에 문화
내적인(intracultural) 현실들의 영향을 평가해 보는 것이다.

① 문화적 자원들을 규명하기: '다른' '적당치 않은' '이상한' '나쁜' '미친' '아
웃사이더' '외국인'과 같은 비웃는 개념들에 대해 비판적 질문을 야기하
기 위해서 그동안 말하지 않았었던 문화적 자원들을 규명하는 것이다.
그리고 어떻게 그런 설명들이 변화의 중요한 지침이 되고 새롭거나 전
혀 다른 자원들을 지적해 주는 상호작용적 과정의 부분이 되는지를 평
가하는 것을 배우는 것이다.

② 상호적인 과정의 인식을 증가시키기: 여기에서의 목표는 개인, 가족, 회
중, 상황 그리고 전문적인 목회적 돌봄의 제공자 자신에게 미치는 문화
의 영향에 대한 인식을 개발하는 것이다. 그리고 개인, 가족, 회중 또는
상황에 미치는 자기 자신(사회적 지위)의 영향을 인식하는 것이다. 그리
고 그러한 지식을 건설적으로 사용하는 것이다.

이러한 상호 주관적 입장에서 체계적으로 다문화 내담자들을 돌보려고 하
는 시도들은 다문화상담의 현장에서 내담자의 심리적 문제들을 다룰 때 단순
한 개인 심리적인 문제로 접근하기보다는 사회의 거대담론의 틀 안에서 개인
의 심리적 어려움을 다루려고 하는 시도이다. 한국의 다문화 내담자들이 경
험하고 있는 심리적 어려움이 체계적인 사회의 변화나 지원이 없이는 해소
되기 어려운 문제들이 많다는 현실을 생각할 때 상호 주관적이면서 체계적인
목회상담 모델이 적절하다고 생각된다.

3) 주변성 신학

드류대학의 조직신학자인 이정용은 그의 책『마지널리티』(2014)에서 미국
인도 아니고 한국인도 아닌 자신의 어정쩡한 모습을 민들레에 비유하면서 주
변성으로 대표되는 다문화 신학을 설파했다. 이정용은 고전적 의미의 주변
성이란 지배집단과 소수집단 사이의 엄격한 구조적 분리에서 나오는 다수

의 지배집단에 의해 정의되는 부정적인 입장이라고 한다면, 다원주의 사회
에서의 주변성이란 주변성을 위한 규범이 외부에서 오는 것이 아니라 내부에
서 나오는 것으로 세계를 주변성의 관점으로 재해석하는 것이다. 그는 주변
성을 사이, 중첩, 초월의 세 가지 차원으로 구분했다. 사이(in-between)의 경
우는, 주변 문화가 언제나 독립적으로 존재하지 않고, 중심 문화와 관계적으
로 열려 있는 상태로, 자신이 인종적으로 물려받은 소수민 문화와 자신이 살
아가는 땅의 주류문화 사이에서 양쪽에 귀속되어 있으나 그 어디에도 속하지
못하는 경험이다. 중첩(in-both)은 주변 문화나 중심 문화가 없다는 것을 의
미한다. 오로지 혼종성(hybridity)만이 존재할 뿐이다. 즉, 중심 문화와 주변
문화가 섞여 있는 상태를 말한다. 초월(in-beyond)은 다중의 중심 문화와 주
변 문화가 존재하는 것을 의미하며 중심 문화와 주변 문화의 차이를 조화로
품는 것을 말한다. 이정용은 이러한 다중의 정체성을 가지고 다문화를 경험
하며 살아가는 미국계 한인 이민자들의 정체성을 측정하는 데 오로지 한 가
지 가치 기준만을 선택해야 하는 자아 정체성 척도의 불합리성에 대해서 비
평했다. 그는 기존의 자아정체성 척도를 비판하고, 복수적인 가치를 선택할
수 있는 직각 모델을 사용하여 다문화 속에서 살아가는 이민자들의 복수 정
체성을 계발시킬 수 있도록 도와주어야 한다고 했다.

　이정용은 다문화 사회에서 창조적 중심이란 둘 이상의 다수 세계가 합쳐
지는 경계이고 기존의 중심들을 대체하는 것은 아니라고 설명하면서, 새로운
주변성의 신학에서는 중심이 또한 주변이 되는 상호변환적인 역동이 이루어
지기 때문에 기존의 주변성에서 보는 갈등이 사라지고 화해가 일어난다고 본
다. 이러한 주변성의 신학은 해방신학이 반발을 통해 가난한 사람들과 억압
받는 사람들을 해방시키는 데 초점이 맞추어져 있다면, 주변성 신학은 중심
집단의 사람들을 배타적 사유에서 해방시키는 동시에 주변부 사람들을 해방
시키는 상호적 해방을 추구한다. 단순히 중심 집단에서 해방되는 것을 넘어
서서 다원화된 사회에서 모든 사람들이 조화롭게 공존하는 것을 추구하며 사

랑의 논리가 정의보다 중요하다고 보면서 화해를 위해서는 자신을 부정함으로써 스스로를 해방시키며 전체의 상처를 치유하고자 한다고 말한다.

주변인으로 성육신하신 아기예수의 삶은 정치, 경제, 사회, 계급, 인종적으로 철저하게 주변부의 삶을 사셨고 십자가상에서 고통받고 돌아가심으로써 모든 피조물이 그리스도를 거부하는 신적인 주변화까지 경험함으로써 Kenosis, 즉 신적 본성이 인간이 되어 종의 형상을 취함으로써 하나님이 자기를 비워서 신적 본성을 포기하는 과정을 겪었다. 종으로서의 그리스도는 천국과 이 세상 두 세계 중 어디에도 속하지 않으면서 두 세계로부터 소외되었지만 동시에 두 세계 사이에 존재했고 궁극적으로 두 세계 모두를 초월하셨다. 또한 성육신 사건은 하나님이 천상에서 세상으로 이주하신 사건이라고 볼 수 있다. 더 나아가서 구약의 히브리인의 역사는 이주의 역사이고 그들은 철저하게 주변화와 소외를 경험한 민족이다. 고로 진정한 다원주의 사회는 모든 사람들을 이주민으로 보면서 정치, 경제, 사회적 불공평에 관심을 가질 뿐만 아니라 자신의 정체성과 소외에 관한 인종, 문화, 심리, 영적 문제에 관심을 갖는 다차원적인 영성이 요구된다. 전통신학이 위로부터 오는 보편적 진리인 하나님의 말씀에서 시작한다면 해방신학은 아래로부터 가난한 사람과 억압받는 사람의 실천으로 접근하지만 주변성 신학은 주변으로 접근하며 위, 아래, 좌, 우 주변과 중심을 연결하는 다문화 사회의 신학으로 적절하다고 할 것이다.

5. 영성과 다문화의 통합

1) 문화적 영성발달모델

다문화 상담사는 내담자의 문화적 정체성 발달이 어느 단계에 와 있는지

이해하려는 것과 같은 맥락에서 내담자의 영성이 어느 단계에 있는지 탐색
해 보는 것이 영성적 다문화상담에서 반드시 필요한 과정이라고 생각된다.
다양한 학자들이 영성발달모델을 제시하고 있는데 한국의 다문화적 현장에
서 가장 적절한 영성발달모델은 최적 정체성 발달모델이라고 할 수 있다. 이
모델은 Sue와 Sue의 소수인종 정체성 발달모델에 영적인 발달요소를 통합한
모델로서 억압된 경험을 가진 다양한 집단의 사람들과의 질적 인터뷰 분석
을 통한 기능적 접근을 통해 발전되었다. 학자들은 영적, 물질적 통합현상을

〈표 9-2〉 최적 정체성 발달모델(Sevig, 1993)

단계 0	의식 자각의 부재 (absence of conscious awareness)	
단계 1	개별화 (individuation)	사회화를 통해, 가족이나 문화적 가치를 통해 습득한 자아 개념을 가지고 있다.
단계 2	불일치 (dissonance)	자신의 정체성에 대하여 탐색하기 시작. 사회적 소외자들은 자아의 일부분 중에 평가 절하된 사회문화적 가치를 의식적으로나 무의식적으로 내면화하여 억압한다.
단계 3	몰입 (immersion)	사회구성원 의식에 의하여 이전에는 부정적으로 여겨지던 자기정체성의 일부분에 대해서 가치 있게 여기게 된다.
단계 4	내면화 (internalization)	진실한 자아에 초점을 두는 단계. 세계관을 정립시킴으로써 개인의 안정감을 증진시키며, 새로이 깨달은 자아를 위협하지 않는 사람들에게 관대하고 수용적이다.
단계 5	통합 (integration)	강한 내적 안정감, 타인과의 관계를 확장시키고 더 깊은 진정성을 가지게 하며, 통제받지 않는 긍정적인 존중감과 차이에 대한 가치감을 갖게 한다.
단계 6	변형 (transformation)	외적인 상황 대신 영적인 자각을 통해 자아와 세계를 인식, 우주적인 공동체 의식으로 확장, 사회문화적으로 차이를 초월하여 사람들과 관계를 맺는다.

조사하는 과정에서, 개인에게 깊고 폭넓은 정체성 인식이 이루어지면 현실에 대한 개념이 근본적으로 변한다는 사실을 확인하면서 전체로서의 자아가 그 부분의 합 이상이라는 점으로 전인적인 정체성 발달을 강조하고 있다. 이 모델은 여성, 소수민족, 성적 소수자, 장애인과 같은 사회적 소외의 정체성을 가진 사람들에게 특히 두드러지게 나타나는데, 팽창과 수축이 가능한 나선형 모델로서 자아인식과 영적 발달과정이란, 인간이 영적이면서 물질적인 존재로서의 통합을 실현하는 과정으로서, 자신, 타인, 자연, 초월성에서 사랑, 평화, 조화, 정의의 가치들로 위치가 바뀌어 나가는 소외의 변형과정으로 본다(Myers, 1988).

다문화상담자는 내담자의 개인 내적인 영적 발달단계를 이해함에 따라 내담자를 어떻게 영적으로 도와야 할지를 이해할 뿐만 아니라 내담자의 문화적인 정체성의 발달단계를 이해함으로써 문화적응의 어려움에서 겪는 환경적인 요소들도 이해할 수 있고 문화와 영성이 어떻게 상호적으로 영향을 미치는지도 탐색할 수 있기 때문에 최적 정체성 발달모델은 다문화 내담자를 이해할 수 있는 유용한 도구가 될 것이다.

2) 다문화상담과 영성의 통합

영적 역량이란 상담자가 문화적으로 다양한 시각을 지닌 구체적인 종교, 영성, 초월적인 경험을 이해할 수 있는 데 있다. 다문화적 역량은 영성을 포함하는 내담자의 세계관을 상담자가 이해할 수 있는 능력을 말하는데 이를 위해서는 먼저 상담자가 자신의 영적 유산, 능력과 함께 문화적 배경들을 검토할 필요가 있으며 상담자 자신의 영적 포용능력의 한계를 아는 것도 중요하다. 뿐만 아니라 상담자는 영적, 종교적 그리고 다문화적 맥락 안에서 내담자의 요구에 대한 적절한 중재 기술과 평가를 개발할 필요가 있고 내담자의 영성적이고 토착적인 치료 관습들을 존중할 수 있어야 한다. Fukuyama와

Sevig(2012)에 의하면 영성과 다문화주의는 상호 교차적이기 때문에 다문화적으로 유능하게 되기 위해서는 영성적인 가치들을 다문화상담에 통합시키는 과정이 반드시 필요하다고 본다. 이 과정에서 영성적인 가치를 평가할 때 상담자는 건강한 영성과 불건강한 영성을 구분할 수 있도록 훈련하는 것이 필요하다.

(1) 건강한 영성과 불건강한 영성

목회상담적 전통에서 본다면 클라인벨(H. Clinebell)은 "영적 성장이란 그 목표가 우리의 현실적인 희망, 의미, 가치들, 내적 자유, 신념 체계, 절정의 경험, 신과의 관계를 강화하는 데 있다(1992, p. 19)"고 정의한다. 그는 인간은 선천적으로 영적인 존재이며, 보다 넓은 영적 실체와의 관계를 통해서만이 자신의 잠재성을 충족시킬 수 있기 때문에 개인의 전반적 성장을 가져오는 영적인 영역은 마음, 몸, 영혼, 타인과의 관계, 자연과의 관계, 일과 놀이, 조직이나 기관과의 관계라는 일곱 가지 영역에서 이루어지는데 종교적 참여, 혹은 영적 활동들, 신념의 산물들은 영적인 건강에 대한 중요한 지표가 되는 것이다.

Ingersoll(1994)은 열 가지 영역에서 영적인 안녕을 측정할 수 있는 도구를 개발했는데 절대적이고 신성한 것에 대한 개념, 의미, 연결, 신비함, 자유로움, 경험-행위-실행, 용서, 희망, 지식-학습, 현재-집중들의 영역에서 건강한 영성을 측정할 수 있다고 본다. 건강한 종교나 영성은 예전과 의식의 경험을 통해 이혼 같은 오랜 상처를 완화하거나 주요한 변환의 과정을 촉진시키는 데 기여하며 마음과 몸 영혼이 통합되는 자기초월적이고 우주적인 의식을 지향하는 쪽으로 움직인다. 또 건강한 영성을 지닌 사람은 정신병자와 신비주의를 구별하며 이완된 신체언어를 통해 내적 평화가 나타난다.

반대로 건강하지 못한 영성은 경직성, 맹목성, 권위주의와 현재를 부인하거나 삶을 위축시키는 행위 때문에 생기는 '성장의 정지'로 볼 수 있다

(Clinebell, 1992). 정신역동적 관점에서 보면 자기애, 방어, 메조키즘 등을 불건강한 영성을 설명하기 위해 사용하고 있는데 Battista(1996)는 '건강함'과 '불건강함'의 차이를 "진정한 혹은 변형된, 거짓된, 방어적 영성"인가를 질문함으로써 구별하고 있다. 그가 말하는 방어적 영성이란 자신을 영적이라고 생각하면서 진정한 자기를 표현하지 못하게 하는 방식으로서 화를 억압하는 것이 자기를 영적 우위에 있다고 생각하는 것이 좋은 예이다. Battista는 영적인 공격을 "자기애적 영성"이라고 보는데 그 예로 자신이 영적으로 특별한 권한을 가지고 있다고 주장하면서 다른 사람이 이것을 인정하고 지지해야 한다는 특권을 주장하는 것이다.

건강한 영성과 불건강한 영성의 두 요소를 같이 보여주는 영적인 안녕 모델(Chandler, Holden, & Kolander, 1992, p. 170)에 의하면 한 극단은 '숭고함을 억압하는 것'으로부터, 다른 극단은 '영적 위기, 영적 편견'에 이르는 하나의 연속선상으로 설명하는데 영성 발달을 위해서는 두 극단 간의 균형이 필요하다. 즉, 자신의 영적인 갈망을 억제해 온 사람들은 명상, 기도, 시각화, 꿈 작업 혹은 이완운동 등을 통하여 영적 영역으로 가는 기법들을 활용해야 하고, 그 반대의 극단에 있는 사람들은 기초 다지기나 자신의 편견들을 성찰하는 훈습이 필요하다. 제임스(W. James)는 종교가 부정적이고 악에 초점을 맞출 때 사람들의 삶의 경험을 제한하고 통제하는 결과를 가져오며 신경증적인 종교는 사고와 정서를 편협하게 한다고 보았다(James, 1995). 즉, 종교는 긍정적인 힘이 될 수도 있고 사람들에게 저항할 수 있는 힘을 주기도 하지만 정서적인 상처를 주기도 한다. 고로 다문화 상담자들은 자신들의 내담자가 정신증인지 영적인 긴급성의 상태인지를 구별할 수 있어서 후자의 사람들을 약물이나 병원치료를 한다든지 전자의 사람들을 영적인 방법으로 치료하는 오류를 범하지 않아야 한다. 결론적으로 건강하게 기능하는 자아는 영적인 성장을 하는 데 건강하게 사용될 수 있고 영적인 성장은 자아를 증진시키는 기능을 한다. 단지 동양적인 전통에서는 영적인 성장을 자아보다 우선시하는 차이가 있다.

(2) 다문화주의와 영성의 통합

다음의 〈표 9-3〉에서 보여주듯이 특정 문화나 특정 집단과 상관없이 필요한 다문화주의와 영성의 보편적인 가치들이 있다. 이 중에 사회정의와 같은 다문화적 가치들은 사랑, 연민과 같은 영성적 가치를 통해 구현될 수 있다. 예를 들면, 연민이라는 영적인 이해의 렌즈를 통해 보면 두려움, 무지, 진정한 자기가 아닌 자기를 투사하는 과정에서 나타나는 편견을 극복하고 압제의 뿌리 깊은 원인에 대해 깊이 이해할 수 있고 압제를 당하는 사람들은 권한부여의 경험을 가질 수 있다.

다문화적 맥락에서 영적 그리고 심리적 가치들을 통합시키고 영적, 심리적 성장을 도울 수 있는 통합적인 모델을 여러 학자들이 제안해 왔는데 심리학은 '자기'와 연관된 관심을 가진다면 영성은 자기를 초월해 우주로 열려짐에 관심이 있으므로 영적 성장을 위해서는 자기포기의 과정에서 '내려놓음'이 필요하며(Fortunato, 1982), 자기포기를 위한 의식개방을 위해서는 심리분석을 통해 심리적 저항과 방어들을 해석해 주는 과정을 통한 자아강화가 필요

〈표 9-3〉 영성과 다문화적 가치들의 비교(Fukuyama & Sevig, 2012)

영성적 가치	다문화적 가치
타자들과의 유대감	문화적 유사성
현실과 갈등 혹은 접촉	문화적 차이
열정 혹은 사랑	이해 혹은 공감
자신의 외부관계	인종주의로부터 다원주의로 지향운동
사회정의	압제, 옹호의 현안을 다룸
믿음	융통성 혹은 인내
은총, 모방, 창의성	몰입 혹은 유머감각
신성함 혹은 신비	모호성과 포용
초연	준수 기술
역설	양 문화 혹은 다문화적 기술

하다(Rubin, 1996)고 본다. 이러한 자아강화와 자기포기 혹은 자기해탈의 과정은 심리적 안녕에 모두 필요하며 다문화적 상황에서 문화와 심리, 영혼이 서로 상호작용하는 통합적인 접근이 요구된다.

6. 나오는 말

지금까지 본 장에서 살펴본 바와 같이 다문화상담에서 내담자의 문화를 이해하고 그것을 내담자의 영적인 가치와 발달과정과 통합해서 상담적 관계에 적용하는 것은 상담자에게 꼭 필요한 기술이라고 할 수 있다. 결론적으로 상담자가 다양한 문화집단의 내담자들과 영성을 포함한 통합적인 모델을 사용한 개입을 하기 위한 단계들을 살펴보면 다음과 같다(Fukuyama & Sevig, 2012). 먼저, 다문화적인 민감성과 문화적 유능성을 기르는 일이다. 다양한 문화집단에 속한 내담자들에게 고정관념을 가지지 않고 동일한 문화집단의 내담자들이라도 서로 다른 단계에 있을 수 있다는 것을 알아야 한다. 두 번째는, 내담자가 다문화적 현실에서 매일매일 경험하는 현안들이 무엇인지 충분히 인식하는 것이다. 그리고 이런 현안들이 다른 사람들과 어떻게 비슷하며 다른지를 충분히 이해하는 것이다. 세 번째는, 영성이 어떻게 특정한 현실적 문제를 다루는 데 도움이 될 수 있는지, 또 언제 금기시되는지를 파악하는 것이다. 심리적 문제에 대한 탐색이 충분히 이루어지기 전에 영적인 개입을 서둘러 한다든지, 내담자의 요청 없이 기도를 한다든지 하는 것은 적절하지 않은 개입이 될 수 있다. 더 나아가 상담자 스스로 자신의 영성을 자각하고 영적 발달단계에서 자신의 위치를 평가하고 있어야 한다. 뿐만 아니라 상담사 스스로의 문화적 정체성을 성찰하고 자각하고 있어야 한다. 또한 변화하고 싶은 내담자를 상담할 때 종교적 지도자나 친구 가족과 같은 내담자의 지원체계를 파악하고 있어야 한다. 왜냐하면, 한 개인의 성장을 위해서는 다차원적인 지원을 요구하기 때문이다.

마지막으로, 상담에 있어서 다문화적인 이론과 실천을 지속적으로 배우고 영성과의 통합작업을 계속 개발하는 작업이 필요하다. 특별히 기독(목회)상담자로서 상호문화적인 신학적 성찰을 통해 상담자의 영적 자원의 지속적으로 개발하는 것도 반드시 필요한 일이다. 이상에서 살펴본 바와 같이 다문화와 영성의 통합작업은 두 영역이 가지는 가치체계들이 보편적인 유사점이 있을 뿐만 아니라 상호보완적인 면이 있기 때문에 영성을 다문화상담에 통합하는 방식의 개입은 지속적으로 발전 가능하며 반드시 필요한 작업이라고 볼 수 있다.

후주

1) 일본의 남자 아이들은 어머니와 매우 가까운 관계에 있기 때문에 어머니에게 많은 사랑을 기대하고 어머니는 그런 아들을 충족시키기 위해서 자신에게 상처를 줄 정도로 희생한다. 어머니의 지나친 희생의 결과로 아들은 스스로를 탓하는 죄책감을 가지게 되어 '아자세 콤플렉스(Ajase complex)'를 발달시키고 어머니에 대한 애증과 후회의 감정을 가지게 되며 사춘기에 이러한 감정을 분출하게 된다(Okonogi, 2005, p. 50). 이러한 감정은 현대 일본 사회의 단면을 보여주는 것으로 어머니의 육아에 대한 지원 세력은 없어지는 한편, 아버지는 직장에 온전히 헌신해야 하기 때문에 가정에 충분한 지지를 제공하지 못하므로 어머니와 자녀와의 지나친 애착관계에서 생겨나게 된다.

2) 초공감(interpathy)이란 미국의 목회상담학자인 Augsburger(1986)의 용어로서 다른 문화, 다른 세계관, 다른 인식을 가진 사람의 생각과 느낌을 의도적으로 인식하고 감정적으로 상상하는 것이다. 문화의 경계를 가로질러 다른 사람과 초공감적으로 '함께 생각하고 느끼는 일'은 한 사람이 그가 아는 방식, 즉 자신의 인식을 기꺼이 괄호 안에 묶어놓고 전적으로 낯선 개념들을 탐험하며, 내담자의 세계를 이해하고 같은 입장에 서기 위해 필요한 변화를 경험하려는 노력이 뒷받침되어야 한다.

참고문헌

김승권, 김유경, 조애저, 김혜련, 이혜경, 설동훈, 정기선, 심인선 (2010). 2009년 전국 다문화가족실태조사 연구. 결혼이주여성의 가족상담 필요성 인식 관련 요인의 탐색. 보건복지가족부 · 법무부 · 여성부. 한국보건사회연구원 정책보고서.

김현수, 최연실 (2012). 결혼이주여성의 가족상담 필요성 인식 관련 요인의 탐색. 한국 심리학회지: 여성, 17(3), 435–456.

법무부 출입국관리소통계. 2015.

이정용 (2014). 마지널리티: 다문화 시대의 신학. 서울: 포이에마.

Augsburger, D. W. (1986). *Pastoral counseling across cultures*. Philadelphia: The Westminster Press.

Battista, J. (1996). Pioneers of transpersonal psychology. In B. Scotten, A. Chinnen, & J. Battista (Eds.), *Textbook of transpersonal psychiatry and psychology* (pp. 52–61). NY: Basic Books.

Chin, J. L. (1994). Psychodynamic approaches. In L. Comaz-Diaz & B. Greene (Eds.), *Women of color: Integrating ethnic and gender identities in psychotherapy* (pp. 194–222). New York: Guilford Press.

Clinebell, H. (1992). 현대 성장 상담요법 (이종헌 역). 서울: 대한예수교 장로회.

Chandler, C. K., Holden, J. M., & Kolander, C. A. (1992). Counseling for spiritual wellness: Theory and practice. *Journal of Counseling & Development, 71*(2), 168–175.

Foster, R. P. (1996). What is a multicultural perspective in psychoanalysis? In R. P. Foster, M. Moskowitz, & R. A. Javier (Eds.), *Reaching across boundaries of culture and class: Widening the scope of psychotherapy* (pp. 3–20). New York: Rowman & Littlefield Publishing Inc.

Fortunato, J. (1982). *Embracing the exile: Healing journeys of gay Christians*. NY: Seabury Press.

Fukuyama, M. A., & Sevig, T. D. (2012). 영성과 다문화적 상담의 통합 (부향숙, 송수민,

서미 역). 서울: 도서출판 원미사.

Gerkin, C. (1998). 살아 있는 인간문서: 해석학적 목회상담학 (안석모 역). 서울: 한국심리 치료연구소.

Gullahorn, J. T., & Gullahorn, J. E. (1963). An extension of the U-curve hypothesis. *Journal of Social Issues, 19*(3), 33-47.

Ingersoll, R. E. (1994). Spirituality, religion, and counseling: Dimensions and relationships. *Counseling & Values, 38*(2), 98-111.

Hayes, P. (2010). 문화적 다양성과 소통하기 (방기연 역). 서울: 한울아카데미.

Hertzberg, J. F. (1990). Feminist psychotherapy and diversity: Treatment considerations from a self psychology perspective. In L. S. Brown & M. P. P. Root (Eds.), *Diversity and complexity in feminist therapy* (pp. 275-298). Binghamton, NY: Haworth Press.

James, W. (1995). *The will to believe.* Image Pocket Classics.

Lartey, E. Y. (2011). 상호문화 목회상담 (문희경 역). 서울: 대서출판사.

Lee, J. Y. (1995). *Marginality: The key to multicultural theology.* Minneapolis: Fortress Press.

Macus, I. (1980). Countertransference and the psychoanalytic process in children and adolescents. *Psychoanalytic Study of the Child, 35*, 285-298.

Myers, L. J. (1988). *Understanding an Afrocentric worldview: Introduction to an optimal psychology.* Dubuque: Kendall/Hun

Okonogi, K. (2005). The Ajase complex and its implications. In S. C. Chang, M. Nishizono, & W.-S. Tseng (Eds.), *Asian culture and psychotherapy: Implications for East and West.* Honololu: University of Hawaii Press.

Rubin, J. B. (1996). *Psychotherapy and Buddhism: Toward an integration.* NY: Springer Science & Business Media.

Smith, A. Jr., & Riedel-Pfaefflin, U. (2004). *Siblings by choice: Race, gender, and violence.* St. Louis: Chalice Press.

Sue, D. W., & Sue, D. (2011). 다문화 상담: 이론과 실제 (하혜숙, 김태호, 김인규, 이호 준, 임은미 역). 서울: 학지사.

제**10**장
메타-실존치료와 영성

이정기
(한국실존치료연구소 대표)

1. 들어가는 말

요약하면, '메타-실존치료'는 '영성에 근거한 실존치료'이다. 우선 두 사람의 선각자에게서 그 개념의 선취를 발견할 수 있다. 하나는 아브라함 매슬로우(Abraham Maslow)의 '메타상담'적 관점이고, 다른 하나는 토마스 호라(Thomas Hora)의 '실존적 메타정신의학'의 관점이다. 매슬로우는 '메타상담(meta-counseling)'을 제시하였다. 인간은 누구나 "삶의 의미추구"라고 하는 '메타욕구(meta needs)'를 갖고 있다고 전제하고, 그 '메타욕구'가 충족되지 않을 경우, "메타정신병리(metapathologies)"에 빠지게 된다고 본다. 그러한 경우, 그것을 치료하는 방법은 '삶의 의미'인 'B-가치' 곧, '존재-가치(being-values)'를 찾아내어, 내담자로 하여금 '자기실현'을 이루도록 하는 '메타-상담'을 강조한다(Maslow, 1971).

다음으로, 토마스 호라가 창안한 '실존적 메타정신의학(existential meta-psychiatry)'은 형이상학적 인간 이해에 근거한 과학적 훈련의 하나이다. 그는 인간을 근원적 실재인 우주적 '사랑-지성(love-intelligence)'의 의식을 반영할 수 있는 영적 존재로서 파악하고 있다. 그리고 인간에게 발생하는 모든 문제는 그 근원적 실재로부터의 단절에서 발생한다고 본다. 그러므로 '실존적 메타-정신의학'은 내담자로 하여금 근원적 실재와의 '조화(harmony)'를 이루도록 하는 것을 그 목적으로 한다(Hora, 2002, p. 1).

그러나 그러한 관심은 사실, 매슬로우나 호라에게서 처음으로 비롯된 것은 아니다. 니체 철학자 김정현이 지적하였듯이, 고대 이후 철학이 영혼의 치유/치료에 관계해야 한다는 언급은 칸트 이전부터, 즉 고대부터 있어 왔다. 음악과 영혼의 관계를 논의한 피타고라스, 신체와 영혼의 관계를 언급하면서 철학자가 영혼의 의사가 되어야 한다고 말한 플라톤, 철학이 영혼의 훈련 또는 영혼의 의학이 되어야 한다고 말한 키케로, 더 나아가 아우구스티누스, 아퀴나스 등 영혼의 치유와 철학의 연관성을 언급한 철학자들의 영향은 현대 정신분석이 발원하는 주요한 동력이 되었음은 주지의 사실이다(김정현, 2013).[1]

그럼에도 불구하고 아브라함 매슬로우의 '메타상담'적 접근이나, 토마스 호라의 '실존적 초정신의학'에 대한 관심은 전무하다 할 것이다. 비록 초개인 심리학적 관점에서 매슬로우에 대한 관심이 언급되고 있고, 빅터 프랭클(Viktor Frankl)의 '의미요법(logotherapy)'이 일각에서 소개되고 있으나, 그것을 통하여 '존재의 의미'에 대한 매슬로우가 갖고 있는 관심이 상담 현장에서 구체적으로 적용되거나, 특히 그것이 '메타상담'적 관점에서 전달되고 임상에 적용되는 기회는 찾아보기가 쉽지 않다.

더 나아가, 영적 존재로서의 인간을 철학적으로 파악하여 그것을 심리치료에 적용한 토마스 호라에 대한 소개는 한국적 상황에서는 전무하다. 필자가 처음으로 2006년도에 정신역동치료학회 학회지 창간호 '정신역동치료'에 소개한『실존주의 심리치료의 사례연구: 토마스 호라의 실존주의 초정신의학을 중심으로』가 한국에 소개한 첫 번째 시도이다. 그 후에, '한국영성과 심리치료학회'를 통하여 학회지『영성과 심리치료』및 자료집을 통하여 몇 번 Hora를 소개한 바가 있을 뿐이다. 예를 들어, 윤영선이 학회지『영성과 심리치료』창간호에서 소개 차원에서 "실존주의 초정신의학의 실제와 영성"을 서론적으로 다룬 것이 아마도 대표적인 논문일 것이라고 추정된다.

이에 필자는 그러한 고대철학에서 비롯된 철학적 이해를 전제로 하고, 아브라함 매슬로우의 '메타상담'과 토마스 호라의 '실존적 메타정신의학'으로부터 철학적, 심리학적 지원을 받고, 기본적으로는 토마스 호라의 '실존적 메타-정신의학'에 기초하여, '메타-실존치료(meta-existential therapy)'라 명명하여 영성과 실존치료를 접목한 하나의 심리치료를 소개하려고 한다. 아브라함 매슬로우가 초개인주의 심리학의 초석을 놓았듯이, 그리고 토마스 호라가 기독교 영성과 선(Zen)사상을 접목하여 새로운 실존치료를 제시하였듯이, '메타-실존치료'는 초개인 심리학의 자아초월적 관점에 근거하고, 더 나아가 토마스 호라가 주창하는 '초월적 관심(transcendental regard)'과 선사상에서 빌려온 '본성을 꿰뚫어 본다.'는 의미를 갖는 '바라봄' 곧, '견성기도(見性祈禱, prayer of beholding)'적 관점 등을 중요한 주제로 삼아 영성에 초점을 맞춘 실존치료의 한 방법을 시도하려고 한다.

그와 전제하에 '메타-실존치료'는 '영적 존재'로서 인간에게 본성적으로 주어진 '메타 욕구'의 실현, 곧 '존재실현' 또는 '자기실현(self-realization)'에 그 초점을 맞출 것이다. 그리고 '존재실현'이라고 하는 메타 욕구가 충족되지 못함으로 오는 '영혼의 질병(soul sickness)'을 치료하는 '영혼의 의사(physician of the soul)'(May, 1982)로서의 '메타상담사(meta-counselor)', 더 나아가 단지 한 사람의 '치료사(a therapist)'로서의 의미를 넘어서서, 영성에 초점을 맞춘 긍정적 의미에서의 '자연치유사(natural healer)'로서의 '메타-실존치료사(meta-existential therapist)'를 목표로 하는 영성지향적 실존치료의 한 방법론을 시도할 것이다.

2. 목표: 본래적 자기 되기

'메타-실존치료'[2)]는 그 목표를 '너 자신이 되라!(be thyself!)'고 선언한다. 그러한 선언은 실존주의 철학의 대표적인 선구자들인 키르케고르(Kierkegaard)와 니체(Nietzsche)가 설파한 사상의 요체라 할 수 있다. 그 선언을 실존 철학자, 키르케고르의 문장으로 바꾸면 다음과 같다.

'참으로 본래의 자기 자신이 되라.'

(to be that self which one truly is.)

인본주의 심리학의 대표적인 학자인 칼 로저스(Carl Rogers)는 "나의 인생의 목표, 목적은 무엇인가?"라고 질문하고, 그것은 "참으로 자기 자신이 되는 것"이라고 대답하였다. 그 질문에 대한 대답으로 제시한 문장이 키르케고르의 바로 그 문장이다. 로저스는 그것을 "끊임없이 지속되는 삶의 한 과정"으로 해석하였다(Rogers, 2009, p. 181). 대표적인 키르케고르 학자인 암스테르담 자유대학의 철학자, 지스체 울베 주이데마(Siestse Ulbe Zuidema)는 키르케고르에 관한 연구에서 다음과 같은 결론을 내렸다.

그러므로 인간 실존의 제1법칙은 이것이다.

'네가 되고자 하는 자가 되라! 너 아닌 자가 되지 말라!'(Zuidema et al., 1994, p. 182)

그와 같은 사상은 무신론적 실존철학자 니체에게서도 동일하다. '실존주의 초정신의학'을 주창한 바 있는 토마스 호라는 니체의 다음 문장을 인용하여 그의 실존주의 초정신의학의 근거를 삼았다.

> '우리는 본래의 우리 자신이 되어야 한다.'
>
> (We must become what we already are.)(Hora, 2002, p. 17)

현대 미국의 대표적인 실존주의 심리치료사, 어빈 얄롬(Irvin Yalom)은 니체의 그 선언을 "인간의 완전성에 관한 최초의 기본 명제"라고 극찬한 바 있다(Rogers, 2007, p. 13). 그에 의하면, 니체의 '너 자신이 되라.'는 경구는 '너 자신을 알라.'는 소크라테스의 인식론적 경구를 실존적 삶에 적용한 실천적 선언이다. 여기, 키르케고르의 '본래적 자기 자신' 또는 니체의 '본래적 우리 자신'이라는 문장은 어쩌면 태초부터 설정된 인간의 '본래적 자기(本來的 自己, The Original Self), 곧 본래의 자신의 얼굴인 '진면목(the original face)'의 다른 표현이다.

그런 점에서 '메타—실존치료'가 목표하는 '본래적—자기실현'은 아브라함 매슬로우가 "자기실현과 그 너머(self-actualizing and beyond)"라고 표현하였듯이, 소위 인본주의 심리학에서 말하는 '무한한 가능성의 성취'라는 차원의 '자기실현'이라는 의미를 포함하나, 동시에 그것을 넘어선다. 그런 의미에서 '본래적—자기'란 '초월적 자기'의 다른 이름이라 할 수 있다(Maslow, 1971, pp. 40-51).

그것은 오랜 역사 속에서 철학이 추구해 온, 다시 말하여 형이상학, 곧 존재론이 추구하는 인간의 '본성(本性, the nature)'을 의미하며, 기독교가 말하는 '신성(神性, divine nature)' 곧, 하나님의 형상(the image of god)을 의미한다. 그리고 불교가 강조하는 '불성(佛性, buddha nature)'을 의미한다. '영성(靈性, spirituality)'을 주역에 근거하여 '하늘의 성품'이라고 해석할 경우, 그 뜻은 더욱 분명하다. 인간이 본래적으로 갖고 있는 하늘의 성품을 의미한다 할 수 있다(김승호, 2015).

3. 정의: 영성에 근거한 실존치료

일단, '메타-실존치료'의 목표를 그와 같이 설정하게 되면, 도대체 '메타-실존치료'란 무엇이냐? 그 정의를 질문하게 된다. '메타-실존치료'는 '실존주의 초정신의학'을 창설한 토마스 호라의 '실존적 초정신의학'에 대한 정의에 그 근거를 둔다. 토마스 호라는 다음과 같이 정의 내린 바 있다.

> '메타정신의학(metapsychiatry)'은 인간에 대한 형이상학적 개념에 근거한 과학적 훈련이다. 인간은 여기에서 우주적 '사랑-지성(love-intelligence)'의 의식을 반영할 수 있는 영적 존재로서 이해된다. '사랑-지성'이란 우주가 갖고 있는 조화롭게 하는 원리이다. '메타정신의학'은 유신론적 실존주의에 철학적 인식론적 뿌리를 두고 있다. '메타정신의학'의 실천적 의미를 이해하기 위해서는 그것이 근거하고 있는 실존주의와 실존치료만이 갖고 있는 특정한 의미에 대한 명백한 진술들에 관하여 상당한 주의를 기울여야만 한다(Hora, 2002, p. 1).

토마스 호라의 정의에 근거하면, '메타-실존치료'는 인간의 형이상학, 곧 존재론에 근거한 하나의 심리치료라고 정리된다. 그것을 다른 말로 표현하자면, '영성에 근거한 실존치료'라고 할 수 있다. 토마스 호라의 정의를 따라, 그 철학적 근거 및 실천적 의미를 명확하게 정리할 수 있다. 첫째로, 그 철학적이고 인식론적 근거는 유신론적 실존주의라는 것이 명백하다. 둘째로, 그 인간관은 우주적 의식을 반영할 수 있는 영적 존재 또는 초월적 존재로 이해하고 있다. 그리고 셋째로, 그 실천적 의미는 실존치료를 통하여 명료화된다.

토마스 호라는 실존주의를 "인간 실존의 본성과 실존이 그 자체를 실현하는 상황에 대한 철학적 탐구"라고 정의 내린다. 그리고 그에게 있어서, 실존주의란 '① 인간이란 무엇인가? ② 삶이란 무엇인가? ③ 삶의 목적과 의미란 무엇인가? ④ 실재하는 것은 무엇이며, 실재하지 않는 것은 무엇인가? ⑤ 진리, 건강, 약, 질병, 그리고 죽음은 무엇인가? ⑥ 이들 실존적 요소들을 어떻게 인지할 수 있는가?'라는 질문에 대한 탐구 작업이다(Hora, 2002).

그와 같은 실존주의에 대한 이해를 전제하고, '실존주의 초정신의학'의 정의에 근거하여 '메타–실존치료'에 대한 정의를 내리면 다음과 같이 정리할 수 있다.

'메타–실존치료'는 개인이나 집단으로 하여금 실존의 근원적인 질서와
보다 멋진 의식적 조화를 이루도록 돕는 하나의 노력이다(Hora, 2002).

문제는 그 '실존의 근원적인 질서'가 무엇이냐 일 것이다. 심리치료적 관점에서 앞의 정의를 분석하면, '개인이나 집단'은 내담자 개인이나 집단을 의미할 것이고, '근원적인 질서'란 토마스 호라의 표현을 빌리면, 우주 의식인 '사랑–지성'을 의미한다. 철학사적으로 그 의미를 추적하면, 철학자 헤라클레이토스가 우주의 원리로서 제시한 '로고스(logos)'가 이에 해당할 것이다. 그것을 기독교적 관점에서 해석하면, 놀랍게도 곧 신약성서 요한복음 1장 1절에 나온 '말씀(logos)'이 될 것이다. 더 나아가, 인간 존재를 '의미를 향한 의지(will to meaning)'로 규정하며, '존재 이유' 또는 '삶의 의미'의 중요성을 강조하는 빅터 프랭클이 창안한 로고데라피(logotherapy)가 직접적으로 인용하고 있는 '로고스'라는 낱말이 곧, 희랍어에서 '말씀'이라는 뜻과 더불어 '의미(meaning)'라는 뜻을 갖고 있다는 점은 놀라운 발견이다.

뿐만 아니라, 토마스 호라 스스로가 그의 대표적인 주저인 『실존주의 초정신의학』에서 그 사상의 핵심 원리로서 제시하고 있는 구약성서 에스겔 37장

4절에서 언급한 '하나님의 말씀'도 같은 맥락에서 해석되어야 할 것이다.

> 내게 이르시되 너는 이 모든 뼈에게 대언하여 이르기를, 너희 마른 뼈들아 여호와의 말씀을 들을 지어다(Again he said unto me, Prophesy upon these bones, and say unto them, O ye dry bones, hear the word of the Lord) (Ezekiel 37:4).

그 점에서 토마스 호라는 철저하게 성서를 근거로 하는 실존주의 심리치료사임에 틀림없다 할 것이다.

4. 인간: 영적 존재

'메타-실존치료'는 인간을 '영적 존재(a spiritual being)'로 이해한다. 토마스 호라는 질문한다. 인간은 무엇인가?

> 인간이란 무엇인가? 인간은 영적 존재다. 그것은 무엇을 의미하는가? 우리가 인간을 영적 존재로 말하는 것은 우리가 종교를 말하려고 하는 것이 아니다. 우리는 종교를 넘어서려고 노력한다. 우리는 삶 속에서 보이지 않는 요소들을 깨달을 수 있는 인간 의식의 특이성을 명료화하려고 한다. 삶 속에서 오직 인간만이 인지할 수 있는 눈에 보이지 않는 요소들은 무엇인가? 오직 인간만이 의식적으로 사랑, 의미, 진리, 생명, 아름다움, 선함, 자유, 기쁨, 조화를 깨달아 알 수 있다. 이 요소들은 모든 형태의 생명 가운데서 인간을 유일한 현현이 되도록 만드는 요소이다. 이 독특성이 인간으로 하여금 하나의 영적 의식을 가진 존재로서 은총을 부여받도록 한 요소이다. 바로 이 요소로 인하여 인간은 우주에 존재하는 다른 어떤 존재와도

철저하게 다른 존재인 것이다. 바로 이 차이가 인간을 실존적으로 이해하게 되는 관점의 근거가 된다(Hora, 2002, pp. 9-10).

토마스 호라와 함께 '메타-실존치료'는 인간을 하나의 '영적 의식(a spiritual consciousness)'으로 이해한다. 인간을 이렇듯 하나의 '영적 의식'이라는 특이한 존재로 이해하는 것은 인간을 하나의 대상이나 객체 또는 하나의 주체가 아니라, 인간을 하나의 '현상'으로 이해하는 것이다. 곧 인간을 하나의 '현상'이며, 동시에 '신성의 현현'으로 이해한다. 인간이 신성을 깨달을 수 있는 것은 인간 의식이 갖고 있는 영적 광휘인 까닭이다. 이것이 하나님의 형상이라는 말의 의미이다. 인간의 실존은 하나님의 형상을 드러낸다. 인간이 없이는 하나님을 알 수가 없다. 이 세계와 인간은 하나님을 드러낸다. 다시 말해, "인간의 목적은 하나님의 존재를 드러내는 것이다(Hora, 2002, p. 10)."

그와 같은 '메타-실존치료'의 인간 이해는 놀랍게도 '실존(Existence)'이라는 어원에서 비롯된다. 실존이라는 낱말의 어원은 'Ex-sistere' 'Ek-stare'라는 라틴어에서 그 의미가 선명해진다. 그 낱말은 본래 '~으로부터 나오다(come out of……)' 또는 '본질로부터 나오다(come out of essence)'라는 의미를 갖는다. 그러므로 그 낱말은 '황홀(ecstasis, ek-stasis)'이라는 어의를 갖는 라틴어 어원과 그 뿌리를 같이하며, "밖으로 나와 서서 자기 자신의 경험과 사고과정을 관찰하는 관찰자가 되다."라는 의미를 갖는다(Hora, 2002, p. 2).

그와 같은 선 이해를 갖고 그 의미를 조명할 경우, 'Ecstasy' 또는 'ek-stasis'라는 낱말은 '초월'이라는 뜻을 가지며, 그것은 곧 "인간의 자기초월 능력"을 의미한다. 인간의 자기초월 능력이란 "멀리 떨어져 나와 서서 자신의 경험이나 사고과정을 관찰하는 관찰자가 되는 탁월한 능력을 의미한다(Hora, 2002)." 그러나 그 개념은 정신적 혼란을 의미하지는 않는다. 정신적 혼란은 인간이 잠시 동안 '자기초월 능력'을 상실한 상태를 의미하는 것으로서 곧 '비인격화(depersonalization)' 또는 '비실재화(derealization)'를 의미한다. 다시 말해, 정신적 혼란은 심한 불안의 영향 아래서 '실재(reality)' 또는 자기 자신의 정체성(identity)을 자각하는 능력을 상실한 것이다.

'메타–실존치료'에서 말하는 '자기초월 능력'이란 '존재의 의미(a sense of orientation)'를 발견하는 능력이다. 즉, "나는 나다(I am that I am.)."라는 정체성이 확립된 상태로서 "나는 존재 자체다."라고 존재 자체를 확신하는 능력을 의미한다. 그러므로 그는 말한다. "I know that I am." 즉, "나는 나다."라는 사실을 안다. "나는 내가 존재 자체라는 그 사실을 안다."라는 의미의 존재자체를 확신하는 능력을 의미하는 것이다(Hora, 2002).

그와 같은 인간 이해는 하이데거의 '세계–내–존재–양식'이라는 개념으로 이해할 수 있을 것이다. 하이데거에게서 빌려와 토마스 호라가 강조하는 그 개념은 이해를 돕기 위하여 "가치관에 근거한 존재양식"으로 해석되기도 한다. 호라에게 있어서, '세계–내–존재–양식'을 이해하기 위하여 필요한 핵심적 개념은 가치(value)이다. 그것도 실존적 가치, 곧 실존적으로 정당한 가치이다. 영국의 현존하는 대표적인 실존주의 심리치료사인 에르네스토 스피넬리(Ernesto Spinelli)는 '세계–내–존재–양식'을 "세계관에 근거한 존재양식"으로 해석한다(Spinelli, 2007, p. 31). 그 '세계관'이라는 개념에서 '영성'이라는 개념의 단초를 밝혀 영성과 심리치료의 통합적 접근을 시도할 수 있을 것이다(이정기, 2013).

5. 목적: 전체성의 획득

'메타–실존치료'의 정의에서 이미 '메타–실존치료'가 목적하는 바가 밝혀져 있다. 다시 말하면, '메타–실존치료'는 내담자로 하여금 실존의 근본적인 질서와 조화를 이루도록 돕는 것을 일차적인 목적으로 한다. 더 나아가, 근본적인 질서와 조화를 이루었다고 하는, 다시 말하여 실재와 접목되었다고 하는 의식의 획득, 바로 그것이 '메타–실존치료'의 두 번째의 목적이라 할 수 있다. 그것을 호라는 "현상적 세계로부터 깨어나서, 실재와 접목된 의식을 획득하도록 돕는 것"이라고 하였다. 그리고 그것이 '메타–실존치료'의 궁극적 목적으로 이해하고 있다.

대인관계적 관점이라든가 또는 대상관계적 관점은 다른 대상 또는 다른 사람들과 잘 지내도록 돕는 것을 목적한다. 그러나 '메타–실존치료'는 타자가 아니라, 절대타자와의 조화를 그 목적으로 삼는다. 그 절대타자를 '메타–실존치료'는 삶의, 우주의 근본적인 질서라고 본다. 그런 점에서 '메타–실존치료'는 철학적으로 '본질실재론'에 가깝다. 그와 같은 철학은 현상학의 창시자 에드먼트 후설(Edmund Husserl)이 강조한 바, 본질이 심리적인 상대적 산물이 아니라, 본질이 실재로 존재한다고 보는 관점과 일치한다.

그런 점에서 토마스 호라는 본질을 존재와의 연관 속에서 이해하고 있음이 분명하다. 그러한 징후 중 하나는 그는 근원적 질서인 우주의식을 '사랑–지성'으로 해석할 뿐만 아니라, 자기초월적 경험이라고 하는 날마다의 새로운 경험과 직관을 통하여 끝없이 근원적 질서와 조우하는 역동적 과정으로 이해하고 있다는 점에서 더욱 그러하다. 그와 같은 해석은 철학적으로 '본질직관(Wessenschau)'으로 해석될 수 있는 여지를 갖고 심리치료적 관점에서 실존적 만남을 강조하고 있다는 점을 들 수 있겠다.

더 나아가, 근본적인 질서는 호라에 따르면, 완전한 조화, 평화, 확신, 감사, 기쁨, 사랑 그리고 자유라고 하는 이념과 연관되어 그 의미를 찾는 것과 일치한다고 볼 수 있다. 호라가 '메타–실존치료'의 근본적 목표를 PAGL로 요약하여 설명하는 것도 같은 맥락이다. 곧, 평화(Peace), 확신(Assurance), 감사(Gratitude) 그리고 사랑(Love)이라고 하는 이념과 가치로 요약한다.

더 나아가, '메타–실존치료'는 삶의 근본적인 질서의 성격을 실존적이라 해석한다. 그리고 그 근본적 질서를 사는 인간 존재를 실존적 존재라고 일컫는다. 또한 그 '메타–실존치료'가 목적하는 실존적 가치의 증진은 본질적으로 인간의 전체성, 곧 전인건강을 증진(healthy-promotion)시킨다. 실존적 가치에 더욱 잠길수록 인간 존재는 더욱더 전인적으로 건강해지는 것이다. 달리 말하면 근원적 질서의 본질인 '전체성(wholeness)'을 획득하는 것이다 (Hora, 1998, pp. 57-63). 그리고 그것이 '메타−실존치료'의 최종적 목적이 될 것이다.

6. 구조: 존재와 실존

'메타−실존치료'는 "인간 실존(reality)이 '근원적 질서(Reality)'와의 의식적인 조화를 이루도록 개인과 집단을 도우려는 하나의 노력이다." 이 정의에 나타난 '근원적 질서'란 앞서 언급한 바, '神性' '佛性' '本性(Nature)' 또는 '靈性'으로서의 '實在(Reality)' 또는 '存在(Existence)' 자체를 의미한다.

인간을 '하나님의 형상'을 가진 영적 존재로 이해한다는 것은 기독교가 강조하는 창조론과 흡사하다. 비록 호라는 '유출설(emanation theory)'을 말하고 있어 해석상의 차이가 존재하지만, 기독교의 창조론과 유사하다는 점을 전제할 수 있다. 그런 점에서 구조를 '존재'와 '실존'으로 구분한다는 것은 그 용어가 철학의 틀에서 비롯되었다 하더라도, 큰 틀에서 하나님과 하나님의 형상으로서의 인간으로 정리할 수 있다.

그러한 전제하에서 그 개념은 영어 대문자 E로 시작되는 'Existence', 곧 '존재'를 의미하며, '실존'은 그 대칭 개념으로서 영어의 소문자 'e'로 시작하며 'existence'로 표기한다. '실존'은 '존재'의 구체적 현현(manifestation)이다. '존재'는 실재(Reality)를 의미하며, '실존'은 그것의 드러남, 곧 '현상(現像, phenomenon)'을 의미한다. 요약컨대, 구조상, '존재'는 근원적 질서로서 목표에 해당하며, '실존'은 그 목표를 지향하는 현재의 상태를 의미한다. 그러므로 존재는 '본질(Essence)'이며, '실존'은 그 본질의 '나타남(manifestation)'이다.

존재(Existence)란 무엇인가? 존재란 인간이 실존하고 실현하는 힘 (Power)이다. 인간은 존재(Existence)의 실존(existence)을 증언한다. 주 관적 혹은 객관적 그리고 지적 관점에서가 아니라, 실존적 관점에서 삶의 모든 국면을 보려는 노력은 인간 의식을 존재와 조화를 이루게 한다. 그 러한 의식은 실존적 전인성, 거룩함, 건강, 참된 성숙을 위한 기초가 된다 (Hora, 1998, p. 60).

신학적 관점에서 '존재'는 하나님의 본체(本體)이고 '실존'은 그 현현(顯現) 이다. 전자는 하나님이고 후자는 그 하나님의 형상(Imago dei)으로서의 인 간이다. 실존치료적 관점에서 전자는 본질(本質, Nature)을 의미하는 실재(實 在, Reality)이고, 후자는 그 현상(現像, phenomenon)을 의미하는 현실(現實, reality)이다. 그러면 본체의 본질로서의 속성은 무엇인가? 그것은 '전인성(全 人性, wholeness)' 또는 '완전성(perfectness)'이라 일컫는다. 신학적으로 해석 하면, 존재는 하나님의 본체이고, 전인성은 그 하나님의 속성(屬性, attributes) 으로서, 신(神)의 영적 속성, 곧 영성(靈性, spirituality)이다. 토마스 호라의 독특한 톤으로 개념화하면 PAGL이다. '평화(Peace)' '확신(Assurance)' '감사 (Gratitude)' 그리고 '사랑(Love)'이 그것이다(Hora, 2002, p. 25).

이 '전인성'은 하나의 현존(a presence)이다. 이 현존은 두려움 없이 사 랑하며, 평화롭고, 지적이며, 창조적이고, 유익한 특징을 가지고 있다. 거 기에는 교만, 자만, 죄책감과 불안은 존재하지 않는다. 참된 전인성은 영적 속성이라고 말할 수 있다(Hora, 1998, p. 60).

'전인성'은 존재의 현존으로 존재한다. 그 현존은 존재의 속성으로 실존에 그 방향과 동력을 제공한다. 그렇다면, 실존은 존재의 속성으로서의 전인성을 어떻게 획득하는가? 바로 여기에 실존치료의 가능성과 그 존재 이유가 있다.

그것(전인성)은 삶의(being) 다른 모든 국면들의 기초가 되고 그것을
결정하며, 인간 의식의 인식론적 발달을 통하여 습득된다. 전인성은 조화
로운 행동과 반응으로 나타난다. 조화로운 반응은 자발성(spontaneity)이
고, 자발성은 이해와 반응과 직접적으로 연관된 은혜의 한 국면이다(Hora,
1998, p. 62).

바로 여기 중요한 몇 가지 원리적 요소들이 내재한다. 그것은 소위 주관적
인 또는 객관적인 접근방법이 아니라, 존재-실존적인 접근을 통해서만 가능
하다. 그것을 의식의 인식론적 발달이라 할 수 있다. 그것은 조화(Harmony),
자발성(Spontaneity) 그리고 은혜(Grace) 등을 통하여 가능하다.

전술한 대로, '메타-실존치료'는 인간을 '靈的 存在(spiritual being)'로 인식
한다. 그 말은 곧, 인간을 '超越的 存在'로 이해한다는 말이다. 그와 같은 인간
이해는 인간의 '자기초월 능력'을 전제한다. 곧, 하나의 현상으로서의 '현실(a
reality)', 곧 하나의 '실존(an existence)'이 근원적 질서(The Existence)인 '실재
(The Reality)'에로의 '變形(transformation)' 또는 '實現(realization)'이 가능하다
고 믿는 것이다. '메타-실존치료'는 그러한 '초월가능성'에 근거하여, 하나의
'실존'으로 하여금 근원적 질서와 조화로운 만남을 갖도록 도와, 인간의 '本
性'을 실현하도록 하는, 다시 말하여, '本來的 自己'를 실현하도록 돕는 데 그
목적이 있다.

7. 과정: 실재는 현상을 소멸한다

'메타-실존치료'는 실존과 근원적 질서(Reality)와의 조화를 그 목적으로
한다. 문제는 그 조화를 어떻게 이루느냐이다. 모든 현상은 '메타-실존치료'
에서 보면 '세계-내-존재(being-in-the-world)' 양식을 갖고 있다. 우리가 내

담자의 세계-내-존재-양식을 식별(discern)할 경우에, 그것은 진단을 통하여 범주화한다는 것을 의미하지 않는다. 그것은, 우리는 그 사람을 이해 (understanding)할 수 있으며, 오직 그를 이해할 수 있을 때에만, 우리는 그를 참으로 도울(help) 수 있다는 것을 의미한다.

'세계-내-존재-양식'이란 무엇인가? 일반적으로 심리치료에서는 증후학에 근거하여 공식적으로 진단하여 그 범주를 결정한다. 그러나 '메타-실존치료'는 그러한 방식을 따르지 않는다. 오히려 임상적 그림 저변에 존재하는 의미(meaning)가 무엇이냐를 질문한다. 다시 말하여,

> '세계-내-존재-양식'은 개인의 신념체계에 의하여 결정된다. 그것은 의식적이든가 무의식적일 수 있다. 신념체계는 사상의 질과 인지의 범위를 결정한다. 성서는 말한다. "대저 그의 마음이 생각이 어떠하면, 그 위인도 그러한즉."(잠 23:7) (For as he thinketh in his heart, so is he.) 참으로 우리들의 사고과정이 우리들의 세계-내-존재-양식을 결정하는 것이다 (Hora, 1996, p. 218).

개인의 세계-내-존재-양식을 이해하게 되면, 치료사는 내담자가 가지고 있는 세계-내-존재-양식이 실존적으로 가치가 있는가, 없는가를 알 수 있게 된다. 그러면 치료과정은 그가 갖고 있는 실재에 관한 관점을 전환하는 방법을 찾도록 돕는 것이다. 기본적인 전제는 물론, 치료사가 실존적으로 정당한 세계관과 가치관을 갖고 있어야 한다.

치료사는 내담자의 가치 체계, 신념체계 그리고 그의 실재를 지각하는 양식에 초점을 맞추어야 한다. '메타-실존치료'에서 갖는 관심은 치료사나 내담자의 인격이 아니라, 실재(Reality) 자체이다. '메타-실존치료'는 토마스 호라의 제10번째 원리를 강조한다. "실재에 대한 이해는 모든 현상을 파기한다 (The understanding of what really is abolish all that seems to be)."(Hora, 1996, p.

219) 치료사가 문제를 파기하는 것이 아니다. 내담자의 신념체계를 변화시키는 것은 치료사의 관점이 아니다. '메타-실존치료'에서는 대인관계적 만남은 존재하지 않는다. 단지 실재하는 것은 무엇인가 바로 그 실재와의 만남만이 존재한다. 그것이 모든 현상을 소멸시키는 실재라고 하는 진리를 식별하는 것이다.

'메타-실존치료'가 강조하는 '근원적 실재'로서의 '존재'는 모든 종교를 초월한다. 그것을 실존적으로 정당한 실재이지 종교적으로 정당한 실재는 아니다. 그러므로 '메타-실존치료'를 통하여 '근원적 실재'와 조화를 이룬 자는 종교인이 되는 것이 아니다. 그는 단지 삶에서 무엇이 가치 있는 것이며, 무엇이 가치가 없는 것인가를 알 수 있는 '참 존재(Authentic Being)' '새로운 인간(New Man)' '새로운 존재(New Being)'가 되는 것이다.[3]

8. 방법: 현상과 실재

'메타-실존치료'는 두 가지 질문을 허용한다. 하나는 "현상의 의미는 무엇인가?(What is the meaning of what seems to be?)", 두 번째 질문은 "실재의 의미는 무엇인가?(What is what really is?)"이다. 일반적으로 심리치료에서 사용하는 다음과 같은 질문을 '메타-실존치료'는 허용하지 않는다. 왜? 어떻게? 누가? 무엇을? 그러한 질문은 실존치료에서는 피상적이고, 조작적이기 때문에 무의미하다고 보기 때문이다(Hora, 2002, p. 39).

그와 같은 두 가지 기본적인 물음은 '메타-실존치료'의 방법론이 현상학적 이론에 기초하고 있음을 단적으로 증언한다. '메타-실존치료'는 인간을 하나의 현상으로 해석한다. '현상'이라는 낱말은 희랍어 'phainein' 'phainomenon'이라는 낱말에서 유래하였다. 그 어원적인 뜻은 '빛(light)' 또는 '겉모양(appearance)'을 의미한다. 예수께서 말씀하신 바, "사람을 외모로 판단하지 말라.”는 말씀의 ‘외모(appearance)’가 바로 그 ‘겉모양’이다. 다시 말하면, 예수의 말씀은 사람을 그 겉에 드러난 ‘현상’을 보고 판단하지 말라는 말씀이다. 토마스 호라는 그 예수의 말씀에서 ‘현상’의 의미를 찾는다. 그 ‘빛’ 또는 ‘겉모양’은 존재의 ‘본질’, 곧 ‘실재’(Reality)가 아니다. 다만 그 ‘빛’ 과 ‘외모’를 통하여 그 의미를 드러낼 뿐이다. 이때 ‘겉모양’ 곧 ‘외모’는 직접적으로 지각이 불가능한 사물을 “밝혀 준다” 또는 “설명해 준다”는 의미를 갖는다. 여기에서 그 “밝혀짐”과 “설명됨”을 ‘의미’(meanings)라 한다(Hora, 2002, p. 2).

　그러면, 그 현상으로서의 빛과 대비되는 ‘의미’란 무엇인가? ‘의미’는 ‘현상’에 대한 ‘정신적 동질체(mental equivalents)’이다. 반대로 모든 ‘겉모양’은 하나의 형태를 갖춘 하나의 ‘관념(an idea)’에 불과하다. 즉, 낱말, 행위, 활동, 손짓, 행동 또는 심리학적 용어로 증상이라는 말로 설명이 가능하다. 그러므로 ‘메타–실존치료’에서는 ‘사람’ 또는 ‘인간’은 하나의 ‘현상(a phenomenon)’ 또는 하나의 ‘관념(an idea)’으로 해석한다. 곧, 보이지 않는 ‘실재’가 보이는 형태로 나타난 아주 복잡한 하나의 현상 또는 하나의 관념(a very complex idea)인 것이다. 그렇다면 인간은 누구의 관념 또는 현상이란 말인가? 그 대답은 실존주의 신학자 폴 틸리히(Paul Tillich)의 용어를 빌리면, 인간은 ‘궁극적 실재(ultimate reality)’의 하나의 현상이며 하나의 관념이라는 것이다(Hora, 2002, pp. 3-4).

　하나의 형상에서 그 궁극적 실재를 찾아내는 방법을 ‘메타–실존치료’에서는 현상학적 지각이라 일컫는다. 현상학적 지각이란 ‘메타–실존치료’의 도구로써, 현상 뒤에 존재하는 의미를 분별하는 능력이다. 현상학적 지각은 몇 가지 금기사항을 갖는다. 첫째로, 선입관적 설명을 하지 않는다. 둘째로, 진부한 해석을 하지 않는다. 셋째로, 무책임한 사색을 하지 않는다. 그와 같은 현상학적 지각은 현상학을 창시한 후설의 현상학적 방법을 그 근원으로 한다.

　현상학적 방법은 실존주의 상담학자 Mick Cooper의 논리에 근거하면, ① ‘내적인 증거(inner evidence)’를 중요하게 생각한다. 우리가 알 수 있는 것은 우리가 경험한 것이다. 즉, 내적인 증거는 직관적으로 사물에 대한 우리의 의식적 경험 속에 주어진 것이다. ② 살아 있는 경험(lived-experience)을 중요하게 여긴다. 우리 자신과 세계를 참으로 알려고 한다면, 우리는 우리의 의식 속에 '살아 있는 경험'에 주의를 기울여야 한다. ③ 현상학적 방법을 적용한다 (Cooper, 2003, pp. 10-11).

9. 자세: 내버려-두기

'메타-실존치료'는 그 자체가 삶의 한 과정이다. 삶을 시간 속에 존재하는 하나의 사건으로 해석한다. 실존치료는 실존을 하나의 존재사건(a Being event)으로 이해한다. 그러므로 기법(techniques)이나 행위(doing)에 관심이 없다. 심리치료에서 사례를 '관리'한다는 개념은 인간이 하나의 실존적 현상이라는 본질을 침해한다. 인간은 결코 하나의 '사례(a case)'가 아니다. 그러므로 엄격한 의미에서 심리치료의 행위(doing)는 가능하지 않다. 실존치료는 '하나의 사건(An Event)'이며, 그 과정(A Process)이다.

그러므로 메타-실존치료사에게 필요한 것은 기법이 아니라 바람직한 자세이다. 미국의 대표적인 실존치료사주의 한 사람인 아드리안 반 캄(Adrian Van Kaam)은 다음과 같이 강조하였다.

나의 개인적 실존이 상담과 심리치료에서 나의 주요 도구이다. …… 하나의 도구로서 나는 나 자신을 계속해서 수련해야 한다. 왜냐하면 아무리 많은 독서나, 연구, 혹은 강의라 하더라도 나의 존재가 내담자에게 끼치는 결정적인 영향을 대신할 수 없기 때문이다(Van Kaam, 1966, p. 146).

더 나아가, 그러한 관심은 현대 가톨릭의 영성지도사인 헨리 나우웬(Henri

Nouwen)이 '영성과 목회 정체성'이라는 것을 말하였을 때, 그에 의하여 강조 되었다. 그는 목회상담사는 자기-긍정과 자기-부정의 태도를 그 자신의 목 회적 정체성으로 가져야 한다고 강조하였다(Nouwen, 1971, pp. 44-48). 정신 통합의 창시자인 로버트 아사지올리(Roberto Assagioli)에 의하면 "심리치료사 는 기술뿐만 아니라, 소명감도 가져야 한다."(Firman & Gila, 2002, p. 191).

'메타-실존치료'적 관점에서 그러한 태도를 '내버려-두기(letting-be)'라고 요약할 수 있다. 그것은 치료사가 내담자를 향하여 그의 전 존재를 활짝 여는 것(open-mind)이다. 치료사에게 있어서, 그 자신의 존재 이외의 다른 어떤 도 구는 없다. 그러한 경우, 내담자는 그 자신의 실존을 어떤 방해도 없이 열어 놓을 수 있다. 그러나 그것은 그냥 열어 놓는 것이 아니다. 그것은 순간순간 실재하는 진리를 이해하기 위하여 주의를 기울이는 과정 속에서 사랑과 경외 를 표현하는 것이다.

1) 초월적 관심

칼 로저스가 주창한 인간주의 상담에서는 상호작용과 긍정적 관심(positive regard)을 강조한다. 그러나 '메타-실존치료'는 상호작용을 넘어서, '하늘 작용(omniaction)'을 강조한다. 그것은 "하나님은 하나님께 맡기는 자를 돕 는다."라는 '메타-정신의학' 제5원리에서 드러난다. 그것을 '초월적 관심 (transcendental regard)'이라 한다.

'초월적 관심'이란 무엇인가? 어떤 면에서 그것은 긍정적 관심(positive regard)과 구별되는가? 긍정적 관심은 상호작용적이다. 그것은 사람을 긍 정적 방법으로 이해하려는 시도이다. 초월적 관심은 형상(form)과 무형상 (formlessness)을 초월한다…… 초월적 관심은 상호작용적 사고를 초월한 다. 그리고 사람을 보는 대신에, 영적 특성을 갖춘 무차원적 인간을 바라본다(behold)(Hora, 1987, p. 24).

무차원적 인간을 바라본다는 것은 무엇을 의미하는가? 그것은 '초월적 관심'을 갖고 바라보는(behold) 것을 의미한다. 그런 의미에서 토마스 호라는 성서에 나오는 '네 이웃을 네 몸처럼 사랑하라.'는 문장을 다음과 같이 해석한다. '네 이웃을 네 몸처럼 바라보라. 초월적 관심을 가지고(See your neighbour as thyself-with transcendent regard)'(Hora, 1987, p. 26)

'초월적 관심'은 현상학의 창시자 에드먼트 후설의 '초월론(transcendantalisme)'을 함축한다. 다시 말하여, '초월적 봄' 내지는 '초월적 체험'으로 초대한다. 현상학자 피에르 테브나즈(Pierre Thevenaz)가 지적하였듯이, "명증으로의 단호한 복귀, 무엇보다도 의식이 의식 자체를 코기토 속에서 파악하게 하는 필증적 명증성으로의 복귀를 의미한다 할 것이다."(Thevenaz, 2014, p. 44)

2) 바라봄, '見性'

'초월적 관심'을 가지고 바라보는 것을 '메타-실존치료'는 '바라봄', 곧 beholding이라 일컫는다. 철학에서 일종의 '반성적 봄' '의식의 봄(vision)' 또는 '창조적 직관'이라는 의미를 함축하고 있는 '초월적 봄' 내지는 '초월적 체험'이라 일컬어지는 상태를 의미한다. 구약성서 욥기 42장 5절에 기록된 "내가 주께 대하여 귀로 듣기만 하였삽더니, 이제는 눈으로 주를 뵈옵나이다."라는 구절을 토마스 호라는 소개한 후에, 이렇게 해석하여 주고 있다.

> 그는 '바라봄'의 지점에 도달하였다(He reached the point of beholding). 그리고 그 순간, 모든 것이 치유되었다(and at that moment everything was healed) (Hora, 1977, p. 58).

토마스 호라에게 있어서, '바라봄(beholding)'은 곧 선불교에서 말하는 견성(見性)을 말한다. 그것은 불성(buddha nature)을 보는 것이다. 기독교적 관점에서는 신성(divine nature)을 본다는 것이고, 철학적 관점에서는 본성(nature)을 보는 것이다. 다시 말하여, 궁극적 실재(ultimate reality)를 본다는 말이다. '바라봄'이란 눈(肉眼)으로 보이는 것을 보는 것이 아니라, 보이지 않는 것을 보는 '영안(靈眼)'으로 보는 것이다. 신약성서에서 바울 사도가 증언한 다음 구절이 이를 증명해 준다 할 것이다.

우리는 보이는 것을 바라보지 않고 보이지 않는 것을 바라봅니다. 보이는 것은 잠깐이지만 보이지 않는 것은 영원하기 때문입니다(고후 4:18).

그러면 '바라봄'이란 무엇인가? '바라봄'은 보이지 않는 것과 생각할 수 없는 것을 알 수 있게 하고, 깨닫게 하는 능력(faculty)이다. 하나님의 선은 볼 수 없고, 생각할 수 없는 것이지만, 우리가 바라볼 수 있을 때마다 우리를 치유한다. 우리는 '바라봄의 기도'에 대하여 말하고 이 능력을 최대한 발달시키기를 열렬히 소원하여야 한다. 그것은 환상(fantasies) 속으로 빠져서 잠들지 않도록 조심하는 가운데, 명상(meditation)을 통하여 발달될 수 있다고 토마스 호라는 강조한다(Hora, 1977, p. 69).

선불교 수행을 직접 경험한 바 있는 토마스 호라는 '견성(見性)'을 말한다. "본성을 본다."라는 의미이다. 그것은 현상을 통하여 그 현상의 본체인 실재(實在, Reality)를 꿰뚫어 보는 것이다. 그때 치유와 조화, 곧 구원이 발생하는 것이다. 그것도 저절로, '하늘이 작용'하는 것이다. 그것을 은총이라 한다. 종교개혁자들이 강조하는 '은총을 통한 구원(salvation by grace)'이 곧 그것이다.

3) 깨어있는 수용성

'내버려-두기'는 마음을 활짝 열고 받아들이는 것이다. 그것도 깨어있는 자세로 겸손하게 받아들이는 것이다. 그것을 '깨어있는 수용성(wakeful receptivity)'이라 한다. 인간의 의식(consciousness)이 깨어있어야 하는 것이다. 그것은 인간의 능동적 행위나 수동적 행위 양자의 범주를 벗어난다. 그것은 '이해'가 발생하도록 하는 전제조건이다(Hora, 1998, p. 125).

'이해'는 하나의 인지사건이다. 해석하지 않는다. 스스로 말할 뿐이다. 인간이 경험하는 고통과 절망은 이해능력의 결핍에서 비롯된다. 이해는 지식의 자만과 해석이 초래하는 혼란으로부터 인간을 해방시켜 준다. 참된 이해는 인간을 변화시켜 겸손하게 만든다. 마음을 열어 놓고, 진리에 대하여 "깨어서, 겸손한 자세로 받아들일 때," 지금 여기에서 진행되고 있는 치료사와 내담자 사이의 참된 만남 속에서 '실재'는 그 자체를 드러낸다.

그리하여 '실존'은 '실재'를 경외하고, 그와 사랑스러운 조화를 이룩함으로써 완전에 도달할 수 있다. 그리하여 '조화(harmony)'를 맛보며, '구속(at-one-ment)'에 이르는 '세계-내-존재의 양식'을 실현한다. '구속(atonement)'이란 글자를 파자하면, at-one-ment가 된다. 곧, "조화를 이루다(harmony)"라는 의미를 갖는다. 그런 의미에서 '조화(Harmony)'는 곧 구원의 다른 이름이다. 그렇게 함으로써, 차원의 '공간성(speciality)'으로부터 '실존'은 '자유'와 '기쁨' 그리고 '화해'를 맛보는 무차원의 '황홀(Ecstasy)'에 이르는 구원을 체험하게 된다. 그것이 곧 '깨달음(Realization)'의 사건이다.

깨달음은 경험과 아주 비슷하다. 그러나 그것은 자각의 높은 차원에서 가능하다. 경험은 감각적이고, 정서적이며, 지적이다. 깨달음은 영적이다. 그것은 신경생물적 체계가 아니라, 의식(consciousness) 속에서 발생한다. 그것이 초월적 앎의 양식이다(Hora, 2002, p. 25).

치유는 실존이 그 자신을 드러내는 것이다(Healing is a manifestation of existence). 의사는 치료하고 자연은 치유한다(The physician treats, but nature heals)(Hora, 1998, p. 127). 여기에서 주의를 기울여 보아야 할 낱말이 'NATURE'이다. 'nature'는 '자연'으로도 번역될 수 있고, '본성(Nature)'으로도 번역될 수 있는 낱말이다. '본성'으로 번역할 경우, 그것은 '실재'가 치유한다는 의미로 해석이 가능하다.

4) 열린 마음으로 주의 깊게

놀랍게도 '메타-실존치료사'의 자세로서 프로이트가 언급한 말에서 중요한 요소를 발견한다. '자유롭게 떠오르는 주의'라는 말이 그것이다.

> 어느 정도 '주의(attention)'가 의도적으로 집중되면, 치료사는 주어진 자료들로부터 선택하기 시작한다. 하나의 요점이 어떤 특정한 명료함으로 마음에 고착된다. 그리고 다른 요소들은 무시된다. 그리고 이 선택으로부터 자기의 기대와 경향성이 뒤따르게 된다. 그러나 바로 이것은 결코 해서는 안 되는 일이다(This is just what must not be done). 만약에 이 선택에 기대가 들어 있다면, 그것은 이미 알고 있는 것 말고는 아무 것도 발견할 수 없는 위험이 뒤따른다. 그리고 그가 만일에 지각된 어떤 경향성이라도 따르게 된다면, 그것은 가장 확실하게 왜곡될 것이다(Freud, 1924: Hora, 1998, p. 129에서 재인용).

프로이트는 분석가들에게 '자유롭게 떠오르는 주의(free floating attention)'의 태도를 가지라고 추천하였다. 그것은 능동성이 아니라, '수동성(passivity)'으로 해석된다. 하이데거는 '내버려-두기(letting-be)'를 말하였다. 모든 존재하는 것은 그 존재의 본질 속에서 그 자체를 드러낸다는 의미이다. 그것은

'열린 마음으로 주의 깊게 경청하기(open attentiveness)'로 요약된다.[4] 진리는 자유라고 하는 조건하에서만 그 자신을 드러낼 수 있다. 자유는 내버려-두기이다. 그러므로 진리의 본질은 자유이다(Freedom is letting-be. Therefore, the essence of truth is freedom)(Heidegger, 1949).

'내버려-두기'는 결코 정숙주의, 수동성, 비지시성 또는 홀로 있도록 내버려 두는 것을 의미하지 않는다. 오히려 '내버려-두기'는 다른 사람의 실존을 긍정하는 것이다. 그것은 모든 것의 내면적인 창조적 가능성이 자유롭게 드러나도록 돕는 하나의 태도를 의미한다. '내버려-두기'는 내담자를 탐구나 조작의 대상으로서 다루는 것을 금지하고, 긍정적이고 지각적인 태도 속에 하나의 실존으로서 내담자를 관계시키는 고도의 윤리적 질서를 갖는 치료적 태도를 의미한다. 인간으로 하여금 있는 그대로의 자기가 되게 하는 긍정은 하나의 사랑 행위이다. 사랑은 경외이다. 내버려 두기의 정신으로 사람과 함께 하는 것은 이 사람으로 하여금, 주객을 초월하는 경험적인 길로 이해하는 것을 가능케 한다. 이와 같은 존재의 경험은 치료적으로 그 자체가 유익하다.

10. 결론

기독교적 관점에서 '영성과 실존치료를 접목한 심리치료'를 제시하고 싶었다. 그러한 관심이 작은 열매를 맺은 것이 '메타-실존치료'이다. 요약하면, '메타-실존치료'는 '영성에 근거한 실존치료'이다. 기독교적 관점이라는 외연으로 병풍을 쳤지만, 그것을 넘어서고 싶었다. 영성이라는 개념이 이미 종교라는 울타리를 훌쩍 넘어서 있다고 하는 사실이 그것을 대변하고도 남는다.

아브라함 매슬로우의 '메타상담'적 관점과 토마스 호라의 '실존적 메타정신의학'에서 그 선취를 발견하였다. 하지만, 그리하여 존재의 의미, 곧 삶의 의미추구라는 관점에서 빅터 프랭클의 사상을 외연으로 삼고 있지만, 그 궁극적 뼈대와 흐름은 토마스 호라의 '실존주의 초정신의학'에 기초하고 있음을 부정하지 않는다.

전술한 바대로, 토마스 호라가 창안한 '실존적 메타정신의학(Existential Metapsychiatry)'은 형이상학적 인간 이해에 근거한 과학적 훈련의 하나로서, 인간을 근원적 실재의 의식을 반영할 수 있는 영적 존재로서 파악하고 있다. 그러나 그 인간의 모습은 근원적 실재로부터의 단절되어 있다고 본다. 그리하여 인간으로 하여금 근원적 실재와의 '조화(Harmony)'를 이루도록 하는, 다시 말하여 '본래적 자기 되기'를 '메타–실존치료'는 그 목표로 설정하였다. 그리하여 '너 자신이 되라(Be Thyself!)'라는 표어를 내걸은 것이다.

그러한 관심은 갖게 된 배경은 사실상, 크게 두 가지가 될 것이다. 하나는, 작금의 상담 현실이 기독교 상담을 포함하여, 소위 '상호작용'에 근거한 '긍정적 관심'의 차원을 넘어서지 못하고 있다는 우려에 있다. 최소한 '종교'를 표방하고 있는 상담이라면, 더 나아가 '영성'을 초점을 맞추어 하는 상담이라면, 그 차원을 넘어서야 한다고 생각한다. 두 번째는, '영성'에 깊이 관심을 갖고 있는 사람의 하나로서, 그런 점에서 소위 하나님을 운위하고 '은총'을 강조하는 종교라면, 더 나아가 존재의 근원적 경험으로서의 '하나님 체험'을 맛본 자들이라면, 단지 소위 상호작용적 긍정적 관심의 차원을 넘어서서 '하늘작용'에 근거한 '초월적 관심'의 차원에서 이뤄지는 상담이어야 한다고 생각한다. 그것이 어쩌면 '목회상담학'의 초석을 놓은 학자 중 한 사람인 웨인 오츠(Wayne Oates)가 강조한 '상담 한복판에 계시는 하나님'이라는 웅변에 대한 최소한의 예의라고 생각한다. 물론 그 넘어, '근원적 존재'의 손길을 온몸으로 맛본 사람들로서 '삶의 이유', 곧 '존재의 의미'를 추구해 가는 길을 자기에게 위탁된 '소명'으로 받아들인 사람들에게는 더 말할 것도 없을 것이다.

이번에 제시하는 '메타–실존치료'가 비록 서론적 고찰에 머무르고 있음을 부정하지 않는다. 어쩌면 '영성'을 근거로 하는 심리치료의 한 방법론을 제시한 것에 지나지 않을지도 모른다. 그리고 어쩌면 실존치료사의 철학적 관점과 그 기본적 자세에 치중한 한 노력일 수도 있다. 그러나 이러한 작은 물줄기가 언젠가 바다를 이루어 많은 사람들로 하여금 근원적 존재와의 조화를 이루어 초월적 자기실현을 구가하는 존재의 충일을 맛보는 계기가 되기를 염원하는 마음으로 '메타-실존치료'라 이름하여 그 한 방향을 제시하는 것을 만족하려고 한다. 계속되는 연구를 통하여 그 내용이 더욱 심화되기를 기대한다.

후주

1) 본 장에서는 '실존적 초정신의학' 또는 '메타정신의학'을 토마스 호라의 경우처럼 동일한 개념으로 사용한다. 더 나아가 상담학적 관점에서 '메타-실존치료'와 거의 동일한 의미를 갖는 것으로 간주한다.

2) '메타-실존치료'는 Thomas Hora의 실존주의 초정신의학(existential metapsychiatry)의 영향을 받아, 필자가 새롭게 주조한 학명이다.

3) James F.T. Bugental, (Authentic Being), Erich Fromm, (New Man), Paul Tillich (New Being)

4) Thomas Hora, "Existential Psychiatry," Current psychiatric therapies, New York: Grune and Stratton, 1962, Richard Schuster, "Empathy and Mindfulness," Journal of Humanistic Psychology, 1979(Vol. 19, Issue 1); 19;71, p. 73에서 재인용.

참고문헌

김승호 (2015). 주역인문학. 경기: 다산 북스.

김정현 (2013). 철학과 마음의 치유. 서울: 책세상.

이정기 (2013). 영성과 심리치료: 통합적 관점. 한국영성과 심리치료 학회지 영성과 심리치료, 1, 9-46.

Cooper, M. (2003). *Existential therapies*. London: SAGE.

Firman, J., & Gila, A. (2002). *Psychosynthesis: A psychology of the spirit.* New York: SUNY.

Freud, S. (1924). *Collected papers* (Vol. 2). London: Hogarth Press.

Heidegger, M. (1949). *Existence and being.* Chicago: Regency.

Hora, T. (1977). *Dialogues in metapsychiatry.* New York: The Seabury Press.

Hora, T. (1987). *Self-transcendence.* Orange: PAGL Press.

Hora, T. (1996). *Beyond the dream.* New York: The Crossroad Publishing Company.

Hora, T. (1998). *In quest for wholeness.* Old Lyme, CT: The PAGL Foundation.

Hora, T. (2001). *One mind.* Old Lyme, CT: The PAGL Foundation.

Hora, T. (2002). *Existential metapsychiatry.* Old Lyme, CT: The PAGL Foundation.

Hora, T. (1979/1971). "Existential Psychiatry," *Current psychiatric therapies,* New York: Grune and Stratton, 1962, Richard Schuster, "Empathy and Mindfilness," *Journal of Humanistic Psychology.*

Maslow, A. H. (1971). *The farther reaches of human nature.* New York: Viking Press.

May, R. M. (1982). *Physicans of the soul.* New York: Crossroad.

Nouwen, H. J. M. (1971). *Creative ministry.* New York: Doubleday & Company INC.

Rogers, C. R. (2007). 칼 로저스의 사람 중심 상담 [A way of being] (오제은 역). 서울: 학지사. (원저 1980년 출판).

Rogers, C. R. (2009). 진정한 사람되기: 칼 로저스 상담의 원리와 실제 [On becoming a person] (주은선 역). 서울: 학지사. (원저 1961년 출판).

Spinelli, E. (2007). *Practising existential psychotherapy.* London: SAGE Publications.

Thevenaz, P. (2014). 현상학이란 무엇인가 (김동규 역). 서울: 그린비.

Van Kaam, A. (1966). *The art of existential counseling.* Denville: Dimension Books.

Van Kaam, A. (2009). 실존주의 상담학 (이정기, 윤영선 역). 부천: 상담신학연구소.

Zuidema, S. U. et al. (1994). 니체, 사르트르, 프로이트, 키르케고르 (이창우 역). 서울: 종로서적.

찾아보기

내용

저자 소개(가나다순)

권수영
연세대학교 신과대학/연합신학대학원 목회신학 교수

윤종모
전 성공회대학교 교수/연세대학교 연합신학대학원 상담아카데미 강사

이강학
햇불트리니티신학대학원대학교 기독교영성학 교수

이만홍
SoH영성심리연구소 책임연구원/로뎀클리닉 원장

이정기
한국실존치료연구소 대표

이주형
숭실대학교 교목/교수

장석연
(사)글로벌 디아스포라 다문화코칭 네트워크 상임이사

최광선
호남신학대학교 영성학 교수

기독(목회)상담총서 ②

기독(목회)상담과 영성

2018년 5월 15일 1판 1쇄 인쇄
2018년 5월 25일 1판 1쇄 발행

지은이 • 한국기독교상담심리학회
펴낸이 • 김진환
펴낸곳 • ㈜학지사

04031 서울특별시 마포구 양화로 15길 20 마인드월드빌딩
대표전화 • 02-330-5114   팩스 • 02-324-2345
등록번호 • 제313-2006-000265호

홈페이지 • http://www.hakjisa.co.kr
페이스북 • https://www.facebook.com/hakjisabook

ISBN 978-89-997-1558-7 93180

정가 19,000원

이 도서의 국립중앙도서관 출판시도서목록(CIP)은 서지정보유통지
원시스템 홈페이지(http://seoji.nl.go.kr)와 국가자료공동목록시스템
(http://www.nl.go.kr/kolisnet)에서 이용하실 수 있습니다.
(CIP 제어번호: CIP2018014503)

교육문화출판미디어그룹 **학지사**

심리검사연구소 **인싸이트** www.inpsyt.co.kr
원격교육연수원 **카운피아** www.counpia.com
학술논문서비스 **뉴논문** www.newnonmun.com
간호보건의학출판 **정담미디어** www.jdmpub.com